NÉCROLOGE

DE

L'ABBAYE DE St-VAAST

D'ARRAS

PUBLIÉ POUR LA PREMIÈRE FOIS AU NOM DE L'ACADÉMIE D'ARRAS

PAR

M. LE CHANOINE VAN DRIVAL

ARRAS

A. Courtin, imprimeur breveté, place du Wetz-d'Amain

1878

NÉCROLOGE DE L'ABBAYE DE SAINT-VAAST

INTRODUCTION.

Il existe à Arras un document historique d'une haute importance et d'une forte originalité. Il est important, car ce n'est rien moins que l'histoire, jour par jour, de l'intérieur d'une illustre Abbaye; et cette histoire dure mille ans. Il est empreint d'un cachet de forte originalité, et je ne crois pas qu'il y ait encore rien de semblable dans la longue collection des Documents inédits pour servir à l'Histoire de France.

I

Qu'est-ce que le Nécrologe de Saint-Vaast ?

Le Nécrologe de Saint-Vaast d'Arras est un manuscrit appartenant aujourd'hui à la bibliothèque de l'Évêché d'Arras et qui, antérieurement, faisait partie de la très-riche bibliothèque des Bénédictins de Saint-Vaast de la même ville. C'est un fort bel in-folio, de près de 500 pages, divisées en deux séries, l'une de 84 pages et l'autre de 390. Il est sur papier, écriture du xviiie siècle, dernière période de sa rédaction, fort soigné quoique sans luxe, très-facile à lire et généralement correct.

Dans la première série de 84 pages on trouve d'abord, après un *Prooemium* dont il n'y a que le titre, un *Indicium breve pro nominibus,* par ordre alphabétique, commençant par ce que nous appelons aujourd'hui les prénoms ou noms de baptême, et que là on appelle les noms dans toute la force du mot. Puis vient une autre table, celle des noms de famille, qu'ici on regarde comme noms de second ordre ou d'addition, ce qui est historiquement vrai, le Nécrologe lui-même l'établira tout à l'heure, et cette table est intitulée : *Aliud Indicium per cognomina.* Nous avons après cela une liste des Abbés, *Index abbatum Nobiliaci,* depuis Hatta jusqu'à Vigor de Brois (691-1749) ; puis une liste des grandsprieurs, une des sous-prieurs, une autre des prieurs de troisième ordre, une autre des prieurs de quatrième ordre, une des *præpositi*, puis des *suppræpositi* ou *præpositi aquai rum*, une des *granatarii*, puis des *hospitarii*, des *armari- seu cantores*, des *eleemosynarii*, enfin des *cellerarii*, des *receptores*, des *thesaurarii*, des *reddituarii*, des *biblio- thecarii*.

Puis viennent les listes des officiers des maisons succes- sivement fondées hors d'Arras par l'abbaye de Saint-Vaast et sous sa dépendance ; la prévôté d'Haspres, celle de Berclau, celle de Gorres, celle de la Beuvrière, celles de Saint-Michel, de Sailly-sur-la-Lys et deux autres.

On trouve même un *Index* spécial des religieux de Saint- Vaast qui ont été appelés ailleurs à des dignités, et cette première série est close par la liste de ceux des Bénédictins de Saint-Vaast qui se sont fait connaître par leurs écrits.

C'est déjà quelque chose de précieux assurément que cet ensemble de documents, qui peuvent servir à préciser des dates, à constater des faits et collationner des points de l'histoire parallèle d'autres Abbayes ou maisons anciennes; mais ce n'est rien à côté de l'œuvre proprement dite, de la seconde série, qui est, à vrai dire, l'ouvrage lui-même.

Ici, en effet, commence ce qu'on peut appeler le *Registre de famille* de tous ceux qui furent membres de cette abbaye, qui la composèrent, à un titre quelconque, dans toute la durée de sa longue histoire. Je dis : à un titre quelconque;

en effet, on y trouve, non-seulement les Abbés et autres
dignitaires, mais aussi tous les religieux sans la moindre
exception, avec la date de l'entrée dans la maison, celle des
ordres reçus, des fonctions exercées, quand il y a lieu, des
choses notables de la vie, et celle de la mort.

Souvent c'est une simple nomenclature, faite, on le sent,
avec un soin qui respire l'affection de famille et qui ne né-
glige rien de ce qui est ou a été à la famille ; de temps en
temps les indications sont plus nombreuses ou plus développées ; plusieurs fois elles atteignent les limites et revêtent
le caractère d'une véritable notice biographique.

Ajoutons à cela que, de bonne heure, les *cognomina* ou
noms particuliers de famille viennent s'ajouter aux *nomina*
primitifs, et que de bonne heure aussi des armoiries sont
dessinées à la marge, non pas seulement près du nom des
Abbés et dignitaires, mais à côté de presque tous les noms
des religieux, noms portés encore aujourd'hui à Arras et
dans nos contrées du Nord, et qui pour la plupart sont parfaitement exempts de toute prétention nobiliaire. Si j'ajoute
que çà et là on trouve des renseignements précis sur des
œuvres d'art, des constructions, des livres ; si je signale cer-
taines appréciations qui sont des jugements historiques,
d'autres passages qui sont, je l'ai déjà dit, de vraies bio-
graphies, j'aurai donné une idée sommaire de ce que renferme le précieux livre qui est livré à l'impression pour la
première fois.

Citons d'ailleurs quelques exemples.

Incipit series seu summa nomenclaturæ : tel est le titre du livre. Puis on lit en très-grandes lettres : *Sanctus pater Vedastus.* C'est en effet le père, le fondateur principal, quoique éloigné, de la famille de Saint-Vaast. Saint Aubert y participe et on le cite ; mais les grands honneurs sont pour saint Vindicien, pour Thierry III et la reine Doda, les grands bienfaiteurs ; puis pour Hatta, le premier Abbé, saint Hadulphe, Madebald, Ragenfrid et les autres, jusqu'à Radon, qui fut un personnage considérable dans l'administration de Charlemagne, et l'ami d'Alcuin. Au nom d'Haimin nous trouvons une petite digression sur la vie de saint Vaast et quelques détails liturgiques. Celui de Foulques a donné lieu à une discussion où brille l'esprit de critique sage que l'on remarque dans tout le cours du manuscrit.

Les notes suivantes nous font assister à des constructions et consécrations d'églises, à des faits qui intéressent Beauvais, Liége, Cambrai ; nous donnent les auteurs et les dates de plusieurs hymnes, nous parlent ensuite de Gand, de Reims, de l'empereur Othon et de plusieurs autres souverains, et nous citent même une longue épitaphe en vers latins. Nous continuons notre marche, et à chaque page, ou peu s'en faut, nous trouvons quelques faits intéressants. Quand d'ailleurs il y a doute sur les dates, ou quand elles sont seulement approximatives, le rédacteur a soin de nous le dire, et il met à part les listes de religieux sur lesquels il n'a pas de renseignements suffisamment précis. Guimann, l'auteur du Cartulaire de Saint-Vaast, que nous avons publié il y a deux ans, est ici placé à son rang, 1161, et cité avec beaucoup d'éloge, ainsi que Lambert son frère, continuateur de son œuvre. C'est vers cette époque que nous remarquons l'introduction des noms ajoutés, ou *cognomina*, noms de lieu, de qualités personnelles ou de défauts, qui sont devenus les noms de famille. Les indications continuent toujours avec le même soin et le même intérêt.

A la date de 1298 et à la marge du nom *Philippus Marginal*, nous voyons pour la première fois un blason : c'est une croix d'azur à cinq coquilles d'or, le tout sur champ d'argent. Nous trouvons ensuite quatorze noms qui sont sans aucun appendice de ce genre, et c'est au quinzième, Englebert Louchart, que nous voyons encore un blason. Puis il y a une nouvelle lacune d'armoiries durant toute une suite de dix-neuf noms, et alors deux blasons se présentent pour laisser ensuite une lacune plus longue que la précédente, et aboutir à la notice avec blason d'un homme fort distingué, Claudius Crespin d'Accabli.

Il y a ainsi alternance, doute, hésitation pendant une période qui va de 1298 à 1380, ou à peu près un siècle ; puis, à partir de cette dernière époque, ce sont les blasons qui deviennent l'ordinaire, tandis que les noms sans armoiries forment l'exception. Et cela se continue jusqu'au milieu du XVIIIe siècle, sans interruption aucune. A divers points de vue cette partie de notre beau livre offre donc un curieux et sérieux intérêt. L'histoire locale y est surtout intéressée d'une façon toute particulière, car la majeure partie des noms sont ceux d'hommes nés à Arras et dans l'Artois, et beaucoup de ces noms sont portés aujourd'hui. Il est à peine utile d'ajouter, tant la chose est connue, que les familles nobles de l'Artois et de la Flandre s'y trouvent largement représentées.

Je suis forcé, pour rester dans les limites assignées à cette introduction, de passer sur une foule de notes toujours précieuses, mais qu'on pourra lire dans l'ouvrage lui-même, notes généalogiques, inscriptions, faits divers, dates, éléments d'histoire vrais et positifs au premier chef.

Mais comment ne pas signaler, au moins en deux mots, ce qui a trait à la trop fameuse période de notre histoire d'Arras, l'époque de Louis XI? Les habitants d'Arras sont exilés, les religieux de Saint-Vaast le sont aussi. Ils reviennent pourtant et continuent leurs annales. Ils y impriment, peut-être sans trop y penser, le cachet du temps. Ecoutez plutôt. Voici le titre qui précède la liste des religieux qui vinrent à Arras les remplacer et à qui vraiment ils paraissent en garder rancune : « Extranei religiosi, nu- » mero quindecim circiter, e *Gallia* inducti ad S. Vedastum, » tempore exilii Atrebatensium, 1477. » Ces noms d'étrangers venus e *Gallia,* comme le disent ces zélés partisans de Marie de Bourgogne, sont parfois accompagnés de notes fort peu aimables. Ainsi de l'un on a soin de faire observer qu'après sa gestion il rendit ses comptes d'une manière quelconque : « reddit rationem qualemcumque..... coram » delegatis. » Un autre est noté comme accumulant charges sur charges, pensions sur pensions. Plus loin on fait remarquer encore qu'après tout cela il ne restait plus, en 1482, que dix-huit religieux, en y comprenant trois enfants. Mais ce qui porte plus que tout le reste le caractère de vérité qui montre bien une rédaction contemporaine de ces grands malheurs, c'est la notice de Martin Asset.

Il est fustigé dans son père, il l'est dans sa personne. Son père, « c'est celui qui arrêta, près de Lens, les députés de la ville d'Arras et qui les conduisit à Hesdin pour leur faire couper la tête, *capite alleviandos*. A ce métier de bourreau il devint riche, continue le rédacteur impitoyable comme la justice..... mais plus tard tout changea : *in tenuitatem ruit.* » Quant à Martin Asset lui-même, voici comme on le peint : « Fertur fuisse statura media, corpore compacto, facie audaci, voce sonora, ingenio peracri, prompto et imperterrito. » C'est dur assurément ; mais Arras avait tant souffert, et les bons Bénédictins n'avaient pas été épargnés ! Je me hâte d'ajouter que c'est le seul trait de ce genre, et que partout ailleurs règne le ton de la bienveillance et du calme le plus parfait.

Dès les premières années du xvie siècle, nous retrouvons nos précieuses indications sur les travaux et objets d'art, nos épitaphes et inscriptions, et c'est même avec une impartialité évidente que l'on raconte les faits, d'ailleurs honorables, qui concernent Jean Asset, neveu de l'Abbé qui a été noté si sévèrement. Si donc il y a eu irritation vive causée par de cruelles souffrances, il y a aussi bien vite oubli des injures et retour au calme et à la charité. Cela ne veut pas dire que désormais le ton du récit sera toujours laudatif, par suite insignifiant ; oh non ! les notices sur Jean Saracin, sur Jérôme Desmoncheaux, prouvent le contraire : elles sont pleines d'appréciations impartiales, mais très-libres et très-fermes ; partout d'ailleurs règne cet esprit de justice calme, digne, qui se respecte et respecte le lecteur, véritable esprit historique, également éloigné de la flatterie et du dénigrement.

La notice sur Alphonse Doresmieux a un caractère particulier ; c'est la vie d'un saint écrite avec une candeur et une complaisance marquées ; c'est un des plus beaux passages de notre manuscrit. Alphonse Doresmieux passa la moitié de sa vie à Saint-Vaast et l'autre à Faverny, dont il fut Abbé. Il y mourut en 1630 de la manière la plus édifiante, et il n'est pas moins édifiant d'entendre le récit de tous les témoignages d'affection qu'alors encore lui donnèrent les religieux de Saint-Vaast.

Les notices développées se multiplient à mesure que nous avançons dans le cours des siècles et que nous nous rapprochons des temps actuels. Citons pour mémoire Philippe de

Caverel, Godefroid Lemmens, Alard Gazet, Pierre Richardot. Maximilien Thieulaine, Étienne Le Pez.

Ce dernier nous fournit des détails de mœurs qui achèveront de nous faire connaître combien tous ces récits sont vrais et portent le cachet d'une rédaction contemporaine des événements.

« Étienne Le Pez, de Lille, est-il dit dans sa notice, passa toute sa vie à écrire sur l'art héraldique. Il composa plus de quarante volumes in-folio et autant de mémoires. Il était connu de tous les nobles de la Gaule Belgique ; personne n'aurait été assez osé pour le contredire ; sans cesse on le consultait quand il s'agissait d'établir des généalogies, soit pour l'entrée dans les chapitres nobles, soit pour d'autres motifs. Les plus grands seigneurs, entre autres le maréchal de Boufflers, le consultaient. Pourtant tout cela déplaisait assez à M. le Grand-Prieur, parce que, parmi ces nobles personnages, il y en avait qui n'étaient pas contents des décisions de l'intègre religieux, et qu'il en résultait parfois des inconvénients pour l'Abbaye. » Aussi à sa mort ne fut-on pas trèszélé pour faire rentrer dans la bibliothèque de Saint-Vaast bien des manuscrits qu'il avait confiés à son neveu et collaborateur. Il y en avait pourtant une quantité considérable. Plus tard ils furent vendus et ont été en partie notable conservés dans la bibliothèque du marquis d'Havrincourt. Un autre embarras était celui-ci : beaucoup de nobles venaient réclamer des manuscrits qu'ils disaient avoir prêtés à dom Le

Pez, et il y avait tant et tant de papiers qu'on ne savait où les prendre. Enfin la guerre atroce dont l'Artois fut le théâtre vint mettre tout le monde d'accord : « sicque plerisque mortuis, inducta est oblivio generalis. » Après cet exposé naïf et vrai des inconvénients de la carrière exceptionnelle de Le Pez, le rédacteur, toujours impartial, fait un éloge non moins convaincu de ses vertus éminentes, de son humilité, de sa patience, de sa foi vive, de sa mort toute sainte. Cependant il regrette que ce beau zèle n'ait pas été employé aux chartes et aux titres du monastère lui-même : « Il aurait alors, dit-il, acquis un renom immortel. »

On le voit, c'est toujours la même sincérité : les auteurs de ce recueil disent tout simplement et sans fiel toute leur pensée.

Le Pez mourut en 1707. De là à 1740, date extrême de notre recueil, il n'y a pas bien loin ; mais pourtant nous aurions à citer encore bien des noms : Augustin de Brandt, Maximilien le Josne, Nicolas de la Grange et beaucoup d'autres. Nous pensons toutefois en avoir assez dit pour montrer l'importance réelle de notre Nécrologe.

Comme histoire considérée en général et dans son objet, c'est celle d'une des plus célèbres Abbayes de France, et sa durée est de dix siècles. Comme histoire considérée au point de vue de la fidélité, c'est une réunion de documents, la plupart contemporains, fondus avec habileté et combinés avec critique, dans un ensemble qui a laissé aux éléments primitifs leur pittoresque, leur couleur. Comme source de renseignements, de comparaisons, d'études parallèles, c'est une mine véritable, un recueil de dates, de faits certains, de documents brefs, mais pleins d'exactitude incontestable et de précision. Rien n'y est vague ; tout est net et clair, même quand il y a sécheresse, ou plutôt à cause de ce caractère d'aridité qui s'y rencontre souvent et qui est positif comme un procès-verbal.

II

Quel est l'auteur du Nécrologe de Saint-Vaast ?

Un Nécrologe est d'ordinaire une œuvre de rédaction multiple ; quand il relate les faits d'une période de dix siècles, évidemment il a un nombre d'auteurs qu'il est difficile de compter. C'est une série de documents contemporains, une suite de témoignages souvent fixés sur la pierre ou le métal en même temps que sur les feuillets du *Codex* liturgique ou historique. Je dis liturgique, car la lecture du Nécrologe est une partie quotidienne de l'heure de *Prime*, et si la simple mention d'un défunt est suivie de détails, elle revêt alors un caractère historique et appartient au *Livre de Famille* de la Communauté.

Si on lit avec attention les notes qui composent ce présent

Nécrologe, il est facile de retrouver, sous la forme moderne, le fond ancien. Assurément un auteur du XVIIIe sièle n'aurait pas jugé Louis XI et les faits de la fin du xve siècle avec l'énergie extrême que nous avons déjà signalée. Il n'aurait point parlé de la France avec le ton d'un Artésien du temps de Marie de Bourgogne. Il y a là une saveur *sui generis*, un cachet de l'époque : cela a été écrit au moment même, et sous l'impression des événements.

Nous pouvons en dire autant des quelques mots exclamatifs sur les désastres du siége de 1640 et les misères qui en furent la suite. De même en est-il d'ailleurs des premières notices, sur Haimin, Rodericus, Wido, etc. De même en est-il de tant d'autres qui se trouvent aux siècles divers de cette longue série, notices dans lesquelles souvent le style change avec l'époque, dans ce qui fait le fond même du récit.

Mais à côté de ce récit fondamental, substantiel, qui donne la preuve de l'authenticité de chaque document, il y a la main moderne qui a mis en ordre ces épaves vénérables, qui les a recueillies avec un soin plein de respect, qui les a même parfois épurées par une saine critique et les a arrangées comme autant de pierres précieuses, pour en composer une œuvre fort remarquable, un monument plein de grandeur dans sa simplicité toujours digne et de bon goût.

L'auteur de ce travail considérable était un érudit : souvent il cite ses sources et elles sont sérieuses : il compare, il discute, et les règles de la critique historique sont parfaitement observées. C'est un homme qui n'est pas ordinaire, qui est maître de son sujet, et on le sent, même aux lacunes qui indiquent des réserves, qui font soupçonner des hésitations, le besoin de recherches nouvelles, la volonté de ne dire que ce qui est vrai et nettement établi.

Et puis, avec quelle pieuse religion il recherche et inscrit les simples listes, quand il n'a trouvé que des listes !

Ses rapprochements de noms, de dates, ses homonymies et ses parallèles, tout cela n'indique-t-il pas un esprit net, un caractère calme, un ami de la vérité ?

Quel est cet auteur, évidemment du XVIII⁰ siècle, vu sa manière d'écrire et vu les historiens qu'il cite un peu partout ?

Lui-même s'est nommé, dans un tout petit passage de sa propre notice qui est formulée comme il suit :

1714. MAURUS LEFEBURE, ATREBAS.... ætatis 19, ut potè regeneratus in Ecclesiâ Sᵗⁱ Gaugerici, 1ᵃ decembris 1695, de stirpe Joannis Lucæ et Claræ Franciscæ Delobry. Promotus hypodiaconus Namurci septembr. 1717, levita Atrebati septembr. 1718, sacerdotio insignitur iterum Namurci 1720, in vigilia Sᵗⁱ Mathiæ. Primitias celebrat 10 martii dominicâ Lætare. 1721 bibliothecarius 1725, Berclavensis 1722, eleemosynarius 1725, sacellanus Magni Prioris 1732. *Hujus ce opusculi digestor et scriba.* 1734 receptor forensis reddituum dominicalium, et gabuli versus Biach, simul 1736 præfectus cellæ vinariæ. 1738 supprior et secretarius capituli.

Nous savons, d'ailleurs, par une note antérieure, qu'il a reçu l'habit avec quatre autres, le 15 octobre 1714.

Avec ces documents, et d'autres postérieurs, nous pouvons donc établir les bases de sa Notice plus complète.

Né ou baptisé à Arras, paroisse Saint-Géry, le 1ᵉʳ décembre 1695, fils de Jean-Luc et de Claire-Françoise Delobry, *Maur Lefebure* entra à dix-neuf ans, le 15 octobre 1714, dans l'Abbaye de Saint-Vaast. Il reçut le sous-diaconat à Namur en 1717, le diaconat à Arras en 1718, la prêtrise à Namur en 1720. Parmi les diverses fonctions qui lui furent confiées et qui sont mentionnées dans la Notice qu'on vient de lire, on remarque celles de bibliothécaire et de secrétaire du Chapitre, fonctions qui s'accordent avec le travail que nous éditons. C'est vers 1732 qu'il commença ce travail et les dates prouvent qu'il s'en occupait encore en 1745.

En 1748 il était Receveur; en 1751, Dom Maur Lefebure fut nommé, par acclamation, Grand-Prieur de l'Abbaye de ·Saint-Vaast.

Nous donnerons ailleurs d'autres détails sur ce qui concerne la personne et la famille de l'auteur. Son œuvre, le Nécrologe, doit être ici l'objet principal de nos préoccupations.

La manière dont Maur Lefebure parle de son travail est remarquable d'exactitude et de précision. Il ne s'en donne pas comme l'auteur, mais bien comme *digestor et scriba*. Digestor n'est pas un chroniqueur, c'est mieux que cela, c'est un critique, un homme qui a recueilli avec soin les documents, les a examinés, pesés, comparés avec d'autres, s'en est pénétré, les a faits siens et les a donnés comme exacts ou comme devant être rectifiés, selon que le jugement leur a été favorable ou non. Ceci suppose de l'érudition, du tact, des études longues et approfondies. Ceci suppose en même temps beaucoup d'abnégation et d'amour de la vérité. Quant au *scriba*, nous pouvons dire que nous sommes heureux que l'auteur ait pris soin d'écrire lui-même tout son livre. En effet, si l'écriture de son confrère Dom le Pez est affreuse, celle de Dom Lefebure est d'une correction et d'une netteté admirable. Les lignes sont régulières, les mots bien séparés, la ponctuation parfaite, toutes les lettres sont bien tracées : cela se lit comme de l'imprimé.

La seule chose à regretter, ce sont les lacunes, les nombreuses pages blanches qui attendent des Notices ou des fins de Notices. C'est un travail interrompu dans bien des détails, quoique l'ensemble soit complet. Au moins ce qui est écrit est pour nous d'une valeur inestimable, et si, après tout, il nous manque quelques détails que l'auteur avait l'intention de nous donner, en revanche nous possédons, grâce à lui, tous les documents essentiels, et nous ne les avons plus que là. Les Notices incomplètes ou inachevées concernent d'ailleurs assez souvent de grands personnages et il est ordinairement facile d'y suppléer.

En somme, l'œuvre de Dom Maur Lefebure est un travail excellent, suffisamment achevé pour nous être d'une immense utilité ; c'est un travail d'ensemble et de détails, une histoire vraie et saisissante, je suis tenté de dire une photographie de l'Abbaye de Saint-Vaast.

III

Mode de publication du Nécrologe de Saint-Vaast.

Le Nécrologe de Saint-Vaast a été écrit au siècle dernier ; le manuscrit dont nous nous servons est unique, c'est l'original même ; il est d'ailleurs d'une lecture facile, correct, soigné. Il n'y avait donc qu'un parti à prendre : le publier tel qu'il est. Quant aux notes et remarques, il était facile d'en mettre, et beaucoup. Le manuscrit touche à une foule de points de l'histoire d'Artois et même de l'histoire plus générale ; il mentionne un grand nombre de faits intéressants. Mais des notes au bas des pages, sorte de commentaire perpétuel, n'auraient fait que rendre la lecture plus fatigante ; souvent elles n'auraient pu que dire en français ce qui est fort bien dit en latin. Dès lors il nous a semblé préférable de renvoyer après le texte toutes les observations, sous forme d'analyse, d'explication ou de discussion, selon les cas, et de donner d'abord le texte tel qu'il est.

Il y avait une autre difficulté plus grande, celle des armoiries.

En effet, 422 écussons, dont quelques-uns seulement laissés en blanc, sont dessinés sur les marges de notre manuscrit, à côté des noms auxquels ils se rapportent. Ne pas mettre ces armoiries, c'était tronquer le document, ôter l'intérêt qu'il offre aux familles artésiennes, et jamais nous n'avons voulu consentir à cette supression. D'un autre côté, les mettre dans le texte ou à côté du texte, c'était chose fort difficile pour le format in-8º de nos publications ; c'était d'ailleurs, en bien des pages, tout bouleverser et enlaidir. De l'avis des hommes les plus compétents, il a paru que le mieux, au point de vue artistique surtout, était de faire des planches hors texte et de les grouper en album, le plus près possible du texte, avec des explications en face des planches et des renvois aux pages que visent les écussons. Nous avons d'ailleurs répété les mêmes armoiries lorsqu'elles sont répétées dans le Manuscrit, et tous les traits du dessin original ont été scrupuleusement reproduits. Nous savons qu'en plusieurs endroits il y a des imperfections et même des fautes ; mais nous n'avons pas voulu les corriger, dans la crainte de dénaturer le livre que nous devons reproduire tel qu'il est : Nous nous sommes contenté de les signaler dans les notes explicatives, comme on le verra plus loin. Les écussons en blanc n'ont pas été reproduits, c'était bien superflu, mais ils ont été indiqués, à leur place, dans les légendes des planches, avec les noms auxquels étaient destinées ces armes, si elles avaient été données, et aussi avec indication de la page et de la position relative de ces noms.

On a donc le texte complet et tout d'une pièce, sans coupures embarrassantes ; on a d'autre part, immédiatement après le texte, les vingt-huit planches de blason avec autant de feuillets explicatifs : c'est le Manuscrit tout entier, c'est la reproduction du travail de Dom Maur Lefebure.

Alors seulement viennent les notes et observations diverses dont nous venons de parler, ainsi que des dissertations sur des points qui intéressent l'histoire ou les arts.

Puis nous donnons des Tables bien complètes. Le fond de ces Tables appartient à Dom Lefebure, mais nous y avons fait bon nombre d'additions pour en rendre l'usage plus facile et plus fructueux.

NECROLOGIUM VEDASTINUM

NECROLOGIUM VEDASTINUM

INCIPIT SERIES

SEU SUMMA NOMENCLATURÆ

Sanctus Pater Vedastus.

S. Aubertus.

S. Vindicianus.

Sanctus Vigor. Consanguineus S[ti] Richarii. Habuit in patrem Wagonem, stemmate regio editum, in Veromanduis et Atrebatibus pinguium prædiorum dynastam. Nascitur in Atrebatensi tractu, tùm educatur in monasterio S[ti] Vedasti.

In Bajocensi tractu monasterium Redeveriacum, et aliud Ceraciense construit. Factus episcopus Bajocencis tertium monasterium, nomine Chrismatum, adoritur. Epocham illius, quam Mabillonius figit ad annum 556, Gazetius et alii ad annum 699 protrahunt.

Miraculis vivus et mortuus claruit; colitur verò tertio nonas novembris.

Sanctus Wulganius, è Morinorum solo transfugiens, secedit in monasterium S^{ti} Vedasti, undè discesserat S^{tus} Vigor, magnipendens eorum domicilia, quos Deo charos esse noverat. Solitudo ejus nonnihil interrupta cum ad ruralem in Morinis presbyterum, eumque ægrotantem, Ranrico ac S^{to} Kiliano comi^tibus convenit : moribundum ut consolatus est, ac precibus sanitati reddidit, ipse præsentit horam suæ dissolutionis instare. Vicissim præfatum presbiterum evocat, piè dein obdormit in Domino, quarto nonas novembris. Conditus in villâ quæ dicitur *bonorum virorum terminus*. Colitur etiam ab Artesianis Morinorum vicinis, pro bladi fertilitate.

Theodericus, rex Galliæ.

Doda, uxor Regina.

Hatta, abbas S^{ti} Vedasti.

Sanctus Hadulphus. Primùm fuit præpositus S^{ti} Vedasti. 710, abbas renuntiatur. 717, simul episcopus sedis Cameracensis et Atrebatensis.

Madebaldus, abbas S^{ti} Vedasti.

Ragenfridus, abbas S^{ti} Vedasti.

Gosselinus, abbas S^{ti} Vedasti.

Guido, seu Wido, abbas S^{ti} Vedasti. Usurpatoris partes agit.

Romanus, abbas S^{ti} Vedasti.

Adalricus, abbas S^{ti} Vedasti. Medicinæ peritus legitur. Sub eo, villa de Demencourt de Theudbaldo recuperata.

Sigibertus, abbas S^{ti} Vedasti.

Radfridus, abbas S^{ti} Vedasti.

Rado, abbas S^{ti} Vedasti Vir fuit canitie et pietate venerandus : templi combusti restaurator magnificus; tum magnus referendarius sub Caroli Magni principatu.

Insuper evasit cancellarius et archicancellarius ejus dem Imperatoris. Amicitiæ vinculo nexus famoso Alcuino hujusce principis præceptori. Juxtà Mabillonium, is Rado fuit Carolo Magno à Consiliis et Franciæ cancellarius. Succesit Hitierio, notarios que habuit Wigbaldum, Optatum, Jacobum, Erkembaldum et Widolaicum.

Adalongus, abbas S^{ti} Vedasti; quem Ludovicus Cæsar in variis legationibus adhibuit.

Haiminus, Alcuini discipulus, Carolique Magni condiscipulus. Ædituus S^{ti} Vedasti confecit librum de miraculis SS. Patroni, cujus initium : *Sanè quæ nuper ex oculis probavimus.* Liber iste etiam nùm legi solet per octavam in choro ecclesiæ cathedralis Atrebatensis. Præterea edidit hymnos et sermonem de virtutibus præfati sancti, qui incipit his verbis : *Excitentur, obsecro, filii...* etc.

Eidem Haimino quidam monachus Elnonensis, nomine Milo, dicavit acta S^{ti} Amandi, metro poetico, de quibus id tulit responsi à Vulsaio condiscipulo :

Hæc tuus, hæc que meus Haiminus jure magister
Quo duce firmavit; devia nemo petit.

Celebrem hunc monachum, qui obit anno 843 vel 844, memorat Valesius And. Quidam verò recentiores faciunt abbatem S^{ti} Vedasti.

Hubertus, presbiter, Haymini præfati discipulus. Scri-

bit de miraculis S^{ti} Vedasti. An fuerit monasterii alum-
nus? Non infundatè creditur.

FULCONEM abbatem S^{ti} Vedasti hic recenset antiquus
codex. Sub quo nomine Markaius scriptor et alii intel-
lexere S. Fulconem, archiepiscopum Rhemensem, sed
præmaturiùs. Hic tutiùs sisteretur quidam Fulco, qui diù
archiepiscopatum Rhemensem prosecutus est, vel Ebo,
qui à Lotario principe rebelli in patrem Imperatorem,
inductus est in abbatiam S^{ti} Vedasti, ad perfidiam, sive
perpetrandam, sive remunerandam. Id factum videtur
contigisse anno 833, legiturque Adalongum præfatum in
sedem restitutum fuisse.

ROTHOLDUS, abbas S^{ti} Vedasti.

ADALARDUS, abbas S^{ti} Vedasti.

WILLIBERTUS, in Turonibus natus, regiorum stipendio-
rum olim descriptor, dein religiosus S^{ti} Vedasti, tum
præpositus, ex Sirmondi tomo 3° conciliorum anno 868,
Willibertus presbyter, futurus episcopus Catalaunensis,
examinatus coram Hincmaro archiepiscopo Remensi:
respondit inter alia, se præposituram monasteri S^{ti} Vedasti, jubente Johanne episcopo, et consentientibus fratribus, suscepisse.

Factus episcopus interfuit anno 876 concilio Pontigo-
nensi, item consecrationi Arnoldi Tullensis episcopi.

Consultat etiam Hincmarum archiepiscopum, an neces-
sitate cogente, ex monacho archidiaconum constituere
ipse posset.

HUGO junior, abbas S^{ti} Vedasti.

HUGO secundus, abbas S^{ti} Vedasti.

HINCMARUS, monachus Sandionysii, dum inauguraretur illustris archiepiscopus Rhemensis, respondit quod præposituram S^{ti} Vedasti injungente episcopo et consentientibus fratribus susceperit pariter ex tomo conciliorum Galliarum fol. 652, refutatur a Thomassino tomo I° disciplinæ veteris et novæ fol. 847. Vide Ann. monast., fol. 534.

DODILO, præpositus S^{ti} Vedasti, dein episcopus Cameracensis et Atrebatensis consecratur 16° kalendas aprilis 887, per S^{tum} Fulconem, archiepiscopum Rhemensem, assistentibus Hedilone, episcopo Noviomensi et Tornacensi et Herimando, episcopo Tarvanensi. Adest relationi corporis S^{ti} Vedasti è Bellovaco 892. Laubiensem ecclesiam unà cum Stephano Leodiensi episcopo dedicat. Ecclesiam cathedralem Cameracenam à Normanis dirutam reparat, pollutamque inungit. In eâ corpus S^{ti} Auberti deposuit, donec ejus cœnobium restauraretur. Cameracensis oppidi Pomærium ampliat, ita quod abbatia S^{ti} Auberti intra muros illius includeretur, ne amplius furori barbarorum pateret. Suæ et Atrebatensis ecclesiæ privilegia obtinuit confirmari ; demùm adfuit consecrationi Henrici, archiepiscopi Rhemensis, anno 900 vel 901. Meritis clarus moritur circiter id temporis, tumulatus Laubiis, sive potius in ecclesiâ S^æ Mariæ contiguâ, quam ipse dedicaverat.

RODULPHUS levita, abbas S^{ti} Vedasti.

ECHO, patriâ Schottus ex regiâ prosapiâ : quippè pater ejus secundus à rege. Peregrinus devotus appellit ad S. Vedastum : ibi fit religiosus, et post triginta annos pie moritur circà 895, inde cognatus ejus hæreditat regna Scotiæ.

Echonis memoria, in miraculis S^{ti} Vedasti pluries resumitur.

ULMARUS, ab eruditâ pietate notissimus, scribit de novis miraculis S^{ti} Vedasti; item hymnos ad ejus laudem componit. Circà 893 eidem tanquam præposito S^{ti} Vedasti, et cœnobitis, Eurebertus dat villam de Buhircurt. Obit contemporaneus præfati Echonis. Quidam ejus mortem fixere ad annum 1000 : verum de altero Ulmaro, si adsit, nectunt facta.

SANCTUS FULCO, rite hic apponitur abbas S^{ti} Vedasti; anno 898, Altmaro comiti cedit monasterium S^{ti} Medardi Suessonensis, ut ecclesiam S^{ti} Vedasti de ejus manibus vindicaret. Ast anno sequente, 899 15 junii, sub flagitio facinorosorum pius occumbit.

FULCARDUS è Vedastino, abbas S^{ti} Valerici ad mare circà 909.

TRANSMARUS præpositus S^{ti} Vedasti, dein Valberto episcopo successit in episcopatu Tornacenci et Noviomensi anno 937. Gandense monasterium S^{ti} Petri à Normannis ferè deletum restaurari satagit de donis Arnulphi comitis Flandriæ; huicque monasterio Gerardum Broniensis abbatiæ præsulem illustrissimum præficit. Principalem parochiam Gandavi (nunc factam cathedralem) ad honorem SS. Joannis Baptistæ, Vedasti, et Bavonis consecravit. 945, præfatum monasterium S^{ti} Petri liberum fecit, rogatu præsertim Arnulphi comitis dicti. 948 ad synodum celebrem Rhemensis indictum evocatus, convenire non valuit, se que morbosum excusat, per presbyterum, suo nomine illuc missum. Sepultus jacet in ecclesiâ cathedrali Noviomensi, ad cornu dextrum majoris altaris, illique eccle-

siæ dedit abbatiam S. Mauritii, ex dictis scriptoris Belle-
forest.

Hugo tertius, abbas S^{ti} Vedasti.

Hugo quartus, abbas S^{ti} Vedasti.

Sanctus Gerardus, monachismum professus apud
Sandionysium, celebri virtutum famâ enituit. Jussu Arnulphi comitis Flandriæ decem et octo monasteria in co-
mitatu suo gubernat ad annum 940, ab puriorem instituti
sui cultum retinendum reducendum ve. Inter illa recensentur specialiter S^{ti} Vedasti, S^{ti} Bertini, etc.

Ragenbaldus è Sanvedastino, Ambianensis episcopus
factus, consecratus Rhemis ab Artoldo præsule Rhemorum, præsente Ludovico Transmarino rege, cum omni aulâ
ejus, anno 947 vel 949.

Ansbertus vel Ausbertus, vir ex Baldrico litteralibus
grammaticalibusque disciplinis eruditus; ex ascetâ Vedastino fit episcopus Cameracensis et Atrebatensis, cujus
ecclesiarum fuerat præviè archidiaconus, simul et monachus. 960 id contigit, Nitente Othone imperatore, cui ab
aliquot annis erat commendatissimus : quando missus
Basileam, ad Cæsarem ab abbate, pro monasterii rebus,
diserte et cum morum suavitate perorasset : resque dicti
monasterii in pago Baduensi curasset. Memor S^{ti} Auberti
beneficiorum in Sanvedastinos, in abbatiâ ejus sancti octo
fundavit canonicatus. Obit quinto suæ ordinationis anno
13 septembris, tumulatus in æde S^{ti} Auberti.

Hildebrandus, abbas S^{ti} Vedasti.

Famericus, abbas S^{ti} Vedasti.

Malefridus, abbas S^{ti} Vedasti.

Fukardus, abbas S⁰ Vedasti.

Fridericus, avunculus Balduini Barbati comitis Flandriæ, ortus ex Godefrido Barbato comite Arduennæ, Virduni, Bullonii, et Mathilde comitissâ Saxoniæ. Fit præpositus S⁰ Vedasti 1001 ac usque ad finem vitæ perseveravit. Quo mortuo 1022 cadaver ejus relatum est ad monasterium S⁰ Witoni.

Herbertus seu Heribertus, administrator monasterii S⁰ Vedasti per quatuor annos, obit 15 maii ex Necrol.

Sanctus Richardus, 1008, abbas S⁰ Vedasti, item Lobiensis, item Florinensis, obit anno 1047.

Rothardus à Leodio religiosus adductus ad S. Vedastum per Sanctum Richardum, præpositus S⁰ Vedasti....

Matholdus, abbas S⁰ Vedasti.

Leduinus nobilis stirpe, ex tractu Berclav. jam religiosus fit abbas S⁰ Vedasti, tum simul abbas Marchenus. Dein S. Bavonis Gandensis, hunce locum abdicat seu resignat 1036. Creditur obitus 2 januarii.

Rodericus, ex ascetâ S⁰ Vedasti, abbas S⁰ Bertini benedicitur à Balduino Morinorum episcopo, ægre ferentibus quibusdam Bertinianis, qui recessere etc. Non multo post ignis ab oppido Audomareno cujus duo millia domorum conflagravere, domum pariter de Sithiu absumit etc. Is, ut sol inter sidera, monasticis virtutibus micans, insuper monacos, petente Balduino comite, induxit in novum Bergense monasterium ab illo principe constructum, et ibi præfuit per septennium : suffecto posteà in abbatem Germano. Moritur autem 23° regiminis anno, sepultus in claustro S^{ti} Bertini, donatus est hoc epitaphio :

Ut Virgo plange, Sithiensis grex miserande :
Plangens dic : heu mihi ! heu pater et domine !
Heu pastor celebris, heu consilium probitatis :
Ut pater alte jaces, summa sophia lates.
Currus ac auriga gregis hujus et Israelita
Verus, et absque dolo, heu Roderice pater !
Qui modicus mundi, modicos nos nobiliasti :
Ecce redivivus ad id, te quia terra tegit :
O te plorandum magis ac nos, funera tantum
His te ploretnus, det tibi læta Deus.

ALBERICUS, vir patiens et magni animi : devenit abbas Marchenus 1033. Cujus vita, fratrum regula. Obit 2 januarii 1048. Buzelini plura de eo, fol. 207.

MILDO, monachus et sacerdos subscribit cartæ de Bouvignies, anno 1033.

JOANNES primus, abbas S^{ti} Vedasti.

SANCTUS POPPO, primùm fuit præpositus S^{ti} Vedasti : dein abbas ejusdem loci. Item abbas Marchenus per unum mensem.

EMMELINUS, frater Wazonis Leodiensis episcopi, adductus per S. Popponem, vir prudens, præficitur bonis exterioribus administrandis 1049.

ADELELINUS, abbas S^{ti} Vedasti, obit 8 julii.

WIDO è Vedastino, post S. Popponem devenit abbas Marchenus 1048, nonis julii. Ejus conversatio, et sapientia inter fratres bonum ita respersit odorem : sapiens si quidem in administrandis exterioribus, et lucrandis animis, servum in domo Dei, non inutilem sese exhibuit. 1059 festo Pentecostes adest inaugurationi Philippi Galliarum regis. Sedit annos 20 et obit 13 kalendas octob. 1068. De eo Buzelin. fol. 209.

HERCHEMBOLDUS, abbas S[ti] Vedasti, obit 31 aug.

WALTERUS. Cum ineunte sæculo undecimo, fundatum esset collegium canonicorum apud Eenam, quo loci aderat ecclesia S[to] Vedasto dicata, locum hunc non multo post bellis destructum reparat Balduinus pius comes Flandriæ, ac Benedictinis viris concedit. Unde Walterus primus abbas 1063 assumitur a dicto comite, de grege Vedastino nec sinè causâ. Tunc enim Richardi, Leduini, Popponis optirum patrum soboles præ cæteris optima. Walterus solers operarius, in messem ingressus, inanem non navat operam, et ecce post triennium cœnobio S[ti] Sepulcri Cameracensis à beato Lietberto Cameracensium episcopo, receus erecto, illùc evocatur noster Walterus, peritus religionis sator, sicque Eenamense cœnobium reliquit, caro pastore destitutum : porrò ultimum illud cœnobium summâ cum laude gubernavit. 1081 ad fuit elevationi, seu translationi Sanctæ Bertiliæ apud Mareolum. Ipse prætereà habetur auctor vitæ S[ti] Vindiciani, ad Joannem primum abbatem S[ti] Eligii directæ, et obit Martio 1096.

ADLOLDUS, abbas S[ti] Vedasti.

HAYMO, 1075 degebat præpositus Berclavensis, tempore Hellini dapiferi comitis Flandriæ.

GERARDUS, nepos S[ti] Lieberti Cameracencis episcopi, oritur è Brachele territorio Alostensi. Primum fuit monachus et præpositus S[ti] Vedasti. 1076 fuit episcopus ecclesiæ Cameracencis et Atrebatensis, sub nomine Gerardi secundi et ultimi. Qui utrique ecclesiæ præfuit. Ab Henrico rege post acceptam investituram, sacratur a Raynoldo archiepiscopo Rhemorum 1078. Id tulit ægre Gregorius papa : electionem que ejus examinandam commisit Hugoni episcopo Diensi, lib. 4°, epist. 22ª. 1079, emendatâ suâ promotione, Alardum abbatem Aquicintinum ordinat. Corpus Sᵗⁱ Amati in novo scrinio recondit, Tervanensem que ecclesiam jamdiu cum episcopo turbidam, superiorum jussu regit. 1085 Strumense cœnobium fundat, et erigit juxta Mareolum. Tum ecclesiam Aquicintinam, et alteram Sanctæ Mariæ de Valencenis dedicat. Multum restitit clericis conjugatis, quibus ingressum chori interdixit. Cameracum auxit et muris cinxit. Fecit et ditavit hospitale Sᵗⁱ Juliani. Variis in locis benefecit. Vedastinis vero quædam altaria elargitus est. Plenus bonis operibus obit 2 augusti 1092, sepultus in ecclesia cathedrali Cameracensi, ibique sicut ad S. Vedastum habet anniversarium.

ALARDUS, è Sᵗᵒ Vedasto religiosus, Widoni abbati Marcheno succedit 1068. Verbo et opere non impar à suis prædecessoribus, nusquam secundantis operis extollitur eventu ; pauper sibi, dives fuit egenis. Non eumdem opinor fuisse, qui insecutus pedum pastorale Sᵗⁱ Vedasti 1067, remissus est Marchenas. Vivebat autem iste abbas, honore habitus anno 1089 et 1091, quo anno legitur obiisse. 1081 intervenit etiam cum aliis præsulibus elevationi Sanctæ Bertiliæ apud Mareolum.

HAYMERICUS, vir eruditionis singularis. Ad eumdem tantummodo Sanvedastinum, Yvo Carnotensis duas scrip-

sit epistolas ex Iveto, de corpore et sanguine Domini.
1088 fit abbas tertius Aquicintini. Ejus consilio Odo Aure-
lianensis fit monachus Tornacensis Martiniani, cum prius
esset ludimagister : speciemque monastices instituti
ibidem Sᵗⁱ Martini, nutantem fulcivit et roboravit. 1093
unus designatur e quatuor abbatibus pro electione Lamberti in episcopatum Atrebatensem delegatis. Tum Cla-
romotensi concilio adfuit. 1100 recipit brachium Sᵗⁱ Georgii à Roberto comite Flandriæ, qui has reliquias ex Jero-
solymis retulerat, primo que Aquicintum intulit, tum in
illius sancti honorem, ecclesiam propè Hesdinium construi jubens, primum lapidem substravit. Hinc origo prioratus Sᵗⁱ Georgii : demum obit 1102.

**Hic intermiscentur nonnulli Vedastini qui ex necrologio
transsumpti, in prima tempora incidunt.**

GEROLDUS	obit 6 januarii.
GUALDO	obit 10 januarii.
VICARDUS	obit 10 januarii.
HERMARUS	obit 13 januarii.
FRUMOLDUS	obit 20 januarii.
THETOLDUS	obit 21 januarii.
HAINFRIDUS	obit 24 januarii.
POPPO	obit 25 januarii.
RICFRIDUS	obit 1 februarii.
ENEROLDUS	obit 1 februarii.
MANASSES	obit 2 februarii.
ALDO	obit 3 februarii.
RICOARDUS	obit 5 februarii.

GUIFRIDUS	obit 8 februarii.
ELBALDUS	obit 18 februarii.
EVERBERTUS	obit 27 februarii.
WARNERUS	obit 9 martii.
FULCHERUS	obit 14 martii.
LETBERTUS	obit 4 aprilis.
SEGARDUS	obit 5 aprilis.
TETBOLDUS	obit 20 aprilis.
ACHARDUS	obit 29 martii.
ULBERTUS	obit 30 martii.
YZAIAS	obit 26 aprilis.
OIBALDUS	obit 27 aprilis.
WAGO	obit 29 aprilis.
RAYNHARDUS	obit 5 maii.
ALEXANDER	obit 12 maii.
LAYVULPHUS	obit 14 maii.
ULRICUS	obit 23 maii.
GUNTSELINUS	obit 7 junii.
ELVIRUS	obit 7 junii.
GUALO	obit 9 junii.
FALCO	obit 22 junii.
EUREMARUS	obit 23 junii.
MILO	obit 24 junii.
INGEBRANNUS	obit 28 junii.
JACOBUSlevita	obit 29 junii.
HITIERUS	obit 2 julii.
GUENEMERUS	obit 5 julii.
ALERANNUS	obit 7 julii.
ANNARUS	obit 10 julii.
EGESO	obit 11 julii.
WIARDUS	obit 11 julii.

Elbertus	obit 12 julii.
Ebroinus	obit 14 julii.
Alulphus	obit 16 julii.
Guntherus	obit 25 julii.
Algotus	obit 25 julii.
Godescalcus	obit 31 julii.
Hilvinus	obit 5 augusti.
Guarnerus	obit 19 augusti.
Seybertus	obit 19 augusti.
Ursio	obit 20 augusti.
Letbertus alter	obit 9 septembris.
Gunduinus	obit 9 septembris.
Oylardus	obit 12 septembris.
Aubertus	obit 17 septembris.
Ernaldus	obit 22 septembris.
Gamelo	obit 24 septembris.
Erembaldus	obit 7 octobris.
Riculfus	obit 17 octobris.
Alfridus	obit 19 octobris.
Gerulfus	obit 11 novembris.
Gunthardus	obit 15 novembris.
Rainlarfus	obit 2 decembris.
Letso	obit 3 decembris.
Richerius	obit 4 decembris.
Belihardus	obit 6 decembris.
Sarebertus	obit 14 decembris.
Galandus	obit 19 decembris.
Geroldus	obit 21 decembris.

Radulphus de Rhemis, obit 31 martii.

Juxtà chronologiam sequûntur :

GUIMANNUS. Alter is, à famoso Guimanno 1170. 1090 præpositus Hasprensis. Eodem anno subscribit cartæ Gerardi secundi episcopi Cameracensis de capellis Sanctæ Crucis et S^{ti} Mauritii Atrebatensis.

THEODERICUS Vedastinus. 1090 subscribit præfatæ cartæ et 1091 alteri de Theludio.

ATSO DE INCHY, circà 1080 maritatus, fit monachus. Dat Sancto Vedasto terram suam apud Longâstre.

ALARDUS. 1091 thesaurarius, fuit quidam, hoc nomine, cellerarius, ad hæc circiter tempora.

HATO, presbyter 1091.

GERBODO, cellerarius 1091.

WIGERUS, presbyter 1091.

ARNULFUS, presbyter 1091.

GODEBERTUS, presbyter 1091.

WIRINBALDUS, presbyter 1091.

MULGERUS, presbyter 1091.

WALBERTUS, presbyter 1090. Cartæ Gerardi episcopi subscribit.

GOTRANNUS, presbyter 1090. Dictæ cartæ subscribit, et obit 1 februarii.

HUGO, 1091 subscribit cartæ de Thelù.

HENRICUS.

GISLEBERTUS, 1106, eleemosynarius.

IBERTUS. 1115, prior major, obit 11 maii.

LETOLDUS, 1111 cellerarius.

ALMOURICUS, dat Sancto Vedasto xx m. terræ propè Rœux. Obit 31 januarii.

WASCELINUS. Capellanus: subscribit etiam cartæ Gerardi episcopi 1090.

DROGO, subscribit cartæ Henrici abbatis. Obit 6 februarii.

SAWALO, eidem cartæ Henrici subscribit. Obit 3 maii.

GERARDUS 1122 Major prior. Is, aut alter ejusdem nominis 1122 subscribit cartæ Caroli comitis, de Teloneneo et censibus, dicens in fine : « Ego Gerardus monicellus Sti Vedasti scripsi. »

GUILLELMUS, 1120 M. præpositus, 1122, 1124 camerarius.

HAYMO, 1122 M. præpositus.

BERNERUS, 1122 cellerarius.

HENRICUS, 1122 capellanus.

ADAM, eleemosynarius.

GOYFFRIDUS, subscribit 1115 cartæ.

SYHERUS, eidem cartæ 1115 subscribit. 1148 legitur præpositus Berclau.

HUGNOLDUS, 1124 subscribit cartæ pro Berny.

ROBERTUS primus, Armiger, dein monachus, per id temporis dat Sancto Vedasto jx mencald, terræ in Waencurt. Wiman n° 333.

JOANNES, monachus ad succurrendum, obit 27 novembris.

GUALTERUS seu WALTERUS, abbas Sti Vedasti.

Nicolaus, 1146 nominatur prior in cartâ de Pons, cum canonicis Ambianensibus.

Garinus, 1146 M. præpositus.

Guerricus seu Werricus, ex abbate Lætiensi fit abbas S⁙ Vedasti 1147. Obit 26 maii.

Ramardus, 1152 M. prior.

Joannes, 1148 præpositus Gorrensis.

Fedemarus, procurat, Gorrensis diu degens, translationem corporis S⁙ Gatiani è prioratu S⁙ Præjecti, ad Gorreas : quæ translatio anno 1151 circiter facta est.

Thomas, 1148 præpositus Hasprensis.

Martinus primus. Abbas S⁙Vedasti 1155.1145, M. prior. 1159 testis legitur in cartâ S⁙ Bertini. Item in cartâ Cison. Abbas inclytus præest Vedastinis per xxvj annos ; quibus expletis onus abdicat, dedit lx ; et obit 2 nonas junii. Sepultus in dextro latere ecclesiæ antè altare S⁙ Joannis. Abhinc creditur marmor ejus translatum propè Turrim retrò sacellum Bongii.

Balduinus, 1161, 1167 cellerarius. 1162, 1164 hospitarius. 1175 præpositus S⁙ Michaelis. Vir in ornamentorum ecclesiasticorum augmento studiosus, philacteriis ecclesiæ S⁙ Vedasti maximam impendit operam, ex Wim° n° 193.

Martinus, supprior 1152.

Bartolomæus, 1161, 1168 M. prior. 1167 simul præpositus. 1175 abbas S⁙ Walerici. 1188 redux degit in monasterio : dedit modium frumenti apud Servain. Obit 31 martii.

HENRICUS, 1161, 1168 eleemosynarius. 1175 camerarius. 1177 præpositus Berclavensis.

EVRARDUS, 1161, 1167 thesaurarius. 1162, 1164 cellerarius. Inter cætera suæ devotionis ornamenta auream pixidcm ad dominici corporis repositionem super altare appendit.

RAYNELMUS seu RAINELMUS, 1161, 1167 camerarius.

CHRISTIANUS, 1161, 1167, 1175 hospitarius.

FULCO, 1161 tertius prior. 1162 prior Hasprensis. 1168 supprior, item 1175.

LAMBERTUS, 1162 supprior.

ISAAC, 1161, 1167 tertius prior. 1175 ædituus. 1195 M. prior.

GISLEBERTUS, 1161 cantor.

JOANNES DE VY. quod nomen potius à patriâ seu Vis-en-Artois, quam aliundè crediderim tulisse. 1161, 1162 thesaurarius. 1177 infirmarius. 1184 abbas S^{ti} Vedasti. Obtinet insuper a SS° P. P. usum annuli pastoralis. Obit 18° kalendas decembris 1186, tumulatus in sinistro cornu altaris S^{ti} Nicolai.

BOAMERDUS, presbyter 1161.

GISLENUS, 1161, 1162, 1164 M. prior.

ANSCHERUS, 1162 eleemosynarius. 1164 camerarius. 1164 cellerarius.

GUILLEMUS, 1161, 1164 supprior. 1193 præpositus Berclavensis.

ROBERTUS, 1161 armarius, seu cantor. 1162, 1167, 1188 camerarius. 1189 præpositus S^{ti} Michaelis.

JOANNES, capellanus 1161, 1168. Posset is coincidere cum Joanne de Vy supradicto.

BALDUINUS, 1161, 1162 hospitarius. 1164 camerarius. 1175 præpositus Berclavensis.

BOAMANDUS vel AMANDUS, 1167 subscribit cartæ de frumento debito à Marchenis apud Bigartium, nunc statui Buffeti. Quidam Amandus legitur præpositus Hasprensis 1197, dein abbas S[ti] Vedasti sed falsò. Is potius fuit sæcularis præpositus comitis, eo loci. Abhinc fuit detectum quod vixerit ad hæc tempora Amandus Prævost fædatarius S[n] Vedasti apud Haspras.

GERARDUS, subscribit cartæ de Saintines 1164. Item 1167 alteri de frumento debito à Marchenis. 1175 thesaurarius.

GUIMANNUS, 1161 jam presbyter. 1170 incipit famosum registrum. 1175 cellerarius. Vocatur autem à D. Ant[o] le Taverne magnus præpositus: hoc nimirum sensu quod cellerarius tunc ageret, quod nunc præpositus aquarum. 1190 præpositus Gorrensis. Obit diæ S[ti] Marci 1192. Fusè alibi de eo.

LAMBERTUS, frater Guimanni præfati. 1161, 1164 tertius prior. Thesaurarius. 117.. 1188 magnus prior et armarius simul : continuat registrum fratris circâ 119...

JOANNES HAYNOCURTENSIS, nepos ex matre Martino 1[o] præfato. 1162 præpositus. 1175 M. prior. Dein abbas Haynocurtensis, non procul à Cameraco: undè nomen retinuit. 1186 abbas S[ti] Vedasti. Obit ex minutione sanguinis, vena apertâ, 15[o] kalendas Augusti. Sepelitur juxtà avunculum ante altare S[ti] Joannis Baptistæ, 1090.

RAINERUS, 1162 ædituus.

GUALTERUS, 1161, 1164 camerarius.

ROGERIUS, 1175 præpositus de Gorrâ.

MARINBODO, MAYNBOBO vel MANIBODO, magnus præpositus, 1175, 1188.

GOBERTUS, 1161 diaconus.

THETSO, 1161 diaconus.

HAYMON, 1161 diaconus.

JOANNES DE HAYMON QUESNOY, seu ex Querceto in Hannoniâ. 1175 præpositus Hasprensis. 1190 abbas S[ti] Vedasti. Obit 7° idus maii 1194 terræ mandatus ad dextrum latus sacelli Joannis Baptistæ.

INGELBERTUS, 1161 subdiaconus.

PETRUS, 1161 subdiaconus. 1188 subscribit cartæ de Vinagii exemptione in Mailly. Quidam ejus nominis factus monachus, dein eleemosynarius, dat S[to] Vedasto xxij mencal. terræ in vico Hennin. Wim. n° 333.

GUENEMO, 1161 subdiaconus.

ALARDUS, 1193 cellerarius.

NICOLAUS, subscribit cartæ 1161 ; 1175, 1190 cantor.

HUGO, 1175 succentor. 1189 eleemosynarius. Creditur 1193 præpositus Hasprensis et inde 1194 abbas Lætiensis: haud bene a Lætiensibus collaudatus.

JOANNES li LOHERENS. Presbyter 1175; 1188, 1189 supprior.

HENRICUS, 1175 eleemosynarius; 1189 camerarius; 1194 abbas S[ti] Vedasti.

ISAAC, eleemosynarius 1191.

LAMBERTUS de Hasperâ, presbyter 1175.

RADULPHUS, presbyter 1175, tertius prior 1189.

ROBERTUS, presbyter 1175, infirmarius 1189, cellerarius 1191.

GOSSUINUS, 1175 presbyter. Obit 25 januarii.

CLEMENS, 1175 presbyter. Subscribit 1164 cartæ de Saintines. Item alteri de decimâ de Rœux et Fampoù.

HERBRANDUS, 1175 presbyter.

BALDUINUS, puer in scolâ 1161. Presbyter 1175.

GUALTERUS, presbyter 1175. Memoratur 1194, nomine Walterus in cartâ Ludovici regis de Angicurte, tuncque illius loci creditur præpositus.

HENRICUS DE BADE, 1175 presbyter; 1189 supprior; 1190 hospitarius.

EVRARDUS, 1161 puer; 1176 presbyter.

INGELBERTUS, 1175 diaconus.

ROBERTUS, 1175 diaconus.

BALDUINUS DE HANON, 1175 diaconus; 1207 præpositus Berclavensis.

SYMON, diaconus 1175.

ALELMUS, 1175 subdiaconus cum sex sociis.

MATHÆUS, 1175 subdiaconus.

GUERRICUS, 1175 subdiaconus; 1213 præpositus S[ti] Michaelis.

GILLEBERTUS, 1175 subdiaconus; 1189 tertius prior; 1190 supprior; 1201, 1202 magnus prior.

PETRUS DE HINCHI vel DE INCHRATO, 1175 subdiaconus.

1188 capellanus; 1190 infirmarius; 1195 cellarius; 1201 subscribit cartæ de Villâ Stratæ, Etrées vulgò.

Gerardus e nobili stirpe de Spineto (Espinoy), puer circà 1162, 1175 subdiaconus. 1189 subscribit cartæ de Servain ; 1200 ciciter præpositus Berclavensis. 1209 fit religiosus Clarevallensis.

Joannes de Angicurt, 1175 subdiaconus. 1195 presbyter subscribit cartæ de decimâ de Simencourt, circà 1210 concordiæ cum Majore de Vaux, hominelegio S^{ti} Vedasti.

1175 erant 8 pueri in scolâ:

Eustachius.... puer 1175. 1202 memoratur in cartâ de Vaux Eclusiers.

Syherus, 1175 puer.

Rodulphus, 1175 puer.

Martinus, 1175 puer. 1202 supprior. 1213 cantor. 1213 M. prior. 1230 degit adhuc in monasterio, uti senior.

Hugo, 1175 puer.

Theodoricus vel Tierricus, puer 1175. M. præpositus, aut suppræpositus 1230.

Wilelmus de Obert, 1175 puer. 1202 subscribit cartæ de advoc. de Vaux. 1204 M. prior. 1210 M. præpositus.

Venemarus de Canteleu, 1203 præpositus Gorrensis, designatur talis in cartâ Gálteri castellani Duacensis datâ pro Hamblain anno 1201.

Henricus. Ex abbate Marcheno 1176. Ad S. Vedastum appellit 1184 postulatus abbas.

ADAM, 1232 granatarius. 1232 deputatus contrà canonicos Atrebatenses pro facto vici S^{ti} Joannis Baptistæ.

BERNARDUS, presbyter et procurator monasterii, id est, officiarius. 1219 subscribit cartæ pro Berny.

JOYFRIDUS vel GEFRIDUS, 1201 subscribit cartæ de Villâ Stratæ (Etrées). 1202 Item cartæ de advoc. de Vaux.

RENERUS DE TENQS. 1204 supprior. Dein abbas e Vedastino grege, ad S. Salvium de Monsteriolo. 1230 reversus monasterium, uti senior degebat.

JOANNES DE LAENS, 1211 reddituarius.

CHRISTIANUS, 1218 legitur præpositus de Pontibus (Pons in Picardiâ).

EGIDIUS, recensetur 1210 in cartâ de decimis de Markillies.

GOSSELINUS, presbyter 1201 subsignat cartæ de Saintine. Item 1204 cartæ de decimâ Rœux et Fampoù.

DODO, 1202 memoratur in cartâ de advoc. de Vaux. Item Peronæ subscribit cartæ pro Berny. Obit 14 decembris.

RAYMUNDUS, monachus et jam.... Santidyonisii in Hannoniâ. 1200 abbas S^{ti} Vedasti. Amotus 1206.

ODO, recensetur in cartâ 1183 de Angicurto : saltem alter ejusdem nominis, fit abbas S^{ti} Vedasti 1206.

ALARDUS.

PHILIPPUS, 1218 præpositus de Pontibus.

BALDUINUS.

Ad hæc tempora possunt figi sequentes Vedastini è Necrologio collecti, sine sæculi vel anni designatione.

Joannes de Villête	obit 25 januarii.
Matheus de Coinchy	obit 15 martii vide....
Balduinus de Cambignueil	obit 29 martii.
Petrus de Macoignies	obit 12 aprilis.
Adam Cantaing	obit 15 aprilis.
Petrus Savigny	obit 23 maii.
Lambertus de Pollevacque	obit 23 maii 13....
Joannes Grumiaus	obit 26 maii.
Andreas de le Croix	obit 4 junii.
Joannes du Herlin	obit 8 junii.
Jacobus Hukedieu	obit 18 junii.
Lambertus de Rauville	obit 27 junii.
Bartholomæus de Verneuil, levita	obit 29 junii.
Joannes Baqler levita	obit 5 julii.
Jacobus Doumiers	obit 6 julii.
Egidius Regius	obit 11 julii.
Joannes Sauvage	obit 6 augusti 12....
Henricus de Biauvaing	obit 21 augusti.
Hugo de le Cauchie	obit 27 augusti.
Joannes de Harmes	obit 28 augusti.
Joannes de Roy	obit 5 septembris.
Godefridus Sauvages	obit 18 septembris.
Joannes de Mieville le Roy, prior 13... vel 14...	obit 21 septembris.
Albricus de Rains	obit 4 octobris.
Egidius de Ville	obit 6 octobris.

Egidius de Thielu	obit 7 octobris.
Joannes Dᵇᵘˢ de Bailleul, monachus ad succurrendum	obit 27 septembris
Jacobus le Maire, monachus ad succurrendum	obit 6 octobris.
Hellinus Cossél, cantor 135.	obit 13 octobris.
Adam de Faverôles	obit 14 octobris.
Odo de Harmis, 1300	obit 16 octobris.
Walterus Vigne	obit 28 octobris.
Wilelmus de Pont	obit 23 octobris.
Petrus de Remis, 12...	obit 2 novembris.
Guido de Angicourt	obit 28 novembris.
Joannes Descampes 13.. vel 14..	obit 28 novembris.
Nicolaus du Pont	obit 30 novembris.
Nicolaus de Castello	obit 6 decembris.
Nicolaus Copin 13...	obit 7 dec...
Philippus de Pontibus	obit 10 dec...
Nicolaus de Curia	obit 17 dec...

Joannes a Basseia, 1213 supprior. 1225 præpositus Gorrensis. Ipso die obitûs Odonis 1228, renuntiatur abbas Sᵗⁱ Vedasti. Obit 22 maii 1236.

Hugo li Pontenier. Erat deputatus in facto vici Sᵗⁱ Joannis Baptistæ, 1232, adversus canonicos Atrebatenses. Vide si non idem ac fol. 24 : vel idem ac abbas Hugo, infra fol. 28.

Nicolaus de Haspera, subscribit cartæ de Saintines 1201. 1230, 1232 magnus prior. Degebat adhuc 1245, imo is vel alter ejusdem nominis suppræpositus 1257.

VEDASTUS, 1195 subscribit cartæ de Stra- ⎞
tis, 1201 et alteri 1204.   ⎟ Conversi
ROBERTUS, 1213.   ⎬ fratres
JULIANUS, 1213.   ⎠ leguntur.

ROGERIUS, 1216 subscribit cartæ de Bergis, cum fratre Henrico, et hominibus legiis S[ti] Vedasti, illic commorantibus. 1230 suppræpositus.

HENRICUS, 1230 præpositus Saliensis.

GUIDO, 1230 presbyter præpositus de Stratis (Etrées), ibidem ut creditur residens, tanquam in villâ dominicatâ.

MARTINUS secundus. Anteà monachus S[ti] Martini de Campis : dein abbas Latiniacensis, fit a SS° PP° abbas S[ti] Vedasti die Sanctæ Agnetis, anno 1236 vel 1237. Obtinet a SS° Pontifice usum mitræ et infularum pontificiarum et jus suis conferendi minores ordines. De suis bene meritus, obit ... junii 1249.

EUDES DE SISSONS vel de SOISSONS, 1241 suppræpositus.

PETRUS, 1245 M. prior.

HUGO, 1248 magnus præpositus 1249... junii, consensu Vedastinorum promovetur in abbatem S[ti] Vedasti, solemni processione recipitur...... die relationis S[ti] Patroni 1250. Obit ... augusti 1250 fulmine ictus.

CHRISTOPHORUS. Quidam hujus nominis erat procurator monasterii, in causâ Telonei 1224. Vide Wiman n° 81. 1250 circiter, abbas S[ti] Walerici. Dat Vedastinis xx manc. frumenti : habet que anniversarium, obit 17 novembris.

PAULUS, vir facundus. 1228 præpositus Hasprensis, dein magnus præpositus. 1252 fit abbas S[ti] Vedasti.

Aggreditur præsentem ecclesiæ molem : dedit decem libras in Anneulin et multa alia, et obit 1262, 2ᵃ maii.

JOANNES DE SOISSONS, 1251 magnus prior. Etiam 1275 nisi alter ejusdem nominis sit. Obit 29 julii.

SIMON SOR. .., 1251 suppræpositus. Idem forte ac sequens.

SIMON NOVIOMENSIS, 1260 suppræpositus. 1262 abbas Sᵗⁱ Vedasti : dedit xl libras annuatim et alia. Habet anniversarium 6 kalendas septembris, obit 21 augusti 1279.

PHILIPPUS, 1260 præpositus Hasprensis.

WALTERUS DE HESDIN, 1270 obit 2 junii.

JOANNES LE CAT, 1270 : obit 26 septembris.

PETRUS DE HASPERA, 1270 granatarius; 1280 magnus præpositus.

THEOBALDUS DE SAINTE-GEMME, 1268, 1275 supprior. 1280 magnus prior. Tumulo ejus in sacello Sᵗⁱ Joannis Baptistæ apponitur marmor anno 1448.

GARINUS, abbas Sᵗⁱ Vedasti 1279. Poëta insignis, orator SS. ac profundissimus theologus. Fuit tumulatus chori medio, proximus crepidini Aræ primariæ, cui stratum humi marmor sub laminis æneis et inciso epitaphio, injuriâ temporum deleto, revulsum est, cum anno 1702 chori pavimentum renovaretur.

GERARDUS PILAGNET, 1292 cellerarius.

ELIGIUS PREVOST, 1294 præpositus Sᵗⁱ Michaelis. Creditur etiam fuisse præpositus Berclavensis. Legitur enim quidam ELIGIUS in hâc ærâ, hâc dignitate insignitus.

EGIDIUS DE CHITE.

Egidius Lotin, 1281 suppræpositus. 1296 magnus præpositus.

Walterus de S' Jury (id est Gery), obit in monasterio 10 junii.

Egidius d'Haspres, obit 2 julii.

Henricus de Beauvais, vide, in fol. 26.

Petrus de Rains, vide 27.

Nicolaus Guosset.

... Aubry.

Andreas Kakemare, obit 23 aprilis.

Eustachius de Dours, obit 2 novembris circà 130...

Nicolaus Castel, obit 2 ... vide fol. 27.

Huon de Gorre (sive Hugo).

Hubertus, obit in monasterio 1304, vel 1303, cujus mors annuntiata ad p.p^{ras}, sub stipendio 5 solid. pro nuntio.

Philippus de Capy.

Alexander, qui creditur nomine Pilâte, et obit 6 novembris.

Petrus de Roy, legitur: nonne potius sequens foret.

Rodulphus de Roy, 1297 abbas S^{ti} Vedasti, obit 12 maii.

Huon (Hugo) de Berneville, obit in monasterio 1293, 19 junii.

Nicolaus de Pons, vide fol. 27, obit 1293.

Nicolaus du Fermont. Ad hæc tempora recensetur, donatque pitanciam, die anniversarii nonas (sic) decembris.

Philippus Marginal, 1298 præpositus S⁰ Michaelis.
1295 deputatus ad episcopum Sylvanectensem, pro conse-
cratione ecclesiæ. Obit 12 octobris.

Michel Coupliaus, 130... suppræpositus, obit 30 martii.

Florentius de Ville, 1304 magnus præpositus, obit
19 septembris.

Theobaldus de Milly, 1308 magnus prior, obit 10
martii.

Petrus de Villers, 1302 prior Hasprensis. 1306 receptor, obit 18 decembris.

Petrus Duport seu Devillers, 1304 abbas S⁰ Vedasti.
Obit 24 januarii.

Gerardus de Compiègne, 1308 præpositus Berclavensis
amovetur. 1322 degebat privatus senior. Obit 24 decembris.

Joannes de Candivilla, 1310 præpositus Berclavensis
amotus. 1310 8 decembris interpellatur ab abbato reddere
claves cellarii in monasterio.

Nicolaus le Caudrelier, puer in scolâ memoratur
1270, 1306 præpositus Hasprensis. 1308 abbas S⁰ Vedasti.
Obit valde senex, 1308 electus abbas, ex villâ Hervain
decessit equo vectus 12 junii ad apostolicam sedem, ad
munus benedictionis recipiendum.

Joannes de Sainte Gemme, 1308 receptor, 1315
magnus præpositus. 1316 præpositus S⁰ Michaelis, 1329
granatarius.

Odo du Friés, 130... supprior.... Obit 6 septembris.

Simon de Haspris, 1308 tertius prior. Quidam nomine
Simon erat magnus prior 1318.

Balduinus, 1308 cantor.

Joannes Susenne, 1294 socius Hasprensis, obit 19 januarii 13...

Stephanus de Paris, hæret Hasprensis socius 1294, obit 29 junii.

Englebertus seu Ingelbertus Louchart Atrebas, 1304 suppræpositus. 1316 magnus præpositus. 1338 suppræpositus.

Odo seu Eudes de Sachy, 1308 supræpositus. 1322 præpositus Maniliensis. 1330 præpositus Berclavensis, obit 11 januarii.

Robertus de Vhé, alibi de Vé. Redux ex Haspris 1294. 1308 præpositus Saliensis, 1338 præpositus Sti Michaelis. 1330 degit senior in monasterio, 1332 præpositus Angicurtensis, obit 1334.

Circà æram 1292 memorantur sequentes, tam seniores, quam pueri, non ità recto ordine elocati. Inter eos multi, modo sumentes cognomen de patriâ, modo de nuncupatione sibi propriâ. possent, si forsan, duplicari.

Jacobus Bochus.

Joannes Pastorellet.

Joannes Willet.

Odo Caillrier.

Petrus Douchevallée.

Simon Gore.

Joannes de Ciry, adfuit instrumento Berclavensi 1310, obit 27 septembris.

Mathæus de Montdidier, 1310 degens ex eodem instrumento Berclavensi in monasterio. Item 1322..obit 10 octobris.

Petrus de Meuricourt.

1293, noscuntur pariter :

Ingerannus de Bussy, obit 7 septembris.

Andreas de Lonqcpont, vivebat adhuc 1321 : non multò post fato functus.

Walterus Flament, prof.

Joannes de Hesdin, obit circiter 1330.

Joannes Fillex.

Robertus du Bos.

Robertus Castenoi, obit 7 novembris.

Simon de Bitery, prof.

Simon de Bulecourt, obit 8 januarii.

Egidius d'Annequin, obit 21 junii.

Wilelmus Mangé, alibi de Maugré.

Florentius Neele, prof.

Joannes Noientel, obit 15 julii.

Mathæus de Noion, obit 13 augusti.

Joannes Pilleville de Blicourt, 1316 quartus prior, obit 5 junii.

Picous.

Petrus Merenville, prof.

Andreas de Neue, degebat adhuc 1322.

ODO MANCEIUS, alibi MAUCRUES.

WILELMUS DE SOISSONS, obit 24 martii.

JOANNES LI VERGUIERE seu VERDIERES.

NICOLAUS DU MONT ST-ELOY.

SIMON DE LIENCOURT.

Recensentur 1294:

JOANNES LI TEMPLIEZ.

ROBERTUS DE. LISLE, obit 16 septembris.

JOANNES DE DIEVART, obit 17 januari 13...

PETRUS DE CORBIE, obit 15 februarii.

Asso, obit 24 januarii.

JACODUS D'ARRAS.

JOANNES MAROTEL.

WILELMUS DE MILLI, prof.

RENAUT DE DOUAY, obit 16 octobris.

JOANNES RAVENEL.

ANSELMUS DAMIENS.

EGIDIUS LE BEGHIN, Atrebas.

RENERUS LI ENFÉS.

HUGO DE MULLI.

MILO.

EGIDIUS DE SAUTY, prof.

GERARDUS DE DOUAY.

GERARDUS DE ARENIS. 1309 deputatus pro facto Hasprensi.

PETRUS DE BUCHOIRE, obit 7 januarii.

JOANNES DE RIBEMONT, obit 20 junii, e prosapiâ Roberti.

GERARDUS DE SAINTE GEMME, ex Dorlano natus 1321 magnus prior, obit 25 aprilis.

PETRUS DE TOURNAY. 1323 præpositus S^{ti} Michaelis.

PETRUS DE HAPRES. 1329 granatarius.

EUDES LE ROUGE.

EUSTACHIUS LE CORNU.

RADULPHUS DE ERCHIN. 1322 præpositus Saliensis, 1328 præpositus de Gorrâ, obstat archiepiscopo Remensi prætendenti jus procurationis. Non multo post obit 19 septembris.

JOANNES CARDON.

P... D'AVESNE.

JOANNES COSSET.

JOANNES DE BASSEUS. 1317 suppræpositus, 1326, 1328 granatarius, decedit 6 junii.

EGIDIUS DE PUISSEAU.

JOANNES DE SOISSONS, obit 29 julii.

NICOLAUS DE ST-OMER.

JOANNES DE ST-MICHEL.

SIMON DE SARRIS. 1290 jam religiosus, 13... receptor, 1329 prior major, Officium illud præ senio derelinquit : ob servitia donatus pensione 26 lib. super prioratum, obit 5 augusti.

WALTERUS DE MOILAINS. 1313 suppræpositus, 1329 præpositus Maniliensis, 1322..., 1330 circiter præpositus Gorrensis, 1333 præpositus Saliensis, 1339 præpositus Sᵘ Michaelis. Obit 9 octobris.

PETRUS DE DOUAY. 1316 reffectuarius, 1330 præpositus Sᵘ Michaelis, 1334 socius ibidem senior. Obit 22 maii 1344.

GODEFRIDUS D'ATHIES. 1330 præpositus Gorrensis, 1348 socius Hasprensis.

MATHÆUS DE MOY. 1327 præpositus Hasprensis 1330, 1340 magnus præpositus. Vivebat adhuc 1348. Obit 12 aprilis.

JOANNES DU PONT. 1316 it ad Castrum Cameracense pro ordinibus suscipiendis, 1326 receptor, 1326 suppræpositus, fato functus 6 maii 1334, vel 1335.

JOANNES LOUCHART, Atrebas. 1330 cellerarius.

NOTA. — 1330. Tunc in monasterio erant 46 presbyteri et 16 pueri.

EUSTACHIUS DE MEURICOURT seu de MINORI CURIA. 1328 reddituarius, 1330 receptor, 1337 22 januarii fit Abbas Sᵘ Vedasti. Studiosus intendit sacræ suppellectili. Abacum Aræ majoris perficit. 1370 grandævus onus pastorale deponit.

NICOLAUS LE BOURGUIGNON, presbyter.

CLAUDIUS CRESPIN d'Accabli, vir pius, monachus et professus ante mortem, seu monachus ad succurrendum creditur. E vivis decessit 18 julii 1316. Is juxtà epitaphium rudis stili legitur nominatus *sires Bandes Crespin d'Arras fu vallés le Roy.* Sepelitur ad S. Vedastum in sacello Sanctæ Mariæ a· latere evangelii. Medio ejus sacelli aderat aliud epitaphium pro Joanne Crespin filio Bandes Crespin, juniori, cum his gentilitiis. Sed marmora illa in renovatione pavimenti 1702 sublata sunt.

Egidius d'Estrumel. 1322 fit thesaurarius Hasprensis: jam senior 1334 ibidem residet. Reliquit e bonis suis patrimonii domum quamdam apud Demencourt monasterio addictam.

Andreas de Beauvais. 130... adit urbem Turonensem. 1330 socius Hasprensis senior. Socius Berclavensis 1332, 1337, degit in monasterio infirmus 1344. Mortem oppetit 29 januarii 1347.

Joannes de Vassogne. Hasprensis senior 1330, 1332 Berclavensis. Iterum Hasprensis 1334, 1340. Moritur 8 octobris.

Petrus de Roy, è stirpe Simonis. 1330, 1337 Gorrensis, 1334, 1340 Berclavensis.

Geraudus le Blont. Degens Gorris 1330, 1334, 1322. 1332 æger interdiu hæsit in monasterio.

Philippus de Hardencourt. 1310 degit in monasterio 1330 socius Berclavensis, obit 2 februarii.

Petrus de Soissons. 1330, 1332 socius ad S. Michaelem, 1334 ibidem præpositus, 1340 ibidem hæret uti senior socius, 1334 æger degit in monasterio. Obit 24 januarii, sequentibus annis.

Wilelmus de Burles. 1330, 1334 præpositus in Moilain ædificat apud Moilain pistrinum pro oleo, hâc ordinatione quâ medium fructùs ad se viventem, posteà totum monasterio cederet.

JOANNES DE MOIENNEVILLE e prosapiâ Petri. Fit doctor Sorbonius Parisiis, 1328 supprior, 1330 præpositus Angicurt. 1334 præpositus Berclavensis. Is vel alter ejusdem nominis studebat Parisiis 1348. An sit identitas vel diversitas personæ, huc usque manet impervium. Ut ut sit, legitur 1354 præpositus Angicurt. 1369 usque 1390 præpositus Hasprensis. Cui viventi et grandævo successit alter nomine D. Joannes de Laens. Vocabatur autem magister et præpositus Hasprensis 1390. Obit 1391 circiter.

PETRUS DE RAINS. 1328 cantor, 1330 supprior. Obit 21 octobris 1340 circiter.

THOMAS DE LE VIGNE, Atrebas. 1330 tertius prior, dein thesaurarius. Obit 30 novembris.

HENRICUS DE PONTHIEU. 1328 præpositus Berclavensis, 1332 residet in monasterio, ubi defunctus 1334, vel circùm circà.

EUSTACHIUS LE CAUDRELIER. 1333, 1354 granatarius. Quidam *Eustachius* nomine erat magnus prior 1360.

WILELMUS LE BOURGUIGNON. 1330 subcellerarius, 1344 cellerarius, 1354 reffectuarius.

JOANNES SEGHIN. 1330 reffectuarius, 1337 præpositus Maniliensis, 1343, 1345 præpositus Gorrensis.

JOANNES DE HAPRES. 1318 sacrista, 1316, 1328 vinitor, 1333 thesaurarius.

ANDREAS DE LE HALLE è stirpe Nicolai. 1330 hospitarius, degebat 1339, moritur 7º februarii.

Nicolaus de Pienes, aliàs Pesmes, è stirpe Aubertini. 1333 sacrista, morti concedit 20 septembris.

Joannes de Montereul è prosapiâ Hugonis et Petronillæ. 1328 receptor, 1329 præpositus Angicurt, 1330 sacellanus abbatis. Foràs monasterii obit 9 octobris 1332.

Gerardus de Vregelay. 1330 quartus prior...., defunctus 27 julii.

Robertus de Moyenvillers. 1330 primus sacellanus abbatis, è vivis obit 10 augusti.

Joannes de Castillon. 1330 eleemosynarius. Morti concedit 1334.

Joannes de Noion. 1334 socius ad Sanctum Michaelem. Tunc ibi tres religiosi.

Renerus de Loiry. Jam presbyter 1330, in monasterio degebat 1332.

Petrus de Harmes. 1330 magister cantor, 1334 sacrista, 1345, 1348 thesaurarius.

Nicolaus de Vrely. 1330 magister puerorum, 1334, 1348 vinitarius.

Joannes le Normant. 1330 etiam magister puerorum, 1334 tertius prior, mortuus 12 septembris.

Jacobus de Larbroye. 1330 reddituarius, 1339 suppræpositus.

Andreas Crespin, Atrebas. 1330 maitre des hénas, 1340 hospitarius, 1343, 1345 præpositus Berclavensis.

Robertus de Boves. 1334 socius ad Sanctum Michaelem, 1337 socius Gorrensis, 1340 ibidem præpositus sed dubiè, 1343, 1354 socius Hasprensis.

MARTINUS ACHARIOT, Atrebas. 1334 Berclavensis, 1345 quartus prior, 1354 præpositus Saliensis.

1322. Famuli, ad Sanctum Vedastum aderant numero quadraginta, absque decem vel octo pro abbate.

JOANNES DE PAILLUIEL. 1330, 1334 Hasprensis, 1334 defunctus creditur.

ALARDUS DE RIPÉMONT, alibi RAMPÉMONT. 1330 Berclavensis, 1345, 1348. 1332 Hasprensis, 1343, 1344 interdiu in monasterio, 1352 Gorrensis religiosus.

JOANNES DE WAILLY. 1330, 1334 Gorrensis, 1345, 1354 tertius prior.

JACOBUS DE HALLOY è prosapiâ Guifridi : 1339 sacrista, 1343 adhus degit in monasterio, obit 25 novembris.

PETRUS DE SAINTE-GEMME. 1330 succentor, fato functus 1333.

ROBERTUS DE NEUVILLE. 1334 cantor, 1348 reffectuarius, 1353 in monasterio.

EGIDIUS DE HAUSSY. 1330, 1337 socius Gorrensis, 1339 socius Saliensis, morti concedit in monasterio, ...januarii 1341.

JOANNES LE PELETIER, Compendiensis. 1337 subcellerarius, 1338 præpositus Angicurtensis, diem extremum claudit 3 julii.

JOANNES DESCUIRI è stirpe WILELMI. 1340, 1354 subcellerarius, 1348 supprior, 1366 reffectuarius.

NICOLAUS DE LOISNE. Jam religiosus 1316, 1334 secun-

dus sacellanus abbatis 1332, præpositus Angicurtensis
133..., 1345 receptor, mortem oppetit 25 decembris.

JOANNES DE VILLENEUVE. 1332, 1334 Hasprensis, 1340
socius ad Sanctum Michaelem, 1343 in monasterio, 1354
supprior, simul cantor 1356, defunctus est 30 januarii...

NICOLAUS DES CAPELLES. 1334, quartus prior, 1338
supprior, 1337, 1340 præpositus Hasprensis, 1344, 1345
cantor, 1353 præpositus Angicurtensis, 1354, hospitarius.

PETRUS COSSET. 1330 sacellanus Domni Prioris, 1337
quartus prior, 1338 tertius prior. Obit in monasterio
1343 circiter.

RENERUS PEUVRIEL vel PEVERIAUS. 1330 socius ad S.
Michaelem, 1343, 1345 ibidem præpositus. Quidam nomine Renerus erat præpositus Berclavensis 1354.

HELLINUS DE WARLINS. 1330, 1332 Berclavensis, 1340
supprior,... cantor, 134... sacellanus abbat., 1345 præpositus Maniliensis, 1356 suppræpositus, 1358 magnus
præpositus. Sepultus ad ima altaris SS. Confessorum, seu
sacelli M. pptorum.

PETRUS DE FOUQUIERES. 1334, 1338 sacellanus abbatis,
1340 reddituarius, obit 10 novembris 1341.

Sequela Juniorum anno 1330 reperta (n° 18) sub litterâ A.

A. JOANNES ROLLANT. 1340 Berclavensis religiosus, é
vivis obit 28 junii.

A. JACOBUS DU TEMPLE. 1337 socius ad S. Michaelem,
naturæ sortem subit, 28 augusti.

A. Nicolaus de Mas. 1339 quartus prior, 1344 supprior, 1354 præpositus Gorrensis ... dein præpositus Hasprensis, obit 25 septembris.

A. Andreas Louchart, presbyter... Creditur defunctus 1337.

A. Petrus Lenchepois. Fortasse idem ac Petrus Fouquiers, fol. 41.

A. Joannes du Crocquet. 1343, 1345 Gorrensis.

A. Joannes de Grincourt. 1363 eleemosynarius, 1373 simul sacrista 1379.

A. Joannes du Pouchiel é prosapiâ Petri. 1337, 1340 Hasprensis, 1345 præpositus Saliensis, 1353 prior Hasprensis, 1354 thesaurarius Hasprensis, è vivis decedit 4 sept.

A. Petrus de Sarris.

A. Andreas de Grebauval. 1343, 1345 religiosus Gorrensis.

A. Joannes Roysant. Presbyter in monasterio degens 1345, 1348.

A. Simon Louchart. 1340 præpositus Berclavensis, 1344 præpositus Hasprensis, 1360 magnus præpositus.

A. Rogerius de Vimy seù de Vimmiaco. 1343 presbyter in monasterio, 1348 cantor cum honorario C...

A. Engherandus seu Ingerannus Talleus. Idem creditur ac Darloes, 1340, 1344 reddituarius, 1341 reffectuarius.

A. Wilelmus de Briffeuil.

A. FLORENTIUS DE LE CAUCHIE. 1345 socius in Gorris. Moritur 18 januarii.

A. SIMON DE Sᵗ QUENTIN. 1343, 1345 religiosus Berclavensis, 1354 Gorrensis.

A. PETRUS DE MONTGOMBERT. Professus 1334.

A.? WILELMUS D'AUBRICHICOURT. 1338, 1343 Hasprensis. Nonne idem ac Wilelmus Briffeul, fol. 42.

JOANNES MEHAUT. 1338 ducitur ad scolas Parisienses per magnum præpositum, 1344 adit Avenionem allocuturus Papam, 1345 præpositus Sᵗⁱ Michaelis... 1354 præpositus magnus.

JOANNES DE BAILLELET. Artium licentiatus, 1340 Hasprensis, 1344 in monasterio, 1346 sacellanus abbatis, 1350 præpositus Sᵗⁱ Michaelis, 1366 magnus prior, fato functus 7 julii.

PETRUS DORESMIAUS (s ou x). 1349 reddituarius, 1352 sacellanus abbatis, 1354 cellerarius.

1340. Erant Vedastini 70 professi.

JOANNES DU MONT ST ELOY. 1343 eleemosynarius, 1354 sacrista.

JOANNES DE BERNEVILLE. 1352 sacellanus abbatis, 1354 receptor, 1368 promotor officialit. magni prioris, 1370 præpositus Maniliensis, 1372, 1373 præpositus Gorrensis, moritur 25 aprilis.

NICASIUS DE GOINQUELIEU. Creditur idem, ac Nicasius

de minore curiâ. Subdiaconus 1344, 1348 socius Hasprensis.

RENERUS DE PONTHIEU. 1330 socius ad S. Michaelem.

PETRUS DE CREEL. 1340 socius S^{ti} Michaelis, ibi adhuc 1354, 1363 Gorrensis, 1370 prior Hasprensis, 1373 subcellerarius, è vivis obit 24 octobris.

MICHEL BLOKIEL. 1338 studet Parisiis. 1343 neómista, 1345 Hasprensis, 1352 magister ordinis, fato concedit 5 octobris.

JOANNES SACQUESPÉE. Neomista 1343, 1345 Gorrensis, 1350 reddituarius, 1353 reffectuarius, 1366, 1379 cellerarius, 1369, 1382 hospitarius. Animam Deo reddit 8 novembris 1380.

SIGERUS DE BUIRES. Junior presbyter 1344 ..... v.

ANSELMUS DE NOUYERS. 1344 legitur diaconus, 1348 adhuc degens in monasterio.

ROBERTUS LOBIN è prosapiâ Petri. 1344 diaconus, 1352, 1354 eleemosynarius.

1344. Erant 11 subdiaconi hâc serie sub litterâ C.

MATHÆUS LOUCHART, Atrebas. — C. 1354 Hasprensis.

MARTINUS DE BAPAUMES. — C. 1354 Berclavensis.

NICOLAUS FAUDRYS, alibi FEUDRYS. 1354 Gorrensis, 1366 præpositus Maniliensis.

JACOBUS JEHANNOT. Subdiaconus 1344, alibi legitur JACOBUS JENOS, seu GENOS. Defunctus 10 novembris circà 1400 ex Necrologio.

PETRUS DE SAINT-JUSTE. 1354 Berclavensis, 1365 caritavle seu receptor caritatum, 1375 receptor, 1376 præpositus Maniliensis, 1375, 1378 granatarius.

PETRUS PLANES. 1344 subdiaconus, sub quo nomine fortassis posset intelligi Petrus de Matefelon. 1354 Hasprensis, 1366 supprior, 1369 cellerarius, 1375 prior major.

JOANNES DE NEUVILLE, Atrebas. Cujus in favorem fratres Germani ex testamento cesserant 3^s 3^d super duobus domibus oppidi, 1356 supprior, 1365 præpositus S. Michaelis, ibidem tumulatus, obit 1389......sulus sine guillâ, largus egenis, castus, honestus, corde fidelis : ex epitaphio.

HENRICUS LE VAIRET alibi LE WAIRIER. Subdiaconus 1344 cum aliis.

JOANNES DE MANCOURT. 1369 reffectuarius, nonne idem ac Petrus de Mancourt qui 1354, 1373 Berclavensis, 1378, 1382 reffectuarius.

OVISTO, seu ONSE, seu WISSE BIAUPSIS, alias BEAUPESIS, aut BIAUPARESIS. 1354, 1363 socius ad Sanctum Michaelem, 1370, 1378 sacrista Hasprensis.

JOANNES CASTRIS, alibi CATRIS. 1372 præpositus Angicurtensis, 1376, 1382 præpositus magnus. Legitur ei frater fuisse etiam presbyter Vedastus nomine Reginaldus Castris. Nonne...

MICHEL DE MEURICOURT. 1354 vinitarius et sacellanus, 1359, 1360 reddituarius, 1363 sacellanus abbat. 1366, 1373 granatarius, è vivis excessit 26 martii.

JOANNES DE RABUISSON. 1356 hospitarius, 1369, 1379 præpositus Maniliensis, 1370 receptor.

JACOBUS DE LE HALLE, seu DE HALA. 1354 receptor caritatum et sacellanus abbatis, 1360 reddituarius, 1360 thesaurarius, 1366 suppræpositus, 1369, 1373 magnus præpositus. Moritur 1 decembris.

JOANNES DE COMPENDIO. Professus jam 1344, in monasterio 1354.

JACOBUS AUGRENON. 1354 sacellanus prioris, 1362 reddituarius.

ODO FABRI, seu EUDES LEFEBVRE. 1363 Gorrensis, 1366 hospitarius, 1370 vinitor, 1369, 1373 imò 1397 suppræpositus.

OEDE, seu ORITDE DE BUDES. 1354 Gorrensis.

JACOBUS DE LIBERSART. 1366 tertius prior, 1370 thesaurarius, 1378, 1379 præpositus Gorrensis, 1385 socius ad Sanctum Michaelem, 1391 Berclavensis, 1393 prior Hasprensis.

JACOBUS DE MYON, priùs sæcularis capellanus Hasprensis, dat de bonis suis præposituræ Hasprensi, 1344 fit religiosus Sᵗⁱ Vedasti, 1345 socius Berclavensis, 1354 receptor caritatum, 1363 præpositus Sᵗⁱ Michaelis.

JOANNES DE CARNIN. 1363 socius Hasprensis.

JOANNES CRESPEL. 1367 reddituarius.

JOANNES LI FANIEZ. 1366 præpositus magnus, fortè idem ac sequens

JOANNES LEFEBVRE. Patriâ Duacenus, studet Parisiis 1357, junior in monasterio 1363. Jurisprudentiæ peritus illustris, ecclesiastesque facundissimus, fuit primùm præpositus S^{ti} Vedasti, dein abbas S^{ti} Philiberti Threnorchiensis (Tournus, diocèse de Macon), Abbas dein S^{ti} Vedasti. Tum episcopus Carnotensis.

EGIDIUS DE MEURICOURT. 1363 studens Parisiis.

EGIDIUS DE LISLE. 1363 Gorrensis, defunctus 15 februarii.

JACOBUS LE PETIT.

SIGERUS D'OUT-LHIAUES, latinè *de ultrà aquas*: 1352, 1354, quartus prior, 137.., magister ordinis, 1391, 1394, senior in monasterio.

NICOLAUS BONBROQUE. 1361 jam officiarius monasterii, 1363 sacellanus 2us abbatis, 1372, 1376 præpositus Berclavensis, 1379... is forte idem ac sequens

NICOLAUS DE DOUAY.

JOANNES DE BEAUVAIS. Jam Vedastinus 1343, magnus præpositus 1369, 1375, 1378, 1382.

LUDOVICUS TAUVE. Vinitarius 1368, subcellerarius 1370, hospitarius 1379, Abbas S^{ti} Vedasti.

NICOLAUS DE LA FONS. 1370 magnus præpositus.

HELLINUS DE WARLINS, alter. 1354 primitias celebrat dominicâ ante Sanctum Remigium, 1366, 1373 cantor.

FLORENTIUS GENOT. Ex cartis 1377 memoratur dedisse monasterio de bonis suis, in Mercatel, 1354 fit neomista.

JOANNES PARENT, primus. 1369 reddituarius. 1391 magnus prior, obit 4 aprilis.

JOANNES BAFER, (*Baser?*). Baccalaureus in sacrâ paginâ

recensetur in quodam procuratorio 1381 cum aliis tribus sociis, de eo aliàs nihil vidi.

Nicolaus Lestruient. 1356 socius Gorrensis.

Joannes du Bos. 1369 præpositus Saliensis.

Nicolaus du Chelier. Junior 1356, 1371 Gorrensis.

Nicasius Cormarant. 1356 junior, 1363 Hasprensis, 1369, 1373 quartus prior.

Gerardus de Pottes. 1366 quartus prior, 1369, 1373 tertius prior, 1389 præpositus Maniliensis.

Robertus le Bescot. 1369 reffectuarius, receptor caritatum, 1370 vinitarius, 1375 receptor primarius, 1381 præpositus S[ti] Michaelis, Abbas S[ti] Vedasti.

Lambertus Bacqueler. Præpositus in allodio pro S. Ved.... Vide Cartul. A. 30, verso.

Thomas de Bours. 1369, 1378 thesaurarius, 1389 granatarius, 1397 major prior, obit 23 maii 1412.

Jacobus le Castelain. 1372 magister ordinis, 1375, 1381 cellerarius, 1381 delegatus monasterii in quodam negotio, 1391 præpositus Sancti Michaelis. Unus eodem nomine cellerarius 1399, receptor 1400, moritur 1402.

Martinus Danvin, Atrebas. 1366 prior Hasprensis, 1378 in monasterio, 1382 Berclavensis, 1386 sacellanus D[i] prioris, 1391 cellerarius, 1402 suppræpositus.

Eustachius de Bailleul. 1367, 1373 supprior, 1380 præpositus Sancti Michaelis, 1382 hospitarius 1386. Obit 3 aprilis, adest alter ejusdem nominis fol. 52.

Robertus de le Taverne. 1372 sacellanus Prioris, 1369, 1392 prior Hasprensis, 1392 eleemosynarius.

Joannes d'Angre....

Thomas de le Ruelle. 1369 thesaurarius Hasprensis, 1375, 1382 vinitor.

Joannes de Moy. 1369, 1381 præpositus Angicurtensis, 1376 præpositus Gorrensis, 1384 præpositus major, Abbas Sancti Vedasti.

Arnoldus de le Sauch. 1375, 1382 eleemosynarius. Quià prioratus S. Salvii juxtà Valencenas vacaret a sesquianno, neque conferretur ab abbate Cluniacensi, ob reservationem a SS. Pontifice prætensam, in favorem cujusdam commendatarii : Albertus Hannoniæ comes curat illum prioratum conferri nostro Arnoldo per episcopum Cameracensem : novus prior novam facit professionem Cluniacensem et obit morte subitaneâ 1393, vel juxtà quosdam 1395.

Simon Doresmiaux vel Joannes, ni duo sint? 1363 neomista, 1373, 1385 Berclavensis religiosus. Videtur è vivis decessisse 1395.

Joannes le Comte. Neomista 1363, 1372 socius Berclavensis, 1378 in monasterio, 1382 cantor, 1389, 1393 thesaurarius.

Philippus..... 1363 socius neomista cum præcedente.

Sigerus Dambrinnes. 1369 socius Hasprensis, 1375 sacellanus prioris, 1386 cantor, 1392 reffectuarius, 1400 suppræpositus, 1404 præpositus Hasprensis, 1410 adfuit comitiis Hannoniæ Montibus in placito generali habito die lunæ 7 julii, ubi adfuit Guillelmus comes et 95 homines pares. Unus è suis consanguineis nomine Sigerus Dambrines erat baro Sancti Vedasti in Novâ Villâ 1447. Abbas Sancti Vedasti.

MATHÆUS DE LOISNE.

EGIDIUS PIESME. 1366 socius S^{ti} Michaelis.

EGIDIUS LE FLAMENT, forte idem.

JOANNES DESLOIS. 1369 cantor, 1373 seigneur du Moustier, 1375 supprior, 1382 simul supprior et cantor, supprior obit 25 julii.

JOANNES DE BUISSY. 1363, 1379 Berclavensis, 1372, 1378 Gorrensis, vivebat adhuc 1394.

ANDREAS COSSET. Presbyter, socius Gorrensis 1372, 1379 redux ad monasterium, 1382, 1391 iterum Gorrensis.

ANTONIUS DU CLERCQ. Vestitus 1365, cellerarius, obit 1415.....

Aliàs innotescit ANTONIUS NOCIVAL qui obit suppræpositus 14... nonne idem ?

EGIDIUS LOUCHART, Atrebas. 1378 sacellanus prioris, 1375, 1393 sacrista, 1393 reddituarius, fato concedit 5 septembris.

EGIDIUS DE HÉES, Atrebas. Baccalaureus in decretis Parisiis, 1375 tertius prior, 1380 mortuo Domno Joanne de Neuville præposito S^{ti} Michaelis, locum ambit vigore Bullæ de Gratiâ Expectativâ, fulminatæ. Mox ob oppositionem abbatis et conventûs spe et causâ cadit. 1387 supprior, 1388 cellerarius, 1391 receptor, 1402 reddituarius. Vir sapiens et discretus legitur, 1400 comparat tapetes de vitâ S^{ti} Vedasti totum chorum ambientes,

nunc usque appensos. Item ursos analogii, vas lustrale
etc. ad angulum sacelli S^{ti} Jacobi, 1412 magnus prior,
amotus ob senium cum honestâ pensione 20 martii 1433,
custoditus in morbo trium mensium, per duas fæminas
sæculares, juxta morem sæculi piè obdormit in Domino
1^a maii 1434 omnino grandævus. Tumulatus dein ante
Sanctam Mariam Blancam, cui erat devotissimus.

JACOBUS DE LE PIERRE, dictus DE TOURNAY. 1372 socius
Hasprensis, tum Gorrensis, 1375 quartus prior, 1385
tertius prior, 1390 receptor forensis versùs Peronam...,
1410 præpositus Gorrensis, 1413 præpositus Berclavensis,
moritur 1415.

MICHEL D'ASSONLEVILLE. 1372 socius Gorrensis, 1375,
1379, Hasprensis, 138... præpositus Maniliensis, 1386
receptor.

BALDUINUS DE DOURLENS. 1373 Hasprensis religiosus,
ubi etiam 1393.

NICOLAUS LE CAUDRELIER. 1372 socius S^{ti} Michaelis,
1378 in monasterio, 1391 tertius prior, obit eodem anno.

GUILLELMUS DU VIEFFORT. 1372 socius Hasprensis,
1382, 1385. Anno 1370 socius Berclavensis, fuit ei interdiu permissus de bonis suis, census 6 lib. de quibus Abbas
quittanciam fingebat..., 1386, 1391 thesaurarius Hasprensis, 1392 degens ad Sanctum Vedastum.

BALDUINUS DE LE FOSSE. 1372 socius Berclavensis, item
1378, 1379 usque 1392 Gorrensis, 1409 socius Hasprensis, ibidem 1416 sacrista, 1421 sacrista ad Sanctum Vedastum, obit 1423 grandævus.

JACOBUS DE BASQUEHEM. 1373, 1375 diaconus des hanâps, 1382 magister ordinis, 1386 quartus prior, 1388 tertius prior, 1388 socius ad Sanctum Michaelem, 1391 supprior.

PETRUS BLONDEL. In monasterio professus 1378.

JOANNES DE MEURICOURT. In monasterio 1378, 1382 quartus prior, 1394 præpositus major, 1414 præpositus Hasprensis, Abbas Sancti Vedasti.

EUSTACHIUS DE BAILLOEUL. 1401 supprior, 1410 hospitarius, obit 1415, non creditur idem ac fol. 48.

Circà 1366 noscitur vestitio sex sequentium :

GARINUS LE FÉE. Diaconus 1379, 1382 socius Sancti Michaelis, 1386 ad Sanctum Vedastum, 1407 præpositus Gorrensis, 1408 præpositus Saliensis, obit in monasterio 1414.

EUSTACHIUS AUGRENON.

EUSTACHIUS DE BERNEVILLE, è prosapiâ Eustachii. 1378 socius Gorrensis et Hasprensis, 1385 sacrista Hasprensis, 1392 Berclavensis, 1401 quartus prior, 1407 officium granatarii vacantis, ut vult intercipere per Bullas Papæ Avenionensis, sese opponunt Vedastini: inde lites ab illis tanquam de abusu in parlamento Parisiensi, Bullæque irritæ.

JOANNES PARENT 2us. 1379 neomista factus, mittitur Haspras, 1386 eleemosynarius, 1411 thesaurarius Hasprensis, moritur 2 septembris.

JACOBUS DE SAINT VAAST. 1378, 1379 religiosus H

prensis. 1383 quartus prior, 1388 tertius prior, è vivis abit 11 septembris.

JOANNES DE LAIENS. Doctor in theologia, 1378 residet ad Sanctum Vedastum, 1392 vel 1394 præpositus Hasprensis; quo loci comparat officium præpositi comitis, de consensu Guillelmi ducis Hannoniæ. 1406 fit Abbas Sᵗⁱ Gisleni in Hannoniâ : hocque anno missam pontificiam ad Sanctum Vedastum, die relationis dicti patroni celebrat. Decretum de fratribus ultrà viginti quatuor non recipiendis in suo monasterio renovavit. In Concilio Pisano 1409 et 1411 legatione fungitur, pro Stephano duce Bavaro. Obit, nunquam usus in suo monasterio mitrâ et aliis infulis sibi a SS. Pontifice indultis. Obit 1433 circiter senio confectus.

JOANNES D'ETAMPES. 1378 residens diaconus Haspris, 1382 presbyter socius Berclavensis, 1385 Gorrensis, 1391, 1393 socius Michaelista.

PETRUS DE VALENCIENNES.

NICOLAUS DIVERY. 1386 in monasterio, 1391 præpositus Manilii, 1403 præpositus Sᵗⁱ Michaelis, 1404 simul erat receptor monasterii jussu regio : ob lites domesticas. Naturæ debitum exsolvit 1414.

PETRUS COUSIN, seu JOANNES. Recensetur præpositus Berclavensis, 1410 amotus,... 1423 thesaurarius Hasprensis, etiam 1428, 1433 ratione belli Gallici abductus..., detinetur captivus Lauduni. Obit...

PETRUS DE LUCHEUX. Presbyter 1379.

NICOLAUS OLIVIER... Diaconus 1382, 1385 socius Berclavensis, 1391 thesaurarius Hasprensis, 1402 cantor,

1415 hospitarius, 1427 prior Hasprensis, obit eodem anno.

WILELMUS DUBUS. 1382 diaconus, 1385 Hasprensis, 1391 magister ordinis, 1392 quartus prior, 1402 prior Hasprensis, moritur 6 julii.

JOANNES LE CASTELAIN, è stirpe Jacobi. 1407 hospitarius, obit 23 octobris.

JOANNES LE POTIER. 1385 Berclavensis, 1392 vinitarius, 1414 thesaurarius Hasprensis, 1420 præpositus S⁽ᵗⁱ⁾ Michaelis, levatur officio 1427, 1434 senior privatus in monasterio, ubi obit 10 novembris 1440.

PETRUS DE BEAUVAIS. Professus in monasterio 1386, è vivis esse desiit 7 augustii.

NICOLAUS DE PARIS. 1386 in monasterio, 1386, 1393 Hasprensis.

MATHÆUS PION. 1387 diaconus, 1307 supprior.

JOANNES DE BELLEMOTTE. 1391 neomista.

EUSTACHIUS SACQUESPÉE. Baccalaureus in decretis, nepos prædicti... ., 1386 degit in monasterio, 1407 præpositus Saliensis, 1408 præpositus Gorræ, 1410 cellerarius, 1413 receptor, 1415 magnus præpositus, 1426 hospitarius, 1430 granatarius, dein præpositus Hasprensis. Vir illustris, et de monasterio benè meritus, moritur in monasterio 15 octobris 1433.

JOANNES HOURIER, dictus de BEAUMONT. 1386 in monasterio, 1391 sacellanus D. Prioris, 1402 hospitarius, 1410 receptor caritatum, 1411 præpositus Maniliensis, ob bella abstractus in Galliam detinetur per novem hebdomadas, redux ad S. Vedastum conveniens, receptoris agit vices per denominationem abbatis et conventûs, 1415 suppræpositus, 1417 receptor iterùm detinetur mense maio apud Peronam, ob bella Galliæ, 1429 præpositus Sancti Michaelis. Erigit suam et Sancti Michaelis effigiem, retrò tumulum abbatis Sarraceni, mortem que oppetit 1430 in monasterio.

Nonne idem ac Jacobus de Beaumont, qui 1391 fit presbyter Teruanæ?

Nicolaus de Tenke. Studet junior Parisiis, presbyter 1391.

Egidius de Wanquetin. 1391 fit presbyter Teruânæ, 1393 socius Gorrensis deputatur au *sêne dc Térouenne* (Synode de Terouanne), pro parte præposituræ Gorrensis, uti creditur, 1406 eleemosynarius, 1407 reffectuarius, 1408 thesaurarius, 1415 hæret in domo Demencourt.

Egidius de Lattre. 1391 diaconus des hanâps, 1409 thesaurarius, 1412 cellerarius, obit 1415. Nonne is idem est ac præcedens?

N.... Saquelet. 1386 in monasterio.

Petrus Castris alibi Catris. 1391 socius Berclavensis, 1393 magister ordinis, 1401 tertius prior, 1407 præpositus Maniliensis, demum 14.... præpositus Angicurtensis.

Andreas du Castel, seu Drogo. 1392 neomista, 1401 eleemosynarius, 1407 granatarius, 1408 cellerarius, 1409 receptor, 1413 præpositus Saliensis, 1402 1422 præpositus Maniliensis, 1424 præpositus Hasprensis. Obit in Flandriâ, 1428, 22 decembris ex Necrologio.

THOMAS DE LEPIERRE, dictus D'ATHIES. 1409 suppræpositus, diem extremum claudit 1413.

Erant juvenci 1391...

ANDREAS SAQUEL, Atrebas. 1393 diaconus, 1409 Berclavensis, 1415 thesaurarius Hasprensis, Haspris hæsit ferè ad obitum ; morti concessit 8 junii 1424 in monasterio.

JOANNES DE ST AMAND. Presbyter 1393.

JOANNES FRUMAULT seu FREMAUT, Atrebas. 1393 socius Gorrensis.

PETRUS DU HERLIN, dictus DE BETHUNE. Diaconus 1393, 1404 thesaurarius, 1408 thesaurarius, 1415, 1433, 1439 præpositus Berclavensis, 1435, 1439, 1442 præpositus Sti Michaelis, è vivis excedit 20 maii 1445.

Pueri 1391...

JOANNES CASIER. 1393 religiosus Berclavensis, item 1409, 1409 redux ad Sanctum Vedastum, 1415 prior Hasprensis, ibidem Haspris privatus religiosus, obit ... decembris 1426.

NICOLAUS DE NEUVIROEUL (junior) Jouvenchiel 1393.

JOANNES COUPELOT. 1393 Jouvenchiel, è vivis desiit 8 septembris.

ARNOLDUS PITON. 1409 sacrista, 1412 vinitarius, obit 17 julii.

1392 die S^{ti} Basilii 14 junii, fuerunt vestiti quatuor decim religiosi : è quibus decem sequentes vivebant pari die 1432, ad cænam simul recreati : vivebant que, exceptis duobus, 1440 :

JOANNES DU CLERCQ. Patriâ Duacenus, magister novitiorum, 1409 tertius prior, 1412 thesaurarius, 1415 vinitarius, 1417 suppræpositus. Receptor forensis struxit Terraria Biach, Gavrel, Bailleul et etiam nunc proficua. Gabuli de Beaumetz 1422 empti à Vedastinis, recepturam primus inchoavit, opifex laboriosus. Abbas S^{ti} Vedasti.

JACOBUS D'ANTIN. 1407 tertius prior, 1409 vinitor, 1412 præpositus de Gorrâ, 1432 granatarius, 1442 præpositus iterum de Gorrâ. Ibidem devixit 1443.

JOANNES DE LE RUELLE. 1408 prior Hasprensis, 1415 cellerarius, usque ad annum 1434, quo defunctus est.

JOANNES DESAUTEUX, seu DESOITEUX. 1407 socius Gorrensis, 1422 tertius prior, 1427 prior Hasprensis amovetur, 1429 vinitor, 1434 hospitarius, 1441, 1448 thesaurarius Hasprensis.

ANTONIUS DE LE TAVERNE. 1409 supprior, 1412 reddituarius, 1422 magnus præpositus. Jura monasterii, si quis unquam magis, direxit et defendit, editis suo tempore nonnullis Cartulariis. Alibi supremus monasterii epistates legitur : non tantum monasticâ sed etiam politicâ excellens scientiâ. Hinc variæ ab ordinibus Artesiæ fuerunt ipsi commendatæ legationes : 1431, ad comitem Flandriæ, quem Bruxellis convenit, cum aliis collegis, ut Artesia in articulis induciarum cum Gallis ineundarum comprehenderetur. Pari legatione eumdem princi-

pem convenit Brugis 1432 et 1433. Item 1436. Sagax et
rectus negociator, scriptor fuit Diarii Pacis Atrebatensis
1439. Ad mortem religiosè obeundam totus intentus petit
et obtinet officio exonerari. Piè devixit 28 februarii 1447.

GOBERTUS DE MORY. 1410 quartus prior, 1413 thesaurarius, 1415 supprior, 1417 reddituarius, 1429 suppræpositus, 1433 20 martii fit prior major. Post ægritudinem
sex heddomadarum patienter latam, obit 13 augusti
1441, insertus amori S. Joannis Baptistæ ex epitaphio
auricalco, intrâ sacellum dicti sancti ad parietem infixo,
cum his insigniis.

JACOBUS DE HERTAIN. 1409 socius S[ti] Michaelis, 1422
reffectuarius, 1426 thesaurarius, 1431 præpositus S[ti]
Michaelis, 1439 præpositus Berclavensis, 1441 prior
major, 1451 6 maii iterum fit præpositus S. Michaelis :
quem locum ut sibi assecuraret totâ vitâ, in hunc finem
a SS° Pontifice Bullam obtinet 1453, quæ ubi ad præpositum Cameracensem directa et rescita fuit, obstitit Abbas
S[ti] Vedasti et conventus per appellationem, etc. Exinde
Bullis pro nihilo habitis, eodem anno vigiliâ omnium SS.
dictus religiosus ad Sanctum Vedastum regressus, deinceps ibidem degit. 1458 legitur thesaurarius. Morti
concedit 13 decembris 1460 valde senex.

PETRUS DUBUS. 1408 granatarius, 1432 præpositus
Gorrensis, 1434 suppræpositus, 1445 præpositus S[ti]
Michaelis, diem ultimum claudit 17 julii 1446.

EUSTACHIUS DE CERISY, è prosapiâ Joannis. 1415 cantor,
1422 quartus prior, 1426 tertius prior, simul cantor : et
eleemosynarius 1428, 1432, 1429, interdiu vacat ordina-

tioni cartarum in altâ thesaurariâ: et scribit Cartularia quædam: cantor obit 10 julii 1433.

JACOBUS DE BERTANGLE, Atrebas. 1409, 1411 Berclavensis, 1415 tertius prior, 1422 supprior, 1428 reffectuarius, 1434 vinitor, 1438 thesaurarius, 1448 eleemosynarius, devixit 8 octobris 1449..

Ortus erat è stemmate Roberti scutiferi et *lieutenant d'Arras* et Joanne Lesvete qui ambo sepulti sunt apud S. Salvatorem tanquam in cœmeterio proprio S. Nicolai Fossatensis, annis 1399 et 1414.

JOANNES DE TARSMES. Jam presbyter 1409, 1413 eleemosynarius, 1414 supprior, 1416 sacrista, è vivis excedit 27 septembris 1420.

Dictus DE TARSMES est de vestitione Joannis Patequin, 1401 vel 1402, vel alter ejusdem nominis.

ROBERTUS.. DUBOS. 1409 Hasprensis, quo loci thesaurarius, 1410, 1414 tertius prior, 1418 thesaurarius, fato functus 1419.

EGIDIUS DE SAMER. De eâdem vestitione, uti creditur 1409, 1410 sacellanus Domni Prioris.

JOANNES DE BRETAGNE. 1420 thesaurarius.

Vestiti leguntur circà 1401 complurimi sequentes, numero decem T.

T. 3. JOANNES PATEQUIN, Atrebas. 1406 neomista, 1409 magister morum, 1416 sacellanus abbatis, 1418 receptor sollicitus, 1431 vadit Romam, 1433 regressus, fit Hasprensis: tum ibidem thesaurarius. Conveniens ad Sanctum Vedastum, in monasterio moritur 1437.

T. 4. WALTERUS D'ORCHIES. Neomista 1406, 1409 Gorrensis socius, 1411 Berclavensis, 1416 magister ordinis, 1418 quartus prior.

T. 5. JOANNES BAKÉLERS. 1409 legitur laborans poplite. Eodem anno levita item 1421. Obit 27 januarii.

T. 2. PETRUS MARTINI, dictus DE LORGIES. 1407 deductus cum duobus sociis per D. suppriorem, sociantibus quatuor famulis, et equis octo, recipit ordines Audomaropoli, ab episcopo Morinensi, 1409 Hasprensis, 1415 quartus prior, 1418 tertius prior, 1419 vinitor, 1422 thesaurarius, 1427 præpositus Sancti Michaelis, 1429 præpositus Saliensis, 1433, 1440 thesaurarius Hasprensis, 1440 præpositus Berclavensis. Animam deo reddit in monasterii infirmitorio 26 junii 1448.

T. 6. HUGO DOCOCH. Cujus consanguineus Robertus Eques, Dominus de Neuville-Witasse, 1409 Haspras missus, 1422 eleemosynarius, 1436 vinitarius, 1437 reffectuarius, 1442, 1458 hospitarius, podogrâ diutinâ captus, obit mense junio 1461.

WALTERUS DE RULLECOURT. Professus 1409.

T. 8. NICOLAUS DE S. AMAND, puer dictus COLINET DE ST AMAND. 1411 neomista, 1416 Berclavensis, 1422 Gorrensis, 1426, 1434 thesaurarius Hasprensis, moritur 9 septembris.

T. 7. WALTERUS DE LE HOUSSIERES. 1416 socius Hasprensis, 1421, 1423 sacellanus abbatis, 1426 iterum vadit Haspras, quo loci 1428, 1433 fuit prior, 1440 præpositus

Maniliensis, 1448 præpositus S^{ti} Michaelis, fato concedit 2 maii 1450.

T. 10. EGIDIUS DE HESTRU. Diaconus 1409, 1415 presbyter, 1419 magister ordinis, 1427 dictus seigneur du Moustier. Æger per decem dies, obdormit in Domino novembris 1428 in monasterio.

T. 9. PETRUS COUSART. 1416 neomista fit sacellanus D. prioris, 1421 magister ordinis, 1422 socius Hasprensis, 1427 tertius prior, 1434 eleemosynarius, 1436 sacrista, 1440, 1442, 1450 prior Hasprensis, 1442, 1457 thesaurarius Hasprensis. Haspris devixit 7 augusti 1458.

Sequuntur

JACOBUS FRUMAULT, aliàs FREMAUT, Atrebas. Neomista 1411, socius Gorris 1416, 1425, 1440, Hasprensis 1423, 1452, degit in monasterio 1428; 1429, 1434 Michaelista religiosus, 1454 thesaurarius Hasprensis. Haspris mortem oppetit 4 octobris 1459.

EGIDIUS DE BERMICOURT, Atrebas, è stirpe Ingeranni. 1417 dominicâ 20 junii primitias celebrat, 1422 eleemosynarius, 1430 quartus prior, 1431 tertius prior, 1440, 1448 vinitarius, 1448 thesaurarius. Vitæ facit occasum 27 februarii 1455.

NICOLAUS DES FOSSEUX. 1414 vinitor, 1415 sacellanus abbatis, vadit Haspras cum eo, 1417 reffectuarius.

JOANNES DE LE LACQUE. Diaconus 1415, primitias celebrat 28 junii 1417, 1421 sacellanus abbatis, 1427 præpositus Hasprensis. Vitales auras deserit 1451

JACOBUS DU MORTIER. Adhuc junior 1409, 1422 vinitor, 1429 reddituarius, 1436......, 1443 præpositus Gorrensis. Jus naturæ debitum exsolvit 10 junii 1446.

ENGHERANDUS DE MAILLY, dictus D'AUTHUILLE, ob dominium forte patris. 1421 reffectuarius, 1426 sacellanus abbatis, 1428 præpositus Angicurtensis, 1431 thesaurarius, 1432 præpositus Saliensis, 1439 præpositus Maniliensis, inde elocavit cubiculum Peronæ. Claudit dies suos 14 augusti 1440, tumulatus infrà altare chori ecclesiæ seu parochiæ Maniliensis à latere epistolæ, cum marmore ad parietem infixo, et etiamnum viso sub his gentilitiis. E progenie fuit Egidii Domini d'Autheuille et d'Andinfer qui ex uxoribus tribus successivis suscepit xxxiij proles. 1ᵃ Uxor Isabella de Wavrans. 2ᵃ Isabella d'Auxy, filia Catarinæ de Melun. 3ᵃ Margarita de Longeval. Vestitus dicitur 5 martii 1415.

PETRUS DE LIANCOURT. Infirmus 1416 legitur... presbyter... Vide Lepez D. 468.

Leguntur vestiti 4 aprilis 1415 decem sequentes :

BERTRANDUS DES FOSSEUX. 1422 Haspris residens, 1423 prior Hasprensis. legitur post biennium amotus, 1425, 1433 præpositus Maniliensis, 1433 per translationem fit religiosus Sᵗⁱ Judoci super Mare, 1438 quià, nescio quo consilio cum servis et ancillis sese intrusisset in pristinam sedem Maniliensem, legitimum exturbando præpositum, Abbas et conventus Sanvedastinus apud regem Galliæ querelam depromunt : ac necdum elapso anno ab eodem principe cartam gardialitis referunt, quâ citaretur ex beneplacito regis dictus Bertrandus, non coram lege Peronensi, sed coram baillivo Ambianensi : recessit inde D. Bertrandus.

Joannes de Bouberc, è prosapià Wilelmi.

Joannes Jonglet, Atrebas, è genere Joannis Consiliarii Atrebatensis. 1401, 1422 eleemosynarius, 1427 quartus prior, 1429 vinitarius, 1434 cellerarius, fit prior major 6 maii 1450. Notus apprimè Jacobo du Clercq scutifero Toparcha de Beauvois laudatur in hujusce manuscripto, his verbis : D. Joannes Jonglet præditus clarâ fide. Obdormit in Domino 25 aprilis 1459... tumulatus, eodemque die obitùs, alter prior subrogatus est.

Nicolaus de Neue. 1420 neomista, 1422 socius Gorrensis, ibidem obit sub finem, 1422.

Egidius de Longueval. E consanguineis familiæ, cui eodem tempore addicta Toparchia de Busquoy, potius villa de Vaux. 1424 studet insulis in collegio Sⁱⁱ Petri, 1427 mense septembris fit diaconus... 1429... 1433 Hasprensis, 1436 præpositus Maniliensis, 1438 cum ad Sanctum Vedastum obisset... Abbas Sⁱⁱ Cornelii Compendiensis, is Egidius in ejus locum est subrogatus. imò ei ab Abbate Sⁱⁱ Vedasti mutuata ad tempus pecunia. Ægidius dictus habuit in patrem Joannem Dominum de Longueval gubernatorem Peronæ; in matrem Mariam de Ardentum. Toparchia de Buquoy duntaxat vendita fuit anno 1566, præfatæ familiæ per D. de la Vauguion equitem Gallum.

Sigerus de Baquelerot de Allodio, è prosapiâ Petri. Junio mense 1418 studet apud Montes Hannoniæ : ad Pentecostem 1422 neomista, 1427 Berclavensis, dein

1427 supprior, 1434 thesaurarius. 1438 reddituarius, 1445 suppræpositus, vel vices gerens suppræpositi, 1447 præpositus Gorrensis, 1453 præpositus Hasprensis, animam Creatorii reddit Haspris 1467.

EGIDIUS SAUDEMONT, è propagine Quieret de Saudemont. Neomista 1423, erat 1421 Hasprensis, item 1429, 1440, tertius prior 1434, socius Gorrensis 1426, 1429, redux ad monasterium 1444 : fit sacrista 1445, 1446 præpositus Maniliensis, 1456 præpositus Gorrensis. Moritur in Domino 16 augusti 1460.

EGIDIUS CARPENTIN, legitur nepos magni Henrici Carpentin. 1418 studet Montibus Hannoniæ, 1419 studet Duaci, residens in domo duani Sti Petri cùm socio D. Sigero, 1423 socius Hasprensis, 1428 Berclavensis, 1429 sacellanus abbatis, simul receptor forensis, 1434 granatarius, simul receptor gabuli, cum scriba, 1443 magnus præpositus laudatus. Morti paret 31 julii 1468 seu 1469.

WILELMUS THIRE, Atrebas, è stemmate Herberti. Neomista 1424, socius Hasprensis 1427, item 1429, 1428 Gorrensis, 1432 degit in monasterio, item socius Hasprensis 1437.

**1419. Jam erant pueri, dabant monasterio ex more
vas argenteum 8 unciar.**

MARTIN ROUSE, Atrebas. 1429 secundus sacellanus abbatis, 1432 receptor, 1443 granatarius, 1445 suppræpositus, 1446 receptor forensis, supræpositus, è vivis decedit 8 septembris 1453.

Jacobus de la Tannerie.

D. Stephanus le Pez, memorat in suis genealogiis... Jacobum d'Aubermont, è progenie Jacobi Domini Des· planques, de la Motte etc. et Joannæ de Warnier, qui factus est Abbas S^{ti} Maximiani in Galliâ, tempore Ludovici XI regis. De eo sub tali nomine nihil omninò occurrit mihi : ni ille sit qui suprà.

Joannes Cousin. 1428 Hasprensis, 1423 diaconus, 1428 Gorrensis, 1430 ; 1431 magister ordinis, 1434 quar- tus prior, 1436 tertius prior, 1440 eleemosynarius pariter, 1443 sacrista, 1444 sacrista Hasprensis, 1448 reffectuarius simul et eleemosynarius usque 1454, 1456 iterùm sa- crista in monasterio, 1461 hospitarius. Ad manes conce- dit 27 decembris 1469.

Thomas le Prevost. Neomista 1427, 1429 magister ordinis, 1431 sacellanus Abbat., 1432 thesaurarius, 1434 supprior simul cantor 1448.

Nicolaus de Villers, dictus communiter d'Holleville, Atrebas. 1428 neomista, dein Hasprensis, eodem anno sacellanus prioris 1432, 1433 Gorrensis. 1434, 1440 Berclavensis, 1441 præpositus Angicurtensis, 1462, 1466 thesaurarius Hasprensis, 1469 jam degens in monasterio senior. Placide quiescit in Domino 19 martii 1471.

Guillelmus de Bus. 1427 studet Parisiis, 1431 13 ja- nuarii primitias celebrat, 1434 magister ordinis, 1435 quartus prior, 1438 tertius prior. Morte prævenitur, longiore vitâ dignus.

1423. Circiter erant pueri

Antonius de Neuville. Diaconus 1427. neomista 1433, 1436 quartus prior, 1440, 1442 sacrista, 1443 reffectuarius, 1448 præpositus Saliensis, 1460 cellerarius, 1472 suppræpositus, occumbit 4 octobris 1476. Tumulatus in pronao, sed effigies ejus translata fuit desuper portam vestiarii et in ea deprehenditur almutium : cum his gentilitiis. (*Pl. 3.*)

Martinus de Buzère. 1434 neomista, 1440 tertius prior, 1434 sacellanus prioris, 1440 reffectuarius, 1443 præpositus Saliensis, 1448, 1470 præpositus Berclavensis, 1472 granatarius et receptor forensis, expirat 1484. Vir de monasterio bene meritus.

David de Bulleux. Neomista 1433, 1434 sacellanus Abbatis, 1438 præpositus Berclavensis per interim, 1440 receptor forensis. Eodem anno 15 augusti 1440 præpositus Maniliensis. Instituitur coràm notariis juxta praxim monasterii, edito ob id formali instrumento, in confirmationem revocationis officii, 1443 receptor, 1451 præpositus Hasprensis, 1452 præpositus iterùm Maniliensis. Mense julio 1460 præpositus S[ti] Michaelis, 1468 iteratò receptor, mortalitatem explet 15 julii 1470.

Joannes Deshunes. 1429 neomista, 1430 Hasprensis. 1433, 1444 ; 1431 Gorrensis, 1435, 1440 ; 1437 sacellanus prioris, 1441 Berclavensis, 1448, 1446 socius ad Sanctum Michaelem, 1451 magister ordinis.

Nicolaus de Fontaines, Atrebas, è stemmate Tristani

consil... oppidi. Studet junior Insulis, 1434 neomista, mox fit sacellanus Abbatis, 1445 granatarius, 1446 insuper præfectus operum, 1464 præpositus Hasprensis. Migrat a sæculo 1470.

1427 Vestiti

PETRUS DE WIGNACOURT, è stirpè Petri. Cùm hæc nobilis familia à multis scriptoribus dinumeretur : ridiculum mihi apparuit, quod quidam ex illis : nostrum Petrum derivarent à Petro et Yolentâ de Wignacourt : alii vero a quodam Otte et Catarinâ de Beauvais. Studuit junior Lovanii, ubi baccalaureus in decretis denuntiatus est. 1441 supprior, 1443 Joanna Wion..., ei legat testamento quædam vasa argentea : quia vero scabini Atrebatenses de iisdem dimidiam partem prætenderent, eo quod dictus Petrus non esset natus in lege civicâ. Res tamen evicta remansit in hujusce favorem, de consensu Abbatis. 1446 fuit ille reddituarius, 1452 receptor, 1469 præpositus major, senior expirat 27 julii 1485. Hujus insignia etiamnum cernuntur in fenestris pronai : non procul a Campanili.

JOANNES DE LISQUE, è Lancellotti genere. 1437 neomista, 1440 quartus prior simul cantor, 1443 ; 1446 Berclavensis, item 1453 ; 1448 iterum tertius prior, 1451 socius Michaelista, 1449, 1452 Hasprensis, 1454 Gorrensis, 1460 eleemosynarius, 1468 cantor, 1471 hospitarius, dein thesaurarius. Mansit in monasterio cum extraneis religiosis, morbo articulari jandudum laborans, fato concedit 17 januarii 1483. Tumulo conditus retro sacellum S. Christophori.

JOANNES DE LEURIE, dictus DES CAPÉRONS. 1434 fit Cameraci levita, 1436 neomista, 1437, 1442 Berclavensis, 1451 supprior, 1454 reffectuarius, 1460 præpositus Saliensis: dein amotus, 1471 thesaurarius Hasprensis morti succumbit.

WILELMUS MOQUE. Patriâ Flander e Wilelmi stirpe. 1435 studet Coloniæ, 1436 fit neomista, dum studeret Lovanii, 1440 fit cantor, 1443 vacat iteratò studiis Parisiensibus: 1447 supprior, simul 1448 cantor, 1450 eleemosynarius, 1453 præpositus S^{ti} Michaelis, animam exhalat 1459.

JOANNES DE WALOIS, Atrebas. 1440 socius S^{ti} Michaelis, 1437 diaconus, tum presbyter, 1441 Gorrensis, 1443 quartus prior, 1446 tertius prior, 1447 Berclavensis, 1448 vinitarius, 1452 reddituarius, 1468 præpositus S^{ti} Michaelis, 1470 cellxrarius, 1472 præpositus Berclavensis, posteà levatus officio, sacrista Hasprensis ibidem vivendi finem facit, 4 decembris 1477.

1430. 14 junii die Sancti Basilii, vestiti sex sequentes :

JOANNES PATEQUIN secundus. Primitias celebrat dominicâ 6 octobris 1437, dein socius Michaelista, 1440 magister ordinis, eodem anno quartus prior, 1443 supprior per saltum, 1447 eleemosynarius, 1448 sacrista Hasprensis, 1450 cellerarius et confessarius boni Abbatis, 1460 æger vadit Haspras mense julio: tum usque ad villam de Maierolles (forte Maroilles) procedit forte pro patrocinio S^{ti} Humberti. Ibi orcidit et ad ejus exequias peragendas illuc convenit Domnus Joannes de Warlusel suppræpositus.

NICOLAUS ANGELIN, dictus D'AUTRICHE. 1437 fit presbyter Cameraci, 1440 Gorrensis, 1445; 1441 Hasprensis, 1451, 1489; 1442 Berclavensis, 1460 et 1475 thesaurarius Hasprensis, 1469 prior Hasprensis, 1483, 1487 in monasterio residet, senior jubilarius, Haspris concedit ad manes 6 novembris 1496, anno ætatis 83. .

Petrus quidam nomine d'Antriche, baillivus in Castro de Fampou 1500.

THOMAS BARRÉ. Obit Atrebati 9 junii 1432.

PHILIPPUS GOMMER. Cujus auctores erant officiarii togati apud Ambianum, è propagine nobilis Joannis. 1433 studet Lovanii, 1440 magister ordinis 1445; 1446 quartus prior, 1448 tertius prior ivit Romam ad negotia monasterii; 1449, 1454 supprior, 1449 Berclavensis, 1451 sacellanus Abbatis, 1452 vinitor, 1455 thesaurarius, 1472 præpositus Sti Michaelis, 1473 cellerarius. In monasterio vitam absolvit.

GABRIEL LELEU. 1441 neomista, tum sacellanus prioris, 1449 Berclavensis, 1446 magister ordinis. 1449 quartus prior, eodem anno tertius prior et cantor simul 1450, reffectuarius 1452. Auras vitales deserit 4 julii 1454.

PHILIPPUS ALETRUYE, insulanus. Fit asceta ætatis anno 12 1/2 : quippe exortus 20 decembris 1417 de genere Bartholomei officiarii ducis Burgundiæ, Toparchæ de la Barre, Brocquet etc. ac Joannæ de Paci, 1437 Lovanii studet, primitias celebrat 31 maii 1443, 1446 sacellanus prioris, 1447 Berclavensis, quo loci potius fuit vice præpositus quam præpositus 1461 ; 1461 Gorrensis. 1461 religiosus Michaelista, 1471 eleemosynarius. 1474 Berclavensis : ibi rebus humanis eximitur 25 novembris 1486 ætate provectâ. Cernitur etiamnum effigies suæ gentis numerosæ, desuper tabellam summi judicii, in templo Berclavensi appensa cum gentilitiis.

1434. 6 maii, vestiti sunt septem sequentes:

PAULUS DE SAINS. Neomista ad Pascha 1443, 1442 Hasprensis, item 1445, 1447, ibi prior 1451, 1444 Gorrensis, item 1454, 1450 magister ordinis, tum quartus prior, 1452 tertius prior, 1455 Berclavensis, 1460 reffectuarius, 1466 supprior, 1469 præpositus Saliensis, demum 1472 præpositus Maniliensis. Diem ultimum subit 15 octobris 1484, terræ mandatus infrà majus altare Maniliensis parochiæ, cum Mnemosynali marmore ad parietem, juxtà cornu evangelii, infixo, et insigniis.

ALEXANDER GAILLARD. Studiis dabat operam Lovanii 1436.

JOANNES CRESPIN, è familiâ Rolandi in villâ d'Ardresque in Flandriâ. Neomista ad Trinitatem 1447, peritus organicæ modulationis alios socios docet. 1452 magister ordinis, 1454 Gorrensis, eodem anno quartus prior, 1456 eleemosynarius, quo in officio naturæ concedit, 10 octobris 1459 in hospitio Sⁱⁱ Vedasti.

WILELMUS GUILLOT.

JOANNES DE HABARCQ, è prosapiâ Florentii scutiferi, et

Mariæ de Wambourg, filiæ Gerardi gubernatoris Bethun. et Joannæ Baudart.

JOANNES WILLIN, insulanus. 1437 studens Lovanii.

QUENTINUS DE ST AMAND. 1443 diaconus, in hoc gradu morte auffertur 12 junii 1446.

Vestitus est anno 1440, 21 mart., ANTONIUS DU CLERCQ. Monasterium ingreditur 1434 infirmâ ætate, 1448 studet Parisiis, 1453 diaconus, 1455 septembris neomista, 1456 cellerarius, 1458 socius ad Sanctum Michaelem, 1460 supprior, 1466 præpositus Angicurtensis, 1476 præpositus Berclavensis, 1485 præpositus Maniliensis, 1488 cellerarius. 1497 granatarius, 1501 prior major. Curavit renovari basim reliquiarum beatæ Magdalenes, super quam apparent ejus gentilitia. Placidâ quievit morte 17 augusti 1508 venerandus prior.

1436. Erant pariter juniores:

FREMINUS EVERLENCQ. 1435 didicit organa, 1436 studet cum sociis residens apud quemdam presbyterum in civitate episcopali, 1441 neomista, 1443 religiosus ad Sanctum Michaelem, 1445 sacellanus Abbatis, 1449 Berclavensis, 1451 quartus prior, 1452 sacrista, 1455 supprior, 1458 præpositus Angicurtensis, 1466 reflectuarius, 1467....., 1468 reddituarius, 1484 suppræpositus, 1489 præpositus S^{ti} Michaelis: mortem oppetit 1489.

LAURENTIUS CAVETTE, alibi CHAVATTE, sed communiter DE GORE. 1434 ratione ejus vestitionis R.-D. prior vadit ad villam Beaurevoir, 1446 fit is neomista, 1449 sacellanus prioris, 1454 eleemosynarius, 1455 quartus prior, 1458, 1460 tertius prior, 1468, 1475 sacrista. Defecit sacrista mense junio 1476 in cujus exequiis Confratres Ardentium habuere unum panem de gratiâ.

1436. D. supprior ducit Cameracum ad illmum Cameracensem episcopum quatuor diaconos ad presbyteratum et alios subalternos, concomitantibus quatuor famulis et novem equis.

GODEFRIDUS DUBOS. Præsentatus Abbati S^{ti} Vedasti à bono duce, de consensu regis Galliæ, conditione quâ repertus fuisset idoneus. 1444 diaconus Hasprensis socius, 1445 ad Pascha fit neomista Cameraci, dein socius S^{ti} Michaelis, 1446 Berclavensis, 1448, 1450 thesaurarius Hasprensis, 1451 sacrista in monasterio, 1452 prior Hasprensis, 1462 præpositus Gorrensis, 1472 præpositus Hasprensis, revocatus fit 1474 præpositus S^{ti} Michaelis, 1477 amotus, 1484 senior in monasterio. E vivis excedit 1492 post cerei benedictionem, sabbatho sancto.

JOANNES BARRE. 1440 studet cum sociis Ambiani, 1443 Parisiis vacat scientiis, in hospitio de Coquerel, ad Pasca 1449 fit neomista. Tum resumit studia Parisiis, 1453, 1458 suppræpositus, 1458 in Quadragesimâ apud Lutetias adipiscitur gradus doctoris Sorbonici, inibique theologiam legit, 1459 auspicatur dignitatem majoris prioris, quam durante commendâ retinuit, 1477 legitur præpositus S^{ti} Michaelis. De sæculo sublatus est 21 novembris... Vir conspicuus.

JOANNES DU CLERCQ primus. Socius adfuit in omnibus studiis cum præcedente, fit neomista ad Pentecostem

1444, 1449 quartus prior, 1450 supprior, 1448 sacellanus Abbatis, 1451 sacrista Hasprensis, 1454, 1458 vinitor, 1453 eleemosynarius. 1462 prior Hasprensis, 1469, 1472 iterùm supprior, 1473 hospitarius, 1483 receptor, 1485 cellerarius, 1488 suppræpositus, 1492 senior venerabilis in monasterio. Miti morte consumitur, Augusto 1496 circiter.

1440, 21 martii, vestiti sunt decem sequentes, computatis D. Antonio du Clercq et Wilelmo Dannet, sed dempto D. Joanne de Warlins :

ANTONIUS POLLET. Levita ad Trinitatem 1444, dein presbyter, 1448 Hasprensis, 1452, 1460 ; 1451 Gorrensis, 1460 ; 1456 magister ordinis, 1459 quartus prior ; 1463, 1469 degit ad Sanctum Vedastum, 1469 eleemosynarius, 1472 prior Hasprensis, vitâ fungitur 17 novembris 1478.

EGIDIUS DU MORTIER. Ad Pasca 1449 neomista, inde religiosus Hasprensis, 1451, 1458 ; 1452 socius ad Sanctum Michaelem, Gorrensis 1452, 1462 ; 1454 sacellanus Abbatis, quartus prior 1458 ; 1460, 1462 Berclavensis, 1464 interdiù degit *à la Mère au Bois*, quo loci hærebant vir, et femina conjuges elocatores capellæ, et oblationum sacelli Nostræ Dominæ in Bosco, in favorem monasterii. Ibidem requievit in pace, 8 aprilis 1469, post Pascha.

JOANNES DUBUS, insulanus 1443 æger hæret in Sailliaci præpositurâ, per annum; dein Insulis. 1449 ad natale Domini neomista : dein socius ad Sanctum Michaelem, 1451 Berclavensis, 1461, 1471 ; 1458 Gorrensis, 1460 Hasprensis. Morte exstinctus 30 octobris.

JACOBUS LE WATIER. 1445 studet Parisiis, 1450 neomista, 1451 magister ordinis. Tum sacellanus Abbatis, 1452 quartus prior simul et cantor, 1453 eleemosynarius, 1454 cantor. Eodem anno Gorrensis. Cantor fungitur fato 11 octobris 1468.

JOANNES CARIN. Licentiatus in decretis, è propagine Egidii, junior studuit Ambiani et Parisiis, 1455 primitias Haspris celebrat, 1460 è magistro ordinis quartus prior, 1468 Gorrensis, 1469 reffectuarius, 1473 præpositus Saliensis, eodem anno 1473 receptor forensis, 1477 præpositus Hasprensis, 1484 major prior, tempore commendæ. Officium retinet post commendam, et vitam amittit 15 januarii 1500.

Tumulo conditus in sacello Joannis Baptistæ, epitaphioque excultus, infixo in parietem sub figuris Christi, ... Patris et Matris in genua procubuorum et ipsius Joannis in cadavere strati cum his versibus :

> Huc me devovi totum tibi, dive Vedaste.
> Haspræ præponor, moxque Prior redeo.
> Carini nomen dat avus, sacra limpha Joannem
> Qui legis, exores nomina grata Deo.

ANTONIUS DE BAUFFREMEZ, Atrebas. 1449 ad natale Domini levita : dein presbyter, 1451 Hasprensis, 1452 Gorrensis, 1453 Michaelista. Vitam cum morte commutat Haspris 1456, juxtà Trinitatis diem.

JACOBUS DAUBY. 1448 studet Parisiis, neomista 8 aprilis 1453, dein 2us sacellanus Abbatis, 1455 tertius prior, 1458 supprior, 1460, 12 aprilis præpositus Maniliensis,

1465 hospitarius, fuit etiam præpositus Berclavensis, 1471 brevi revocatus. Haspris privatus religiosus de hâc luce transmigrat, feliciorem speraturus 1473...

JOANNES DOUVRIN. Musicæ peritus, fit neomista 14 aprilis 1453, Hasprensis 1453, 1455 socius S[ti] Michaelis, dein Gorris ubi 1462, 1465. 1458, 1460 Berclavensis. Iterum Hasprensis 1468. Transit ad alteram vitam 15 julii.

JOANNES DE WARLINS. Audomarenus, dicitur per eleemosynam receptus, 1443 æger convenit ad matrem.

1442. 14 junii die S. Basilii vestiti sunt sequentes:

JOANNES DE WARLUZEL, è stirpe Petri, Equitis et Egidiæ de Souâtre. 1447 subdiaconus, 1449 levita, 1451 25 septembris neomista; post sex menses, fit sacellanus Abbatis, 1456, 1469 præfectus operum, 1458 suppræpositus, 1471 præpositus Hasprensis, 1471 fit Abbas Montis S[ti] Quentini, illuc conductus per aliquot Sanvedastinos officiales, honoris gratiâ.

In ecclesiæ nostræ pronao, ad fenestram penultimam versus meridiem et propè turrim adsunt ejus insignia et Mnemosynon. Petrus aliàs Joannes pater ejus filius Herlini et Joannæ de St Paul erat dynasta de Warluzel et de Betencourt, præfectus ab hospitio regis Galliæ Caroli VI. Cui uxor Gilletta de Souâtre filia Balduini et Catarinæ de Mailly.

GUILLELMUS CARPENTIER. 1452, 1454,.. septembris neomista, eodem anno Gorrensis. Haspris obdormit in Domino 5 decembris 1458.

GEORGIUS DAVEROULT, è stemmate Davidis : 1454 neomista : mox Prioris sacellanus, 1459 sacellanus Abbatis,
1460, 1462 præfectus operum, 1461, 1463 vinitor, 1469
hospitarius, 1470 præpositus Maniliensis, 1472 cellerarius, 1475 præpositus Gorrensis, 1485 præpositus S^{ti}
Michaelis, 1487 suppræpositus, 1489 præpositus Hasprensis. Exoneratus officio ob senium redit ad Sanctum
Vedastum et obit 23 novembris, vel melius ex Necrologio
20 julii 1503. Stirps d'Averoult, seu Helfaut oriunda
propè Santaudomarum.

PETRUS DAUQUESNE. Ortus creditur è Leonardo domino
de Sapignyes. vicario, seu locum tenente baillivi Ambianensis 1447, diaconus 1451, vacat studiis apud Parisios
1453, neomista 1456 ad Pascha, fit deinde Gorrensis,
1460 sacellanus Prioris, resumit studia Parisiis. Fuit
poeta, orator. theologus illustris, famosus que canonista,
doctor Sorbonius, 1461 tertius prior, 1462 receptor,
1474 præpositus Hasprensis, 1476 suppræpositus, 1476
mense februario seu 1477 novi styli prior major tempore
commendæ. In exilio communi se subducit Duacum cum
aliquot religiosis. 1484 præpositus Hasprensis, 1488
redux, ex hac luce substractus est, 22 septembris ejusdem anni. Jacens cum epitaphio in pronao templi, ante
sacellum SS. Crucis.

WILLELMUS DANNET, Atrebas. Alibi legitur vestitus anno
1440, 21 mart. diaconus ad Pasca 1453, tum presbyter,
1457, 1460 Gorrensis, 1461 Hasprensis, ubi devixit 17 julii
ex Necrologio. Exequiis ejus parentatis, ad Sanctum Vedastum 4 octobris 1463. 1466 apparet Bullula : eumdem
respiciens.

1450. 42 religiosi in monasterio.
1449. 5 maii vestitio undecim sequentium :

HUGO DE GOUY. 1452 junior studet Parisiis, 1455 fit subdiaconus Cameraci ad Pentecostem; presbyter fit socius Hasprensis 1458, 1460 Michaelista, 1461, 1464 quartus prior, 1468 tertius prior, 1469 vinitor, 1472 præpositus Gorrensis, 1480 aliquoties convenit religiosos extraneos in monasterio, 1473 receptor, 1483 præpositus magnus. Morte corripitur februario 1496, de monasterio benè meritus.

ANTONIUS DE BERMICOURT, Atrebas. Diaconus ad S. Mathæum 1455, presbyter, fit 1459 religiosus Hasprensis, 1460 magister ordinis, 1468 quartus prior, 1469 tertius prior, 1470 reffectuarius, 1471 vinitor, 1473 supprior, 1473 præpositus Saliensis. Vivere desit mense novembri 1477.

PETRUS DE MAILLY. 1456 levita, tum sacerdos, 1458, 1461 sacellanus Abbatis, 1465 tertius prior, eleemosynarius dies explet 31 octobris 1468.

JACOBUS BENOIST, è prosapiâ Tallardi. 1460 neomista, fit religiosus Hasprensis 1469, 1462 Gorrensis, 1474 : 1471 Berclavensis, 1473 magister ordinis, 1476 Michaelista, 1482 præpositus Maniliensis, 1488 præpositus Berclavensis, unde amovetur 21 aprilis 1491, 1493 degens in villicatione de Fouquières, ad ejus conservationem, 1492 prior Hasprensis, 1498 thesaurarius Hasprensis, redux erat eleemosynarius 1504, 1508. Migrat a sæculo 5 julii 1510.

Philippus du Chatel, seu Castel, dictus de Mortagne. Cujus vidua mater erat 1459 Cameraria Isabellæ ducissæ Burgundiæ, tunc hærentis *au Quesnoy*, nuncupata *demiselle la Chambrière*. Fit presbyter Ambiani 1462, Berclavensis 1462, 1484 ; 1469 Gorrensis 1498 ; 1474 tempore jubilæi, visitat apostolorum limina, 1475 socius S. Michaelis, in cursitatione hostili, abducitur Ambianum captivus, arrhâ 30 scutorum, et totidem sumptuum redemptus. 1484, 1496 degit in monasterio, 1487, 1493 socius ad Sanctum Michaelem, 1489 thesaurarius Hasprensis, demum 1499 religiosus Berclavensis, animam Deo reddit.

Joannes de Villers. 1460 fit neomista Cameraci, tum sacellanus Domni Prioris, 1467 mortuo patruo Abbate S. Luciani Belvacensis, eidem succedit, illuc primo conductus à binis senioribus S^{ti} Vedasti. Ibi capitulum et alias officinas reparat 1492, singulari sepultura ipse donatur.

Lambertus de Villers. Studet junior Parisiis, 1462 socius ad Sanctum Michaelem, 1464 decembri ad SS^{um} Pontificem proficiscitur. 1465 sacellanus prioris, ecclesiæ pulsat organa, 1468 reffectuarius, 1469 thesaurarius Hasprensis, 1473 ibidem prior, 1473 vinitarius, 1484, 1502 præpositus Saliensis. Senior privatus fato concedit ad Sanctum Vedastum 1504.

Joannes de La Thieuloie, Atrebas. Diaconus 1460, neomista 1462 fit Hasprensis socius, 1463 redux ad monasterium, 1465 SS. Pontificem convenit, 1470 quartus prior. Naturæ concedit 1473.

Suspicor hunc altero nomine nuncupari Claudium de Bonnières in quodam instrumento apostolico pro Hasprensibus confecto 1466.

GERARDUS LE ROBERT. Neomista ... septembris 1450, 1463 Hasprensis, 1461 secundus sacellanus Abbatis, 1468 magister ordinis, 1470 cantor, 1478 tempore exilii, Parisiis hærens, frequentavit sæpius exteros incolas S[ti] Vedasti, scripsit que diarium sui temporis, illudque concisum, de rebus quas viderat: Opus rarum, et primum in suo genere ob scriptorum raritatem : ex quo nonnulla mutuavimus. In eo tamen aliquot sunt mendæ, in calculo annorum. 1482 fit ille supprior, dum grex dispersus ab exilio rediret, 1484 receptor forensis et gabuli, 1490 simul reddituarius, 1498 cellerarius. Vitam claudit venerabilis senior, januario 1512. Conditus ad ima altaris SS. Confessorum, à parte epistolæ.

JOANNES DE WILLERVAL, qui videtur decessisse 1453. Sub quo nomine Ill....dus etiam JOANNES DE LANNOY... Quem Bertiniani faciunt primo Vedastinum, sed ob deffectum impeditioris linguæ dimissum. Is ergo factus Bertiniensis, devenit Abbas Alcianencis, tum Bertinianus Abbas, post Guillelmum Abbatem, electus viâ Spiritus sancti anno 1477. Baccalaureus fuit in utroque jure, consiliarius archiducis Maximiliani et Philippi ejus filii Austriaci, ducis Burgundiæ : nec non cancellarius eorumdem in ordine Velleris aurei. Defecit Mechliniæ 27 novembris 1492.

Nonnulli recensent alterum JOANNEM LANGRODIUM, è Sanvedastinis, qui anno 1484 creatus Abbas Uliderbecanus juxtà muros Lovanienses. Ejus tempore illuc introducta reformatio Bursfeldensis. Ferunt è vitâ decessisse 1519. Quis ille fuerit apud nos : nobis huc usque ignotum est.

JOANNES DU CLERCQ secundus. Licentiatus in decretis,

1453, 1459, 1461, studet Parisiis, residens in nostro collegiolo, 1461 presbyter, 1462 Hasprensis, 1467 Michaelista, 1469 quartus prior, 1470 tertius prior, 1474, 1476 sacrista, 1480 invisit proprios lares, licet transeunter, 1485 eleemosynarius, 1487 supprior, receptor forensis, et gabuli supplens, 1488 prior Hasprensis, 1508 præpositus Gorrensis, 1510 suppræpositus. Miti morte consumitur in monasterio.

1451 vestiti narrantur

Simon de Lisque, è stemmate Augustini... 1462 fit presbyter Ambiani, 1463 religiosus Gorrensis, 1465 Hasprensis, 1469 Berclavensis, 1474; 1471 Michaelista. De sæculo sublatus est Haspris 5 decembris 1484.

Joannes Delattre. Neomista 12 junii 1463 celebrat, februarii 1464 fit Hasprensis, 1468 Gorrensis, 1471 magister ordinis, 1472 quartus prior, dein tertius prior eodem anno, 1484 supprior. Notus, durante exilio, P.P. Cælestinis Galliæ legitur ex Comp. Buff. 1489 prior factus Cælestinorum Nanetensium (de Nantes) ubi vitâ functus.

Antonius de Leurie. 1462, 1465 levita, fit presbyter .. septembris 1466, 1470 Michaelista, 1469, 1471 Gorrensis, 1473 Hasprensis, 1485 thesaurarius, 1489 Berclavensis, 1491, 1498 prior Hasprensis, 1501 supprior. Ast 1502 oculorum debilitate captus, secedit in infirmitorio, 1510 senior hospitarius nuncupatur. Ad visiones angelorum anhelans ipse, oculis corporeis orbatus, morte extinguitur julio mense 1512, inclytus asceta.

ADAM DE LE CROIX. Vest. 1453 puer nuncupatus ADENET DE LE CROIX. Percontatur vestitus omnino gratis. Dedit domum, apud Creil. 1468 neomista, 1469, 1471 Gorrensis, 1473 magister ordinis, 1477 quartus prior, 1485, 1502 hospitarius. Non multò post feliciorem vitam sperans, fit exsanguis.

1458. Erant pueri

JOANNES DE MARCHEL, Atrebas, è genere Joannis procuratoris generalis Artesiæ 1447 ortum trahens. 1468 neomista, tum sacellanus D. Prioris, 1471 quartus prior, 1472 eleemosynarius, 1474 Gorrensis, 1478 degens in monasterio, subit Atrebatense exilium, secedens ad monasterium Sanctæ Margaritæ in Campaniâ. 1484 receptor, 1497 Magnus Præpositus : à quo officio eximitur 1510 circiter. Hospitarius senior : transit ad alteram vitam 27 julii 1516. Vir non infimæ laudis.

PETRUS DE HENAUT, Atrebas. 1460 frequentat scolas Parisienses, 1464 neomista fit Gorrensis, 1465 Michaelista, 1467 Hasprensis, 1471 sacellanus prioris, 1472 reffectuarius. Passus est civile exilium 1478, peritque jamdiù nobis de eo memoria : nisi quod a consanguineis in redemptionem census alieni contracti fuerit instituta 1487 missa de bongio.

MATHÆUS LE DIEU... septembris 1466 levita, 1468 presbyter, 1469 religiosus ad Sanctum Michaelem, dein Hasprensis, 1471 Berclavensis, 1476 Gorrensis.... præpositus Gorrensis. Debitum naturæ ultimatum exsolvit 1487.

ANTONIUS DE LE FONTAINE. 1468 presbyter, 1471 Hasprensis, 1473 Michaelista, 1474 Gorrensis, 1480 suæ domûs primariæ desiderio motus, convenit pluries ad Sanctum Vedastum. 1484 præpositus Berclavensis, 1489 thesaurarius Hasprensis, thesaurariæ sibi commissæ terras et ædes viâ emptionis adjecit : ibi socius dicitur 1505. Obdormit in Domino....

Joannes de Bencourt. 1463 studet Ambiani, 1468 levita, 1470 neomista. Morte corripitur 1473.

Hugo de Villers. 1470 neomista, 1471 Hasprensis, 1473 Gorrensis, 1485 post commune exilium supprior, 1487 prior Hasprensis revocatus, 1488 præpositus Angicurtensis, 1505 præpositus S^{ti} Michaelis. Vivere desiit 15 septembris 1506. In ecclesiâ S. Michaelis terræ mandatus.

Antonius de Magnicourt. 1463 studiis vacat Ambiani, dumque infans urgeret studia Lovanii, morte præventus, decessit 1465.

Carolus Borbonius, filius Caroli Borbonii legati ad pacem Atrebatensem 1435 natus anno 1428 circiter, et Agnetis Burgundiæ sororis, Philippo bono duci, unà sororius et cognatus Caroli Audacis: Natalitiis, litterarum peritiâ, negotiorumque experientiâ: adfuit primum concilio Lugduni 1449 in quo schisma Felicis V et Nicolai V finem accepit : dein designatur administrator episcopatus Claromontani, et legatus Avenionensis. Anno 1456 Cardinalis titulo Sancti Martini in Montibus renuntiatur Archiepiscopus Lugdunensis et Primas Galliarum : potiturque prioratu de la Charité super Ligerim, et Abbatiâ Floriacensi : ob acre ingenium adhibitus est sæpius a Ludovico XI in variis legationibus : interdiu tamen illius favore excisus.

1463 et sequentibus annis vestiti :

JOANNES DE LEURIOT. Clericus Cameracenus, vestitus 14 junii 1463 sub commendatione Ludovici regis, in suo jucundo adventu, etc. Expectationi principis correspondet si candidatus, 1471 levita, tum presbyter, 1473 Hasprensis, 1485 vinitarius, 1484 sacellanus prioris, 1489 thesaurarius, 1497, 1498 sacrista, 1506 hospitarius, 1511 thesaurarius Hasprensis, 1512, 1513 præpositus Sancti Michaelis, 1521 Hasprensis, in senectute bonâ interiit ibidem, 26 maii 1524.

NICOLAUS DE JOURNY. Puer obit 1468, tumulatus apud Sanctum Petrum.

JOANNES WALLON, Atrebas. 1465 studet Lovanii, diaconus 1468, fit presbyter 1471, 1471 sacellanus Abbatis, 1473 quartus prior, 1476 tertius prior, post exilium Atrebatense retinetur religiosus in familiâ P. P. Cælestinorum Galliæ : ad illorum præfecturas destinatus 1487. Convenit is amice 1490 ad Sanctum Vedastum disceditque, resuscitato prius sui desiderio in confratrum veterum cordibus.

JACOBUS DE KERLES. Ortus e Gandavo nobili genere. Cui soror Abbatissa. Studuit junior Parisiis, Lovanii 1465, 1471 neomista mense maio, 1474 sacellanus prioris, 1484 cellerarius, tum thesaurarius Hasprensis, 1487 granatarius, 1488 supprior, 1496 præpositus major, socius malorum in exilio Civium 1478, et cladium 1493.

WALERANDUS DE WIGNACOURT 1ᵘˢ. Nepos D. Petro supra

dicto paginâ 67, 1472 neomista, 1474 eleemosynarius, 1477 vinitor, 1478 præpositus Angicurtensis, 1493 præpositus Sancti Michaelis. Dispensator fidelis et religiosus, piè decessit'anno‚1505.

Joannes le Cochon, Atrebas. 1468 studet Parisiis, sub famoso Joanne de Rely. Atrebate, qui posteà episcopus Andegavensis, 1471 transfert studia Lovanium. Neomista 1474, Michaelista religiosus 1475. 3ᵃ die Januarii 1476, violento morbo à confratribus avellitur in monasterio, omnibus percarus.

Jacobus de Crêpy. 1472 mense maio primitias celebrat, 1473 Hasprensis, 1476 Gorrensis, 1485 reffectuarius, 1491, 1494 thesaurarius. Morti paret....

Reginaldus Bertault. Atrebas. E Joannis stemmate, presbyter, 1476 Hasprensis, 1484 delegatur ad SS. Pontificem pro obtentione Abbatis regularis, 1485 sacrista, 1489 reddituarius, 1491 receptor forensis et gabuli, 1494 præpositus Berclavensis. Vir ore facundus, negotiator peritus, ac dignus domui præesse. Migrat à sæculo sub finem septembris 1505.

David d'Athies, è Davide genus trahens, 1468, 1469 frequentat Academiam Parisiensem, 1474 neomista, 1476 Gorrensis religiosus, præpositus Berclavensis 1480, rogatus ad solemnitatem relationis Sancti Patroni ab extraneis religiosis convenit Atrebatum, 1484 reddituarius, 1487 eleemosynarius, 1488, 1491 præpositus Maniliensis. Expirat inter preces mærentium 11 martii 1505.

1471. Erant pueri:

Joannes Tacquet, Atrebas. 1474 Lovaniensem Universitatem excolit: 1477 xbr. fit presbyter, 1483 quartus
prior, 1484 tertius prior et cantor, 1489 simul vinitarius,
1489 reffectuarius, 1492 præpositus Berclavensis, 1494
receptor forensis et gabuli: erigi curat tabellam altaris
Sancti Benedicti. Parcâ rapitur 12 januarii 1496.

Alardus de Meaux, è Joannis prosapiâ. 1477 xbr.
sacerdos initiatus, 1483 sacrista, 1484 thesaurarius, 1485
cellerarius, 1490 præpositus Gorrensis, 1511, 1513 suppræpositus, 1517 præpositus Saliensis: quo loci terminat
dies 1ª januarii 1523.

Claudius de Cambrin. 1474 erat junior (Jouvenchiel).

Claudius Chupprel. 1477 xbr. gradum presbyteratus
adipiscitur, 1481 tempore exilii convenit semel ad Sanctum Vedastum, 1489 sacrista, 1493 vinitarius, 1496
præpositus Maniliensis. Vitales auras deserit 23ª julii.

Philippus d'Alennes. 1484 presbyter initiatur, tum fit
Hasprensis, 1487 socius ad S. Michaelem, 1489 religiosus
de Gorrâ: ibi fato succumbit 1493.

Ledvinus de Paris. 1484 magister ordinis, 1488 tertius
prior, 1494 Hasprensis, 1504 sacrista Hasprensis, 1505
Berclavensis, 1507, 1514 præpositus Angicurtensis, 1512
præpositus S. Michaelis 1519: narratur etiam fuisse cellerarius. Præpositus S. Michaelis obit 10 augusti 1520 vel
1522, jacetque juxta sacellum Sancti Antonii in monasterio.

1474 Recénsentur pueri sequentes :

PHILIPPUS DE WALLOIS, Atrebas. Nepos Joannis de Wallois fol. 68, ei ortum præbuere Joannes scutifer et Margarita Yvain. 1485 quartus prior, 1489 supprior, 1491, 1504 vinitarius, 1506 præpositus Berclavensis, eodem anno præpositus Sancti Michaelis. Animam Deo reconsignat 28 februarii 1512. Conditus in templo Sancti Vedasti, non procul a puteo in ejus cultum, à primis temporibus confecto, ad aquæ salubris exhaustiónem.

MATHÆUS D'ATISCHES. Junior remansit domi, tempore communis cladis. Primitianus Mart. 1482. 1488, 1489 quartus prior, 1489 Gorrensis, 1493 ; 1491 Berclavensis, 1498 magister ordinis, 1499 tertius prior, 1504 reffectuarius, 1508 thesaurarius, 1512 præpositus Gorrensis. Vivendi terminum attigit 18 martii 1513. Erat filius Joannis scutiferi dinastæ dicti loci prope Insulas, et Joannæ de Cassel filiæ Joannis et Joannæ de Bovines : cujus familiæ ramus non multo post masculis defecit.

NICOLAUS DE LATTRE. 1484 degit presbyter ad Sanctum Vedastum.

JOB DE COLCINCAMP. 1476 cum duobus sociis, Noviomi dat operam humanioribus litteris. Diaconus è vivis excedit 23 augusti.

MICHEL MAILLOT, Atrebas. Puer studet Noviomi, hærens que domi cum extraneis 1480, sub dimissoriales litteras vicarii Dupuich presbyteratu initiatur, 1484 resumit studia Ambiani, 1488 Berclavensis, 1505 ; 1498 Gorrensis

1510; 1512 senior religiosus ad Sanctum Michaelem. Ergastulum corporis sui relinquit 20 septembris 1516.

ANTONIUS DE VILLERS. Junior pariter remansit in monasterio, aliis abeuntibus 1477, 1478. 1487 Hasprensis 1504; 1488 Gorrensis, 1491 quartus prior, 1492, 1496 tertius prior; 1505, 1506 cantor, 1510 prior Hasprensis, 1515 thesaurarius Hasprensis 1520. Haspris mortem appetiit aprili 1523.

JOANNES LE FEUTRE, Atrebas. 1485 primitias egit, tum sacellanus D. Prioris, 1488 Gorrensis, 1491, 1503 reffectuarius, 1504 præpositus Angicurtensis. Naturæ concedit 4 octobris 1507.

CAROLUS GRÉBERT. 1474 puer studet in civitate veteri Atrebatensis apud presbyterum residens, fit presbyter, 1489 socius Hasprensis. Gorris morte sublatus est in virili ætate 3 octobris 1491.

ISEMBARTUS CHAINART. Vestitus super præsentationem Ludovici XI regis Galliæ, lege quâ munus religiosi ritè expleret : puer studet in civitate episcopali 1474, in monasterio 1475, 1476.

1475 Recensentur infantes:

JACOBUS BAUDART, Atrebas, è stemmate Jacobi. Primitias celebrat 9 aprilis 1486, magister ordinis 1487; 1488, 1491 fungitur eleemosynarii officio, 1508 reffectuarius, 1504, 1505, 1510 sacrista. Vir pius et rectus percontatur, requievit in pace 151...

MARTINUS COQUEL, è Joanne genus sumpsit.

1476, Augusti Vestitus sequens solus

ANTONIUS DE BERLETTES. Nepos præpositi Ambianensis ecclesiæ ad quem 1484....

Extranei religiosi, numero quindecim circiter, è Galliâ inducti ad Sanctum Vedastum, tempore exilii Atrebatensium 1477.

JOANNES DUPUICH.

LAURENTIUS DANIEL. Prius cantor Sancti Martini à campis apud Lutetias.... Prior de Gaigny, hæret ad tempus.

JACOBUS DE LARBENT. Sese gessit pro magno præposito, institutus 13 novembris 1478 a Dⁿᵒ vicario.

.... PÉNAN. Cantor, appellit martio mense 1478.

MATHURINUS BAILLON. Suppræpositus ac receptor, post exilium 2 julii 1483 reddit rationem qualemcumque ab anno 1483 coram delegatis Sancti Vedasti, vicario Dupuich, et archidiacono Dunensi apud Parisios.

GUILLELMUS ROULLEAU. Prior claustralis, dein cellerarius, donatus insuper, à commendatario, pensione 24 lib.

ROBERTUS DOUBLET. Dein prior claustralis.

.... HACQUIN.

BERNARDUS BOUCHEAU. Thesaurarius.

BERTRANDUS BOULLEREAU. Magister ordinis.

STEPHANUS CHAPPELAIN. Vinitarius.

FRANCISCUS DE QUINCAMPOIX.

CLAUDIUS LE JAY. Convenit ad ordines recipiendos Teruanæ, mense februario, 1481 vel 1482.

1482, martio, erant in monasterio 18 religiosi, numeratis tribus pueris.

ROBERTUS LE GRAND.

1477 septembris circiter, inter Vedastinos annumeratur a Joanne Dupuich vicario

MARTINUS ASSET. Vestitus jussu Ludovici XI annos natus 7, habuit in matrem Joannam le Clercq, in patrem Gerardum filium Egidii, qui regem obsidentem Atrebatum secutus fuerat, uti satellitum præfectus: ille nimirùm qui intercepit prope Lendium 1477 legatos Atrebatenses, missos Gandavum, eosque duxit Hesdinium, capite alleviandos. In hâc arte justitiarii factus est dives: verum 1484 cum ageret partes præpositi Bellæquercus in tenuitatem ruit. Filii ejus : Martinus de quo supra; 2us Guillelmus apparitor regius, qui nupsit 1507 Joannæ Maillot ; 3us Simeon Desponsatus Margaritæ de Willâme ortæ à Valencenis, cujus Petrus filius, et hæres fuit consiliarius, et præses consilii Artesiæ. Manens in domo, retrò chorum B. Magdalenes, quæ est propria hodiè stirpis de Bonnières allaborabat 1548 ab probanda sua gentilitia. Vide infrà fol..... Claudium de Bonnières. Petrus autem Asset Dominus d'Agny nupsit Annæ Delamotte de la Bruyelle; 4ª filia, soror Martini Asset Abb., nomine Joanna nupsit Joanni le Watier scutifero.

Noster Martinus 1488 neomista, organorum peritus, 1489 magister ordinis, 1493 fuit quartus prior medio cladium, 1497 migravit Romam, pro confirmatione Abbatis de Kerles, ibique notus evasit; 1498 reddituarius, 1500 granatarius, 1505 questor generalis, 1508 consilianus Caroli V. Fertur fuisse staturâ mediâ, corpore compacto, facie audaci, voce sonorâ, ingenio peracri, prompto, et imperterrito.

Mathæus de Hedonville. Studet junior Parisiis, subdiaconus 1484, 1487; 1488, 1490, 1494 socius datur præposito Saliensi ; 1491, 1496 Berclavensis; presbyter, Gorrensis religiosus 1497, 1498. Iterum socius in Saillico, ibidem mortale corpus exuit 9 februarii 1500. Cujus mater 1498 residebat in Bellovacesio.

Reginaldus L'ausmonier, è stemmate Joannis. 1489 sacellanus prioris, 1489, 1491 cantor. Quo in officio vitam terminat 25 julii 1505.

Hugo de Queurlu. Neomista 1490, inde Michaelista, 1493 Berclavensis, 1497 Hasprensis, 1498 Gorrensis, 1504 prior Hasprensis. Ibidem in pace requiescit 1507.

Guillelmus Caulier, Atrebas. Huic genus dedere Petrus procurator regius Artesiæ, sub Ludovico XI° rege, et Pasquetta de Vichery : habuitque in fratrem Joannem D^um d'Aignies, primum præsidem 1530 Consilii Artesiæ, tunc exorti. 1484 studet Bapalmis, fit neomista 1490, socius Gorrensis 1493, 1498 sacellanus Abbatis et præfectus operum, 1500 insuper receptor forensis, 1503 præpositus Hasprensis, sagaci ingenio pollens, 1509 revocatus ab Abbate novo Sancti Vedasti, obedire renuit, hinc lite contrà ipsum instructâ in variis tribunalibus,

demùm cadit causa... 1519 in Parlamento Parisiensi.
Interim in Belgio notissimus, per demissionem Abbatis
Sancti Gerardi Broniensis, eidem successit, laudabiliterque
rexit. Tum 1523 postulatus Abbas Laubiensis, utrique
ecclesiæ prælusit, amicitiamque cum Vedastinis renexuit;
Laubiis totum monasterium incendio absumptum, sicut
et bibliothecam reparavit. Ab imis recentis ecclesiæ
fundamenta jecit, chorum perfecit, et obiit 1ᵃ augusti
1550. Hoc decoratus epitaphio:

Abbatum splendor, veræ pietatis imago,
Guillemus Caulier clauditur hoc lapide :
Æternam laudem cui Laubica claustra rependunt.
Quæ studio ipsius, facta fuere nova :
Tres annos novies pastoris munere functus :
Vivit apud superos, præmia digna ferens.

JOANNES THERY, Atrebas. Hypodiaconus 1486, presbyter
primâ vice litat 17 octobris 1490, sacellanus prioris,
1498 quartus prior, supprior 1504, reddituarius 1506,
tum suppræpositus, 1507 questor generalis, 1515 præpositus major, 1517 adit monasterium Hasnoniense promotus coadjutor à SS. Pontifice, lege solvendi pro
vacantiâ 2200 ducatorum apostolicæ sedi.... 1519 mense
augusto Infulis ibidem decoratur, 1523 init societatem
cum Judoco Abbate Sancti Martini de Castello juxtà Mor-
taniam. Ecclesiam Hasnoniensem et loca monasterii
restauravit, campanile, nolas, suppellectilem sacram,
novosque tapetes procuravit. Monasticam regularitatem
insuper ita revocavit, ut ab Hasnoniensibus, velut secundus fundator reputetur. Senio fractus, dies explet Valen-

cenis 5 decembris 1534. Tumulatur autem relatus ad propria : relicto magno sui desiderio, et vocabulo boni Abbatis.

JOANNES DE SACHY. 1490 Parisiis studet in collegio de Boncourt, 1491 fit levita Cameraci, 1492 neomista mense aprili. Inde religiosus Hasprensis, 1497 Berclavensis, 1498 Gorrensis : florente ætate de mundo sublatus est 26 julii 1499.

JOANNES MARCHANT, Atrebas. 1490 vacat studiis apud Lutetias, cum præfato : interdiù hærens Angicurti. Neomista 1493 ; 1493 Gorrensis 1498, 1505; 1494 visitat limina apostolica, 1498, 1504 Berclavensis, 1508 cantor, Corporis sarcinam deponit 13 februarii.

JOANNES LE BAILLY, Atrebas. 1486, 1487 studet Parisiis in jure canonico, 1491 in festo Epiphaniæ primitias celebrat, 1493 magister ordinis, 1496 supprior, 1500 reddituarius, 1507 receptor forensis, 1508 prior major renuntiatur, 1510 ab Abbate delegatus, vadit ad comitia Lugdunensia. Seriem Abbatum monasterii, jussu sui archi· mandritæ. brevibus licet notis, illustrat; quam posteà Domnus Markaius et Caverellius paulisper ornavere. Migrat à sæculo 6ᵃ nonas martii 1529, ætatis anno 64. Terræ mandatus ante sacellum Sancti Joannis Baptistæ, sub epitaphio, in quo insuper sic percontatur: Vitæ sanctimoniâ, fidei integritate, æquitatis magnitudine, benè merendi virtute, nulli mortalium secundus Religionis Christianæ ac rituum sacrorum studiosissimus.

ELIAS MOREL, Insulanus, è stemmate Egidii. 1494 Berclavensis, 1498 Hasprensis, 1505 thesaurarius Hasprensis. 1507 thesaurarius monasterii, 1509 granatarius, 1511 præpositus Hasprensis; unde redux 1513. 1516 iterum granatarius; viam universæ carnis ingreditur 14ᵃ maii 1518.

ROBERTUS GOSSON, Atrebas. Ei genus dedit Joannes locum tenens, seu vicarius gubernator Atrebat. Vacat junior Lutetiis, ad studia in collegio de Montaigu, fit neomista septembr. 1494, inde socius ad S. Michaelem, 1498 sacellanus Abbatis, 1503 receptor forensis, 1505 simul præfectus operum, 1505, 1506 granatarius. In hoc officio vitam cum morte commutat, 6 novembris.

1485. Vestiuntur quatuor sequentes:

JOANNES JACOBUS LE TORDEUR, è prosapiâ Martini. 1489 organorum peritus, quæ templi nostri tangebat 1505, fit neomista 1493, Paulo post Berclavensis, 1504 tertius prior, 1507 vinitarius, 1508 reddituarius, 1513 questor generalis, 1518 suppræpositus, 1519 confici curat tabellam altaris et laminas vitreas, ad capellam SS. Virginum; fuit etiam præpositus Sᵗⁱ Michaelis, quo loci vitam deserit 27ᵃ februarii 1527. Ibidem in pace jacens.

JOANNES D'ESTRÉES. Ortus è familiâ Antonii Equitis, Toparchæ de Boullan residentis apud Brios. Fit neomista 1496, 1498 Michaelista, 1504 socius Gorrensis, 1510, 1514, 1517; 1512 Berclavensis, 1505 sacrista Hasprensis, · 1506 simul thesaurarius Hasprensis, ... præpositus Gorrensis morte corripitur 3ᵃ septembris 1525.

MARTINUS BERTOUL, Atrebas. E stemmate Martini. Junior studet Parisiis, devenitque ibi baccalaureus in decretis; redux primitias celebrat april. 1499; 1504 præpositus Saliensis, 1517 præpositus major. Vir de monasterio apprime meritus miti morte consumitur, 4ᵃ maii 1533.

JOANNES BERTOUL, Atrebas. E prosapia Jacobi. 1495 studet pariter Parisiis, 1498 secundus diaconus degebat interdiù Berclavi... ex hac luce eripitur.....

NICOLAUS LENTAILLEUR primus, Atrebas. E stemmate Joannis. Fit neomista april. 1499, Berclavensis 1498, 1510, 1514; 1505 Gorrensis, 1508 Hasprensis, Michaelista 1519, 1520; 1521 granatarius, 1522 præpositus Berclavensis, quo munere exoneratus est mense februario 1530. E vivis decedit in monasterio Laubiensi.

ROBERTUS BRICONET. E Turoniâ nobili genere natus: Patre Joannæ majore Turon.... matre Joannæ Berthelot; fit thesaurarius vel scholasticus ecclesiæ Sancti Martini Turonensis: in senatorem Parlementi Parisiensis assumptus, devenit præses Cameræ *des enquestes* 1489, 1490 promovetur Magister requestarum, tum Cancellarius et Archiepiscopus Rhemensis. Aderat ei in fratrem Guillelmus Briconetus: qui ex mercatore factus est post mortem uxoris Episcopus ac Cardinalis Macloviensis. Hujusce Guillemi factum singulare narratur : nempe quod eidem in pontificiis celebranti, assisterent in ministros duo sui filii Episcopi Meldensis et Lodeve.

1490. Erant pueri

Joannes Blocquiel, Atrebas. 1496 neomista fit Gorrensis, item anno 1504 ; 1496, 1498 Hasprensis, Berclavensis 1497, 1505, 1510 ; 151.. thesaurarius Hasprensis, dies ultimos terminat 29 octobris 1521, sub patrocinio SS. ejusdem loci positus.

Guillelmus Fremin, Atrebas. Fit neomista 1497, sacellanus Abbatis 1498, 1505 præpositus Maniliensis, 1518 præpositus Berclavensis, amotus 1522 ; 1521 septembr. agebat priorem Hasprensem, 1523 ibi residet privatus, dein degit Coloniæ per septennium; 1539 residet in monasterio senior, 1545 granetarius. Abdicatisque curis quibusvis, morti concedit ad Sanctum Vedastum 8ᵃ octobris 1555 in bonâ senectute, anno ætatis 83.

Egidius Paien, Atrebas. E genere Petri ortus, qui fuit procurator monasterii, 1504 sacellanus Abbatis, tum quartus prior, 1505 vinitor, 1506 præpositus Maniliensis, 1510 præpositus Hasprensis, 1513 redux fit cellerarius, tum præpositus S. Michaelis, 1516 hospitarius, ibi ad alteram vitam transit 2 junii 1524.

Carolus Ricart, seu Riccard, Atrebas. 1504 quartus prior, 1507 tertius prior, 1510 vinitarius, 1512 thesaurarius, 1513 reddituarius, 1517 receptor gabulis, 1539 præpositus major. Miti morte consumitur 28ᵃ augusti ex Necrologio 1544, tumulatus non longe a puteo, desubter altare Sancti Vedasti.

Joannes Flament, Atrebas, è stirpe Joannis. Adhuc junior socius Berclavensis 1494, 1495, degebat in Sailly

1494, 1496, 1497, 1499, fit primitianus 1501, tertius prior 1503, Berclavensis 1505, 1515 ; 1512 thesaurarius Haspris, dein ibidem prior. Gorris animam exhalat 1615.

1494, fuit vestitio sex religiosorum.

JOANNES OUSSON, Atrebas. E stemmate Joannis exortus. 1498 studet Parisiis, 1507 supprior, 1512 thesaurarius, 1517 reddituarius, 1522 suppræpositus, 1527 granetarius. Vitâ fungitur 26 octobris 1538 sepultus prope capellam defunctorum.

JOANNES DE SAVEUSES. Proditus è familiâ Roberti, Toparchiæ de Lozinghem, Godiempre et capitanei Ambianensis, ac sepulti Cameraci apud Sanctam Magdalenem, nec non Beatricis de la Fosse. Cujus etiam auctores erexerant Clarissarum Atrebatensium religiosam domum. 1501 sacellanus prioris, 1505 sacellanus Abbatis, 1507 quartus prior, 1510 reffectuarius, 1513 supprior, 1514 hospitarius. 1516 præpositus Angicurtensis. Ejus insignia mixta etiam è stemmate de la Fosse etiamnum visuntur ad ædes præposituræ, et ad testitudinem alæ templi parochialis ; in epitaphio ejusdem, ad ima altaris majoris, legebatur de eo, quod fuerit *moine prévost et curé* d'Angicourt. Obdormit autem in Domino 25 augusti 1540.

GENCIANUS RAULIN, Audomarenus. 1499 æger infans visitat patrem nomine R...., qui creditur Robertus consiliarius Sancti Vedasti 1496, 1504 socius Berclavensis, 1505, 1508 sacellanus prioris ; 1510 cantor. E sæculo discedit 2 augusti 1515.

Petrus Thibault. Atrebas. Jam professus 1498, 1504 Michaelista, 1506 hospitarius, 1510 quartus prior, 1511 tertius prior, 1513 religiosus Gorrensis. Berclavensis præmaturâ morte requievit in pace anno 1515.

Joannes Palmart, dictus Courcol. 1505 sacellanus Abbatis, 1507 hospitarius, 1510 visitat limina apostolica, Berclavensis. 1510, 1524, 1528, 1529; 1512 Gorrensis, 1515 tertius prior, 1515 cantor, 1521; 1520 Hasprensis, 1527 Michaelista. Cantor cursum vitæ absolvit in monasterio 29 maii 1531.

1498 Fuit vestitio quatuor religiosorum.

Antonius Thery, Atrebas. 1505 Hasprensis 1514; Michaelista 1510, Gorrensis 1512, 1529, 1532, 1543. usque 1554; 1519 sacrista Hasprensis, vinitor 1523, Berclavensis 1533; 1537 quartus prior. Ossa ad monasterium retulit mortuus anno 155...

Joannes Bouchault. 1507 magister ordinis, 1508 quartus prior, 1510 eleemosynarius, è vivis abit....

Jacobus Creppel. Fit presbyter Antuerpiæ 1505, vinitor 1508; 1507 sacellanus Abbatis, 1511 præpositus Maniliensis, 1522, 1532 reddituarius; 1524 thesaurarius Hasprensis. Vigente bello, è Manilio per hostilitates abducitur captivus in turrim de Bauquesne. 1522 16 aprilis per pauperculam mulierem nuntiat suum statum Abbati. Illico Dominus d'Isenghiem tubicinem delegat ad D^{num} Vendolmii, locum tenentem regium in Picardiâ : captivusque liberatur, Manilio valedicens. 1532 degit præpositus Gorrensis, 1533 5 septembris obtinet ab Abbate absentiam unius mensis ad invisendum in Galliâ aliquod beneficium. 1542 hæret apud Carinon juxtà Montes Hannoniæ. 1548, 1552 Berclavi privatus moritur 12 januarii.

Joannes Chrétien, Atrebas. Adhuc puer 1499, 1501.

Joannes Houvigneul. Fit presbyter Antuerpiæ 1505, inde Michaelista. 1510 magister ordinis, 1511 quartus prior, 1512 tertius prior, 1514 supprior, 1518 hospitarius, 1522 thesaurarius. Hospitarius morte concidit 12 maii 1548. Resurrectionem expectans in sacello Sancti Mauri.

Adrianus de Habarcq, è stemmate Roberti Toparchiæ d'Haplincourt, vice comitis d'Arleux, et Catharinæ de Mailly, seu verius de Mannart, è quibus prodiere 22 proles... 1506 tactus morsurâ canis dubie rabidi, perigrinatur ad urbem de Moriancourt ad vitæ securitatem. 1507 fit Ambiani levita, primitias celebrat 11 octobris 1510, 1510 Gorrensis, 1514 Hasprensis, 1518 sacrista in monasterio, 1519 granetarius, 1528 suppræpositus, 1529 cessione Arturi Abbatis Aquæcurtensis de pedo pastorali (d'Eaucourt) confirmatâ ex bullis Clementis VII, 6° idus septembris expeditis, devenit Abbas Aquæcurtensis, præmissâ ibidem novâ professione sub regulâ Sancti Augustini. Eo loci capitulum construxit, fato functus 153...

Petrus de Wanquetin. Studuit infans Ambiani.

Ambrosius de Ransart, genus trahens a Joanne. Fit neomista septembri 1507, Ambiani, cum duobus sociis sequentibus; 1510 socius Hasprensis, 1512 eleemosynarius, 1513 tertius prior, 1515 sacrista, 1519 prior Hasprensis, 1523 thesaurarius Hasprensis, 1529 Berclavensis,

1531 eleemosynarius 1533. Mortalitatem explet 25 julii
1539.

ROBERTUS ANSSART, Atrebas, de propagine Petri argen-
tarii urbis, et Joannæ le Vasseur. 1507 neomista fit Berclavensis, 1508 Michaelista, 1510 thesaurarius Hasprensis, 1512 prior Hasprensis, 1517 thesaurarius monasterii,
1522 cellerarius, 1538 granatarius, 1546 questor generalis. Granatarius animam Creatori reddit 16 decembris
1552, terræ mandatus juxta cornu epistolarii lateris, in
capellâ SS. Martyrum.

Erant adhuc pueri 1502

JOANNES DE LONGUEVAL. Neomista 1507, 1512 magister
ordinis, 1515 eleemosynarius, 1516 peritus organices.
Artem exercet hoc anno in ecclesiâ monasterii, 1517 reffectuarius, 1519 vadit in Galliam : ibi naturæ concedit.

JOANNES FORME, ex La Fère in Picardiâ oriundus de
prosapiâ Caroli. Fit neomista Ambiani 1507, mox sacellanus Abbatis, 1512 granatarius, receptor forensis, simul
præfectus operum, 1515 præpositus Berclavensis, 1516
præpositus Hasprensis. Orto Marte, Carolus V eum ex
Haspris exulat, eò quod frater ejus major domûs Ducis
Vandomii, mater vero gubernatrix dominæ Ducissæ Vandomii, et alii fratres addicti essent Galliæ. Hinc a Francisco rege clariga..o super D. Jacob Creppel præpositum
Maniliensem 1522. Hinc ordinatio, quâ iste Joannes secessit Manilium, donatus à rege confiscationis jure super
.... ut ut sit, tandem dictus Joannes 1524 declaratur ab
Abbate Sancti Vedasti præpositus Maniliensis, refugiatus-

que Peronam patitur, anno 1536 obsidionem, 1539 revocatus fit questor generalis: rebus humanis eximitur 4 xbr. 1545, custoditus durante morbo, à duabus Grisæanis Bapalmensibus, juxtà novum sæculi ritum.

Jacob Walerandus de Wignacourt primus, dictus d'Ourton. 1507 fit levita Ambiani, mense septembri, tum presbyter, 1510 fit socius Hasprensis, 1511 eleemosynarius. 1512, 1513 sacellanus prioris, 1514 reffectuarius, 1517 Gorrensis. Eleemosynarius ad alteram vitam transit ... martii 1519. Is autem ne confundatur cum altero fere ejusdem nominis, fol. 102.

Petrus Savary. Tornac. Ei genus dedere Eustachius Toparcha d'Austreuil et Joanna Paillart. 1510 prioris sacellanus, 1512 sacrista, Berclavensis 1515, 1519; 1517 prior Hasprensis. 1520 Gorrensis, 1522 tertius prior, 1525 hospitarius. 1530 suppræpositus. Hoc in officio diem extremum vitæ superat 26 aprilis 1545. Jacens extrà fores chori versùs meridiem.

Antonius Olivier. Neomista 20 januarii 1511; 1509 eleemosynarius simul et cantor, 1514 vinariæ cellæ prefectus, vitales auras deserit 15 maii 1522.

Pueri aderant 1504 et sequentibus annis :

Jacobus de Brantwere, dictus Copin. Studet puer Ambiani, primitias celebrat 12 januarii 1511, fit Berclavensis 1512, 1522, 1533 ; quartus prior 1517, Gorrensis 1515, 1534 ; 1528 sacrista, Michaelista 1529, 1530 ; 1537 eleemosynarius. Sacrista mortem oppetit in monasterio 2ᵃ augusti.

ANTONIUS LE MATTRE. Presbyter factus, primitias celebrat 26 septembris 1512, 1512 quartus prior. 1514 sacellanus Abbatis, receptor forensis et gabul': in hâc dignitate fato prævenitur, 5ᵃ novembris 1519, relicto sui
desiderio.

JOANNES LE COCHON, Atrebas. 5 junii 1513 primitias
agit, 1514, 1523 religiosus Hasprensis, 1517 sacellanus
prioris, 1521 eleemosynarius, sacrista 1522, Gorrensis
1524, 1528; 1527, 1529 Berclavensis, Michaelista 1534,
ad manes concedit....

ANTONIUS DE COEURLU. Puer 1504.

MARTINUS QUINCAULT, Atrebas. Petro et Joannæ Memo-
ransy hujusce uxore, ad Sanctum Nicasium sepultis, suis
autoribus, curat suo tempore epitaphium apponi. Fit
autem neomista Teruanæ, 1513 quartus prior, 1516
tertius prior, 1517 supprior, 1521 socius Berclavi, 1523
prior Hasprensis, 1526 Michaelista, 1527 eleemosynarius,
1528 præpositus Saliensis, unde redux 1534; 1535 Prior
major. Poëmate horatiano Sanctum Vedastum patronum
decorat. Vivendi finem facit 15ᵃ maii 1543. Vir non infimi
nominis.

ANTONIUS DE MOYENCOURT, è stemmate Joannis. Neomista 6 januarii 1511; 1510 Hasprensis, 1515 sacellanus
prioris, Michaelista 1516, 1518 quartus prior, eleemosynarius 1523, sacrista 1524, 1529 reffectuarius, præpositus
cellæ vinariæ 1530, 1533. Eleemosynarius migrat ex hac
luce 21 xbr. 1538.

JOANNES LE CLERCQ, Bapalmas, è stirpe Reginaldi. 1516
neomista fit magister ordinis, 1517 quartus prior, cantor
1518, prior Hasprensis 1524, supprior 1530, 1535 præpo-

situs Gorrensis, 1543 Prior major, 1544 Abbas Blangia-
censis: de eo fit mentio in fenestrâ vitreâ Franciscanorum
Bapalm. Obiit 23 januarii 1557 sepultus in cænobio
P.P. Dominicanorum Audomari.

WALERANDUS DE WIGNACCURT 2ⁿˢ. dictus d'OURTON, è
stirpe Sigeri et Alicis de Bernimicourt. Puer 1507, primitias celebrat 9 januarii 1513, 1515 quartus prior,
eodem anno tertius prior, 1516 eleemosynarius, 1520
Berclavensis, 1527 reffectuarius, 1532 præpositus Sancti
Michaelis: Ibi religiose, uti vixerat, devixit 22 julii 1558,
in ecclesiâ dicti loci inhumatus.

Jam pueri 1507:

ROLANDUS DE MONTMORENCY, dictus DE FOSSEUX. Genus
ei præfuit Rolandus baro de Fosseux, Toparcha d'Aute-
ville de la Tour: de Chaumont, Baillet-sur-Esche, vide
du Chêsne 289. Degebat adhuc puer 1512, neomista 1516,
1519 fit Gorrensis, 1521 socius in Sailly, 1522 hospitarius... Præpositus Saliensis, ubi vitam brevem religiose
concludit, 19 septembris 1528.

ANTONIUS DE THILLY, Atrebas, è propagine Walerandi.
1514 magister ordinis, 1516 quartus prior, 1517 tertius
prior, 1522 supprior, reddituarius 1524, 1525 receptor
forensis, 1530 Berclavensis religiosus. Haspris vitam
amittit .. novembris 1532.

JOANNES LE NORQUIER, dictus FACHIN. Fit presbyter
Ambiani, septembri 1516, 1519 reffectuarius, 1521 prior.
Hasprensis, 1522 socius Berclavensis, 1526 Gorrensis

1529 supprior, 1530 februario præpositus Berclavensis,
1543 præpositus major, 1546 obtinet ab Abbate faculta-
tem beneficia ecclesiastica impetrandi cum absolutione
ab obedientiâ. Eodem anno renuntiatus Abbas Sancti
Joannis Baptistæ in Monte Tervanensi. Post excidium
illius urbis, usus operâ Joannis de Miricâ Dominicani
baccalaurei, curat religiosos colligi apud Baillolum. Zy-
pæus monachus ejusdem cænobii sic de eo: Vir sempi-
ternâ apud nos memoriâ dignus : cui debetur restauratio
domus ad pristinum splendorem et ad antiquam perfec-
tionem disciplinæ per integrum redditæ. Idem Abbas rexit
monasterium Capellense, secundo Milliari a Calito olim
dissitum ; nunc dicto monasterio Sancti Joannis unitum:
Item Watenensem præposituram canonicorum regularium
S. Augustini prope Audomarum, quam prævie... remisit
episcopo Audomareno 1570. Is locus nunc cedit... Plenus
dierum et meritorum, corpus deserit Audomari 6ᵃ julii
1570, translatus ad suos fratres cum eis sepelitur in æde
Sancti Antonii Bailloli. Vide...

NICASIUS MERLE, Atrebas, è prosapiâ Natalis. Neomista
primitias celebrat 16 januarii 1519. Inde fit Berclavensis.
Gorris, morte fit exanguis, januarii 1520 : ex vulnere
adustionis.

BERTRANDUS DE CANTELEU, dictus DE DOUVRIN. 1516
levita, 1517 neomista, 1517 Berclavensis, 1518 Michaelista, 1519, 1521 Gorrensis, 1520 Hasprensis, 1522 socius
in Sailly. Haspris obdormit in Domino.

JACOBUS DE KERLES. Nepos Abbati de Kerles. 1518
quartus prior, 1523 resumens Parisiis studia, devenit
licentiatus Sorbonicus. 1524 supprior, 1527 suppræpo-

situs, 1529 Prior major. Memor forte scolarum Parisiensium, præsentat suo Abbati supplicationem ut in monasterio Sancti Germani de Pratis juxta Parisios, strictiùs,
uti aiebat, degeret. Annuit Abbas Assetus 30 aprilis 1535,
hoc intellecto, quod confratres Sancti Germani, accep-
tionis illius ad suum gremium cartam, ad Sanctum Vedastum mitterent. Moritur is religiosus in Galliâ.

EGIDIUS DE BRETAGNE, Atrebas, è propagine Joannis.
Neomista 1515 declaratur magister ordinis, 1518 Berclavensis, 1520 eleemosynarius, tum sacellanus Abbatis,
1524 visitat loca apostolica, 1525 Berclavensis, 1530,
1534 Gorrensis, Berclavi vitam deserit 3 septembris....

CAROLUS DU BOSQUET, Atrebas. Teruanæ presbyteratum
adeptus, primitias celebrat dominicâ 9 octobris 1519.
1520 eleemosynarius, 1521 sacellanus prioris, 1526 Gorrensis, 1526 thesaurarius Hasprensis, 1532 prior Hasprensis, 1546 tertius prior, 1548 hospitalarius. Senior venerabilis expirat 9 martii 1565 : tumulatus è regione
claustri.

PETRUS DE CARDEVAQUE, Atrebas. Vestitus 1507. Mathæus et Catharina Hocquet ejus auctores memorantur.
Fit presbyter Ambiani, 1519 eleemosynarius 1530 ; 1520
sacrista, 1521 Hasprensis 1529 ; Berclavensis 1525. 1534.
1522 sacellanus prioris; 1516, 1543, 1545 Michaelista,
Gorrensis 1547. Ex præposito Hasprensi, seu potius vice
præposito fit 1550 thesaurarius monasterii. Morte corripitur 19 octobris 1557, jacens donec resurgat, ad meridiem stallorum ecclesiæ.

1510. Jam pueri recensentur :

Joannes Pilet seu Pillet. Atrebas. Primitias celebrat dominicâ 11 octobris 1518, magister ordinis 1520 ; 1522 quartus prior, 1524 eleemosynarius, 1525 prior Hasprensis, 1530, 1537 thesaurarius, reffectuarius 1531, reddituarius 1541, suppræpositus 1545, questor generalis 1552. Sublatus è vivis 10 junii 1559.

Petrus Auguier, dictus Santi, Atrebas, è stemmate Joannis. Neomista celebrat in Epiphaniâ 1519, dein Hasprensis, item 1525 ; 1520, 1529 Gorrensis, 15∴7 Berclavensis. Gorris animam efflat 29ᵃ maii 1530.

Robertus de le Disque. Presbyter promotus Ambiani, primitias celebrat 21 octobris 1520 ; 1515, 1519 socius Hasprensis. item 1521 ; 1520 Gorrensis, 1526, 1533 ; Berclavensis 1528, 1534, 1531 ; 1524 Michaelista. Quia ratione belli, Teruana paruerat Gallis.... ex tunc cœpere ab Sanctum Joannem in Monte duo Abbates nominari, nimirùm a Carolo Vᵒ Cæsare, et Francisco rege Galliæ, quæ confusio diù viguit... Noster Robertus donatur 1532 Ambiani, litteris regiis pro hujusce monasterii pedo pastorali, cujus gratiâ 1533 ad Boloniam et Teruanam processit possessionem adepturus. Sed vané. Hinc ultionis motivo, pagus de Pons en Amienois sub manu regiâ positus, non sine sollicitudine Sancti Vedasti. Legitur de cœtero is Robertus 1532 regulari disciplinæ obsequens, Gorrensis 1533, abdicato demum consilio... Berclavi decessit è vivis paulo post....

Ludovicus de Miraumont, dictus de Courcelettes,

Atrebas, è stemmate nobili juxtâ Bapalmas. Neomista primitias celebrat 1ᵃ maii 1519. 1520 receptor foraneus, 1522 adit SS. Pontificem, 1524 quartus prior, 1529 tertius prior, 1529 thesaurarius, 1531 reddituarius, præpositus Saliensis dicitur januario 1534. Saliaci de hâc. luce sub-tractus est 21 junii 1546. Exequiis ejusdem sepulti in choro parochiæ, astitère septem presbyteri.

Joannes Asset, Atrebas. Nepos Abbatis Asset, utpote ortus è Simone et Agnete de Willame. 1522 præpositus Hasprensis, 1525 recepit ab Abbate suo litteras obedien-tiales laude refertas, ad discedendum. Mox favore Joannis Ruffault thesaurarii imperialis renuntiatur Abbas Sancti Andreæ juxtà Brugas, sociante autem nostro Abbate possessionem auspicatur. Hæc Abbatia fundatorem agnos-cit Robertum comitem Flandriæ, sepultum ad Sanctum Vedastum anno iiiiᵒ. Porrò in illius refugio Brugis, multa struit idem Joannes qui anno 1545 devenit Abbas Aqui-cintinus. Vivere desit... 1556.

1512, 3 octobris, vestiti sunt quinque sequentes, qui anno 1516 ad scolas Ambianenses mittuntur :

Pasquier... Thiévelin, Atrebas. Neomista factus Am-biani, primâ vice celebrat dominicâ 1ᵃ julii 1520. 1522 magister ordinis, 1526 eleemosynarius, 1529 Hasprensis, 1527 Gorrensis, 1542 Haspris thesaurarius, quo loci ab anno 1529 ad diem obitus 28 junii 1561 religiosum sese gessit.

Michel Daize, seu Daix, Atrebas, è stirpe Joannis.

Promotus Teruanæ ad presbyterum, celebrat primitias 16 octobris 1519, 1520 Hasprensis, 1524 cantor primus : occurrit vero registum, juxtà quod is, aut alter eodem nomine nuncupatus, obit in monasterio 1532 mense novembri tumulatus. De cætero noster Michael perseverabat cantor 1534, suppræpositus 1536, cellerarius 1538, præpositus Berclavensis 1544, 1558 redux fit Prior major, 1567 amotus ab officio, quamvis non lubens omnino, declaratur præpositus Sancti Michaelis. Vivens ponit 1560 tabellam secùs capellam SS. Confessorum et vitam terminat vir venerandus 22ᵃ junii 1576, anno ætatis 79, sepultus in monasterio.

JACOBUS BRUNEAU. Recipit. presbyteratum junio 1522, in villâ de Roubaix ab episcopo Tornacensi cum duobus sociis sequentibus. 1522 Gorrensis, Hasprensis 1525, thesaurarius Hasprensis 1532, 1541 præpositus Angicurtensis, ubi quia 1543 vigeret bellum donatur largitione 20 flor. super monasterium, Haspris obit 11 februarii.

ENGHERANDUS DU GARDIN, Atrebas, è stemmate Philippi. 1522 neomista, postquam diaconatum recepisset Ambiani 1520, 1522 quartus prior et cantor 1523, tertius prior 1524, dein eleemosynarius, 1529 vinitor, 1530 prior Haspris, 1532 supprior, 1538 reffectuarius, 1544 præpositus Angicurtensis. Ob bella molestatur ab invasore fratre Carolo de Montmorency : quâ de causâ fuis lis in Parlamento Parisiensi. 1545, 1547 thesaurarius. Infirmus à tribus annis, ... animam moriens Deo commendat, 23 junii 1550.

JOANNES BASSÉE, Atrebas, è genere Colardi. Christophorus Bassée frater ejus presbyter sæcularis, 1521 erat secretarius Abbatis. Noster Joannes primitias celebrat 30 octobris 1524, magister ordinis 1525; 1526, 1530 Berclavensis, Gorrœus 1528, 1531; 1529, 1533 Hasprensis, prior Hasprensis 1536, 1542 tertius prior, 1544 reffectuarius, vinitor 1547, 1554 reddituarius, 1557 suppræpositus 1562; 1560, 1562 præpositus Saliensis. Ad cælestem patriam anhelans, moritur 7ᵃ januarii 1570.

1515, 24 junii, die Sancti Joannis Baptistæ, decem candidati, habitu religionis induti sunt, hoc ordine :

JOANNES DE LA RIVIÈRE, Insulanus, è prosapiâ Joannis. 1516 infirmus in monasterio, 1518, cum sociis studet apud Lutetias.

MICHEL DE LA GRANGE. Fit subdiaconus Ambiani 1520, diaconus in villâ Roubaix 1522, neomista 1524, sacellanus prioris 1526, quartus prior 1530, 1531 tertius prior. Eodem anno 28 novembris morte præripitur lugente conventu.

ANTONIUS DE LE FOSSE, Atrebas. Recipit omnes ordines, cum socio præcedente, 1529 eleemosynarius, 1532 tertius prior, vinitor 1536, 1539 thesaurarius, 1543, 1560 cellerarius. Miti morte consumitur, 3ᵃ septembris 1564, resurrectionem expectans non longe a sacello S. Benedicti, quod ornavit vivens vitreis laminis.

CLAUDIUS DE LONGASTRE.

PHILIPPUS DE LE PLANQUES. Fit subdiaconus in villâ de Roubaix, junio 1522, neomista celebrat dominicâ 18 junii 1526, Gorrensis 1533, 1544; Hasprensis 1534, Berclavensis 1544, 1549 eleemosynarius, sacrista fato fungitur 3ᵃ octobris 1551. Subjacens prope sacellum S. Antonii.

PETRUS REFFIN, Atrebas. Vestitus ætatis anno 7°, adhuc junior 1527, 1525 socius Gorrœus, neomista 25 aprilis 1531, Berclavensis 1532, 1544, Hasprensis 1531. 1548; Gorrœus 1534, sacrista Hasprensis 1547, 1563 degit in monasterio, 1567 hospitarius. Piè et sancte obdormit in pace 1568..... Sicut testatur tabella ex adverso capellæ Sancti Benedicti appositâ.

JOANNES HANIOT, Atrebas. Neomista celebrat dominicâ 11 junii 1526, paulo post magister ordinis, 1529 quartus prior, thesaurarius 1530, reddituarius 1537, 1540 præpositus Angicurtensis, ubi anno sequente 1541 18ᵃ augusti dies ultimos complevit.

CLAUDIUS DE NOUVELLES, è progenie Joannis Toparchæ de Premecque. 1524 23 septembris recepit minores ab Abbate Sancti Vedasti cum socio sequente ; ad presbyterum promotus Ambiani, primitias celebrat 29 januarii 1527, 1528 eleemosynarius, sacrista 1530, 1538 ; 1538 præpositus Maniliensis, 1555 præpositus Berclavi, 1569 præpositus Saliensis, undè grandævus, quietis causâ, redit revocatus julio 1579. Degit 1582 interdiù ad Sanctum Michaelem infirmus. Is venerabilis religiosus orationi plùs et plùs vacans in senio. Astitit usquè ad finem vitæ, vel in choro, vel desuper scamnum in pronao, vel in aliquo sacello. Indole suâ gratus, et hilaris corde, fit exanimis 11 januarii 1589, annos natus 88. Ascetices professionis 75, sepultus juxtà capellam Sancti Fiacrii.

**Tres sequentes cum Petro le Cambier fol 113, edunt vota,
intra Missarum solemnia 6 aprilis 1526.**

JOANNES THERY secundus, Atrebas. 1523 Universitatem
Lovaniensem excolit. Sacerdotio insignitus Ambiani,
primâ vice celebrat 12 januarii 1527, 1529 magister
ordinis, 1531 quartus prior, 1538 tertius prior, vinarius
1544, reddituarius 1547, suppræpositus 1554 E vivis abit
27ª junii 1556, cujus ossa requiescunt ante S. Mariam
Blancam.

PARIS TAFFU, è stirpe Balduini. 1524 Parisiis studet,
ubi dein dictus est juris utriusque licentiatus, 1530 studet
Lovanii : dein residet per 19 menses Mechliniæ ad monasterii negotia. 1530 tertius prior, 1533 Præpositus major,
1535 delegatus a comitiis Artesiæ ad Belgii rectricem,
1538 præpositus Hasprensis. 1540 cum ageret Parisiis,
motus est a Dⁿᵒ priore Sancti Martini de Campis, acceptare
prioratum de Pas in Artesiâ, qui locus erat vacuus per
demissionem inter manus collatoris. De permissu instru-
menta'i Abbatis Sancti Vedasti dato 19 martii 1541 beneficium acceptavit is, ne forte incideret inter manus
extraneas. D. Taffù nusquam tamen ob id Haspras
deserit, ubi dira passus est, ob belli clades, donec iterum Præpositus major est dictus. Obit vero 6ª februarii
1568 annos natus 63. Tumulatus in sacello SS. Confessorum quod decoravit columnis auricalcis, vitrisque pictis
donavit. Ex epitaphio renuntiatur insuper prior de Passù
et Sancti Nicolai d'Evinduaceni.

1519, ad Pascha ingressi sunt octo sequentes :

Guillelmus Waast. 1526 21 maii infra missarum solemnia fit ab Abbate minorista cum aliquot sociis, 1527 levita, presbyter novus april. 1529. Scolas Parisiis frequentaus, ibidem vitam Deo reddit 1532... septembris.

Antonius Facquier. 1524 23 septembris, insignitur tonsurâ, et minoribus ab Abbate, ad presbyteratum eve-hitur aprili 1529, sacellanus prioris 1535. 1536 cantor, 1538 supprior, 1548 reffectuarius Viam mortalitatis superat 3 februarii 1552. Alicubi dicitur reddituarius è vivis excessus.

Petrus Bello dictus du Canda. 1524 Lovanii lectiones excipit, ad sacerdotium promotus neomista celebrat dominicâ 3ᵈ julii 1530. 1538 sacellanus prioris, præpo-situs Gorrensis 1544. Gorris 1568 struit columbarium, etiamnunc existens.... Senior ad monasterium exoneratus redit, functus 15 septembris 1576 Ætatis 74 tumulatur ante thesaurariam. Laudatur is arduus consilio, vitæ ratione pius.

Philippus Vignon, Atrebas. Ambiani efficitur levita 1528, sacerdos primitianus 17 aprilis 1531, Berclavensis 1530, 1545, cantor 1537, 1544 religiosus Gorrensis, Michaelista 1549, 1552; 1554 iterum Berclavi residens, paulo post morte succumbit.

Guillelmus Floury, ex Croisilles. 1524 studet Parisiis, presbyter 1529.

Joannes Dervillers, Atrebas, è prosapiâ Joannis. Parisiis scolas excolens, morte prævenitur adolescens.

LUCAS PHILIPPE, Atrebas. 1524 scientiis apud Lovanium navat operam. Primitianus dominicâ 10 julii 1530, magister ordinis 1534, 1538 quartus prior, eodem anno et 1543 cantor, supprior 1544, vinitarius 1555 ; dein reddituarius : naturæ debitum exsolvit 21 martii 1558.

ROBERTUS LEFEBVRE, Atrebas. De familiâ Joannis Mercatoris arom.. .. 1533 28 junii primitianus, eleemosynarius 1544, 1538; 1548 præpositus Maniliensis. Ob belli clades Peronæ refugiatus, ibidem religiosè devixit 10 aprilis 1553, sepultus posteà in collegiatâ Sancti Fursæi.

1521. Erant pueri in scholâ tres sequentes :

AMBROSIUS DE HERANGUIÊRES, Atrebas. Nepos Abbatis Asseti. Emittit vota 17 martii 1534 cum D° Joanne Ruffault et Joanne Haniot. Primitianus celebrat 1531, sacellanus prioris 1531, 1533 Hasprensis, 1538 degit in monasterio, 1543 Gorrensis, 1544 magister ordinis, quartus prior 1549, 1550 eleemosynarius, tum sacrista. Vitales auras deserit 22 martii 1555.

JOANNES BAUDUIN, Atrebas. 5 julii 1533 primitias celebrat, 1543 magister ordinis, 1544 tertius prior, cantor 1547, 1553 supprior, reddituarius 1557. Inter vivos degere finit 16 januarii 1538. Conditus juxtà sacellaniam resurrectionis.

GUILLELMUS HANART. Primitias celebrat Berclavi 1533, 1545 degit in monasterio, Hasprensis 1546, 1552 ; 1548 Berclavensis. Berclavi, sarcinam corporis deponit 21 januarii.

JOANNES ROGUET. Religiosus professus junior Sancti Walerici super Mare. Tempore belli, caritatis gratiâ, recipitur ad Sanctum Vedastum 1523. Pace autem regressâ, rediit ad suum monasterium vestibus novis per omnia donatus 1525.

HIEROMYNUS RUFFAULT. Vir erat magnæ timiditatis, maximè in canendis clarâ voce missis. Ad equum recalcitrantem, et si longè dissitum, vel ad fragorem tonitru trepidus, Deum orabat.....

1525. Die parasceves, vestiti sunt octo sequentes :

PETRUS LE CAMBIER, Atrebas. Primitias celebrat 9 januarii 1534, 1538 magister puerorum seu novitiorum : eodem anno quartus prior, 1544 tertius prior, dein supprior, 1545 prior Hasprensis, 1554 socius Gorrensis. 1555 granatarius. Obdormit in Domino 4ª julii, Berclavi.

PETRUS BAUDART, è stemmate Martini. 1533 4 junii recipit ab Abbate minores ordines in capellâ Sancti Martini cùm tribus sociis, 1538 sacellanus prioris, 1543 sacristà. Sacrista ad alteram vitam transit 15 februarii.

LAURENTIUS DERVILLERS, Atrebas, filius Joannis. Levita 1535, tum pbr. 1544 magister ordinis, tum sacellanus Abbatis, 1545 quartus prior, eleemosynarius 1547; 1550 thesaurarius Hasprensis, 1558 thesaurarius in monasterio, 1558, 1560 reddituarius, suppræpositus 1561, 1565 ; 1566 hospitarius. Vitam amittit 30 aprilis 1568 jacens secus sacellum Sancti Antonii.

ROBERTUS DORESMIEUX, Atrebas. E stirpe Roberti. 1547

8

quartus prior, 1544 Hasprensis, 1548 præpositus Angicurtensis, 1555 reffectuarius, vinæ cellariæ director
1558, suppræpositus de hâc luce subtractus est, 30 maii
1561, humatus juxta puteum Sancti Vedasti.

CLERIARDUS DE MARKAIS. E prosapiâ Philippi scutiferi.
1526 cum tribus sociis recipit ab Abbate tonsuram :
1534 recipit Parisiis lectiones scolares, 1538 diaconus,
presbyter brevem vitam complet 3ᵃ aprilis 1545. Terræ
mandatus, retrò stalla chori, versùs meridiem.

STEPHANUS BRANDELU, alias BANDELU, vel BLONDEL.
1538 levita, tum presbyter; Berclavensis 1543, 1548,
1561. Gorræus 1547, 1554, 1561. Hærens in monasterio,
1562. Ossa Berclavum refert è vivis excessus 23ᵃ julii
1562.

CLAUDIUS GOSSEAU. Neomista vice primâ celebrat 17
januarii 1534. 1544 sacellanus prioris, Hasprensis 1547.
1549, 1550 tertius prior, et succentor, 1552 cantor primarius. Rebus humanis eximitur 4 junii 1558.

FRANCISCUS DE DOUVRIN. 1529 ejus vitricus Joannes
du Rose. 1536 21 martii in oratorio Sancti Martini infrà
missarum solemnia, minoribus insignitur ab Abbate.
Neomista 1539, 1543 Berclavensis. Eo loci occumbit
21 martii 1548.

1525, 2 octobris. Vestitur solus, et omnino gratis, uti detegitur

PETRUS LE CERF, Noviomensis. Devenit baccalaureus
in introque jure, 1543 sacellanus Abbatis, 1546 magnus
præpositus. Vir summi judicii, et doctrinæ singularis.

Vitæ personatum absolvit 8 octobris 1566. Honoratus epitaphio ad columnum pronai, non procul a fano Sancti Spiritûs.

1529 post Pascha mense aprili habitum recipiunt septem vel octo ; septem autem ordine sequentes (etsi alterius vestitionis) qui perseveravêre, edunt vota 30 augusti 1538 intêr manus Abbatis :

OLIVERIUS GERY, Atrebas. E propagine Ganoti. 1534 audit professores Parisienses, 1545 succentor obtinet honorarium sex Carolorum aureorum, 1547 sacellanus prioris, tertius prior 1547. Spiritum emittit 16 maii 1550, juxtà vestiarium, mortuorum resurrectionem cum cæteris expectans.

PHILIPPUS LE BAILLY, Atrebas. Nepos Dⁿⁱ Joannis Prioris majoris fol. 92. Medio studiorum Parisiensium, fit neomista 1535,1544 thesaurarius, 1546 præpositus Angicurtensis. Dè vivis sublatus est Parisiis, 8 septembris 1549 in collegio de Boncourt, ubi creditur studuisse priùs.

ANDREAS LE CAMBIER, Atrebas. E stemmate Andreæ scutiferi, et Guillelmettæ de Herlin. 1534 discipulus degebat in gymnasiis Parisiensibus. 1547 sacellanus Abbatis, 1554 granatarius. Religiose devixit 31 octobris 1563, conditus e regione thesaurariæ.

PETRUS DU CARIEUL, Atrebas, è genere Adriani. 4 juin 1533 in capellâ Sancti Martini, fit cum tribus sociis clericus ab Abbate, 1535 litteris apud Parisios incumbit.

Recensetur Pariter PETRUS SARIET. Studebat etiam Parisiis 1535.

PHILIPPUS DE PRONVILLE, Atrebas. Ab instituto recedit 1532.

NICOLAUS LENTAILLEUR secundus, Atrebas. E stemmate Joannis mercatoris.... et nepos Dⁿⁱ Nicolai suprà fol. 94. 1524 scolas Parisienses excolit : tum presbyter Lovanienses 1544, xbr. 1545 Prior major, 1550 vadit Lutetias ad doctoratum magistri Antonii Henot Dominicani, 1552 donatur ab Abbate pensione extraordinariâ 200 philipporum aur. annuâ pro dignitatis suæ honestiore fulcimento super statum du *nouvel Assëne*. Animam efflat 3 februarii 1558. Terræ mandatus juxtà sacellum S^{ti} Joannis Baptistæ.

ANTONIUS DE TRAMERY, Atrebas. Ei genus dedit Franciscus scutifer baro in Novâvillâ, conjugio junctus Margaritæ de Beauffort. 1534 frequentat scolas Parisienses, tum presbyter Lovanienses 1548; 1552 sacrista, 1556 supprior, 1559 præpositus Maniliensis, 1564, 1568 cellerarius. Multa patitur 1578, ærâ quindecim tribunorum. 1579 præpositus Sancti Michaelis revocatur post aliquot annos. Vir summâ probitate et doctrinâ præditus : Versatus multum in physicis et theologicis. De cætero pius, et hilaris corde. Omnium religiosorum amicus, pater et confessarius. Munitus sacramentis, confratribus valedicens, dies ultimatos claudit in carterio granatarii, 3 octobris 1592 annos natus 81. Jacet intrà vel propè sacellum Sanctæ Mariæ Virginis in cujus Assumptionis laudem, vivens erigi fecerat 1572 statuam lapideam, ibi nunc adhuc visibilem.

1533, 22 julii. Ingressi sunt quatuor sequentes : qui posteà omnes student apud Messines

EGIDIUS DE LANNOY. Primùm Deo sacrificat dominicâ die 22 junii 1544. Ob id ab Abbate pro refectione corporali retenti quindecim ex ejus consanguineis. Vitæ finem imponit in monasterio 29 maii 1549.

JOANNES DE BOUFFLERS. Genus asseritur deduxisse à Nicolao scutifero *lieutenant du gouverneur de Bapaume* et Joanna Catarina Henùe, alibi de Henne. 1534 sauciatur in renibus per lapidem decisum è fornice chori nostri, vide Comp. folio 165. Neomista celebrat 9 maii 1544, 1547 sacellanus Abbatis, 1548 præpositus Maniliensis per interim, 1552 socius Hasprensis, 1557 præpositus S^{ti} Michaelis. Quo loci migrat à sæculo 15 aprilis 1559, ibidem tumulatus.

GERARDUS LE CANDLE. 1536 21 martii fit ab Abbate clericus, 1544 levita, 1546 dominicâ 23 maii primitias peragit, 1547 socius Sancti Michaelis, 1548 Berclavensis. Ibi è vivis excedit circa 1553.

JOANNES LE DIEU dictus CARDON. E stemmate Bernardi. Primitias celebrat dominicâ 24 januarii 1545, 1548 sacellanus prioris, 1550 quartus prior, 1555 tertius prior, 1560, thesaurarius Hasprensis. Fato functus 1573.

Memoratur LUDOVICUS SERGEANT ad hæc tempora.

1536. Annumerati inter candidatos quatuor sequentes : horum tres 1538 discebant humanitates, in pago de Steënverque.

Ludovicus de Haussy, Peronensis. Cui genus dedit Antonius. 1544 levita, tum presbyter, prior Hasprensis 1550, suppræpositus Maniliensis 1553, 1559 supprior, 1561 vinitarius, 1564, 1579 questor generalis, 1576 granetarius. Sectariis offensus indigna ab eis tulit : detrusus in carcerem cum Sarraceno. Devotione motus 1579 procurat ecclesiæ Sancti Vedasti tapetes pretiosos, quorum pars desuper stallis appensos representabant vitam et passionem Christi : pars verò in ambitu chori designabat acta veteris testamenti, sicut Abraham, Tobiam, Æsther, etc. qui tapetes........Summâ rerum monasticorum peritiâ ac industriâ, domum nostram decoravit, bonisque operibus refectus, piè interit 26 februarii 1584. Jacens juxtà Sanctam Mariam Blancam, dignus cui ad primam columnam pronai affigeretur Mnemosynon.

Joannes du Mortier, dictus Cauvet, Insulanus. Ortum trahens à Francisco. Primam facit missam 17 junii 1548, 1552 sacellanus prioris, eodem anno quartus prior, 1554 sacellanus Abbatis, 1559 præpositus Sancti Michaelis. Cursum vitæ absolvit 31 maii 1564.

In ecclesiâ ejusdem præposituræ cum aliis predecessoribus humo conditus. Soror ejus Domicella Catarina du Mortier nupta Ludovico de Belvalet scutifero D^no de Bellevallée, et ibidem residenti testamentum edit 1563 intendens sepeliri in parochiâ de Trois Vaux. Altera soror Magdalena uxor Petri Poudrouart scutiferi et Toparchæ de Morbecque.

JOANNES MOREL. Ortus è Toparchis de Tangry. Sacerdotio insignitus, primum celebrat 15 januarii 1548, 1552 præpositus Angicurtensis. Fato decessit 30 xbr. Dicitur alicubi mortuus in monasterio.

JOANNES LEFEBURE, Peronensis, nepos D^ni Paris Taffû, folio 110. 1547 Lovaniense musæum excolit, 1548 Hasprensis, 1550 23 martii evincit ab Abbate licentiam instrumentalem obtinendi extraneum prioratum vel beneficium, hoc intellecto, quod tunc ratione professionis suæ portionem monasticam de Vedastinis non poterit vindicare. Legitur eum fuisse priorem de Pas.... 1552 fuit prior Hasprensis, 1556 præpositus Angicurtensis, 1559, 1560 questor generalis, 1564 præpositus S^ti Michaelis, 1567 suppræpositus. Diem supremum claudit 6 maii 1568. Sepultus antè capellam Sancti Benedicti.

1538. Die Sancti Pauli induti sunt habitu religionis, octo sequentes :

JOANNES LE SAILLY. Redditus parentibus, 1541.

JOANNES HERLIN, Atrebas. Cui frater Joannes jurisconsultus, is necdum perfecto Tyrocinio discedit 1546. Aliud vero claustrum ingreditur 1549.

EUSTACHIUS DE LA SALLE, Atrebas. Degebat adhuc in monasterio puer 1543.

THOMAS DE PARENTY. Ætatis anno 15. Patriâ Bruxellanus, præsentatus ad vestitionem à curiâ Bruxellensi. Cujus parentes erant aurifabri. Fuit primò magister novitiorum ; 1553 quartus prior, 1559 præpositus Angicurtensis, jura dilapsa recuperavit, 1567 redux fit Prior Magnus, 1569 Præpositus major, ob negotiorum peritiam 1573.. ......

Romanus Vignon, Atrebas, è stirpe Jacobi. Vestitus ætatis anno 11. 1547 levita, 1553 magister ordinis, 1556 cantor; postquam christianâ patientiâ pro conditione ærumnosæ vitæ diù conflictatus est, custoditus à duabus Griseanis de Vimy, à morbo ad meliorem vitam aspirans demigravit 1ᵃ xbris 1559, annos natus 32. Hujus ossa juxtà vestiarium requiescunt.

Carolus le Manchon, Atrebas. E propagine Natalis. 1554 sacellanus prioris, 1556 quartus prior, eodem anno tertius prior, 1561 reddituarius. Mortalitatem complet 1565.

Franciscus le Dru, Insulanus. E familiâ Pauli exortus. 1554 Michaelista, 1555 prior Hasprensis, Berclavensis 1558, 1562; 1561 Gorrensis, 1565 eleemosynarius, 1568 hospitarius, 1574 reddituarius. 1579 Augusto præpositus Saliensis, quo loci ob belli clades dira sustinet, 1580 cum ob sui tutationem recumberet Stegris, ecce vagabundi, et sine lege, imò sine religione milites profundâ nocte domum et cubiculum nostri Francisci penetrant. De eo, sicut de multis civibus actum erat : ni confidisset in Deum. Unde crumenulam sparsim effusam dum avidi colligerent nebulones, ipse clàm secedens vitæ suæ consulit. Erat ille staturâ celsus, et macer, insuper claudus: eò quod in unà è præposituris tibiam suam fractam chirurgi rurales malè recollassent. De eo narratur quod in hyeme ità tenui veste uteretur, quæ vix alteri in æstu suffecisset. De avibus in modum sumens recreationem ut quasvis diversas specie apud se teneret. Ceterum fuit is idem... magnus asceta, fidelis dispensator, et dignus qui praeesset domui : exemplum bonorum operum moritur Stegris 1ᵃ januarii 1583 : sociante confratre Mᵒ Leblanc. Hujus cadaver sepultum juxtà altare majus chori parochiae nostrae de la Venthies, de eò etiamnùm epitaphium cernitur.

Nicolas le Sergeant, Atrebas, è stemmate Joannis. Vestitus annos natus 10, neomista 1513, quartus prior 1556, tertius prior 1557; 1559 sacellanus Abbatis; 1563, 1575 granatarius, 1576 praepositus Sancti Michaelis, construi fecit tabellam crucifixi, quae appenditur in sacello Sancti Benedicti in monasterio. Egregiâ in Deum pietate, raràque eruditione dotatus, virtutum specimen posteritate reliquit. Ad manes concessit 3 aprilis 1577 : tumulatus in ecclesiâ Sancti Vedasti.

1539. Admissi sunt tres sequentes :

Simon de Warlusel, Atrebas. Pronepos D. Joannis suprà, fol. 75. Editus è nobili stirpe Francisci equitis, praefecti castrorum Imperatoris Caroli V, qui uxorem duxerat anno 1523 Antonettam de Bonnières, et defunctus est posteà 1557. Simon dictus sacerdotio insignitur 1553. 1556 eleemosynarius, thesaurarius 1559. Abbas Ruffaldus tunc excitus ut sibi coadjutorem dari assentiret : neminem alterum ab illo demùm desideravit, sed frustrà. Ceterùm quià Lambertus frater Germanus nostro Simoni, gubernator Castri Cameraci residens auctoritate pollebat..., res 1560 sic ordinatae sunt, ut ille non modo primus Ducis Parmensis eleemosynarius renuntiaretur, verùm etiam Abbas Sancti Adriani Gerardi Montensis. Eo loci, dira patitur à Geuseis ubique grassantibus, monachis aliò dilapsis ac parte corporis Sancti Adriani Atrebatum deportatâ, 1582 15 novembris, Abbatiam Eenamensem auspicatur : à religiosis deputatis hujusce cænobii exceptus profesto Sanctæ Luciæ ejusdem anni, in ecclesià Pamellensi Aldenardæ : quo loci sepultus noscitur, postquam Gandavi 15 octobris 1587 interiisset in ædibus Antonii de Grave.

Dictus Simon è familiâ numerosâ editus numerabat inter sorores Gislenam Abbatissam de Bourbourg, Magdalenam Abbatissam de Estrun, Annam Abbatissam d'Avesnes lez Arras per 40 annos huc obiit 1599 : cui successit ibidem neptis altera Anna de Warluzel.

Mathurinus Bosquet, Atrebas. Presbiteratus ordinem recipit ante 27 annum ætatis suæ, 1556 magister ordinis, sacrista 1558, cantor 1559, 1560 supprior, 1563 thesaurarius. Medio florentis vitæ, morti cedit 17 januarii 1568.

1540. Vestitus est sequens

Antonius de le Val, Atrebas, annos natus 10. Neomista celebrat dominicâ 9 julii 1552, Hasprensis 1554, 1563 Gorrensis, 1565 socius ad Sanctum Michaelem, thesaurarius Hasprensis 1571, 1576. Sui statùs piis exercitiis valde intentus, percontatur ruri animum recreasse in cancellis è vimine struendis, in monasterio tabulis pictis, et effigiebus formandis, quibus plures cameræ replebantur. Degens in monasterio uti senior, vestitusque ad officium 20 januarii 1594 violentâ spamatis oppressione mortalitatem complet, mærentibus circumquaquè confratribus, qui eum vocare solebant *notre père*. Moritur annos natus 64, conditus è regione sacelli mortuorum super quod Deo supremo litabat ex consuetudine.

1545, 21 januarii, habitum religionis susceperunt decem hoc ordine:

Guillelmus de Loueuse, dictus Hamé, Atrebas. Qui in ætate legitimâ constitutus edit vota 15 martii 1554, veteri stylo, infrà missarum solemnia in choro inter manus Abbatis juxtà ritum monasterii. Filius Joannis scutiferi majoris Atreb. 1537, presbyter sacratus, fungitur officiis 1557 eleemosynarii, 1560 thesaurarii. Dierum suorum metam attingit 20 xbr. 1563.

Joannes Tournemine. Ei frater nomine Philippus doctor medicus Insulis. 1556 prior Hasprensis, 1560 quartus prior, 1561 tertius prior, 1563 supprior, 1567 præpositus Hasprensis. Interdum elaborat in promovendis primis nostræ congregationis synodis. Haspris placidâ morte quiescit 29 augusti 1574.

Carolus Durant, Atrebas, è prosapiâ Roberti. Jam presbyter.... degebat Gorrensis 1559, 1561; 1560 Berclavensis. In monasterio morte sublatus est 1562.

Nicolaus du Bruille, Atrebas. Ætatis 15, 1558 Gorrensis, prior Hasprensis 1560, 1562, tertius prior 1563, 1564 vinitor, 1565 præpositus Hasprensis per interim, 1572 reddituarius, 1574 præpositus Berclavensis.

Dignus cui majora crederentur, 7 octobris 1579 major

Præpositus. Comes familiaris et inseparabilis Sarraceno Abbati. Interfuit synodis et reformationi monasteriorum Sancti Vedasti, Sancti Petri Gandensis, Sancti Bertini et Laubiensis, in quibus non modicâ pollebat auctoritate. Jam expræpositus major, diutinâque infirmate detentus defertur è carterio in infirmitorium ubi vitam absolvit 11 xbr. 1594. Tumulo conditus propè fanum de Henaùt seu de Bongio. Vir gnarus et in rebus non futilis auctor agendis.

JACOBUS DE HABARCQ. Nepos. D. Adrian. fol. 98. Originem arguens à Claudio Toparchâ de Happlincourt, etc. 1558 quartus prior, eodem anno tertius prior, 1561 reffectuarius, 1564 præpositus Maniliensis. Malefactoris injuriâ, diem claudit extremum Manilii 5ᵃ novembris 1576. Pro ejus anniversario ibidem peragendo, onerata remanent duo terræ jornalia.

HENRICUS DE LIGNE, dictus HAMÉS, Atrebas, annos natus 17, è stirpe Joannis equitis, et Margaritæ Zeegher d'Estainbourg. Quæ stirps fluxerat à quodam Notho. 1558 prioris sacellanus, quartus prior 1559, eodem anno tertius prior, 1560 sacrista, 1562, 1563 sacellanus Abbatum Jeronymi et Rogerii, 1568 suppræpositus. Asseritur vir fuisse singularis humanitatis, solitudinis amator, pacificus: nulli dans locum offensioni: insuper obedientiæ cæcæ et patientiæ perfectum specimen sese exhibuisse. Mortalitatem complet 1ᵃ decembris 1588 ætatis anno 59, relicto sui desiderio. Jacens secùs sacellum de defunctis. Ex epitaphio :

Lingua dolo caruit, mens felle, et dextera damno :
Sic fuit ipse bonus, sicque beatus erit.

Claudius de Macken, Gandavensis. 1558 Berclavensis, 1560 eleemosynarius, dein quartus et tertius prior, 1564 deinceps degit æger: animam Creatori reddit 2 aprilis 1581.

Antonius le Feutre, Atrebas. Ætatis anno 10, è genere Antonii scutiferi, et Domitillæ Joannæ de Habarcq. 1558, 1561 Berclavensis, Gorrensis 1559; 1560 prior Hasprensis, tertius prior 1569, reffectuarius 1570; 1574 thesaurarius, 1576 præpositus Maniliensis, 1587 cellerarius, 1588 suppræpositus. Famosus florista et avista, ditior vero in virtutibus, quas jugiter excoluit. Tandem in juventutem senio lapsus, ab officio injuncto exoneratus, collocatusque in cubiculo prope januam monasterii, ubi debite subministratus requievit in pace 9 novembris 1602, annos natus 67.

Ludovicus Doresmieux, Atrebas, è prosapiâ Martini scutiferi, M. Baillivi Sancti Vedasti et Barbaræ du Mont-St-Eloy. 1554 studet in pago de Lierres, 1558 neomista, sacellanus prioris 1563 et eleemosynarius, reffectuarius 1567, thesaurarius 1569 ; 1574 præpositus Gorrensis, 1584 præpositus Berclavensis, sine temporali regimine, 1588 socius Saliensis, 1596 præpositus Sancti Michaelis, 1597 hospitarius. Dilexit ille decorem domûs Dei. Vitam cum morte commutat, 1602 in monasterio. Jacens desubter cancellos capellæ Sancti Aycadri.

Antonius Engiland, dictus de Gomicourt. Ætatis anno 16, è nobili stirpe de Gomicourt, seu Jacobi scutiferi Toparchæ de Demer, etc. 1557 sacellanus prioris. 1559 eleemosynarius, cantor 1560, 1564 reffectuarius, reddituarius 1565, præpositus Saliensis 1572; 1574 præpositus Hasprensis, 1580 præpositurâ Hasprensi depopulatâ, ac vulcano deditâ, ob furorem Gallorum in Cameraco, et Geûseorum in Buccinio 'præsidiariorum petere cogitur Valencenas. Unde in monasterium redux, majorem prioratum humiliter abnuit, elegit que Saliaci degere, ut solitarius Deo viveret. Præditus lenitate, clementiâ, cæterisque virtutum dotibus, amorem confratrum sibi allexerat, in modum quo Belgii potentatibus pro excellentiâ vitæ non ignotæ commendatissimus haberetur. 1585 Abbas Sancti Andreæ in Castro Cameraci postulatur, et eligitur à religiosis, accedente Gregorii XIII confirmatione. Hunc gradum primo recusans, demùm divinæ voluntati parens, acceptat. Dein in Montibus Hannoniæ benedicitur in Abbatem ab archiepiscopo Cameracensi, assistentibus Abbatibus Sancti Vedasti et Marolicnsi. Memor domùs alumnæ, posteà tabellam lapideam crucifixi affigi curavit ad columnam secùs puteum Sancti Vedasti uti monumentum gratissimâ voluntate repositum, sub his verbis:

> Hic præsens animo, indivulsus ab arbore ramus:
> Fonti sic propior, purior unda fluit.
> Etc. . . . .

Religiosos sibi creditos ad suî imitationem operibus bonis deducens, migrat ad feliciorem auram 3ᵃ novembris 1617, anno gravis ætatis 88.

1547. Vestiti sunt duo sequentes. Qui cum quatuor aliis professionem edunt 15 februarii 1558, infrà missarum solemnia.

MICHEL LE FEBVRE, Atrebas. E prosapiâ Joannis Mercatoris. Jam subdiaconus edit vota, primitias agit dominicâ 1ᵃ maii 1559. Mox sacellanus prioris, 1562 quartus prior, tertius prior 1564, reffectuarius 1569, 1574 prior Hasprensis, 1578 iterum tertius prior, thesaurarius 1580, 1585 supprior quasi reluctans præ humilitate declaratur, 1587 hospitarius, 1588 cellerarius, dictus insuper fratrum dilector, hoc in officio implet regulam. Non tardus, difficilis vel morosus, sed promptus et sine personarum acceptione animo gratiosus in fratres. Eosdem, vicinus morti, evocans singulatiùs deosculatur, caritatis et concordiæ complexu valedixit. Tum animam Deo commendans, moritur 12 martii 1591. Cadaver illius ad vigilias funebres delatum illic quievit ad sequentem diem, totâ nocte religiosis ad preces circumcircà confluentibus. Decantatâ quæ missâ solemni, humatum est ante altare Sancti Benedicti dein honoratum hoc epitaphio :

Insigni pollens olim probitate, Michael
    Fabrœus nituit, quem modo carpit humus.
Mors tulit hunc præceps, mortis sors omnibus æqua est.
    Hic recubent cineres, spiritus astra habeat.

MATHÆUS DU CROCQ, Atrebas. Ætatis 22. Ortus genere Mathæi. Fit acolitus ab Abbate, 2 februarii, edit vota 15 februarii sequenti, primitianus celebrat dominicâ 8 novembris 1558. 1560 magister ordinis, 1561 quartus prior, dein tertius prior, eleemosynarius 1562, 1565 sacrista, inde reffectuarius, 1570 vinitor, tum socius Hasprensis 1574; 1578 thesaurarius, 1579 reddituarius, 1585 hospitarius, dein supprior, tum præpositus Saliensis. Invenit Salliaci, locum horroris, ecclesiam ustam, præposituram nudatam, grangiam cum stabulis crematam : et omnia sine portis, tabulâ, vel scamno : ita ut scala perticea inserviret ad ascensum in partes superiores præposituræ. Vicit tamen omnia cum socio D. Antonio de Douay, domum restauravit, tectum majus præposituræ lateribus conterit, arbores circumquâque inseruit, jura monasterii viriliter protexit. Sine morulâ obsequens Abbati Sarraceno, vadit degere 24 aprilis 1595 uti privatus apud Gorreas. Dein infirmus 1598 fit Michaelista, 1600 degit in infirmitorio monasterii, hujusce loci præfectus declaratur. Vir virtutum communiter habitus. Miti morte consumitur 5 xbr. 1602, annos natus 77. Jacens pro resurrectione, juxtà thesaurariam.

1549... januarii ingressi sunt quinque sequentes:

JOANNES DE PRONVILLE, Atrebas. E nobili stemmate Petri Toparchæ de Haucourt, capitanei castri de Bellemotte, et Agnetis de Bermicourt. 1557 25ᵃ martii ab Abbate fit minorista, cum sociis, jam diaconus edit vota 15 februarii 1558 ; 1560 Gorrensis 1576 ; Berclavensis 1561, Hasprensis 1563, 1572 ; Michaelista 1567 ; sacrista Hasprensis 1574, 1576 quartus prior, cantor 1580, dein reffectuarius, vinitarius 1587 ; 1590, reddituarius. A juventute suâ vigiliis. jejuniis, eleemosyniis, et orationi intentus, ad finem vitæ perseverasse detegitur. Podagrâ laborans, sub spe sanitatis recuperandæ 1595 mittitur præpositus in Sailly. Ast malum non minuit aer novus. Quinimo captus oculo, morbisque pressus, ibidem morte corripitur 30 julii 1597. Conditus honorifice in parochiâ ejusdem loci.

JOANNES BOURGEOIS, Atrebas. Fit minorista ab Abbate Sancti Vedasti 18 xbr. 1557, jam presbyter edit vota 15 februarii 1558 veteri stylo, 1568 magister puerorum, quartus prior 1564, Gorrensis 1565 ; 1566 Hasprensis 1572 ; eleemosynarius 1568 ; 1576 thesaurarius, dein sacrista ; 1574 cantor, et inde rursùm missus Haspras, ubi sicut et in locis vicinis concionatus est publice. 1580 regressus fit hospitarius, 1585 reddituarius ita incubuit cartulariorum novorum directioni, ut à plurimis annorum centuriis, nemo tantum elaboraverit, archivisque et juribus monasterii studuerit. Causidicorum scriptorum ipse digestor... 1589 fuit notarius synodi congregationis

Primus idem, Abbati Parenteio suggessit, ut religiosos idoneos ad concionem diebus festis et dominicis alternatim adigeret : quod tunc inceptum fuit à studiosis ex Academiâ Duacensi redeuntibus. 1590 devenit præpositus Sti Michaelis. Tandem legis æternæ meditator assiduus : sectator jejunii et mortificationum : virtutum nitore prælucens, in exemplar omnium fratrum, in honore etiam apud exteros habitus, vitam emittit die Paschæ 14 aprilis 1596. Ex ejus desiderio dein aperitur fovea sepulcralis ante Sanctam Mariam Blancam in monasterio. Verum inexpectato eventu corpus exanime ita crevit et inflatum est ut in præposituræ S[ti] Michaelis ecclesiâ necessariò condiendum fuerit.

JOANNES OUDART, Atrebas. E familiâ Ramaldi. Vota profert in choro 11 januarii 1557 coram Abbate, missam solemnem celebrante, 1558 sacerdotio honoratus, fit socius S[ti] Michaelis, 1559 Berclavensis, 1560 Hasprensis, 1562 sacellanus prioris. Brevis vitæ cursum terminat in monasterio 23 aprilis 1563.

JOANNES DORESMIEUX, Atrebas. Ei ortum dedêre Joannes pr. et Francisca de Belsage. Recipit minores ab Abbate 21 februarii 1558 cum socio sequente, dein professionem facit 15 xbr. 1558, veteri stylo; primitias celebrat dominicâ 28 octobris seq. 1559; 1564 cantor, 1578 reddituarius, 1575 vinitor, 1579 præpositus Maniliensis fundat Peronæ officium Conceptionis Beatæ Mariæ Virginis et S[ti] Salvatoris. Cameracum abducitur captivus 1581, 7br. per tres menses, 1587 redux fit thesaurarius; 1591, 1593 cellerarius. Venerabili senectute, ac multiplici virtutum specie cumulatus, tempus laudabiliter pertransactum complet, et moritur 18 aprilis 1604, quadriennio post celebratum monasticæ conversationis jubilæum. Dictus vir virtutum ac pacis servantissimus usque priscorum ....sacro rituum in officio.....

PETRUS DE BURY, Atrebas. Primitiis fungitur dominicâ 15 octobris 1559, socius S[ti] Michaelis 1560, Berclavensis 1565, 1567; 1566 Gorrensis. Berclavi decedit è vivis 14 octobris 1571.

1549 februario ingreditur

GUILLELMUS COLLART. Jam presbyter. Vota vovet publice 3 augusti 1565, sociantibus duobus aliis longe infrà subsequentibus. 1559 magister ordinis, 1561 Haspris residens, 1564 Hasprensis cantor et sacrista. In monasterio rebus humanis exemptus est 21 xbr. 1569.

1551.... januarii adscribuntur quatuor serie sequentes:

JACOBUS MONVOISIN, Atrebas. Exortus è propagine natalis Aurif... et Genovefæ Trouvain. Agit primitias dominicâ... octobris 1561, Hasprensis 1563, 1565, præpositus Angicurtensis 1568 ; 1585 hærebat Sylvanecti, 1586 reffectuarius, 1585 redux fit cantor, 1587 receptor generalis, 1588 præpositus vices gerens Sancti Michaelis, vinitor 1594, reddituarius 1596 ; 1599 præpositus Gorrensis, 1601 suppræpositus. Fanum SS. Virginum in monasterio pluribus statuis sanctarum decorat: postmodum corporis sarcinam deponit 7 januarii 1606. Ex epitaphio :

Si Divûm pietas, si fratrum, neptumque fraternus
Quemquam salvat amor, hic homo salvus. Amen.

NICOLAUS DELESTRÉ, Atrebas. Ætatis anno 12. Levita professionem facit cum sociis præfatis 15 februarii 1558. 1562 Gorrensis, 1582 ; Berclavensis 1563, 1571, 1597, 1601; degit in monasterio 1564; 1569 cantor, hospitarius 1577, succentor 1583. Peritus confector horologii solaris, diversæ speciei. Senior religiosus in præpositurâ Sancti Michaelis religiose devixit 3 xbr. 1604, annos natus 66. Ibidem humo conditus.

JACOBUS DE MARKAIS, Atrebas. Ætatis anno 10°. E nobili stirpe Joannis scutiferi, Toparchæ de Villers, Wanquetin scabini 1548 et Claudiæ des Cordes. Studet Lovanii 1565 adepturus baccalaureatum in theologiâ. 1568 supprior, Præpositus major 1573, eligitur in Majorem Priorem à Capitulo Sancti Ve l. 1579, uti apparet in instrumento subsignato per *Julien* notarium apostolicum : Usque ad beneplacitum dicti Capituli. Religiosorum expectationi ritè is correspondens : multoties concionatus est publicè in tribus parochiis dependentiæ Sancti Vedasti in oppido : religionem veram propugnans adversus sectarios, qui suo tempore creverant, et contrà Tribunatum vulgò *des Quinze*, vigore sermonis, habitus communiter Malleus hereticorum.

Tunc nostrorum Abbatum indicem ampliavit cum effigiebus unicuique propriis : has insuper in sacello Beatæ Mariæ Virginis ordinatim sub notis suis depingi procuravit. Opus tamen illud correctioni pro nonnullis Abbatibus subjiciendum videtur. Devotione excitus asceta præfatus in Sanctam Coronam spineam tabellam etiammodò singulis feriis sextis apertam, eidem dicavit. 1584 pedum pastorale S. Martini Tornacensis auspicatur. Benedictione receptâ ab Episcopo Tornacensi dominicâ Quasimodo, dignitatem hanc invitus acceptasset, nisi Sarracenus Abbas Vedastinus, qui in suo itinere Hispanico eum commendaverat principi, consiliis juvare, imo et comitari in primo ingressu promisisset. Re verâ Sarracenus illuc bis sese contulit. Vir ille totus ad exemplar antiquitatis compositus adeptam dignitatem ob meritum vitæ potiùs ornat, quam ab eâ ornatur.

Frugalitatem, modestiam, ut nemo alter coluit. Disciplinam regularem promovit ac tuitus est. Temporalibus interpolatim intentus spiritualia non intermittit, imo divini Verbi pabula, quæ assiduâ lectione vel meditatione congesserat, subditis sibi sedulò ministrat. Conscripsit commentaria in regulam Sancti Benedicti: item speculum exercitiorum monachi : item speculum pastorum, et alia duodecim opuscula, quæ partim apud Sanctum Vedastum. partim apud Sanctum Martinum reperiuntur. Ita Bibliotheca Belgica MM. SS. fol 114. Suæ domùs postremæ sacram suppellectilem ditavit. Bibliothecæ fundum assignavit, non levem. Imò effecit ut sibi petenti et offerenti reliquias Sancti Eleutherii, 1602 Caverellius Abbas retribueret partem unam de capite Sancti Jacobi apostoli. Tandem vir ille magnus, idem vitæ genus, eamdem humilitatem, eamdem comitatem, eumdem que apostolicè vivendi modum retinens. ille tandem flos religionis, podagrâ diutinâ captus piè moritur 9 mai 1604. annos natus 63, Abbas benè meritus et sanctæ memoriæ. Sepelitur ad aram S. M. V. ubi vivens sibi simplex preparaverat epitaphium.

Ad ejus exsequias, orationem funebrem habuit Joannes Boucher. archidiaconus Tornacensis.

PETRUS DE KINCHEVAL, Atrebas. Ætatis anno 14. è stemmate Benedicti. Puer studet Gandavi, 1559 16 xbr., investitur minoribus ordinibus ab Abbate, 1560 13 octobris dominicâ die, neomista celebrat, eodem anno Has-

prensis, 1561 Gorrensis, 1564 magister ordinis, quartus
prior 1565, 1569 prior Hasprensis, 1575 thesaurarius
Hasprensis, 1579 sacrista in monasterio, vinitor 1580,
thesaurarius 1585, 1587 præpositus Maniliensis, præpositus Hasprensis 1588. 1590 præpositus Gorrensis. Dispensator providus Gorream muris ex lateribus cingere,
tum stabularia, et grangias pariter renovari curavit. Alia
etiam toreumata lignaria comparavit. Vir extitit summi
candoris, et pietatis utrobique zelator. 1598 tibiis laborans
petiit sed non potuit obtinere ab onere regiminis levari.
Non multo post inter verba orationis, confratribus vale-.
dicens, Deoque se commendans, desiit vivere, 20 octobris
1599, relicto boni nominis odore, annos natus 62.

1553... aprilis, suscepti sunt duo sequentes :

JACOBUS DE BOUIN, Atrebas, è familiâ Joannis. Sacerdotio insignitus decantat primam missam dominicâ 11
octobris 1562, sacellanus prioris 1564, 1567, 1569 ; 1568
prior Haspris : petit regressum, 1570 eleemosynarius,
1573 vinitor, questor generalis 1578. Ast tempore
tumultûs civilis 1578, nullum volens præstare juramen-
tum novis tribunis, secessit Haspras. 1582 redux egit
eleemosynarium, 1583 præpositus Gorrensis, 1584 iterum
questor generalis, 1585 15 julii declaratur præpositus
Hasprensis, ubi per aliquot menses duntaxat hæsit ; mox
renuntiatur præpositus Berclavensis, quasi invitus.
Quippe in eo insitum erat principium : melius est subesse
quam præesse. Berclavensis præpositus demigrat à
mundo 1ᵃ octobris 1591 religiosus bonæ memoriæ.

JOANNES DE CAVEREL. Ætatis 11, consanguineus D. Philippo sequenti. Primitias decurrit dominicâ 18 octobris 1562, Gorrensis 1563, 1565 magister ordinis, quartus prior 1569, tertius prior 1574, dein supprior, 1578 tempore tumultùs civici, præcipuas reliquias et gemmas monasterii, ne in principis Auriaci sacrilegas manus inciderent, partim abscondit, partim ad ædes cujusdam civis. clam et inscio conventu. defert, - secessurus Ambianum ubi posteà stetit.

Non multò post è Galliâ se recepit Leodium. Destinatus ad Gemblacenses Infulas, 1579 die Sanctæ Ursulæ à religiosis eligitur in Abbatem. Quo tempore Atrebatibus aliquali tranquillitate redditâ, Vedastinis etiam restitutæ sunt suæ reliquiæ 12 xbr. 1579.

Anno sequente 20 novembris 1580 in ecclesiâ Sancti Vedasti, Joannes præfatus ordinatur Abbas per episcopum Atrebatensem, assistentibus Abbatis SS. Vedasti et Eligii : tum religiosis è Gemblaco, obedientiæ fidem præstituris, nec non electi consanguineis. Novus Abbas pro posse collabentem, æreque gravatam restituit domum : propriæ et suorum saluti totum se dedit : cum Abbate Sarraceno et Vedastinis, nexum amicitiæ retinens. Quod porrò Gemblacenses annales de eo garriunt, invidiæ livori referendum credimus. Biennio post ex epistolis episcopi Tornacensis ad Vedastinos signatur ipsum decessisse è vivis, florenti ætate, ut potè annos natum 40; mense novembri 1582, pari die, quo benedictus fuerat. Moritur autem Namurci, sacramentis ab oppidano Prælato præviè refocillatus : dein tumulatur ibidem in conventu Franciscanorum, cum superposito epitaphio.

Maio sequente, similiter annumeratus est

JACOBUS SMERPONT, Insulanus. Ex matre nepos D. Nicolao Lentailleur M° priori folio 116.

Qui cum obiisset 1558, paulò post abscessit ille juvenis, ac in sæculo vir spectatissimus evasit.

1556, 27 maii. Admittuntur quinque novi candidati, hac serie :

JOANNES SARACIN, Atrebas. Ælatis anno 17. Nascitur 20 julii 1539 in quâdam æde vicinâ parochiæ Sanctæ Cruc's. Genitores ejus Antonius et Maria de Poix devenerunt posteà hospitiarii tabernæ cacaborum hodiè *(des Chaudrons)* super majus emporium, quo loci adhuc conveniunt vectitores extranei. Et ambo defuncti, sunt sepulti in ecclesiâ Sancti Salvatoris, juxtà Mnemosynon à suo filio Joanne posteà adpositum.

Joannes autem factus puber, prima elementa didicit sub magistro de la Rivière presbytero, dein grammaticam sub magistro Roberto Obry parocho B^tæ Magdalenes, à quo edoctus in cantu Gregoriano præsentatus est Abbati Vedastino vestiendus in religiosum. Novus candidatus brevi expertus est servitium, id est ritus ecclesiæ, et post quindecim menses amandatus est Lovanium pro humanioribus litteris per octodecim menses. Cursum vero philosophiæ biennalem decurrit Parisiis. Inde Lovanium remeat pro theologiâ, primum sedit apud Jesuitas, posteà apud collegium de Honstrelet in quo per duos ann.. fuit præses. In hac celebri Universitate per scholas,

ecclesiasve omnes concionatus est publicè et sæpissimè.
Orator facundus orationes latinas singulis dominicis obi-
vit egregiè: postmodum mense martio 1566 effectus baccalaureus in theologiâ. Votis interdiù editis, recipit tonsuram et minores ab Abbate suo, subdiaconatùs et dia-
conatùs gradum ab Illmo Atrebatensi : tum in vigesimo
secundo ætatis anno constitutus, fit 20 septembris anni
1561 presbyter, per suffraganeum Leodiensem, qui dis-
pensationem ex potestate propriâ gratanter indulsit.
8 8br. sequente, Lovanii apud Dominas Blancas neomista
celebrat primâ vice, diaconi partes fungente Matheo
Moulartio, qui devenit Episcopus Atrebatensis, et præsente totâ facultate theologiæ.

Annos natus 27 expostulatur ab Abbate Ulisderbacensi
in suum successorem, ast Abbas Sancti Vedasti renuit
consensum, ob speratam sui religiosi in res monasterii
utilitatem.

Redux itaque ad Sanctum Vedastum docet juniores
theologiam, concionatusque est in parochiis oppidi ; sæpiùs quidem idiomate latino. Sacellanus cùm esset Abbatis Rogerii, fit Magnus Præpositus. 1569 anno ætatis
trigesimo, renuntiatur Prior, designandus successor
immediatus Rogerii Abbatis, si non obtitissent junior
ætas et clades temporum. Ratione suæ dignitatis frequentavit Comitia Artesiæ, vice Abbatum Rogerii et Thomæ
Parenty absentium aut præpeditorum.

Aderant tunc ei in parentelam : Christianus Sarracin
frater ejus, nuptus fæminæ, tenuis et plebeiæ conditionis
valde inops et peregrinus : soror vero Maria, uxorata
Carolo Dupire civi mediocri. Verùm hi posteà meliora-

vêre conditionem suam, sicut et tertia soror, quæ conversa apud Gosnaienses virgines, evecta est ad gradum primi ordinis.

Quippe Christianus à rege nobilitatus, magnum Baillivitatum emerit Insulis; ibi hærens acquisivit Toparchias de Lambersart et Allênes. Quibus in locis inspiciuntur insignia Abbatis.

Carolus Dupire nobilitatus similiter, factus est posteà M. Baillivus Sancti Vedasti, deditque initium familiæ Bethuniæ anno 1730 agentis, sub nomine domini d'Hinges.

Franciscus Ballet, nepos Abbatis, ejus celsitudine nobilitatus 1595.

. . . .

PETRUS DE LA FORGE, dictus QUIVIGNY (Cuvignies propè Rebreuve), alibi Jeronymus vocitatus; 1558 18 septembris fit ab Abbate suo clericus, paulo post, studia resumens, ab instituto recedit.

CAROLUS MOREL, dictus d'AVERDOIN.

JOANNES DE LA TOUR. 1558 18 septembris fit etiam clericus ab Abbate, cum duobus sociis sequentibus.

ANTONIUS DE RICAMET. 1563 5 martii, recipit minores ab Abbate, 18 martii sequentis subdiaconatum ab episcopo in sacello palatii. Levita diem extremum claudit 29 septembris 1565.

1557... Augusti, adleguntur in Tyrones, qui posteà cum tertio socio edunt vota, tertiâ Augusti 1565 in missâ solemni :

PHILIPPUS DE VERNENBOURG, Mechliniensis. E stemmate de Coëne comitis. Is fuerat filius alterius Coëne. velleris aurei equitis, et Annæ d'Ailly, nobilis ducissæ du Pré : Quæ tertias nuptias renexuit cum D^{no}....

Autores hi duo sub promisso concubii, necdum celebrati, quatuor habuêre proles. Quas inter Isabella et Maria...

Isabella nupsit Guillelmo le Vasseur du Valhuon. monasterii Baillivo ; 2° nomine Maria fuit posteà Augustinianarum Atrebatensium, prævia dispensatione apostolicâ super illegitimitate, Priorissa.

Præfatus Philippus vestitus studet 1° Gandavi. tum Parisiis 1565, in collegio de Bouconnet. Neomista mense aprili 1567, fit inde sacellanus Abbatis 1570, tum prior Beuvrariensis.

.   .   .   .

1577 redintegratur in priorem Beuvrariensem, ex arresto curiæ Mechliniensis.

Ad monasterium hæsurus convenit anno 1580. agere sui prioratûs negotia. Interdiù degit in carterio M. Prioris, cui solvebat pensionem 300 flor. indutusque veste monachali. Chorum domûs nostræ, de solito frequentat suo ordine.

.   .   .   .

Tandem liber a Beuvrariensibus et à debitis solutus,

ad Sanctum Vedastum redux 1587. Iterùm fit hospitarius. convictor Abbatis et quotannis, in festo Sanctæ Christinæ. Beuvrarienses invisens. Postquam per decennium hospi-tarius missam celebrasset in suo hospitio, febre malignâ correptus, è vivis abscedit 21 aprilis 1597. Tumulatus non procul à foribus chori versùs claustrum.

Christophorus de Bury. Atrebas. Nepos D. Petri supra fol. 130. 1563 3ᵃ martii recipit minores ab Abbate Rogerio; 18 martii sequente fit subdiaconus ab Episcopo Atre-batensi. Edit vota solemnia 3 augusti 1565, neomista primitias celebrat 28 maii 1566. Sacellanus prioris viam carnis universæ subit 8 aprilis 1571.

Joannes Perloys, Atrebas. Ætatis 12. E familiâ Flo-rentii Mercat. et Mariæ de Monstreuil. Junior Lova-nienses scolas excolit, 1566 7 junii jam subdiaconus, facit professionem solemnem, 1568 Berclavensis, tertius prior 1571, sacrista 1574, reffectuarius 1578, 1591 ; 1587.. .. Mittitur primus ad indicem conficiendum in domo Beuvrariensi, 1594, 1596 thesaurarius. Non multò post naturæ debitum exsolvit.

1558 Die parasceves habitum religionis excepit

Hieronymus des Moncheaux, Atrebas. Ortum trahens à Nicolao.... pr ... in Consilio Artesiæ. Natus 9 octobris 1545. 1561 studebat Gandavi, 1567 Parisiis. Neomista celebrat dominicâ 12 octobris 1568, 1570 quartus prior, sacellanus Abbatis 1573, 1575 ; questor generalis 1578, 1579 præpositus Berclavensis. Ex illinc cæpit majora monasterii pertractare, modo Parisios, modo Romam

proficiscens. Quo tempore renuntiatus est insuper prior d'Englos in Castellaniâ Insulensi, non procùl à.......
quem... 1583 institutus præpositus Hasprensis, mandatur negotia monasterii promovere. Iteratò igitur proficiscitur Parisios, tum Romam, ubi adhuc agebat januario 1586, pro famosâ unione loci Beuvrariensis ad Sanctum Vedastum, quam tandem non sine curis et expensis evicit. Interim succedit Sarraceno mens struendi seminarium Duaci. Ob id Romæ tentatur, nùm huic rei propositæ possint uniri, tum prioratus dictus d'Eng'os, simul et beneficia, seu sacellaniæ sæculares dependentes à Sancto Vedasto : quorum redditus efficerent 2,000 florenos. Istud consilium fere ad apicem evectum nilominùs consummatione caruit : imò prioratus ille d'Englos venit 1591 ad manus societatis Jesu, pro quodam seminario.

Alibi dicitur quod ista unio prioratùs ad patres S. Jesu cesserit anno 1600 per cessionem dicti Hyeronymi novissime in Abbatem benedicti.

1587 Hieronymus noster redux, accedente favore Abbatis Sarraceni, duci Parmensi familiaris, denominatur coadjutor, seu successor Abbatis Sancti Adriani Gerardi Montensis. Anno sequente, cùm creditores antiquati Berclavenses adversùs recurrerent, nec ab illo expræposito, minusve à Sarraceno Abbate exauditi, novi illiusce Abbatis proventus judicialiter impeterent : mox mandatum regium è rectore Belgii, Sarraceno advolat, quo super libellum supplicem alterius juberetur creditoribus satisfieri. An epistola illa regia (vulgò *lettre de cachet*) acuerit Vedastinum Abbatem ? Extrà dubium, credendum est. Imò, uti inspicitur, labia is mordicans, debito modo rescribit principi : « Inauditis partibus, tulisti judicium. Debita, de quibus agitur, nec præpositi, nec præposituræ Berclavensis debita sunt, si census illius non fuissent alium in usum distorti, et quidem sine causâ. »

Verùm, quià levis erat res illa pro monasterio, et aliàs fuisset durum contrà stimulum recalcitrare, obedivit Sarracenus : mussitans apud eumdem Ducem, de ingratitudine æmuli. Re certâ Sarracenus multa contulerat Hieronymo dicto, denominato Abbati. Quâ de causâ à religiosis Gerardimontensibus, procurante Abbate, missum seu depositum fuerat apud Vedastinos, os corporis Sancti Adriani. Id ut rescivere cives Gerardimontes devotionem sui Sancti, ob peregrinationes noluère dividi. En origo litium cum Sancto Vedasto, de quibus alibi fluit sermo.

1598. Mortuo Sarraceno, convenit is Hieronymus ad Sanctum Vedastum, prætendens coram deputatis regiis, ad electionem Abbatis vocem activam et passivam. Oppositionem conventûs et pertinaciam Hieronymi non citò compescuère commissarii. Ad invicem discussæ prætentiones. Deerat quippè Vedastinis instrumentum, quo Hieronymus egressus Abbas debuisset pani Vedastinæ domûs renuntiasse. Demum à viris regiis pronuntiatum provisionaliter quod non gauderet voce, nisi activâ..., sederet autem in choro cum cæteris, ordine professionis. Elapsis aliquot mensibus, ut is idem audivit Caverellium factum Abbatem, hunc salutaturus Bruxellas adivit. Benedictio illius in Abbatem Gerardimontensem usque modo à civibus remorata fuerat. 15 februarii 1600 postquàm priùs promisisset se effecturum ut Vedastini reliquias præfatas a se traditas restituerent, infulis decoratur. Vinculum amicitiæ cum suâ domo primâ, ambivit jugiter retinere. Domum Gerardimontensem per clades Belgicas ære gravatam, prudenti œconomiâ sublevavit, diruta suscitavit ædificia. Relictâque boni nominis memoriâ tandem emisit spiritum, anno 1606. Sepultus medio chori. Quem posteà chronista monasterii, uti restauratoris viri, Eucomium verbis honorificis prosequitur. Huic religioso princeps Hispanus Abbatiam Blangiacam contulerat, sed ob temporum bellorumque nubilos tumultus, collatio non est suum finem consecuta.

1559... Julii, duo sequentes adscribuntur:

Guillelmus de Croix, Audomarenus. Ætatis 17. Consanguineus Guillelmo de Croix scutifero, Consiliario Artesiæ. 1562 studens Duaci fit subdiaconus Audomari. 1563 18 martii levita ab episcopo Atrebatensi. Neomista celebrat dominicâ 3 februarii 1564, veteris adhuc styli. Vota edit solemniter 3 augusti 1565, cum duobus sociis, Berclavensis 1567, 1573 Gorrensis sece lit Atrebatum propter pestem, visitatque ex voto S. Adrianum Gerardimont. Non multò post ad alteram patriam evocatur, functus fato, 15 aprilis 1574, annos natus 32. Humatus jacet non procul à sacello SS. Angelorum. Præfatus religiosus erat filius Walerandi scutiferi domini de Lespinoi, majoris in oppido Sancti Audomari et Jacobæ Penel de Lalain qui conjuncti fuerant anno 1545.

Antonius de Douay, Atrebas. E propagine Thomæ mercatoris scabini, et Joannæ de Chelers, 1564 studet

Gandavi, 1567 Parisiis in collegio de Montaigu. Vota edit jam subdiaconus 7 junii 1566, cum duobus sociis hâc serie jacentibus, et altero..... supràdicto. Missam primam celebrat dominicâ 13 julii 1569, sacerdotio insignitus, ab episcopo Atrebatensi, 1572 eleemosynarius, 1574 tertius prior, vinitor 1576, 1578 prior Hasprensis, socius in Sailly 158..., 1587 reffectuarius, 1588 præpositus Maniliensis. Peronæ diem ultimatum absolvit 4 augusti 1590 honorificè delatus, et conditus antè altare majus P.P. Franciscanorum ejusdem oppidi.

Eodem anno, Novembri ingreditur

JOANNES LE CAMBIER, Atrebas. Nepos D. Andræ suprà folio 115 è genere Romani scutiferi vice gubernatoris Lendæi, et Franciscæ Comelin. Jam subdiaconus edit vota 1566, levita 1567, neomista maio 1568, dein Berclavensis et Hasprensis, 1574 eleemosynarius, sacrista 1579, 1585; reffectuarius 1588, 1594, 1602; thesaurarius 1591; 1594 reddituarius 1605. Senior expirat 4 septembris 1605 et jacet resurrecturus è regione thesaurariæ.

1560... Julii, admittitur ad institutum asceticum

AUGUSTINUS LE CARLIER. 1564 29 aprilis recipit minores ab Abbate. Vota emittit solemniter 1566 jam levita, neomista devenit mense martio 1567, Berclavensis 1571, 1575, 1598, 1605; Hasprensis 1572, 1585; Gorrensis 1580, 1596. Senior mortalitatem complet 20 junii 1608.

Paulo post 8ᵗ sept. subsequitur

ADRIANUS PRONIER, Atrebas. Ætatis 16. Ortus 1544 è familiâ Garini scabini. Junior Gandavi studet, tum Lutetiis per quadriennium, presbyter insignitus ab episcopo Atrebatensi, primâ vice litat 3 julii 1569; 1573 quartus prior, 1576 tertius prior, supprior 1578; 1584 præpositus Gorrensis, curat strui secundam portam, ibi ex duro lapide compactam, super quam ejus et Abbatis cernuntur insignia. 1588 præpositus Angicurtensis et principalis collegioli nostri Parisiensis. Degens interdiù Lutetiis apud trinitarios, 1593 iterum tertius prior et supprior 1595, 1600 præpositus Saliensis, 1605 hospitarius, 1606, suppræpositus. Scripsit autem diarium annorum 1598, 1599 de rebus actitatis in monasterio : opus sanè densissimum : utinam gratum lectu. Item aliquot commentariola de ritibus monasterii et alia vacuæ sermocinationis. Ex his nilominùs nonnullâ me extraxisse non diffiteor. 24 junii 1609, Prior major renuntiatur ab Abbate, cujus erat confessarius. Fuit autem zelator officii, si non zelotypus. Ceterùm legitur præclaris virtutibus, pietatis, humilitatis, etc., refertus: è vivis excessus 21 octobris 1616, annos natus 70.

1561.... aprilis. Vestitur, votaque, paucis diebus interjectis, 8 aprilis edit ex dispensatione apostolicâ, super annum probationis

ROGERIUS DE MONTMORENCY. Diœcesis Tornacencis filius naturalis Josephi de Montmorency, domini de Nivelle, vel Roberti domini de Wime. Is Josephus et

Robertus frater ambo nati e stirpe Philippi domini de Nivelle et Mariæ de Hornes, dominæ de Montigny : hæc pro notione dicta sint. Noster Rogerius ad ecclesiastica destinatus, vix annum undecimum attigerat, cum à S.S. Pontifice redditur idoneus pro beneficiis, seu relevatur ab illegitimitate per breve apostolicum, anno 1537 datum. 31 xbr. 1550 fit clericus Bruxellis per dimissoralia episcopi Tornacensis, 1556 aderat rector (sive potiùs titularis) alterius portionis ecclesiæ parochialis de Thami, vel Themi, diœcesis Tornacensis : jacitque gradus super quoddam beneficium, dependens à Sancto Petro Gandensi.

1562, Octobri, adleguntur duo sequéntes :

ANTONIUS D'ISTRE.

PETRUS HAUVEL. Atrebas. Filius Petri, *greffier des lettres royx*. 1569 ad Pentecosten subdiaconus, et levita, eodem anno ad Natale Domini factus ab episcopo Atrebatensi; tum presbyter..... 1571, 1573 magister ordinis, 1577 Gorrensis. Gorris Parcâ prævenitur, 11 junii 1582.

1563, Octobri, ingrediuntur duo sequentes :

PETRUS DE ROCOURT, alibi RANCOURT. 1567 convictor adhuc domini Antonii Meyeri rectoris collegii Atrebatensis, eodem anno 18 novembris 1567 ad propria recedit. Conductus usque ad pagum d'Haulcourt.

NATALIS DE NOVIOM, Atrebas. Ætatis 15. Cui genus præbuêre 25 decembris 1548, Joannes et Natalis Ceûche

Post quindecim menses ab ingressu, frequentat collegium vetus Atrebatense, edoctus a præfato Meyer et apud eum residens. Id autem collegium erat eadem domus quæ in faucibus vici ursorum dicitur *verte porte*. Dein petit Duacum ad collegium regium recens, in quo sub Joanne Ferrario philosophiam decurrit. 1569 recipit ordines cum supradicto D° Hauvel : præviè tamen in vigiliâ Trinitatis edit vota religionis privatim coràm Abbate, posteà redux è scolis, theologiæ operam dat in monasterio. 1571 mense martio fit presbyter. Ast eò quod professionem non egisset publicè, hanc et pronuntiat publicè et octavâ Paschæ primitias celebrat. Paulò post fit succentor : 1576 sacellanus prioris, et præpositus novus bursæ communis, seu vestiarii, 1579 questor generalis, 1580 exercet unà vices granatarii. Vir percontatur non solum in theologicis, sed etiam in jure canonico versatissimus : vultu gratioso, et ad ardua virili animo donatus. 1584 de communi religiosorum suffragio proclamatur ab Abbate major Prior. Ab ipso 3 aprilis installatus in choro : comitiis Artesiæ sæpissimè adfuit, tanquam M. Prior. Imò post obitum Sarraceni potioribus religiosorum vocibus abundavit in electione Abbatis. 16 aprilis 1605 ob senium et infirmitates, inconsultus amovetur ab officio, eodem gradu honoris ipsi servato. Tum devixit eodem anno 12 decembris seq., annos natus 57.

1564, Septembri, sub regulâ Sancti Patriarchæ, nomen dedère tres sequentes :

GUILLELMUS BOSQUET, Atrebas, è stemmate Guillelmi et Joannæ Grenier. 1571 conductus Audomarum per

custodem ecclesiæ, ordines recipit, 1572 ab eodem episcopo Audomareno factus neomista celebrat 5 octobris;
1574, 1575 Michaelista, prior quartus 1577, Berclavensis
1578, tertius prior 1580, præpositus Berclavensis per
interim 1583, supprior 1584, 1585 præpositus Angicurtensis, 1588 præpositus Gorrensis, 1590 præpositus
Hasprensis, 1603 redux fit Præpositus major. præpositus
Saliensis 1.ᵃ januarii 1605. Hujus provisiones lectæ sunt
in placitis Sailliensibus. Paulò post fit præpositus Sancti
Michaelis et obdormit in pace 17 decembris 1605, ibidem
sepultus. Extitit vitæ per omnia laudandæ : exactitudinis
perfectæ, ac in normam regulæ degens.

Petrus Willemin, Insulanus. Ætatis 14. Neomista
factus per episcopum Audomarenum, Supremo litat
dominicâ 12 octobris 1572, Hasprensis 1574, 1575,
eleemosynarius 1582; 1583 transcribit historiam *du Mou-
linet* quæ jacet in bibliothecâ Sanvedastinâ, 1588 æger
mittitur Berclavum. Quo in loco columbas capere cogi-
tans, ad refovendos confratres inopinato adventinos,
scalâ fractâ, crure similiter fracto laboravit. Unde sanatus,
utique claudicavit, uno calceo utens tenui, altero de
quatuor digitis assurgente. Id factum hic prætermitte-
remus, nisi ipse infortunium suum inscripsisset in angulo
cujusdam libri exarati. Is sese jugiter exhibuit pietati,
operibus justitiæ et misericordiæ; nec non observatio-
nibus asceticis addictum, patientiæque specimen in
infirmitatibus. 1597 fit prior Hasprensis, degens cum
sociis, causâ belli, in refugio Valenceno, quo loci sacramentis munitus expirat 12 augusti 1599. Tumulatus in
cænobio Carmelitarum ejusdem urbis ante imaginem
divæ M. V., uti moriens petierat.

Undecim seq. ordine, qui perseveravêre, edunt vota 23 martii 1574, feriâ 3ª post lætare. Eorum schedulis posteà delatis in thesaurariæ cistam sub trinis clavibus.

Ludovicus Bertoul, Atrebas. Ætatis 13. 1564 januario vestitus. Neomista litat dominicâ 18 aprilis 1573, edit 1574 professionem, 1578 magister ordinis, dein quartus prior, petit officio levari: 9 octobris 1579 eleemosynarius. De hâc luce demigrat 26 februarii 1582, vitâ longiore dignus, annosque natus 31.

1565, aprili, annumerati sunt quatuor sequentes:

Firminus du Saultoir, Betunæus. 1575 absolutis studiis, ad patriam regredi, ultro sinitur.

Petrus Descouleurs, Atrebas. Edit vota 1573, veteris styli, tum primitias celebrat 25 aprilis seq., post tres menses consummatus in brevi, explet tempora multa; è vivis excessus, resurrectionem mortuorum expectat retro chori stalla versùs solem.

Jacobus Lefebvre. Edit vota 1574, eodem anno sacerdotio decoratur ab episcopo Ambianensi, seu ejus vicario ad Natale Domini; celebrat primitias dominicâ 23 januarii seq.; 1575 Gorrensis, 1578 Berclavensis, socius Sancti Michaelis 1582, sacellanus prioris 1587, cantor 1588, 1591 granatarius. Diem extremum terminat 16 julii 1597 propè sacellum Nostræ Domjnæ in Bosco aquis submersus.

Josephus de Penin, Atrebas. E stemmate Antonii

scutiferi domini de Rasincourt, et Joannæ Carpentier. Agit professionem 1574, eodem anno Ambiani neomista decantat primitias dominicâ 2ᵃ januarii 1575; 1578 eleemosynarius, sacellanus Abbatis 1580; 1582.....

1566. Augusto assumpti quatuor, hâc serie :

BONUS MINART, Atrebas. Novus presbyter cum præfato socio, Deo litat 30 januarii 1575, 1579 magister ordinis, 1580 quartus prior, 1584 tertius prior, à quo officio per Abbatem remotus, ne quidem cuiquam conquestus narratur, 1588 renuntiatur supprior per eumdem Abbatem. Vitam sobriam, sanctam, piam, bonisque operibus supereffluentem tenens, aliàs prædicationi incubuit. Podagrâ vexatus animam Deo reddit 10 junii 1588. Terræ mandatus ante capellam Sancti Jacobi.

PHILIPPUS DELATTRE. Duacenus. Edit vota 1574, mense martio levita Ambiani, ab eodem episcopo Ambianensi sacerdotio insignitus septembri 1576 primitias decurrit mense octobris. Primò fuit magister puerorum. Gorrensis 1579; 1585 tertius prior. 1590 communi suffragio desideratus supprior. Pollebat iste musicam artem, hortumque infirmarii suo tempore muris occlusum, primus adornavit plantis et arboribus. Sub ejus auspiciis P P. Duaceni societatis Jesu, Atrebatum novissimi convenerunt. Ex Buzelino : Pater illius Duaci vicariam gubernatoris Gallo-Flandriæ potestatem laudabiliter exercuit : filius vero Philippus virtutibus claruit, non sine sanctitatis opinione, in cænobio Sancti Vedasti, ubi strenuum religionis pugilem sese præbuit.

Scripit verò meditationes sacras, stadium spirituale, sive diurnum monachi, commentaria et lucubrationes in regulam S[ii] Benedicti. Ejusdem aliqua opera Franciscus, canonicus Sancti Amati, frater illius, gallicâ veste donavit.

Porrò Philippus abstinentiæ et mortificationnis cultor intensissimus, sanctitatis odorem ubique spargens, ad feliciorem transit auram 3 novembris 1595. Religiosus sanctæ memoriæ, quam hoc epitaphio successores coluêre, juxtà sacellum S. Jacobi supprioribus addictum :

Veræ pudicitiæ lux, virtutum que Philippus
Ad meliora suos dum vocat, eripitur.
Eripitur, lacrymasque piis eripit, ingens
Religionis honos, hinc abit, ut obiit.

Maximilianus Le Blan, Insulanus. Ælatis 12. E nobili stemmate, exortus 1er martii 1554, edit vota 1574 : xbr. fit levita Ambiani ; tum presbyter ibidem annos natus 22, primitias celebrat dominicâ 10 aprilis 1575, Berclavensis 1576, Gorrensis 1576, 1582 ; Hasprensis 1577 ; 1588 cantor, 1589 granetarius, 1591 præpositus Berclavensis, 1605 præpositus Hasprensis ; utrobique fidelis dispensator, dilectus pater familias, et religiosus magni nominis. In præpositurâ Hasprensi, quam ex parte restauraverat, vitæ facit occasum, qui nusquam virtutis 17 februarii 1621, annos natus 67.

Rolandus de la Haye, ex Lannoy propè Insulas. 1572 post studia Duacena, recedit ab instituto.

1568 initio julii, dominicâ infrâ octavam apostolorum ingreditur

PHILIPPUS LE CLERCQ, Bethuniensis. 1574 edit professionem cum supràdictis. Eodem anno ad Natale Domini, recipit Ambiani diaconatum, tum post aliquot menses, presbyteratum : primam missam dein agit dominicâ 17 aprilis 1575 ; 1576, 1578 Michaelista, sacellanus prioris 1591 : 1597 præpositus Sancti Michaelis, 1605 præpositus Saliensis; deindè regreditur ad Sanctum Michaelem. 1611 præpositus Berclavensis. Is quidem staturâ minoratus, sed magno et virili animo instructus, disciplinæ regularis fuit ipse manutentor et prototypus, verbis et exemplis prædocens. Senior factus ibidem temporalia remisit ab altero regenda, solique Deo placere cupiens, secedit. Peractis autem de more solitis spiritualibus exercitiis, cubitum ivit 9 octobris 1627, et de summo manè expirat catharro verosimiliter oppressus. Religiosus memoriâ dignâ habitus.

Eodem anno 8⁴ septembri, vestiti sunt duo hoc ordine :

ALPHONSUS DORESMIEUX, Atrebas. Ætatis 13. In parochiâ B. Magdalenes, sumens genus... 1555, à familiâ Joannis qui fuit procurator regius Lendii et Catarinæ Carbonel, et ideò nepos D. Joannis suprà fol. 130. Professionem publicam pronuntiat 1574, aliis sociantibus. Interdùm studet 1° Duaci, posteà Cortraci, iterùm Duaci, ubi vacavit theologiæ. 1575 28 maii fit Ambiani levita per Jacobum episcopum Ebronensem ; tum ab eodem pres-

byter septembri 1576. Visuntur adhuc ejus litteræ
ordinationis in quibus leguntur hæc verba... Religiosum
Sancti Vedasti sufficientem et idoneum repertum ad
præsentationem Abbatis litteratoriè factam, etc. Devenit
ille Gorrensis 1576, 1578; 1580 magister ordinis, dein
succentor, quartus prior 1584, tertius prior 1585, dein
receptor seu administrator Berclavensis, 1588 supprior,
dein præpositus Maniliensis ; posteà regissor Sancti
Michaelis pro temporalibus, 1591 præpositus de Beuvrariâ,
1594 rursùm præpositus Manil., ad tempus ; et prior
Hasprensis, 1596 præpositus Sancti Michaelis, 1597
8 augusti præpositus Saliensis, 1600 præpositus Gorrensis locum ære gravatum exonerat, 1603 præpositus
Hasprensis. De monasterio, ratione laborum suorum, et
virtutum jam benè meritus, 1606 fit Prior major.

Ad pedum pastorale natus : 18 aprilis 1608 à Belgii
Archiducibus denominatur Abbas Sanctæ Mariæ Faver-
niensis, in Burgundiâ, diœcesis Bisuntinæ : quem locum
petiit 6 julii nihil Auferens è Sancto Vedaste præter
mobilia ad personam, seu corpus suum attinentia. Porro
electus est in Abbatem à reliogiosis Faverniensibus de
more, præsentibus D° le Creux et Lemnens Vedastinis
qui eumdem comitati sunt, tum honoris gratiâ, tum ut
ei adessent si quid occurreret, in quo eorum opera esset
necessaria. Necdum citò processum est ad illius benedictionem quod informationes de electo deberent præmitti.
Ideò Caverellius Abbas per affixa ad valvas Sancti Vedasti,
monet publicum de loco, et die, in quibus coràm se
delegato commissario habebitur informatio de vitâ et
capacitate dicti Alphonsi. Quibus omnibus absolutis,
mense julio, rerum fasciculos ad Favernium nuntius

detulit. Post multas autem dilationes ad rem pecuniariam duntaxat, obtinuit tandem electus confirmationem à curiâ Romanâ, et Infulis insignitus est quadragesimâ sequente. Hic occurrit dubium de istis confirmationibus apostolicis nisi de Faverniensi pedo in consistorio jure provideatur. Aliàs Archiduces vetabant, ne deinceps Abbates non subjecti immediatè SS. Pontifici ad illum recurrerent, sed potiùs ad ordinarium ex antiquâ praxi. Hic autem silere non est factum quoddam Faverniense in his diebus ; 1608 25 maii in festis Pentecostes, ibidem loci binæ hostiæ per 33 horas in aerem pendulæ, distantesque uno pede à pixide, visæ sunt sub radiis micantibus : quæ combussère nappas et altare. Hoc miraculo ab Antistite episcopo per integrum probato, et ab Archiducibus Belgii rescito ; ab hisce principibus imperatum ut una ex illis hostiis daretur, et servaretur oppido Dolensi requirenti, in venerationem. 1612 Caverellius et Alphonsus Abbates unà cum Claudio de Seroz, barone de Choix, et Benignâ de Gramont conjuge meditabantur in Favernis missam solemnem de venerabili sacramento, ob id, fundare et dotare.

Porrò Alphonsus primigenium Sancti Benedicti illùc introduxit, ascitis P. Patribus reformationis Benedictinæ Lotharingiæ, monasteriumque in spiritualibus et temporalibus, uti bonus pastor restauravit. Fato fungitur 16 septembris 1630, annos natus 76. Accepto nuntio à Vedastinis, actæ ejus exsequiæ motivo amicitiæ et antiquæ confraternitatis. Insuper recepta paulò post de ejus successore epistola, sic personabat. « Obit D. Alphonsus quem ut patrem semper colui, et modò ut Sanctum veneror. Quinque ante decessum mensibus, dum in

suo conclavi fevidis orationibus fatalem vitæ horam com-
mendaret, vocem audivit clarè et distinctè·hæc verba
nuntiantem : Præpara te ad mortem, tibi opitulabor.

» Cœlesti obsecutus monitui, plurimos et egregios actus
humilitatis, patientiæ, amoris in Deum et proximum,
conformitatis suæ voluntatis cum divinâ, toto menstrui
morbi tempore, studiosè exercuit, et in tam nobili virtutum palæstrâ, sanctè ad meliorem, uti speramus, demigravit vitam. »

Antonius Gery, Atrebas. Ætatis 13, quippe natus 17
januarii veteris styli 1555, professus 1574, levita Ambiani
1575, primitias celebrat 1ᵃ junii 1578 anno ætatis 22, 1585
succentor, sacellanus Abbatis 1582, eleemosynarius 1595,
receptor 1591, 1596 ; 1598 28 junii præpositus Maniliensis, datâ ei cartâ sub quatuor sigillis administratorum
et conventûs, renuntiatur. 1600 præpositus Angicurtensis, obtinet per resignationem, de consensu collatoris,
prioratum de Houplines secus Insulas, dependentem à
monasterio S. Basoli propè Rhemos. Verum 1601 causa
cadit in sede gubernantiæ Insulensis, adversùs æmulum
Carolum Antonium de Campo, nescio ob quas causas.
1603 mense octobri negotiator conspicuus, dum pertran-
siret sylvam medionalam seu Maniliensem à duobus
fucatis militibus gallis sauciatur ictu gladii, relictus prò
mortuo... 1605 præpositus Berclavensis, 1611 27 junii
Præpositus major. Fractus labore et annis, tandem
obtinuit munere levari : ac mense septembri 1626 proclamatur præpositus Sancti Michaelis. Ubi vitales deserit
auras 30 decembris 1633, anno ætatis 78. Ejus memoria
superstes in benedictione remanet.

1569 Januario, conscripti sunt duo sequentes :

Philippus de Caverel. Ætatis 13 1/2 anno. Natus in pago de Mager in Artesiâ, 1ᵃ augusti 1555 de nobili stirpe, Pater ejus Petrus... *(archier)* Caroli Vⁱ in exercitibus, mater Perona Dupré oriunda ex civitate Atrebatensi anno 1513 et sepulta 4 martii 1600, in parochiâ Beatæ Magdalenes ; anno ætatis 87. Prius ex iteratis vidua 1º domini Demonchâux : quamobrem Petrus de Moncheaux scutifer erat frater uterinus Philippi dicti, et hujusce commendatione gubernator de la Gorghe, et Allodii.

D. Joannes Caverel, Abbas Gemblacensis de quo suprà folio 135, erat cognatus. Philippus igitur puer didicit primum rudimenta et grammatica in fano Sancti Pauli. Vestitus ad Sanctum Vedastum, vacavit officiis et ritibus per annum. Dein 1570 migrat ad collegium Aquicintinum Duacenum pro philosophiâ et theologiâ, quam integram excepit quadriennii tempore et celebribus magistris: 1579 fit demum presbyter Ambiani ; magister ordinis, multoties concionatus est publicè in ecclesiâ Sancti Vedasti : 1581 sacellanus Abbatis, eumdem comitatus est in Hispaniis et Lusitaniâ... Hujus itineris diarium commentatus est. Regressus perdiligenter vacat variis muneribus granatarii, et bursæ communis, seu vestiarii. 1587 missus Beuvrarias primus præpositus, novam domum unico anno perfecit, et ne minimum otii sineret elabi, chronicon quoddam confecit prolixissimum. 1589 mittitur ad comitia Montensia, nomine Hasprensium negotia tractaturus ; 1590 fit magnus Præpositus ; solers et vigilans, gabuli computus 1578 per articulos distinxit. Negotiator Abbatis et socius, tum in visitatione monasteriorum congregationis, tum in negotiis Cameracensibus. 1593 bellum litterale conseruit cum domno Van der Haer canonico Insulano qui sustinebat quod in primitivâ ecclesiâ fuit par abstinentia vini et carnium, altero negante. Prælo mandavit vitam Sarraceni Abbatis. Item elaboravit constitutiones ad regulæ Sancti Benedicti faciliorem observantiam. Tractatum de miraculis Sancti Vedasti et antiquitatem monasteriorum totius congregationis à Miræo cusam.

1597 ad fuit testamento Sarraceni, quod tardius propalavit. Abbas tandem expostulatur crinibus albis, quasi à puero donatus.....

CLAUDIUS LOUVEL. aliàs LOUVERS, Atrebas. Ætatis 14. Cui genus dedère 1555 Carolus Toparcha Defontaine, Imbal, Masières, etc., et Augustina de Bethencourt. Habuit is Claudius fratrem Philippum, Toparcham hærentem in castro de la Motte au Bois. 1578 septembris fit presbyter Ambiani, Gorrensis 1580, magister ordinis 1583 : 1585 quartus prior, 1590 præpositus Maniliensis, 1594 præpositus Beuvrariensis, 1600 Præpositus major, 1605 suffragiorum consultatione religiosis injunctâ per Abbatem in capitulo : postridie ibidem ab Abbate dictus est Prior major, 1606 iterùm fit magnus Præpositus.

Quia Petrus d'Aimericq abbas Crispinensis partes suas, præ senio non posset obire, suggestione domini de Carency ejus familiaris coadjutorem sibi dari poposcit. Hinc per Archiducum Schedulam datam Marimontii 1611, dicto Petro proponitur noster Claudius, sive per resignationem, sive per vacantiam successurus. Qui illuc profectus exceptus est amantissime à Crispinensibus, dein in capitulo acceptatus. Contigit autem ut senior Abbas invidens de administratione meliori ab altero tentatâ queritaretur de eo, etiam in curiâ Bruxellensi. Ast devictâ sensim illius pertinaciâ et ex ejusdem absolutâ cessione, petentibus ascetis. Claudius infulis decoratur Cameraci ab Archiepiscopo 25 martii 1613. Tum Dᵘˢ Mich. de Miraumont Vedastinum evocat ut doceret Crispini theologiam.

Scripsit autem epistolam de Sᵗᵒ Aiberto ad episcopum Nervium; domûs Dei decorem sollicitè promovit, census monasterii restauravit et auxit. Religiosus ipse præclarus, raræ facundiæ, acris ingenii, prudentiæ, zeli et amoris Dei dotibus instructus. Transit ad alteram vitam septembri 1626, anno ætatis 72. Humatus versus epistolæ latus.

Eodem anno 1569, vestiti quinque sequentes mense maio.

AUBERTUS DE LA COURT. E vivis excedit sæcularis.

NICOLAUS HANIOT, Atrebas. Ætatis 15. Ortus 25 januarii 1554. 1575 decembris fit neomista, et subdiaconus Ambiani: primitias decurrit presbyter, dominicâ 15 junii 1578. 1580 Gorrensis, dein Hasprensis, Berclavensis 1584; 1591 cantor, vinitor 1602, granatarius 1603, 1605 præpositus Saliensis, 1609 die Sᵗⁱ Joannis Baptistæ hospitarius: 1611 27 junii reddituarius. Egregiè fungens officio : singulis hebdomadis in sabbato accedens in urbem ad locum judiciarium, et extrà urbem ut ubique cum suis hominibus servientibus prospiceret, an omnia rite agerentur circà mensuras et pondera. 1618 Augusto fit præpositus Maniliensis, 1623 redux agit denuò hospitarium. Venerandus et conspicuus moritur in senectute bonâ 12 octobris 1626, annos natus 72. Conditus ante capellam de defunctis quam vivens decoraverat tabellâ majore pictâ ad aram, et cancellis in septo sacelli.

PETRUS BOUCHET.

LUDOVICUS BAZIN, seu BASSIN, Atrebas. Recipit minores ordines cum socio Haniot, Deo litans dominicâ 22 junii 1578. 1597 eleemosynarius, vinitor 1598, 1605 præpositus Maniliensis : quo loci inurbanitatem et quid plùs à satellitibus salis Peronensibus turbidè perpessus : secessit, nec retrò aspiciens, 1606 hæsit aliquandiù Bapalmis, tum Picardiæ valedicens, 1607 devenit reddituarius, 1609 præpositus Saliensis corroborat fastigium portæ dicti loci, 1618 regressus fit cellerarius, 1623 suppræpositus, 1627 cum æger videretur egere aeris mutatione fit præpositus Gorrensis. Membris paulò post ibidem captus, morti cedit 24 decembris 1627, præmunitus sacramentis. Religiosus insignis et bonæ memoriæ.

ANTONIUS HUCQUET, Atrebas. 1578 septembri fit levita Ambiani, 1579 neomista, 1580 æger fit Gorrensis, revocatusque sub finem anni 1582 rursùs illuc mittitur. Inter verba orationis, editis præviè pietatis, justitiæ, etc., operibus, efflat animam Gorris, 13 maii 1583. Annos natus 29.

1570 augusti, habitum sumpsère quatuor sequentes :

Antonius de Mailly, Duacenus, è stirpe Antonii mercatoris, Duaci residentis, liber discedit 1574.

Petrus de Lannoy. 1578 septembri, sacerdotio insignitur Ambiani, 1584 juniores in monasterio educet theologiam, 1587 secundus sacellanus Abbatis, 1590 degit Beuvariæ tanquam præpositus à mense julio ad Martium seq., 1592 principalis collegioli Parisiensis, 1593 simul præpositus Angicurtensis. Varias stylo eleganti composuit orationes : Quid sit sentiendumde hujus ævi politiâ ; — de filiorum punitione propter parentum peccata; — de voto ; — an princeps catholicus duplicem religionem in republicâ possit tolerare ? — Apologiam de secessu pastorum à grege in Belgium, furentibus hæreticis? — An imperator sit totius orbis Dominus?

Apud Lutetias curis confectus, morte extinguitur 10 septembris 1595. Dein humatus debito modo, in parœciâ Sancti Nicolai du Chardoneret. Vir religiosus, et modestus, ex testimonio Papyri Massonii, qui de eo rescripsit ad Sanctum Vedastum.

Philippus Cambier.

Joannes Despiers. 1573 studebat adhuc Duaci.

(Pueri vestiti studebant 1571 alii apud Curtracum, alii Gandavum pro humanioribus litteris).

Eodem anno 1570 suscepti insuper duo sequentes.

JOANNES DU FOSSÉ, Duacenus. Ætatis 11. Berclavensis 1597, Gorrensis 1599, 1602 receptor forensis, per aliquot annos 1606. Exquæstor censuùm migrat è sæculo 13 martii 1612, annos natus 52.

EGIDIUS DE LANNOY. Tyrocinium deserit 1574.

1571 31 octobris, ingressi sunt tres :

CAROLUS DE WIGNACOURT.

GABRIEL CASSEL, Tornacensis, è stirpe... et Joannæ Vulerich: legitur vestitus ex commendatione Dominæ de Montigny. Et quià similes viæ non promovent idoneitatem, is Gabriel revocatus è studiis Duacenis, 1582 redditur matri.

JOANNES DE HOYE, vel SOIE. Ex commendatione alterius Dominæ de Lalain : degebat adhuc puer 1574. Sed non apparet patronissæ et religiosorum desideriis respondisse.

1572. Sede vacante Augusto: Vestitus est sequens qui edit vota solemnia cum octo sequentibus qui constantes fuêre in proposito :

ISEMBERTUS DE LA RUE, Atrebas. Ætatis 12, è propagine Adriani pharmacopolæ. Scito cantu mittitur

Duacum ad studia. 1580 17 februarii redux fit junior et
edit vota 28 martii subsequentis. 1584 septembri, sacerdos
promotus, missam cantat 7 octobris. Dein magister puerorum, tum novitiorum. Ptisi à decem septimanis laborans
vitam claudit annos natus 27. Sacramentis devotè susceptis, humatur autem post missam funebrem : relicto
sui desiderio.

1574 8 aprili, habitum sumpsère quinque sequentes :

NICOLAUS PREVOST, Atrebas. E studiis Duacensibus
redux mense julio 1579, professionem agit martio 1580,
primitias peragit dominicâ 23 aprili 1583, deindè docuit
in monasterio philosophiam, egregius aliàs concionator.
Factus Gorrensis recurrente sæpiùs epilepsi, vitam amittit
27 aprilis 1589. Virtutibus et meritis refertus. Virque vitâ
longiore dignior.

ADOLPHUS POUILLON, Atrebas, è stemmate Joannis et
Annæ de le Halle, redux similiter è Duacensi palestrâ,
mense sequente, edit vota cum præfatis, studia que paulò
post resumpsit Duaci. 1585 levita, 1587 neomista, dein
sacellanus prioris, 1590 sacellanus Abbatis. Ter concionatus est publicè in ecclesiâ Sancti Vedasti in solemnitatibus ejusdem patroni. 1594 renuntiatur questor generalis. Extitit ille abstinentiæ ad summum gradum
studiosus, et quidem extrà Abbatis consilium : litterarum
scientiâ donatus. pietate, humilitate, et morum venustate
decoratus. Factus æger è carterio transfertur in infirmitorium, causâ melioris ergà ipsum curæ; morbo aggra-
vescente sacramenta suscepit : dein mirâ fortitudine petit

osculum pacis ab universis confratribus apprecans sibi ignosci. Expirat 27 octobris 1595, sepultus è regione vestiarii quem posteà ejus frater... Abbas Sancti Auberti Cameracensis novo epitaphio honoravit.

NICOLAUS LE CREUX, Atrebas. Ætatis 13. 1588 prior quartus, tertius prior 1590, principalis collegii Parisiensis Sancti Vedasti 1598, a Domno priore et conventu, sede vacante, declaratus, regressus 1599. Præpositus Angicurtensis 1600 agit sæpiùs apud Lutetias pro monasterii negotiis. Reffectuarius 1605, hospitarius 1606. Hoc anno conspicuus orator habuit varios sermones de Sancto Vedasto, in ejusdem solemnitatibus, publicè peractos in choro nostro. Poëmata peracris nonnulla insuper edidit 1609 suppræpositus. Quo anno de consensu sui Abbatis providente apostolicâ sede renuntiatur prior Sancti Wulgani de Framecourt, juxtà Hoteclôque de dependentiâ Sancti Salvatoris Hamensis, propè Lillarium, per devolutum nempè : quia dictus loci Abbas à 18 mensibus locum non replevisset, intendens hujus loci redditus reservare ad ordinationem pro ædificiis novis, in modum prioratûs conventualis. 1610 Abbati Hamensi prioratum reclamanti fit satis : laudata simul Caverellii prudentia, ne dicta sedes ab extraneis caperetur. Prætereà noster Nicolaus fuit resignatarius D. Joannis Mùette folio 165, pro prioratu Sancti Martini de Passu, quem debito motivo diù prosecutus est. Fuit is religiosus à sociis prædilectus, eorum delegatus ordinarius ad synodos. Vir alacris simul et acris ingenii, in monasticis rebus admodùm strenuus. 1623 missus Parisios ad monasterii et sui negotia, piè, uti vixerat, devixit in domo honorabilis civis Joannis du Bornet ; et ad ecclesiam Sancti Symphoriani per religiosos

Augustinianos delatus, ibidem sepultus est 7ᵃ maii 1623, annos natus 62.

GODEFRIDUS LENMENS, Bruxellensis, è nobili genere. Fuit magister morum, 1591 eleemosynarius, 1598 questor generalis 1609. Poëta componit 1600: versus arboris cereatæ.... 1604 supprior, thesauraris 1605. Vir summi judicii habitus, designatur litteris Archiducum 9ᵃ martii datis, Abbas Uliderbecanus (hoc cænobium sederat olim secus Lovanium: quo destructo, religiosi sese recepère in domum Lovaniensem Bogardorum, qui idem institutum Sancti Benedicti amplexati sunt.) Illuc autem cum permissione expressâ sui Abbatis, ad acceptandum illud beneficium, proficiscitur, associatus D. Philippo Clocman Vedastino. Qui postridiè benedictionis illius factæ Lovanii per archiepiscopum Cameracensem, factus est alter Abbas Gemblacensis. Eodem anno, rescribit Mathias archiepiscopus Mechliniensis, Caverellio, his verbis : perierat domus Uliderbecanà, nisi vir aliquis tam religionis zelator, tam temporalium gnarus obtigisset ei. Gratias aliunde tibi, quod tanquam filiorum multorum pater, consilio et auxilio alios fulturus, tali religioso in bonum reipublicæ carere volueritis.

Ex Sandero: Godefridus vir prisci candoris et virtutis, doctos ipse doctus diligens. Poëta non infimus ex religiosâ Sancti Vedasti palæstrâ hùc postulatus, in monasterio Uliderbecano ad altare in honorem Sancti Sacramanti versus composuit, concinnisque ornamentis cinxit. Suos rexit hâc leni mente Deo non ingratâ. Demum infirmitate ex casu contractâ, coadjutorem è suâ domo alumnum impetrat : tum mortem subit in spiritu enitatis 26 martii 1627.

Nicolaus Louchet. 1583 Duaci studens in collegio Aquicintino pr.....

Eodem anno 1574, ad Pentecosten ingreditur

Joannes Muette, Insulanus. Ætatis 17, è stirpe Francisci. Ortus 15 januarii 1557, fit presbyter Ambiani 1579, levita ad Natale Domini 1579. Tum edit vota 28 martii 1580; 1584 Berclavensis. 1591 sacrista, 1598 thesaurarius, 1600 reddituarius.

Quia prioratûs Sancti Martini de Pas in Artesiâ dependens, uti diximus, à Sancto Martino à Campis, vacaret per confidentiam Simoniacam, 1606 ab Archiducibus Belgii movetur illum, per devolutum insequi in curiâ Romanâ. Consilium autem evicit, de consensu expresso Caverellii. Obstat mox æmulus D. Jacobus Cheron presbyter Sancti Martini à Campis. Cum eo mox lites intentatæ in Consilio Artesiæ. Interim Joannes præfatus, ob paralysim adit spadium, cum altero socio Vedastino, causâ recuperandæ sanitatis 1613. Quo anno fit hospitarius resignatque 1615 beneficium de Pas in favorem confratris sui D. Eustachii de Moronval, et is posteà Domno Nicolao le Creux. 1615 et 1621 perseverabat in eodem tribunali Artesiæ jurgium pro possessorio dicti prioratûs, contrà Domnum Antonium de Roullemaire virum extraneum dubiæ famæ, sed protectum ab episcopo Boloniensi.... Sicque in expensas graves abière fructus beneficii. Hæc autem ideo promovebantur, ne ulcus subductionis latius effunderetur in Belgio, uti suspicor. Posteà Joannes Muette, 1623, iterum fit cellerarius per triennium, levatusque munere, demùm egit partes hospitarii. In exemplum bonorum operum huc usque conversatus : vitam Creatori reddit 5ª augusti 1632, annos natus 75. Tumulatus non procul à Campanili. Ejus effigies et insignia cernuntur adpicta tabellæ super Altariolum cubiculi oratorii novitiorum.

Eodem anno 1574 novembri, suscepti duo sequentes

GASPAR VAN KESTEL, Antuerpianus. E propagine Lamberti mercatoris : habens patruum Middelburgi, edit vota cum aliis 28 martii 1580, presbyter fit Michaelista. Hasprensis 1588, 1594.

JOANNES VAILLANT, Duacenus. Ætatis 13. Genus recepit 18 octobris 1561. 1591 magister ordinis 1596, quartus prior 1594, dein tertius prior, 23 junii 1598 præpositus Angicurti declaratur, à D. M. Priore, sede vacante, in capitulo. 1600 supprior, 1604 præpositus Maniliensis, redux 1605. 1610 è Manilio iterùm regressus, fit reffectuarius, dein vinitarius, 1616 thesaurarius, 1618 reddituarius. Editis justitiæ operibus, obdormit in Domino 16 8br. 1622, annos natus 61.

1575 Julio, adlecti in monasterio Tyrones duo sequentes :

ANDREAS DENIS, Audomarenus. Ætatis 15. Proditus 1 januarii 1562, professus 28 martii 1580, presbyter 1588, 1591 succentor, 1592 cantor, 1601 magister ordinis et eleemosynarius, dein vinitor, 1609 thesaurarius, 1613 cellerarius, eodem anno hospitarius, 1614 æger gustat aquas Spadanas et Aquisgranenses. Dein vitam privatam ducens, nomen religiosi laudabiliter replevit: construi curavit tabellam pictam Christi descendentis de cruce, appensam in sacello mortuorum. Item donavit vitreas, laminas, de martyrio Sancti Andreæ patroni sui. Grandævus desiit vivere 13 aprilis 1637, sepultus è regione.... annos natus 76.

Carolus Faucompré, Atrebas. Ætatis 12. E familiâ Reginaldi Medici monasterii et Joannettæ Doresmieux. Ob morbum peculiarem et habitualem genti suæ, mortuo patre, honestè exautoratus; posteà Tyrocinium R. P. Cartusianorum et dein Capucinorum Antuerp. expertus, postremo fit presbyter sæcularis, sacellanus S. Joannis Baptistæ Atrebatensis hospitii. Dein canonic. Cameracensis: vir pietate et sapientiâ decoratus.

Eodem anno vestitus est

Joannes Moncornet.

Novembri sequenti

Joannes Havet.

Eodem anno pariter vestitur

Maximilianus Levin. 1582 studet in collegio Aquicintino.

1576 januario vestitus

Nicolaus Lemaire, Atrebas. Ætatis 15. Genus recipit 1561, de Germano et Henriettâ le Bourgeois, filiæ Nicol. Professus 28 martii 1580. 1587 Basseiæ ordines sumit, 1588

magister ordinis, 1590 quartus prior, 1596 tertius prior,
1600 receptor generalis, 1606 granatarius, 1609 reddituarius, 1611 præpositus Beuvrariensis usque 1634. Quo
anno redux præ senio degit præpositus S^{ti} Michaelis,
sed sine regimine temporalium. Senior privatus efflat
animam 11 xbr. 1640, annos natus 80. Religiosus magni
nominis et famæ.

**1575 Vedastini recipiebant ordines ab Illmo Ambianensi.
Ad Pentecosten seq. suscipitur**

JOANNES GUIBRESY, Duacenus. Exautoratus 1579.

1577 Septembri sede vacante vestitur àt D⁰ Magno Priore

PETRUS SENELART dictus DE LA COCQUERIE, Duacenus.
Et redditur 1587 parentibus post decennium.

1578 17 augusti, ingressi sunt duo sequentes

NICOLAUS VASSAL, Atrebas. 1580 frequentat scolas
Duacenas. E novitio liber factus devenit presbyter sæcularis, et vicarius ecclesiæ Sancti Nicolai Atrebatensis.
Medio florentis ætatis devixit, 7 novembris 1596, tumulatus in choro Sancti Gaugerici.

ALARDUS GAZET, Atrebas. Ætatis 13. E stemmate
Ludovici, et Margaritæ Labbe. Ortus 1ᵃ octobris 1565 de
parœciâ Beatæ Magdalenes, professus in Pascha, 1587.
Duaci consequitur gradus in theologiâ, eleemosynarius
1591; 1599 sacellanus Abbatis et granetarius. 1600 præ-

positus Beuvrariæ, 1603 præpositus Gorrensis restaurat
ædificia, 1611 præpositus Sancti Michaelis. Vir multæ
lectionis, accuratæ eruditionis, ac profundæ humilitatis.
Etsi valetudine plerumque infirmâ, et administrationis
onere distractus, Cassianum notis, et commentariis
auget, illustratque. Hæc opera edita sunt in folio anno
1617 mox ubique in prætio habita: in modum quo 1628
transitum de necesse fuit ad secundam editionem in-8° 3
volum. Quæ postrema editio uberior facta est ejusdem
novis commentariis, tertiâ parte auctioribus, et insuper
novâ explanatione in libros de Incarnatione. Alios prætereà libros pariter à se scriptos edi curavit:—de officio,
seu horis Beatæ Mariæ Virginis, — de officio defunctorum, — de psalmis gradualibus, — et pænitentialibus:—
Item praxim monasticam, — epitomen juris canonici de
regularibus, — Varias orationes : — de consiliis evange-
licis, — de Angelorum apparitione — an cuique homini
sit diabolus ad tentationem deputatus, prælo maturas
reliquit, nunc deperditas, sicut et tabulas chronogra-
phycas S[ti] Vedasti, quas nusquam recuperare valuimus.
Defixum in hâc litterariâ occupatione mors abripit 23
septembris 1626, ætatis anno 61. Jacet in præpositurâ
S. Michaelis juxtà altare S[ti] Ludovici.

1579 4ᵃ aprili, ingressi sunt quinque hâc serie :

JOANNES DUPIRE. Ætatis 10. Nepos Sarraceni Abbatis.
Huic genus dedère 21 septembris 1669 Carolus et Maria
Sarracin. Studet junior Duaci, ubi devenit baccalaureus
in theologiâ..... presbyter factus. Colens insuper scolas
Lovanienses ibi cum laude adipiscitur theologiæ lauream.

1598 eleemosynarius, 1600 quartus prior, 1601 Beuvariensis, 1607 præpositus Maniliensis vigilantissimus,
1611 redux fit hospitarius, 1612 .terùm præpositus Maniliensis, 1618 præpositus Saliensis, 1627 præpositus Hasprensis. Refulsit vir emeritus, solidæ pietatis, et raræ
eruditionis. Cum infirmaretur Haspris, sicut et localis
prior, illùc directus cum mandato Abbatiali. D⁰ˢ Comette
supprior ad præposituræ regimen. Joannes autem dictus
migrat de hoc mundo 9 aprili 1631, annos natus 62.
Haspris ejus exequiæ peractæ a D° Philippo d'Oignies
Abbate Sancti Salvii, prius Vedastino, et ad Sanctum
Vedastinum ab Abbate Caverellio.

EUSTACHIUS DE MORONVAL. Bapalmas. Ætatis 10, de
stirpe Francisci. Fit presbyter 1593, 5 augusti, sede
vacante 1598, fit sacrista Hasprensis 1602, 1602 interdiù
degit Angicurti, tanquam præpositus. Deinde redux agit
sacristam in monasterio, 1614 reffectuarius, posteà
sacrista et subcellerarius, 1617 præpositus Maniliensis,
1618 præpositus Angicurtensis, 1626 cellerarius. Fuit
adhuc prior de Passu, 1615 et 1623 per resignationem
D. Muette et le Creùx sed contentiosè. Demum in monasterio morti paret 14ᵃ junii 1632, relictâ bonâ de se
memoriâ.

CHRISTOPHORUS CARETTE. Insulanus. Ætatis 12, è stemmate Joannis. 1597 sacellanus prioris. 1603 sacrista
Hasprensis, 1604 degit Manilii præpositus, 1606 prior
Hasprensis ; 1605, 1610 præpositus Angicurtensis, 1613
redux fit reddituarius, 1618 iterum præpositus Angicurtensis, tum vinitarius, 1622 reddituarius denuò, 1624
questor generalis, 1627 præpositus Gorrensis 1638. Per

D. priorem in capitulo, sede vacante, declaratur præpositus Hasprensis. Cæpit etiam professionem prioratus d'Esvain propè d'Ourges, nescio quâ de causâ, sed ibi diù non hæsit. Senior religiosorum fungitur officio diaconi, in exsequiis D. Caverellii Abbatis. Haspris postmodùm mortalitatem complet vir venerabilis, stadio professionis asceticæ laudabiliter perfunctus, facundiâque donatus, 30 martii 1640, anno ætatis 73.

MATHURINUS DORÉ, Bethunæus. Ætatis 12, è prosapiâ Petri et Antoninæ Crespieu. 1581 missus Duacum ad studia, dein redditus parentelæ, interiit post biennium.

EGIDIUS WASTEAU. 1583 studet pariter Duaci, et fit sui liber 1587.

1580. Vigiliâ Paschæ, Tyrocinium suscepêre duo sequentes :

PETRUS DENIS, Insulanus. Ætatis 17, ortum trahens 1ᵃ octobris 1565. 1594 Hasprensis, 1596 magister ordinis, 1597 eleemosynarius, dein quartus prior, 1601 granatarius, 1603 præpositus Beuvariæ. Occurrit autem instrumentum, quo frater Christophorus Lefœure, prior conventualis S. Laurentii, ordinis S. Augustini, diœcesis Yprensis, resignat 1610 suum beneficium, sub pensionis 800 florenorum retentione. Reiteratur autem hæc resignatio Bethuniæ 1618. Id factum videtur obtegere quasdam intentiones in debitum finem directas, nec quid aliud potest certò revolvi, maximè quod is Petrus nunquam alibi hæserit, nec quidquam receperit. 1611 præpositus Gorrensis, claustrum totaliter a fundamentis restaurari promovet. 1627 senescens, fit præpositus Saliensis, majoris quietis gratiâ, sed loci administrationem rursùs deprecatur. Tum ad monasterium redux, declaratur 1633 præpositus Sancti Michaelis, quo loci ad manes concedit 28 octobris 1635, annos natus 70. Religiosus dignâ memoriâ habitus.

PHILIPPUS D'OIGNIES, natus Haspris. Ætatis 10, è stemmate Joannis, primi præfecti ab hospitio principis Leodiensis et Annæ d'Ittre. Fit presbyter in Paschalibus 1591 ; 1596 eleemosynarius 1606, sacrista 1599, tertius prior 1600 ; 1604, 1605 Berclavensis, 1608 expertus mathematista. Diù invigilat operibus per Caverellium, tum Atrebati in monasterio, tum apud Patres societatis Jesu, tum Duaci in novo gymnasio productis. 1609 reffectuarius, 1610 supprior, 1612 thesaurarius, 1614 receptor foraneus è regione de Biache, etc. 1616 questor generalis exactissimus, 1619 cum prioratus Sancti Salvii juxtà Valencenas rueret ob varias clades à commendatariis latas, ab Archiducibus Belgii renuntiatur prior perpetuus ejusdem loci, quem in ædificiis et in disciplinâ regulari mox resuscitavit. 1629 favente principe, nec non Urbano 8° prioratum dictum in Abbatiam commutari tandem obtinet, ipse primus loci Abbas renuntiatus, quem infulis decorandum 5 octobris ejusdem anni convenit Abbas Caverellius. Subitâ apoplexiâ correptus, demum placidâ morte quiescit 10 decembris 1635, alibi 7 januarii 1636. Vir cordatissimus et bonæ memoriæ, annos natus 66.

1580. Post octavam in dominicâ Quasimodo adlectus est sequens

PHILIPPUS LENAIN, Bapalmas. E propagine Antonii. Neomista septembri 1591, 1598 succentor, 1600 cantor,

1609 vinitor, 1614 reffectuarius, 1616; 1614 ob infirmi-
tutes residet Angicurti, 1622 Manilii. 1626 regressus fit
thesaurarius, Hasprensis 1628. Rebus humanis exemptus
est 27 januarii 1609 in refugio de Malanoy Valencenis.

Eodem anno subsequitur, et edit vota 10 junii 1588

PETRUS LAMBELIN, Duacenus. Ælatis 10. E familiâ...
et Margaritæ Raveleugnion, ortus 1570. Edoctus de cantu
et ritibus monasterii, scolas Duacenses frequentat, ad
quas emissis votis remeat, redux 1595 sacerdotio insignitur
mense decembri. Dein Bœuvrariæ socius, exemplo præ-
lucet et operâ. Quippe qui caritatem pestiferis hujusce
tractûs exhiberet : Unde ipsemet occubuit peste : vir
bonæ indolis, et vigilantiæ singularis, 16 decembris 1596,
annos natus 26. Cujus jacturam plurimi luxère.

1582, 8ᵃ aprilis ingreditur

ROBERTUS BRIOIS, Atrebas. Ætatis 14. Originem 7 novembris 1568 sumens à Joanne Consiliario Artesiæ, et
Joannæ de Mont-St-Eloy. Studiorum zelator, fit theologiæ
baccalaureus. 1599 magister ordinis, 1600 quartus prior,
1601 Maniliensis socius, 1603 prior Hasprensis, 1610;
tertius prior 1606 ; 1611 julio mense, præpositus Maniliensis. Epilepsi obnoxius, Manilii vitales auras deserit
1ᵃ januarii 1612, ætatis anno 44. Terræ mandatus in
parochiâ dicti loci. Vir virtuosus et in honore habitus.

1583, maio. Habitum alii duo suscipiunt in vigiliâ Pentecostes :

BALTAZAR BOUSINY, Antuerpianus. Ælatis 13. Medio Tyrocinio universitatem Duacenam excolit 1586, inde regressus 1590 professionem agit privatim, coram Abbate, suis sacellanis, et D. priore : donec illam reiteraret publicè septembris 1594 fit presbyter ab episcopo Atrebatensi. Paulò post mittitur Beuvrarias. Septembri 1596 cum milites galli circumquaque effunderentur, ipse cum sociis demigrat Bethunian asili gratiâ : quia vero rumo ingravesceret de hujusce oppidi redditione inter illorum Armigerorum manus, de licentiâ superiorum is secessit Tornacum, ubi in ædibus fratris sui canonici, malignâ febre correptus, vitam amittit 19 septembris 1596, annos natus 26, honorificè conditus in claustro cathedralis ecclesiæ Sancti Amati. Exstitit ille staturâ celsus et benè compositus : aliùnde facundiâ, modestiâ, pietate, cœterisque animi dotibus longè prestantior.

PETRUS RICHARDOT, Mechliniensis. Ælatis 9° trahens nobile stemma à Joanne, regi ab Arcanis consiliis, ac præviè præsidis Consilii Artesiæ, Toparchæ de Barly : et Annæ de Baillencourt Courcol, et ideò frater Germanus extitit Joanni episcopo Atrebatensi. Primùm didicit rudimenta latina à Guillelmo Gazet, parocho Sanctæ Magdalenes. Inde vacavit cursui philosophiæ, insignitus posteà artium magister. Vota edit interdiù ritu solemni 1593, cum duobus sociis sequentibus qui perseveravêre, et D. Philippo Clocman. Sex annis vacavit Lovanii pro theologiâ, ibidem graduatus. Legitur etiam studuisse

Parisiis, ubi pariter agnitus est theologiæ licentiatus et lector. Quo loci recipit diaconatum. Presbyteratum vero, dum posteà Lovanii ageret. Regressus ad monasterium docuit theologiam juniores per tres annos : novembri 1605 tertius prior, 1606 supprior. Eodem anno 1606 27 augusti, ab Austriacis Archiducibus Belgii, designatus in Abbatem S" Clementis Willibrordi, in oppido Epternacensi non procul à Treviris, in ditione Luxemburgicâ, illùcque profectus, à religiosis honorificâ electione receptus est, 3 octobris seq. Anno 1609, Atrebati absolvitur de illo informatio canonica, sicuti solet fieri pro dignitatibus in Consistorio agitatis, quam obsignavit Abbas Caverellius 11 junii, delegatus judex, moxque misit ad D^{num} præsidem Richardot. Ex operibus Joannis Geûvin theologiæ doctoris, prælo exaratis libet hic famam nostri Petri propalare : Nec sanguis illustris, nimisve rara eruditio, vel inclyta fama, eò usquam valuit inducere, ut remissionem aut vacationem à consuetis monasterii officiis, seu gravaminibus affectaret : quamvis laborans oculis in suo conclavi divinum officium duplicat. Missam quotidie celebrare non omittit. Nusquam postpositis diurni exercitii spiritualibus. Mensâ frugali, cultu corporis, nec splendidus nec sordidus fuit. Moribus comis, verbis affabilis, nulli molestus, nulli nocere scius, omnes ad sui amorem, imo extraneos, compulit. Liberalis domi, foris magnificus, effusus in pauperes maxime religiosos, omnia ædificia fere restauravit. Vix decem monachos invenit, duplicavit numerum, æsque contractum à monasterio dissolvit.

Eò plus. Non tantum suis, quantum Patriæ pater, regi catholico servus fidelis : ad instar sui genitoris cumula-

lissima præstitit beneficia in statibus Luxemburgicis.
Provinciale consilium Luxemburgense et Mechliniense
sæpiùs ab ejus ore pependit ; sæcularibus non sese im-
plicuit negotiis, ni implicatus. Dignitatem Abbatis Bertiniani recusavit, spartâ suâ contentus. Tandem viribus
præ morb's exhaustus, religiose, uti degerat, moritur
sacramentis præmunitus, 14 februarii 1626, annos natus 52.

1584, octobri, adlecti sunt quatuor novi Tyrones vigiliâ omnium sanctorum.

PETRUS MAUPETIT.

FRANCISCUS FOURNIER, Atrebas. Ætatis 15. Sumit genus
8 decembris 1569 alibi 1574. Professus 24 martii 1592,
presbyter ab illustrissimo Atrebatensi septembri 1597 ;
1598 Beuvrariensis, 1602 Hasprensis, ibidem thesaurarius 1604, sacellanus D^{ni} prioris, et receptor forensis
1606, tertius prior 1613 ; 1616 vinitarius. 1618 thesaurarius, reddituarius 1626. 13 octobris 1629 die sabbato,
cum de mane pergeret ad præsidendum placitis ordina-
riis sui officii, proximus ædi sororis suæ culcibrariæ
æger attingit domum. Postridie ibidem naturæ concedit
ex apoplexiâ, in presentiâ aliquot confratrùm, vir lauda-
bilis vitæ debitique nominis, annos natus 60.

Altero die comitante Magno Priore, et quibusdam Vedastinis delatum est cadaver ad parochiam Sanctæ Magdalenes, in quâ funebris missa decantata est à dicto
Magno Priore. Tum idem cadaver relatum est ad propria
et à religiosis exceptum post solitas preces, terræ mandatur juxtà capellam SS. Virginum. A meridie resumptæ

sunt vigiliæ de defunctis, et alterâ luce solemnis missa.

Egidius Venant, Atrebas, de parœciâ Sanctæ Magdalenes. Ætatis 15. Exortus 29 maii 1569, alibi 1575 de genere Joannis. 1599 neomista fit Beuvrariensis, Gorrensis 1601, Hasprensis 1602, 1607 quartus prior, tertius prior 1610, supprior 1612. 1614 æger et languidus, de veniâ Abbatis, sese recipit ante quadragesimam in domum matris civicæ, ut ibidem, de consilio medicorum, cum fratre ægroto facilius recreari posset, Res præ voto non succedit. Imo nec Egidius æger valuit transferri, ipse præsentiens mortem imminere, cupiensque valde confratribus suis circumdari. Munitur igitur Sacramento Eucharistiæ, seu viatici è templo Sancti Nicolai in atrio delati. Cum vero abesset Abbas ad congregationem synodalem, ad eum missus Præpositus Major, cum aliquot confratribus, eumdem oleo sacro infirmorum rite tinxit, nec paulò post Egidius vitam produxit longius, è vivis excessus 25 aprilis 1614, annos natus 45. Ipse religiosus vitæ immaculatæ commendatissimus. Eodem die obitùs corpus exanime advectum rhedâ ad monasterium, terræ datur ante fores sacelli Sancti Jacobi. Ex communi genere supersunt etiamnum, Toparchæ de Famechon.

Adrianus Comet, Atrebas. De parœciâ Sanctæ Magdalenes. Ætatis 10. Ortum trahens 10 novembris 1574 Ab Abel guber. Atreb. regio procuratore, et Barbarâ du Crocq. Factus presbyter ab illustrissimo Atreb. Primitias celebrat Beuvariis 1599, 1599 neomista Hasprensis 1603, Haspris prior 1611, usque 1618; 1612 interdiù vacat Gorris, ad strictiora exercitia, de quibus posteà erit sermo; 1618 regressus ex Haspris fit sacrista in monasterio, dein tertius prior, 1622 vinitor, 1623 rogatu Abbatis Aldenburgensis ipsum adit; operam impensurus novitiorum directioni quos is meditabatur admittere. Ubi postquam loci et disciplinæ regularis restaurationi aliquot annos exegisset nec ampliùs hærere valeret ob bella cum Batavis, mittitur Berclavum ; 1627 fit supprior, 1632 cellerarius. Venerandus senior et benè meritus, placidâ morte quiescit 15 septembris 1646, annos natus 77.

1585, 17 junii in festo SS. Trinitatis, nomen dedit

GUILLELMUS MAILLART, Atrebas. Ætatis anno 10. Professus 24 martii 1592; 1599 neomista ab illustrissimo Atreb., Gorrensis 1601 et Beuvrariensis... Haspris vivendi finem facit 2ᵃ martii 1617. 7° Ab hinc die, justa eidem persoluta sunt in monasterio.

1586, 10 martii, Ingreditur

JOANNES SARRACIN, Atrebas. E stemmate Jacobi. Scolas producit usque 1596. Instante autem professionis die, liber discedens, alteri militiæ nomen dedit in quâ defunctus est 1604.

1587, 30 junii, Ingreditur

PETRUS DESMARET, seu VAN DER POUL, Gandensis. Ætatis 15. Nepos Domini Pamel præsidis curiæ Bruxellensis. Adolescens magnæ expectationis defluxione gravatus, parcâ prævenitur 2 martii 1589. Tumulatur in ecclesiâ Sancti Petri ante altare Sanctæ Barbæ in quâ decantatum fuit officium de defunctis, ritu *absolve* per D. priorem.

1588, 1ª maii. Inter Tyrones annumerantur hi quinque:

JOANNES DE LA MÔTTE-HIBERT, de Burgo Givet Notre-Dame-en-Ardenne-sur-Meuse. E stemmate Joannis. Natus 2ª aprilis 1577. 1599 levita, tum presbyter 1601 in villâ Sancti Pauli ab episcopo Boloniensi, quartus prior 1604, supprior 1608, 1607 tertius prior. His diebus cum prioratus regulares in Belgio dependentes ab Abbatiis Galliæ omnino vergerent in ruinam, ob inediam commendatariorum, maximè vero ob insolentiam priorum qui jampridem in beneficiatos sese erigentes in omnibus pessumdabant, contigit ut prioratus Sancti Martini de Beaurainville..... contigeret in manus Dⁱ Joannis d'Argenteau Bertiniani. Consentiente autem Caverellio Abbate, noster Joannes de la Motte, 1609 in se dictum locum sumit viâ resignationis, mediante gravi pensione 600 florenorum pro dicto d'Argenteau, et expensis multis in curiâ romanâ. Res ubi evincitur Romæ (cui notissimus erat Caverellius) per honorium Van Axel procuratorem nostræ congregationis Belgicæ : eidem Abbati mens succedit dictum prioratum Sancto Vedasto uniendi, in modum quo de Beuvrariâ promotum fuerat. Nihil tamen exo.oni mandatum, ob diversas sibi invicem distractiones succedentes, et diuturnitatem rei difficilis.

Ut ut sit, Joannes religiosus Vedastinus, augusto 1610, auspicatur possessionem præfati prioratus per manus officialis Boloniensis. 6 octobris per Abbatum Caverellium absolutus mutuo, ab officio supprioris. Legitur tamen turbatus a D° Brimbeuf religioso Malmudiensi in Galliâ ; sed non causâ lapsus. Quâ epochâ non modo iste prioratus, sed alii de Nieppes propè Armentarias, Beaurains,... Œuf et Renty in Artesiâ dependentes a monasterio majore *(Marmoustier)* juxtà Turones, simul propter longam locorum intercapedinem, partim P.P. Societatis, partim alio modo divisi sunt. Debebant autem illi prioratus Camerario dicti majoris monasterii aliquas præstationes. Quoad Joannem de la Motte : hæsit diù in suo beneficio ; nec ad electionem Abbatis post Caverellium evocatus est, nec comparuit. Duntaxat se includi voluit, seu de necesse debuit in Atrebato à Ludovico rege oppugnato, dum procursationes hostiles ipse fugeret. Tuncque in ægritudinem lapsus, mortem oppetiit 8 augusti 1640, pridiè quam urbs victori cederet : vir vitæ venerabilis, ad ætatem grandem : pietatis, virtutumque omnium typus fuit. Nomen ejus Hibert.....

PHILIPPUS DEMONCHEAUX, Insulanus. E stemmate Petri. Hasprensis 1601, eleemosynarius 1604, 1611 ; 1607 cantor. Vir summâ virtute et doctrinâ præditus. Ast morbo habituali quodam recurrente interdiù, sub patrocinio primum S. Aicadri ponitur. Tum alibi : manente vivaci et firmâ memoriâ. Demum vitam claudit in præpositurâ Sancti Michaelis 27 septembris 1630. Sepultus sub Campanili, quod dividit chorum ab ecclesiâ parochianis inserviente.

PETRUS DE FLANDRE, Atrebas. Ætatis 10. Originem trahens à Jacobo scutifero dynasta de Fromont et Annæ

de Herlin. Edoctus in cantu frequentat scolas Duacenas.
Cum attingeret sexdecim annos, fit junior 1594, editque
professionem : regressus ad gymnasium Aquicintinum
ingreditur paulò post apud Patres Capucinos, inter quos
tanquam strictioris ordinis remansit. In hoc autem
cœnobio Sancti Vedasti, bonâ conversatione, pietate,
devotione commendabilis, confratrum animos sibi de-
vinxerat.

Michael de Miraumont, Atrebas. Ætatis 7. Ortum trahens 1581. E stirpe nobili Claudii scutiferi dynastæ de
Simencourt, Monchiet, la Cauchie; et Mariæ de Longueval, quæ vidua anno 1585 relevat fædos nomine
Philippi filii *minoris*, junior colit studia Duacena. Neomista Valencenis factus cum sociis, primitias celebrat
23 decembris 1605. In scripturis sacris, legum canonumve
doctrinis, penè cunctos præcellens, regressus; summâ
cum laude et gratiâ cæpit habere duas aut tres lectiones
theologicas per hebdomadam. 1610 quartus prior, 1611
rogatu Abbatis Crispinensis theologiam docet et simul
instruit juniores Crispinenses. 1612 fit Hasprensis, ubi
vices prioris aliquamdiù gerit, 1613 demigrat ad Berclavensem præposituram ut strictioribus exercitiis vacaret
ultrò. 1619 redux fit tertius prior, dein supprior, 1623
diù rogatus ab Abbate Aldenburgensi, hunc convenit,
omnem industriam præstiturus, in sui monasterii restaurationem. Post biennium regressus æger ob aerem mari-
timum, 1627 jussus est denuò theologiam perlegere in
monasterio. Tuncque devenit prior de Passu, 1628 thesaurarius, reddituarius 1629, hospitarius 1631, 1632
suppræpositus, 1636 sede vacante unus ex administratoribus monasterii, exinde 31 augusti præpositus Gorrensis

renuntiatus 1638 per D^{om} Magnum Priorem et suos coad-
ministratores, 1640 præpositus Berclavensis. Tanquam
senior religiosorum sub Hispanicâ ditione agentium
habitus propræside : medio strepitûs bellici, præfuit
illorum capitululis donec superior aliquis institueretur ex
voluntate Hispanorum. Vir studiorum, pacis zelator,
virtutis pariter cultor. Requievit placidâ morte 10 junii
1648, annos natus 67.

WALERANDUS CANLERS, Atrebas. Ætatis 11. E prosapiâ
Antonii et Magdalenæ de la Fosse filiæ Guillelmi, per
septem menses Tyrocinium expertus absque prosperâ
valetudine, institutumque vires suas cum superaret, ad
domum patris recedit.

Eodem anno 2 octobris 1588, in locum dicti Antonii sufficitur

JOANNES SCURMANS, Duacenus. Ætatis 8. Pronepos
Abbatis Parentei, exortus 9 aprilis 1580. 1609 cantor, fit
Hasprensis 1613 dein Gorrensis, 1622 redux, apoplexiâ-
que impetitus mittitur ad Balnea Aquisgranaia, unde
retulit claudicationem. E succentore eleemosynarius
1624. Præmunitus sacramentis devolé susceptis, mortem
oppetiit 3 februarii 1632, annos natus 52. Peractis missarum exequiis die 5^a subsecutum est eloquium funeris
debitum.

1590, 14 julii. Excepti sunt quatuor alii candidati :

PHILIPPUS CLOCQUEMAN, seu CLOCMAN, Bruxellensis.
Ætatis 15. Stemma deducens nobile à Jacobo. Is Juvenis

non modicè eruditus, ætate et sapientiâ proficiens, universitatem Duacenam in philosophiâ et theologiâ excolit. Medio studiorum vota edit, 1592 24 martii, 1600 neomista, magister ordinis, tum sacellanus Abbatis. Ut erat acris ingenii, 1699 fit questor generalis multum solers. Verum ad alia munera minora transfertur per aliquot annos : 1609 receptor iterum fungens suas partes, à principibus Belgii, octobri eodem anno dicitur Abbas Gemblacensis in tractu Namurcensi, in festo apostolorum Simonis et Judæ : tum de consensu expresso Abbatis Caverellii faciliter obtento, Bruxellas venit, ibidem moratus, donec patentes litteras, seu ut vocant *placet* referret. Circà festum S. Andreæ, Gemblacum ingreditur, comitatus ab Abbate Uliderbacensi Lenmens præfato, et D. Joanne de la Motte Hibert, suppriore Vedastino, non omnino arridentibus Gemblacensibus, qui hanc nominationem attraxerant, ratione ad invicem discordantiæ in Abbatis electione : nilominus recipitur et Abbas installatur. Mansit autem inconfirmatus per biennium, tandem acceptis bullis à Clemente VIII, pontificiis Abbatialibus redimitus est 31 septembris 1612 per episcopum Namurcensem. Laudem ei, quâ nullâ meliorem, retribuit codex Gemblacensis. Quippe qui adeptus curam pastoris, nomen Abbatis factis et verbis implet. Oppidum et monasterium tantâ industriâ regere cœpit, ut omnes in sui admirationem adduceret et prærogativas sui cœnobii diplomatibus pontificum, Cæsarum et regum Hispaniæ confirmari obtinuit. Item ædes, tam in cœnobio quam in villis multas curavit.

Vir summi ingenii, eruditione et prudentiâ illustrissimus ; amabilis et cunctis gratus, intense devotus, disciplinæ que regularis observantissimus. Febris æstu impetitus è vivis excedit 11 octobris 1625, annos natus 50. Hæc addit schedula ejus obitûs ad Sanctum Vedastum transmissa : « Philippus S.S. Patris Benedicti, dignitatis et virtutis successor non degener, monasterium Gemblacense summo religionis fervore mirâ caritate, rarâque humilitate, ac ardentissimo animarum zelo cum per sexdecim annos rexisset, obit religionis honor, ac ferventissimus amator, exactissimus administrator, ejusdem que domûs restaurator amplissimus. »

Sylvester Barbau, Atrebas. Juvenis facie gratus, ingenuus, pietati addictissimus. Missus medio Tyrocinii anno 1596 ad studium Duacenum. Ibidem interiit 4 junii anni sequentis 1597, pro cujus animæ refrigerio, funeralia peracta sunt in monasterio, per quartum priorem, in ritu *absolve*.

Philippus Doresmieux. Atrebas, Ætatis 8. Utpote natus 20 aprilis 1582. Gorrensis 1606, fit 1610 magister juniorum, qui scolas frequentant Atrebati, 1613 vacat Berclavi ad strictiora exercitia, quo loco et in viciniis concionatus est pluries, et cathechisavit pueros. 1618 fit eleemosynarius. Longâ infirmitate consumptus præmaturâ morte stadium complet 29 octobris 1621, annos natus 39 1/2.

Joannes de Nisart, Atrebas. De parœciâ Sancti Gaugerici. Ætatis 7. Exortus 22 junii 1583, è stemmate Petri, ab adolescentiâ jugo Domini assuetus. 1593 mittitur Duacum ad studia. 1605 in Adventu sublevita promovetur ab episcopo Atrebatensi, et post biennium diaconus. 1607 22 septembris ordinatur sacerdos Ambiani, ab illustris-

simo Goffrido de la Martonie : primam decantat missam
14 octobris seq. 1609 jussus est præsidere in collationibus, seu disputationibus, et exercitiis casuum conscientiæ 1610 magister ordinis, 1612 tertius prior, 1613
martio jussus adhuc Berclavi residere ut inibi exercitia
spiritualia, Gorris introducta. pariter induceret ; 1614
renuntiatur supprior, præsidens disputationibus uti priùs.
1617 Duaci et Bruxellis agit negociator pro erectione collegii academici apud Catuacos, quam rem non segniter
promovit. Fuit etiam præses collegii veteris Sᵗⁱ Gregorii,
obitque munus œconomi ; sed posteà hoc onere alleviatus,
legit ibi scripturam. Legitur èx tunc vir boni et firmi
consilii, peritus rerum monasterii. 1624 sede priorali
vacante, postquam Caverellius Abbas in declaratione novi
prioris indagasset et scrutatus fuisset mentem cujuscun-
que religiosi, et quidem foranei per epistolas ubicumque
emissas : imò et cujusque junioris foràs studiis operam
dantis, renuntiatur in capitulo 2ᵃ julii major Prior. Vide
super his Regissum O folio 1° : Item epistolas Caverellio
responsivas. 1627 fuit promotor synodi congregationis.
1631 Haspris hæret per annum tanquam præpositus, ut spiritualia et temporalia in meliorem formam revocaret. Regressus laudabiliter domum Vedastinam, uti Prior major,
rexit iniquis temporibus, octo annis post obitum Caverellii. Primus insuper ex administratoribus per curiam
Bruxellensem designatus. Parochiam Sanctæ Crucis va-
cantem per obitum ipsemet rexit... 1641, 1642 æger cus-
toditur per biennium a duabus Grisœanis hospitalariis. Ad
manes tandem concedit 28 martii 1644, annos natus 62.
Jacens secùs sacellum sancti Joannis Baptistæ. In tabulâ
verò cænæ Domini, quam vivens struxerat, nunc appen-

sam juxtà fanum S. Sepulcri, seu S[ti] Petri, descripti sunt per additionem hi duo versus:

Plenus doctrinâ, plenus virtute, Deoque:
Fratribus ille Prior bisdenis præfuit annis.

1591, 1[a] maii. Annumerati sex novi Tyrones:

FRANCISCUS BOUCAULT, Atrebas. Ætatis 15. Trahens genus 22[a] januarii 1576 à Petro et Annâ le Comte 22 janvier 1577. Professus feriâ 4[a] hebdomadæ pænosæ 1594. Extitit is baccalaureus theologiæ, 1603 quartus prior, tertius prior 1604, sacellanus Abbatis 1606, 1609 questor generalis, 1610 cum ejus frater Germanus D. Joannes Boucault religiosus Marchenus ac professor collegii sui Duaceni, functus fuisset apud matrem in civitate episcopali, cadaver illius Vedastini recepêre ad fores sui templi, moxque ei sicut uni è gremio exequias peregere. Tumulatur autem posteà non longè à puteo Sancti Vedasti, 1616 13 novembris, Franciscus noster Prior major inauguratur et installatur ab Abbate, conventu præsente, his fere verbis: « Assignamus tibi hunc locum ut faciliùs per totum chorum inspicias; corrigas quæ corrigenda sunt, et ordines quæ ordinanda sunt. » Tunc circiter scripsit chronologiam sacram et profanam à Christo nato ad annum 1617, in sexdecim sectionibus, respondentibus totidem sæculis. Opus nunc tenue ob chronologias innumeras ab hinc elucidatas. Item edidit varias orationes: an Athæus possit esse politicus ? — An sit decens consuetudo deosculandi pedes summi pontificis ? — De modo quo factæ sunt Dei, angelorum, hominum visiones etc. quæ pleræque sunt deperditæ.

Vir præconisatur eximiis naturæ et gratiæ dotibus excellens : sobrietate, mansuetudine et comitate commendabilis : theologicis atque philosophicis scientiis apprimè instructus, nec non politici et economiæ peritissimus. 1621 jamdiù chroragrâ et podagrâ laborans, secedit Haspras ut experiretur si quid levamenti purior aer causaret, nec abs re. Hinc sanatus declaratur loci præpositus. Non paulò post expostulatur Abbas S. Sepulcri Cameracensis : primùm reluctans posteà defert obsequio illustrissimi archiepiscopi Cameracensis, domum suam aliquandiù regendo : ibi novus artifex studet censum alienum extinguere, movet que Caverellium præstò adesse. Re verâ Abbas Vedastinus in hanc partem trahebatur, nisi DDⁿⁱ de Nisart et Thieulaine Vedastini huncce epistolis concussisent, potius monasterio proprio nonnulla saltem addicere antequam moreretur. Consilio tali hâc vice Caverellium acquievisse legimus. Noster autem Franciscus, edito optimo administrationis specimine, et reductâ ex bonâ parte disciplinâ, recuperatisque cœnobii bonis; ut novos ac solitos sentit sibi alternari morbos, pedum pastorale eidem promissum abdicat : mundique pertæsus honores ultrò ad præfecturam Hasprensem recessit, in quà gravioribus curis solutus, aliquandiù meliùs convaluit et operam impendit in restauratione veterum ædificiorum et novorum constructione. Sub inde iterum cum variis conflictatus morbis, vivendi terminum complet, 1ª januarii 1627, ætatis suæ 52. Hujus memoriam epitaphium nobile recenset infixum, retro altare parochialis altaris.

EUSTACHIUS DE LA DIENNÉE, Paulopolinas. Ætatis 11. Missus Duacum pro studiis, ptisi laborat per sex hebdomadas, redux professus brevis stadii cursum adimplet, defunctus 2 octobris 1603, annos natus 23 ; jacet è regione vestiarii.

JOANNES LE CAMBIER, Atrebas. Ætatis 11. Nepos D. Joannis dicti folio 144, sumit ortum 1579 13 aprilis. 1602 recipit ordines Ambiani cum sociis. Berclavensis 1605, 1609; Gorrensis 1608, 1617; Hasprensis 1612, 1625. Revocatus ad monasterium de suo rogatu 1622 fit eleemosynarius, 1627 devenit thesaurarius Hasprensis. Ibidem vitales auras deserit 30 septembris 1647, annos natus 65.

PHILIPPUS WALLART, Atrebas. De parœciâ B. Magdalenes. Ætatis 11. Nepos Abbatis Caverellii, è stemmate Antonii et Mariæ Carpentier. Exortus 3 aprilis 1580, professus cum septem sociis, 12 decembris 1597. Neomista celebrat dominicâ 22 octobris 1606, sacratus ab Illustrissimo Atrebatensi. 1609 eidem sacellano Abbatis simul injungitur ut diligenter pergat in lectione theologicâ, et collationibus casuum conscientiæ. 1611 granetarius, 161... receptor generalis, amovetur ab avunculo Abbate 1621, ob tarditatem in computibus reddendis, 1624 paralysi detentus à multis diebus, dùm in infirmitorio decumberet ac celebraretur pro eo missa ad altare Sancti Vedasti, in ecclesiâ Sancti Petri, de repentè meritis Sancti patroni sanatur. Hæc inter alia miracula Sancti Vedasti scripta collegimus. Alia insuper similia facta contigere multis ad hæc tempora. 1627 Philippus dictus fit cantor, 1631 reddituarius, 1642 præpositus Gorrensis, sed ibi hæsit paucis diebus. Fratres autem fraternè dilexit et forti animo hujusce domûs jura protexit propugnavitve. In monasterio rebus humanis exemptus est 28 decembris 1645, annos natus 64

ROBERTUS DUBUS, Armentarius. Ætatis 8. 1594 mittitur ad universitatem Duacenam : tùm 1595 tempore vacantiarum patria minvisens ab instituto recedit soceri consilio.

ADRIANUS LAUTENS, Bruxellensis. Ætatis 7 1/2. Et stemmate Joannis. Ortus alibi 1581. Junior frequentat scolas Duacenses, ubi adeptus est lauream baccalaureatûs in theologiâ : inde redux recipit omnes 1610 ordines, ab episcopo Audomarensi. 1611 eidem neomistæ ad Pentecostem imponitur ut in absentiâ alterius, duas lectiones theologicas agat in hebdomadâ. 1612 petiit etiam Gorreas ad exercitia strictiora, 1618 rogatui episcopi Brugensis obsequens migrat ad Aldenburgense monasterium, maximè ad docendum et retinendum in fide catholicâ populum. Finitis induciis cum Republicâ Batavorum, revocatus fit quartus prior 1621, 1622 tertius prior. Vir pollens egregiis virtutibus petiit diù et tandem obtinuit ab Abbate Valencenas proficisci 23 novembris 1623, ubi expertus est novitiatum R. P. Cartusianorum. Stadio anni evoluto, nova edit vota, Abbate Caverellio, aliisque Vedastinis præsentibus, habuit que concionem infra missarum solemnia, Dus Joannes de Nizart, Prior major Sancti Vedasti qui posteà fuit. Adrianus posteà vinculum amiciti e non solvit cum antiquis confratribus, imò familiaris amicus Caverellio, omnia molitus est per amplas epistolas, ut is erigeret domum cartusianam apud Duacum, aut saltem dotaret.... Pater vicarius diem ultimatum claudit... 1641. Betuniis, in refugio Sanctimonialium Gosnaiensium, annos natus 58.

1592, 24 junii. Ingreditur, professus 26 augusti 1602 cum quatuor sociis

JOANNES MAXIMILIANUS D'ENGHIEN, Bruxellensis. E stirpe nobili Guillelmi consiliarii supremi, ac secretarii regii in curiâ Bruxellensi, et Mariæ de Sacquespée, dominæ de Merlimont, Dixmude, Watou etc. natus Tornaci 6 septembris 1583, dum curia ibidem hæreret. Alibi dicitur natus ex legitimâ matre Isabella de Blasère nobili. Junior floruit in Academiâ Duacensi. 1609 Hasprensis perlegit theologiam cum Roberto de Briois, 1613 redux ad monasterium, extitit præfectus juniorum, qui novas P. Jesuistarum scolas frequentant, habuitque bis in hebdomadâ lectiones theologicas et disputationes casuum conscientiæ, 1614 collegio S. Gregorii fere perfecto, Maximilianus dictus repetens Duacum, primus præses veteris collegii, perlegit theologiam, vacatque loci œconomiæ 1615 adipiscitur licentiati gradum in theologiâ. 21 martii 1616 à principibus Austriacis denominatus Abbas S. Petri Aldenburgensis. Kalendis maii benedicitur ab episcopo Brugensi. 1618 suo rogatu, et episcopi dicti, obtinuit duos Vedastinos qui per aliquot annos eidem adfuerunt verbi domini præcones. Ex Sandero : novus Abbas, vir solerti ingenio, ac doctrinâ insignis. In hoc intendit ut bona interna ac externa cœnobii resarcirentur, ita ejus sollicitudine, et prudenti consilio monasterium illud reflorere cæpit et posteà servatum est, licet mediis belli cladibus immersum. Diuturnum porro fuit regimen nostri d'Enghien qui nomine cleri interfuit comitiis Flandriæ deputatus 1641. Senio confectus transit ad alteram vitam 20 augusti 1662, præsulatûs annorum 47. ætatis 79. Jacet ante majus altare sub honorabili marmore superposito.

Eodem anno 14 julii 1592, adlectus

Jacobus Tovars, Nervius. Ætatis 15. Is recessit candidatus.

1593, 28 novembris, conscribitur

Joannes le Censier, Atrebas. Ætatis 12. Prosapiam deducens 12 februarii 1581. Neomista celebrat 16 octobris 1605, Berclavensis 1606, 1615, degit in monasterio 1612, Gorrensis 1609 et 1613 ad spiritualia exercitia, 1623 eleemosynarius, 1629 vinitarius. Cujus effigies· depicta cernitur in tabellâ jacente super altariolum oratorii noviliorum. Postridie Abbatis Caverellii obitùs, secutus est alterâ vitâ donandus 2 decembris 1636, annos natus 55. Resurrectionem expectans juxtà sacellum Sancti Spiritùs.

1594, 14 augusti. Annumeratur

Philippus de Saint-Amand, Atrebas et alibi Duacenus. Ætatis 11. Nepos Dⁿⁱ Philippi Delâttre supradicti. Deducit genus 4 martii 1583, è stemmate Philippi et Michaelinæ Delâttre.

1609 jam baccalaureus in theologiâ, revocatur è seminario regio Duaceno. Eodem anno fit levita ab episcopo

Audomareno, tùm repetens Audomaropolim ab eodem episcopo promovetur presbyter, primitiasque celebravit in octavâ Paschatis. Mox ei mandatur supplere pro lectione theologicâ. 1612 quartus prior, 1613 tertius prior, dein sacellanus Abbatis et 1617 granatarius, 1621 questor generalis, 1624 Præpositus major vigilantissimus et ità Abbati acceptissimus ut posteà coadjutor designari ab eodem Caverellio desideratus fuerit. Sede vacante 1637, cùm inter administratores quatuor monasterii, à Curiâ denominatos non annumeraretur, religiosi per libellum supplicem efficere ut is idem superadderetur. Vir animo forti donatus, dura belli fata sustinuit. Multa etim 1644 digessit contrà magistratum Atrebatensem, medio armorum strepitu, jura Sancti Vedasti acriter impugnantem : detexit prætereà in codicibus antiquis monasterii multa utilia quæ papyro mandavit. sed egenæ et volaticæ. Et inde partim hæc deperdita sunt, et quod residuum remanet oculo impervium.

Grandævus placidâ quiescit morte 1ᵃ martii 1665, Præpositus magnus per quadraginta et unum annos : usus bonâ senectute. Moritur ætatis anno 82, religionis 71. Tumulatus ante ostium sacelli Sancti Jacobi, cum superposito marmore, his specialiter verbis : « Cujus ætas, longævo non mundo lusit, æternitati prolusit. Vita quandò fuit, recto talo stetit, productâ virtute auxit, dies addicti cumulârunt. recedentes mercedem attulerunt. »

1595, 29 augusti. Vestitus est

Franciscus Lombart, Atrebas. Ætatis 15. E propagine Joannis et Margaritæ le Maire. Ephebus antea Sarraceno

Abbati, et aliunde musices et instrumentorum peritus. Legitur fuisse staturâ minoratus, simul juvenis bonæ indolis, et studio intentus. Peste seu morbo dicto Quaquesang vitam abbreviat anno sequente 26 octobris 1596, annos natus 16. Jacet juxtà sacristiam.

1596, 28 aprilis. Habitum recepère quatuor hoc ordine :

JOANNES DE MONCHEAUX. Ætatis 13: E genere.... et Isabellæ Couronnel, in castro de le Vincourt apud Montem in Pabulâ residentis, natus 3 septembris 1583. Duaci adipiscitur lauream baccalaureatùs in theologiâ, recipit deinde ordines ab episcopo Audomarensi. Neomista 1610, Gorrensis 1610, fuit 1° magister ordinis 1611. Dein Berclavensis ad spiritualia exercitia, sacellanus Abbatis 1615, 1621 granatarius, 1627 præpositus aquarum. Vitam cum morte commutat 19 januarii 1632, annos natus 49. Terræ humatus, secùs capellam Sancti Spiritùs. Vir vitæ commendabilis.

ANTONIUS LE MERCHIER, Atrebas. Ætatis 10. Trahit stemma (1ª augusti 1586). à Joanne Toparchâ de Boiry, consiliario Artesiæ et Mariâ le Prevost. Perfectis in universitate Duacenâ studiis baccalaureus in theologiâ et redux ad monasterium recipit omnes ordines ab episcopo Audomareno. Sacerdos consecratus celebrat primitias post trinitatem 1611. Post aliquot menses fit Hasprensis, perlecturus theologiam bis in hebdomadâ. Petiit etiam 1612 Berclavum inde redux 1613, 1615 eidem demandatur præfectura puerorum et novitiorum. 1619 mittitur Duacum præsidere collegio, cum D° Joanne de Nizart. Deinde regentia cum œconomiâ fuit ei totaliter commissa. Hæc autem intelliguntur de novo collegio, ubi pro primo regente recensetur.

1624 revocatus fit supprior, 1627 mense junio, ei injunctum est regimen temporale Berclavensis præposituræ, cujus loci paulò post declaratur præpositus, 1632 præpositus Hasprensis : fidelis dispensator nonnulla ibi restauravit ædificia ; ac initium dedit sacello Nostræ Dominæ in Bosco..... De mortuo Caverellio, in electione novi Abbatis 1637, coram delegatis Hispaniæ regis, ipse primus pluralitate suffragiorum eminenter expetitus Abbas. Non diù tamen dies ultrà produxit, defunctus 16 augusti 1639, annos natus 53. Memoria ejus hoc marmore decorato cernitur :

Pius, benignus, nescius doli, fratrum amator, intùs et foris Dei cultor, injuriarum non memor, suos cunctos juvare studio memor : bonis carus, Abbatialis infulæ natus vixit : vixit haud satis, citæ mortis immeritus, et vitæ diutinæ dignus.

REGINALDUS CUVERON, Atrebas. Ætatis 12 : natus 6 octobris 1588. Dum 1604 studeret Duaci : exautoratus fit posteà presbyter, et parochus... defunctus præmaturâ morte.

JOANNES BAPTISTA LE MAIRE, Atrebas. Ætatis 8. Ortus septembri 1588 è propagine Roberti Toparchæ de Precourt, et Baillivi Hasprensis. 1610 absolutâ philosophiâ in collegio Aquicinctino Duaci demigrat ad seminarium regium, theologiæ operam daturus. 1611 ad Pentecosten fit subdiaconus Audomari. Eodem anno 4 octobris promovetur levita per D. Guidonem Bentivolium, Nuntium apostolicum, in sacello Abbatiali Sancti

Martini. Decembri 1612 sacerdos per episcopum Atrebatensem, 1613 Beuvrariensis, 1616 Hasprensis. Haspris laborans hydropysi, delatusque Valencenas, in refugio Hasprensi, præmunitus sacramentis animam exhalat in complexu aliquot confratrum 5 julii 1621, annos natus 33. Justa deinde peracta sunt ei, Haspras relato cadavere.

Eodem anno 1596, 19 maii, conscripti sunt inter candidatos :

Carolus Moreau. In studiis, et cantu valdè proficiens, ab universo conventu prædiléctus : morbo pestis ut impetitur. deportatus est in unam cameram separatam, in horto priorum. Is autem hortus tangebat ab aquilone prati puteum, et a meridie murum, cui nunc insidet chorus Sanctæ Mariæ in Castro. Ibi porrò Carolus dictus morti paret 11 octobris 1597, humatus in cœmeterio Sancti Petri. Custos ejus posteà coactus est degere per sex hebdomadas ad paludes Sancti Michaelis, ubi erant ad paratæ ædes, ad hauriendum aerem novum : et illæ erant sitæ inter veterem Sanctum Michaelem, et munimentum vulgo *Ungula equina*.

Joannes Castelain. Ætatis 13. Natus 15 mai 1583. Diaconus 1607, tum presbyter, 1609 Hasprensis, 1614 ibidem prior declaratur, post aliquot dierum febris æstum morte corripitur, 22 octobris anno 1620.

Eodem anno 1596, 7 julii adjectus est

Henricus Delhoüé, è stemmate Henrici.

1597, 1ᵃ januarii, solus ingreditur, ætatis 12,

Joannes Deslaviers. De parœciâ Sancti Nicolai in civitate Atrebatensi, filius Nicolai Aurifabri et Magdalenes Prevost, natus 10 augusti 1585. Junior excoluit scolas Duacenses : 1610 Beuvrariensis, 1613 redux ad monasterium mandatur 1616 auspicari præsidentiam et œconomiam collegii Sancti Gregorii. In œconomiâ paulò minus expertus : 1618 datur præposito Angicurtensi in socium, ut vacaret insuper concionibus et instructioni puerorum populique : accedente nimirùm gratiâ episcopi Belvacensis..... 1619 16 augusti cum sacrum de more fecisset, sicut ipsâ die assumptionis confessionem generalem et ter populum variis in locis concionatus fuisset, et tandem visitasset aliquot ægrotos, in pago de Rieu qui vicinus est Angilcurio. accessit sub vesperam ad fluvium Apona, ubi submersus est, et relatus Angilcurium de nocte. Altero die conditus est in medio templi parochiæ, Pastoribus vicinis, et rusticis quibus erat gratissimus, undequâque ad exequias confluentibus.

Eodem anno subsecutus est 10 maii

Joannes du Bosquet.

Eodem anno 17 augusti ingreditur

Maximilianus Thieulaine, Atrebas. Ætatis 12. E stemmate Petri scutiferi Scabini Dⁿⁱ de la Lacque, exortus augusti 1585, et Mariæ Widebien. In collegio

Aquicintino studet theologiæ per quadriennium. Receptis minoribus ordinibus ab Abbate, 1610 redux è scolis fit subdiaconus, 1611 levita ab episcopo Audomareno. Eodem anno 4 octobri initiatur presbyter apud Sanctum Vedastum per Nuntium apostolicum præfatum extra tempora. 1612 demigrat cupiens Gorreas ad exercitia. Anno sequente regressus fit magister studiosorum, qui scolas Atrebatenses novas frequentabant. Jussus insuper habere lectiones theologicas et præsidere disputationibus casuum conscientiæ. 1616 quartus prior, 1621 sacellanus Abbatis, 1627 granetarius. Quo anno habuit commercium litterale pro chronologiâ necdum plane elucidatâ cum Georgio Colvenerio professore Collegii regii Duacensis, et Miræo Duaci alumno. Junior ediderat manipulum exemplorum priùs ab auctore Joanne du Fay scriptum, quod opus indicatis ex fide singulorum commentis illustravit, Duaci exaratum in 4°. Toto præterea longissimi stadii decursu sectator extitit laboris : imo membranæ ejusdem remanent nonnullæ obscuri caracteris, de rebus monasterii, quas è cartulariis majoribus excerpserat. 1631 voti compos, mense septembri constituitur primus regens collegii Duaceni : vir firmi, rectique consilii, partes sibi injunctas laudabiliter implet, scolas ritè informat, collegiumque præ Caverellii mente apprimè regit. 1642 cladibus publicis Duacenses, sicut et cæteros belgas perstringentibus, socios confratres allevians, secedit urbem Gerardimontensem. Ibi agebat 1646 consultissimus vir, nec otiosus. Quippe qui exercitiis spiritualibus intentior et liber sui, miscebat cum litteratis Belgii commercia. Tandem pace factâ 1660 inter principes rediit Duacum, uti senior regens, devixitque venerandus senior, 6 decembris 1667, annos natus 83. De monasterio et collegio Vedastino Duacensi bene meritus.

1599 7, martii, de mane in sacello priorali Sancti Joannis Baptistæ sede vacante, vestiti sunt à D. M° priore quatuor candidati qui omnes professionem egere 26 augusti 1602 coràm Caverellio Abbate, revocati à studiis Duacenis.

JULIANUS DEMONCHEAUX, ex Bomy in Artesiâ. E stemmate Joannis Toparchæ de Neuville au Cornet et Barbaræ le Petit. 1610 Beuvrariensis, Hasprensis 1615, deinde hæsit socius in Manilio ut officium receptoris forensis exerceret, 1623 præpositus Maniliensis declaratur. Ibidem obit subitaneo mortis aculeo impetitus 26 septembris 1631. Vir religiosæ conversationis, vitæ immaculatæ et honore habitus apud vicinos nobiles, cæterosque incolas.

VINCENTIUS DU CLERCQ, Audomarenus. De parœciâ Sancti Sepulcri. Ætatis 20. Ortus 7 martii 1579 è prosapiâ Jacobi Dⁿⁱ de Hassenghiem et Franciscæ Dubur. Beuvrariensis 1609, Hasprensis 1610, 1613. 1612 adit Berclavum ad exercitia strictiora, 1616 eleemosynarius, 1618 hærens aliquandiù in Manilio egit receptorem censuum istius regionis. 1625 è monasterio mittitur Haspras ubi defungitur partes thesaurarii. Inde redux fuit iterum eleemosynarius 1629. quo officio tandem liberatus ob frequentes infirmitates, cum plures annos exegisset in audiendis confratrum confessionibus, sacramentis cum debitâ devotione susceptis, piâ et placidâ morte quiescit, 1ᵃ aprilis 1637, annos natus 58.

ROBERTUS MONCARRÉ, Ariensis. 1606 Hasprensis. Præficitur operibus collegii Sancti Gregorii Duaceni : eidem demandatâ 1612 curâ providendi et alendi religiosos Sancti Vedasti qui ad ædes novas Sancti Albini de die in diem demigrabant. 1614 redux fit sacrista, reffectuarius 1623, thesaurarius 1632. Vivens construi fecit tabellam pictam D⁰ Virginis cum puero Jesu et Joseph, appensam in dormitorio desuper gradus à parte thesaurariæ, in quâ ejus effigies et altera Guillelmi Gazet parochi Sanctæ Magdalenes cernuntur. Abdicato autem omni officio ante mortem, obdormit in Domino 28 januarii 1638.

Religiosus....

Jacobus Gallois, Duacenus. Ætatis 19. Neomista sacrum agit dominicâ 3ᵃ julii 1605, 1611 succentor, 1613 simul sacellanus domini prioris, 1623 cantor, 1626 præpositus Angicurtensis, hunc locum ob bella, 1635 deserere cogitur, 1636 vices gerens præpositus Sancti Michaelis, sed posteà sede vacante declaratus est præpositus Michaelista. Hydropisi correptus, vitam amittit 27 novembris 1645, annos natus 65. Tumulatus in sacello SS. Angelorum, donatur posteà marmore à domino de Bonmarchiet facto Priore majore.

1600, 13 martii, pariter induêre habitum religionis quinque :

Petrus Doresmieux, Atrebas. De parœciâ Sancti Gaugerici. Ætatis 19. Nepos D. Alfonsi suprà folio 152, è stemmate Godefridi, et Annæ Buisine, natus 8 julii 1580, 1608 fit presbyter ab illustrissimo Atrebatensi. 1609 Berclavensis, Gorrensis 1612 ad strictiorem observantiam, 1613 interpolatim socius Saliensis : ubi multùm profuit populo in concionibus, lectione cathechismi, et confessionibus excipiendis. 1616 fit magister puerorum qui conveniebant ad scolas Societatis Jesu, 1626 prior Hasprensis, tertius prior 1627, vinitarius 1632 ; 1632 supprior, 1638 suppræpositus et unus ex administratoribus, sede Abbatiali vacante. Vivens apposuit in ecclesiâ juxtà carceres publicos monasterii, tabellam Assumptionis B. Mariæ Virginis, in quâ post ejus obitum delineati sunt hi versus :

> Ille suam totusque pius, totusque modestus
> Dum studet in melius semper componere vitam,
> Atque Dei ad laudes vacat, omni sedulus horà
> Confratres amat simùl et redamatur ab illis.
> Tandem obiit, merito plenus, cæloque paratus.

Diem claudit supremum 14 martii 1649, annos natus 69.

PETRUS DERVILLERS, Atrebas. De parœciâ Sancti Joannis. Ætatis 15. Originem trahens 10 septembris 1585 è familiâ Petri majoris Atrebatensis, et Barbaræ Marconville. 27 martii 1610 initiatus presbyteratu ab episcopo Audomareno, primò sacrum libat 2 maii, 1611 injungitur juvare præfectum operum, 1613 fuit receptor forensis villarum Falecq, Neuville, Thelu ; 1632 hospitarius. Migrat de hoc sæculo 5ª januarii 1653, annos natus 67.

MAXIMILIANUS DU CARIEULX, Atrebas. Alteri militiæ armorum posteà nomen dedit.

FRANCISCUS DE LE RAL. Recedens ab instituto, ingressus est posteà apud R. Patres capucinos Belgii.

FRANCISCUS DE LA MOTTE, Atrebas. Oriundus 7 januarii 1586 è propagine..... et du Chastel Blangerval. 1610 insignitus diaconatu 27 maii ab antistite Audomarensi ab eodem fit presbyter mense decembri. 1611 Gorrensis religiosus. Unde redux ad monasterium 1612. 1623 succentor, 1626 cantor. Hoc munere diù non fruitur: de hâc luce subtractus 27 februarii 1627.

1601, 13 junii, admissi sunt quinque candidati :

PETRUS POULMANS, Bruxellensis. Ætatis 20. Nepos D. Godefridi Lenmens, oriundus novembri 1581. 1610 studens Duaci in collegio Aquicintino, demigrat apud Estium in seminarium theologorum. 1611 recipit subdiaconatum à Nuntio apostolico cum sociis: dum is pertransiens Atrebatum inviseret Caverellium Abbatem, cæteris ordinibus ab episcopo Afrebatensi susceptis, Deo litat decembri 1612. Fit Berclavensis 1613, per annum ad strictiorem observantiam. Tandem 1621 vigiliâ S. Sacramenti, jamdiù initum consilium executioni mandavit, ingrediens apud R. P. Capucinos Duacenses de facultate sui Abbatis, benignè annuentis. Cujus benevolentiâ et gratiâ, insuper datæ sunt eleemosynæ et vestes novo Tyroni. Anno evoluto Petrus dictus edit nova vota sub nomine fratris Benedicti de Sancto Vedasto, zelator servare amicitiæ nexum cum Vedastinis et Abbate Caverellio, ad quem 1623 rescripsit è conventu de Soignies. Vivere desiit Valencenis 1638, ætatis anno 59.

NICOLAUS DE LEAUE. Junior mittitur ad studia Duacena, cum duobus sequentibus. Et hi tres sunt revocati septembri 1608, incæperunt annum probationis 14 septembri. Quo ferè evoluto 12 septembri subsignavère manu propriâ schedulam, cuique distinctam, quâ se obligarent ad exo.onem litteralem regulæ seu strictioris observantiæ, quoties hoc ab iisdem requireretur, ut videre est alibi in nostris commentariolis. Tum peractis spiritualibus exercitiis edunt vota post biduum 14 septembris 1609.

Posteà noster Nicolaus resumpsit theologiam in seminario regio. 1611 4 octobris in monasterio fit subdiaconus à Nuntio apostolico. 1612 fit Michaelista, tum Hasprensis, septembri initiatur levita ab archiepiscopo Cameracensi, in oppido Sancti Ghisleni. Dum interim eodem momento sex alii Vedastini reciperent majores ordines ab episcopo Atrebatensi. 1613 Hasprensis legit ibidem theologiam bis in hebdomadâ. Post aliquot annos Berclavensis. Ast oculis laborans, 1623 modo hic, modo Manilii degit. Demùm in monasterio vitam claudit post mediam noctem 29 januarii 1629. Eodem die post vigilias sepultus.

PHILIPPUS LE VAILLANT, Duacenus. Ælatis 14. Trahens genus 25 julii 1587. Post professionem rursùs studet Duacenæ theologiæ in seminario regio, recipit omnes ordines ab episcopo Atrebatensi, neomistaque sacrum primum egit dominicâ 13 octobri 1613, bis Beuvrariensis 1613... in monasterio degit 1616, Berclavensis 1618, Gorrensis dein 1620, 1627; 1628 redux ad monasterium posteà renuntiatus est reffectuarius. Vitam cum morte commutat 20 julii 1638. annos ratus 51.

VENANTIUS DUHOT, Insulanus. E stemmate Venantii... Professus repetiit cum sociis easdem scolas; initiatusque ordinibus cunctis majoribus cum D. Philippo le Vaillant agit primitias 20 octobri 1613, 1623 dicitur sacrista.

Bibliothecarius primus 1622, 1634 ordinat novam bibliothecam, 1633 simul tertius prior. Ptisi gravatus fit exsanguis 10 junii 1634. Sub tumulo jacens è regione thesaurariæ.

MARTINUS DOULCET, Insulanus. Ætatis 14. Oriundus
2 februarii 1587, è prosapiâ... et Catarinæ Denis. Nepos
D. Petro Denis suprà folio 171. Absoluto philosophiæ cursu
in Academiâ Duacensi, revocatus mense augusto 1609,
admittitur ad annum probationis cum sociis.... Qui præ-
viâ schedulâ professionem egere omnes notati L 14 septembris 1610. Subinde regreditur ad theologiam Estii,
in seminario regio. 1612 è primis migrat ad novas ædes
Sancti Vedasti, propè Sanctum Albinum. 1614 receptis
ab Abbate tonsurâ et minoribus initiatusque majoribus
ab illustrissimo Atrebatensi, fit neomista septembri 1615,
1616 Beuvrariensis, 1618 juvat per aliquot annos Abbatem
Aldenburgensem in disciplinæ regularis restauratione, et
populi instructione, Gorrensis inde factus, docet theologiam in monasterio Sancti Vedasti, 1623 reffectuarius,
posteà tertius prior, 1627 regens novi collegii Duacenatis,
unà theologiæ professor, 1632 declaratur præpositus
Berclavensis ad quem locum profecta ejus mater Catarina
Denis, causâ vitandæ contagionis, quæ Insulanos urgebat, moritur 9 martii 1636, annis 87 gravata, et sepulta in
sacello S. Martini. 1640 demùm Martinus renuntiatus est
præpositus Hasprensis Ibique corporis sarcinam deponit
1641, annos natus 54. Religiosus vitæ immaculatæ et sani
consilii.

1603, 13 aprilis. Ingressi quinque Tyrocinium experturi, qui omnes 1607 et 1608 studuêre Duaci, in philosophiâ Aquincitinâ. Plerique 17 septembri 1610 propositi ad receptionem. Nemine reclamante eodem mane professi facti sunt.

JOANNES HANNEDOUCHE, Duacenus. Ætatis 17. Exortus 9 augusti 1586. E stirpe Sebastiani equitis, Toparchæ de Hunctun, Fay et Bondu, et officiarii locum tenentis vulgo gubernantiæ Duacenæ et Michaelissæ d'Hauteclocque : è quâ etiam prodiit... sanctimonialis Strumensis. 1610 absolutâ philosophiâ decurrit annum probationis præviâque promissione de quâ superius edit vota 14 septembris 1611 cum socio sequente, 1612 receptis minoribus et tonsurâ ab Abbate Sancti Vedasti, initiatur ordinibus majoribus. septembri 1615 fit sacerdos, 1616 Gorrensis. Diutino autem Strummarum morbo impetitus sub finem septembris 1619 demigrat de licentiâ superiorum ad domum paternam ut experiretur si natalitius aer aliquid conferret sanitatis : verùm malo omnem medicinam respuente, piè et sanctè legem naturæ subit 15 decembris 1619, annis 35 transactis, conditus posteà in templo collegiatæ Sancti Petri Duacensis.

JOANNES DESCOULEURS, Atrebas. Ætatis 16. Oriundus 19 januarii 1587. Ejusdem fuit conditionis, ac socius præfatus, comes studiorum votorum ac ordinum : nisi quod insignitus fuerit sacerdotio ab illustrissimo Atrebatensi, septembri 1614; 1614 Berclavensis, dein Gorrensis. Tandem Beuvrariensis, quo loco sacramentis munitus, stadium religiosæ vitæ consummat 20 decembris 1625, annos natus 39.

Joannes Carbonnier, Atrebas. Ætatis 17. Stemma ducens 1ª maii 1586 à Roberto majore hereditario de Monchel et à Magdalenâ Bourgeois. 1609 absolutâ philosophiâ ingreditur annum probationis, cujus in fine, præsignatâ schedulâ, edit vota, 14 septembri 1610. Paulò post remeat ad lectiones Estii, 1614 receptis minoribus à suo Abbate, migravit ad exercitia Berclavensia, 1615 septembri decoratus sacerdotio, fit Berclavensis, 1618 renuntiatur subregens in collegio novo Sancti Vedasti Duacensis, 1623 magister puerorum seu ordinis, quartus prior 1627, 1631 tertius prior, 1636 thesaurarius; dein cellerarius, 1634 vinitor.

Dum viveret confici curat tabellam grandem septem dolorum beatæ Mariæ Virginis, retrò sacellum de Bongio : cui additum est posteà benefactoris encomium. Ad manes demùm concedit 24 maii 1641, annos natus 51. Religiosus meritis cumulatus. Cujus superstitis pietas, modestia et religio, nescit tumulo claudi.

Joannes de Berghes, ex Bouberc. E stemmate Federici et Annæ Stercq, dominæ de Busquoy. Frequentant scolas Aquicintinas, monitoque Patri redditur, anno 1606.

Julianus Patinier, Atrebas. Ætatis 15. Ortus 9 decembri 1588 è prosapiâ Jacobi. Secutus est in omnibus sortem D. Martini Doulcet supradicti socius, scolarum, et ordinationum et votorum. 1616 Beuvrariensis ; paulò post magister ordinis, 1623 quartus prior. Eodem anno professor sacræ scripturæ in collegio Duaceno, 1624 regens et œconomus, 1627 lubens hâc provinciâ exoneratus, rediit ad monasterium, 1629 præpositus Maniliensis, 1633 præpositus Saliensis, à quo onere, 1645 petiit ab

Abbate sæpius liberari, tandem obtinuit 1646 successorem. Deinceps egit Saillaci, tanquam senior præpositus. Vitamque absolvit Duaci in nostro collegio : quo loci ab aliquot diebus sese receperat, 14 martii 1656, annos natus 78. Religiosus....

1604, 3 octobris admittuntur ad Tyrocinium

GUISLENUS DE MONCHEAUX, Atrebas. Ætatis 16. Nepos D. Jeronymi suprà, folio 140. Ortus 17 martii 1588, è propagine Egidii Toparchæ de Fomiler. Fuit pariter socius D° Martino Doulcet, et ejusdem conditionis L pro scolis et votis. 1613 è Duaco petiit Betuniam, ut ageret cum patruo Monecio D° de Froideval et edisceret ab eo singulares observationes in scripturam, 1615 presbyter initiatus, Gorrensis 1616, dein Berclavensis, calamitoso et quasi hereditario morbo impetitus, similis factus D°.... supradicto.

Sub patrocinio SS. Hasprensium et Carmelitarum de Brugelettes in Hannoniâ positus est. Dies produxit ad annum 1641, 26 martii defunctus in monasterio Sancti Vedasti.

1606, 5ᵃ martii. Religionis vestes sumpsère, quinque sequentes : omnes missi 1608 Duacum pro studiis humanioribus et post annum probationis, non requisitâ, uti prius, schedulâ, professi 14 septembris 1613.

JOANNES BUIRETTE, Valentianus. Ætatis 15. Oriundus 7ᵃ novembris 1591.

1611, tempore vacantiarum, necdùm professus, permittitur invisere parentes, et incipere philosophiam in collegio Marchenensi, sub professoribus Anglis, sed rogatu Jesuistarum Patrum, mutatâque sententiâ, migravit ad Aquicintinum.

1612, medio philosophiæ, redux agit Atrebati, pro anno probationis : quod decurrens cum sociis, hæsit per aliquot menses Gorris, ad strictiora.... Junior professus scolas theologicas Duaci iterùm frequentat. 1615 septembri reversus recipit minores ab Abbate. Initiatus posteà majoribus ab episcopo Atrebatensi. Neomista 1617 fit Gorrensis, 1626 magister ordinis, 1627 subregens collegii Duaceni. Anno sequente, cupiens ad monasterium regressus curam sumit novæ bibliothecæ, quam cum Dº Venantio Duhot, unus è præcipuis, in ordinem composuit, annis 1631-1638; 1629 bibliothecarius, simul 1631 quartus prior, tertius prior 1634, 1637 vinitor, 1639 reffectuarius. Egit etiam reddituarium, 1640 cellerarius. In ecclesiâ Sancti Vedasti ad xii columnas pronai appendi curavit decem prægrandes statuas SS. Patriarcharum ordinis religiosi, ex lapide confectas, 1646 renuntiatus est præpositus Saliensis.... E vivis decessit 8ª januarii 1652, annos natus 61.

JACOBUS CAVEREL Ariensis. Ætatis 15. Originem sumit 7ª novembris 1591, è stemmate Stephani.

Post vota 1613, recepto ab Abbate ordine clericatùs, infrà missarum solemnia, in templo Sancti Vedasti, revertitur Duacum pro rhetorice. 1616 è theologiâ revocatus, sacerdotio decoratur 1618; 1618 Hasprensis, dein Beuvariensis, 1623 subregens collegii Duaceni, 1627 eidem reduci ad monasterium demandatur cura arborum plantandarum et excidendar::n, 1632 sacellanus Abbatis, 1634 granatarius 1641, 1652 suppræpositus. Vivens tabellam sibi strui fecit de Sancto Jeronymo, nunc appensam, desuper ostium minus capellæ Sancti Antonii. Vitam diutinam in officio suppræpositi terminat 21ᵃ februarii 1675, annos natus 84.

ROBERTUS CITEY, Atrebas. Ætatis 15. Ortus 7ᵃ novembris 1591, è propagine Maximiliani scutiferi et Isabellæ Catarinæ de Bonmarchiet, filiæ Guidonis dynastæ d'Acheville et Catarinæ Dubosquel, dictus Maximilianus filius Gabrielis et dynastæ de Moufflers. Auditâ solùm syntaxi edit vota, socius scolarum, ordinationum, etc. cum præfato Caverel.

Neomista 1618 fit Hasprensis, dein Beuvariensis, 1623 subregens collegii Duaceni : magister ordinis 1627. 1630, 1635 tertius prior, cantor simul 1631, thesaurarius 1638. 1640, post redditionem urbis, mense augusto, præpositus Maniliensis, sede vacante.

Secessus in monasterium Aroiaensense, ibidem fato fungitur 2ᵃ januarii 1647, annos natus 51.

ANTONIUS LE VASSEUR, Betunæus. Ætatis 12, ut potè oriundus 13ᵃ junii 1594, ex Hercule.

Ab anno 1608 vacans humanioribus litteris in universitate Duacenâ, in quibus multum proficiebat, æger è studiis revocatur, et obdormit in Domino kalendis novembris, annos agens 17, adolescens amabilis et magnæ expectationis. Decantatis vigiliis in modum Rogamus, tumulatus est in ecclesiâ Sancti Vedasti, è regione Sancti Petri. Tùm, altero die, sacrum funebre peractum est à

D^{no} suppriore, eò quod dictus Antonius necdùm esset professus.

FRANCISCUS DE LAMÒTTE, Nervius. Ætatis 12. Genus trahens 1594 è stirpe nobili Joannis et Joannæ de le Cambe seu *Gantois* : filiæ Nicolai dynastæ de Templeuve. 1613 professus repetiit etiam Duacum pro rhetoricâ, 1617 receptis minoribus ordinibus ab Abbate, fit sacerdos 21 septembris 1619. Posteà absolvit theologiam. Inde Hasprensis, ut ibidem perlegeret lectiones sacras, 1622 magister ordinis, 1623 quartus prior, 1627 sacellanus Abbatis, 1631 granatarius. His diebus, cum D. Antonius de Boullemaire de quo.... Prior litigiosus S. Martini de Pas in Artesiâ posteà factus prior 1623 de Ancre, suâ parte resignasset suum beneficium de Pas D° Jacobo Ozan monacho Sancti Dionysii de Nongentoretroso : Domnus Franciscus de la Mòtte alter resignatarius D. Eustachii de Moronval nostri religiosi, rem cò adduxit ut illi duo extranei jus suum ei cederent, mediante pensione. Inde SS. Pontifex pacificationem hanc confirmat decembri 1631 : decernit autem, attento quod in monasterio Sancti Vedasti servetur, et vigeat observantia arctior regularis, ut provisus non teneatur ad hunc prioratum transferri, sed in dicto monasterio sub superiorum obedientiâ remaneat, stallum in choro ac locum et vocem in capitulo, uti prius, retineat.

1632 novus prior de Passu abit ad suum beneficium de consensu Abbatis. Et quia frequenter ad Sanctum Vedastum regrederetur, religiosi cum D. Magno Priore subodorantes quid turbamenti ob id posse contingere, conquesti sunt ad suum Abbatem per libellum supplicem

multoties reiteratum, quod illæ bullæ subrepticiæ essent
qualitatis et inscio conventu expeditæ, quod Franciscus
ille debuisset priùs per instrumentum pani monasterii
renuntiasse : minime vero illi competat jus vocis in
capitulo.

Paulò post in receptione candidatorum capitulari, quâ
prior ille foraneus affectabat convenire, denuò reiterantur
religiosorum prostestationes. Caverellius interim fluc-
tuans angebatur, quo se verteret. Motus autem forti
commendatione consanguineorum Francisci, pronuntiat
hanc gratiam illi concessam quasi de gremio, prejudicium
non illaturam. Sic ille mansit, rediens sæpe ad monasterium in ordine officiariorum Prioris.

1637 mortuo Caverellio nova eveniunt. Pinguedinem
prioratus de Pas dirus Mars uti corroderet, Franciscus
repetiit monasterium Sancti Vedasti, ad libitum ibidem
hærens et prætendens carterium cum præbendâ officialis.
Hæc porro non poterant facilè eidem suppeditari, ob
penuriam belli urgentem. Rem nilominus aggreditur is
in consilio provinciali Artesiæ. nisi religiosi mallent
eidem pensionem 600 florenorum concedere. Tunc satius
visum est administratoribus, sede vacante, proponere
locum religiosi Berclavensis, aut alterius præposituræ ad
ejus electionem, ut sic altari inserviens comederet.
Dispositionem hanc confirmatam à Consilio Artesiæ, non
prægustans Franciscus appellat ad Mechliniense tribunal
in quo res strangulata remansit. Synodus etiam nostræ
congregationis de hâc lite novit: donec per succedentes
sæculi varios eventus, lis indecisa quieverit. Atrebato 1640
regi Galliæ reddito patriâque cladibus ultimis refertâ,

secessit Duacum Franciscus, posteà in Esquermes. Tandem infirmus hæret apud Florentium Ganthois in Castello de Templeûve, ut aere novo valeret refocillari. Ibi in apoplexiam delapsus vivere desiit sacramentis præviè receptis summâ cum devotione 17 julii 1653, annos natus 59. Alibi dies obitûs legitur 27 februarii 1649. Sed minus bene. Extitit vir...

1608, junii 8ᵃ, ingrediuntur octo Tyrones qui paulo post secedentes in Cameras infirmitorii, sub Vedastino magistro frequentabant scolas P. Jesuistarum Atrebatensium. Ex his tres primi ordine sequentes evoluto anno probationis declarant Abbati se etiam esse paratos ad strictiorem observatiam. Tum vota edunt 15 septembris 1614 et dein missi Duacum pro philosophiæ cursu.

FRANCISCUS LE FLON, Insulanus. Ætatis 15. Editus 22 octobris 1593,... matre... de Nopnay. 1615 13 septembri initiatur clericus ab Abbate, tum ab eodem minores auspicatus : fit demùm presbyter 19 septembris 1620, Beuvrariensis 1621, 1626 redux in monasterio degens, renuntiatur 1629 prior Hasprensis, 1633 præpositus Maniliensis, 1637 ob bella et confiscationes.... Toto anno hæret Bapalmis, sub pensione 572 lib., item 1635, 1640 sede vacante, questor generalis, 1648 præpositus Beuvrariensis. Vitales auras deserit 13 septembri 1653, annos agens 60, Beuvrariis humatus.

GUILLELMUS LE VASSEUR, Atrebas. Ætatis 14. Oriundus 4 martii 1594, è stemmate Dⁿⁱ de Valhuon. Ejusdem fuit sortis ac socius præcedens, 1620 neomista fit Hasprensis. Jamdiù variis agitatus morbis suo et parentum rogatu 1623 Manilium tanquam locum salubrioris aeris inhabitans, primum melius habuit : ast recurrente morbo, relatus est ad ædem patris Atrebatensem. Ibi vitam amittit 17 novembri 1623, annos agens 29. Tumulatus in monasterio è regione claustri. Exsequiæ...

FRANCISCUS DU MONT-SAINT-ELOY, Insulanus. Ætatis 12. Prosapiam trahens 9 februarii 1595, è Joanne scutifero, Equite Consilii Artesiæ et Mariæ le Vasseur, Dⁿᵉ d'Emmerin filiæ Guillelmo Dⁿᵒ de Valhuon. Paris fuit conditionis, eademque peregit, ac socii præcedentes presbyteratu initiatus 10 aprilis 1621, posteà Hasprensis, 1626 redux promovetur succentor, et præfectus operum, cantor 1632. Rebus humanis exemptus est 6 julii 1636, annos natus 41. Jacet sub tumulo retrò stalla è plagâ claustri.

ANTONIUS DELATTRE, sumens genus 20 junii 1596, è stirpe magistri Jacobi Scabini et J. C. Illustris et Mariæ Morel : Is Jacobus author Toparch. d'Ayette. 1614 sub finem Tyrocinii morbis i npetitur, egens patrocinio SS. Aicardi et Hugonis, ad quod Haspris aliquandiù hæsit. Tum remanens candidatus repetiit studia Duacena 1616, 1622 ad annum probationis iteratò admissus, eâdem ægritudine regressâ, parentibus honestè redditur.

CLAUDIUS DE BONNIÈRES DE SOUATRE, Audomarenus. Stemma deducit martio 1597 è Claudio gubernatore oppidi Audomarensis, et Isabellâ de Bussy. Hæc Isabella exierat hereditaria è stirpe Franscisci Toparchæ de Noulettes et Claræ-Isabellæ Asset, dominæ de Naves. Aigny, Ciracourt, etc. Sic stemma de Bonnières seu Souâtre bonis adauctum. Ex tunc etiam potitum tùm hospitialibus ædibus retrò chorum S. Magdalenes Atrebati ; tùm sacello

Petri Asset in eâdem ecclesiâ, pro loco sepulcrali inserviente. Porrò juvenis noster Claudius ingenuis moribus,
rogatu patris 1614 ad collegium Aquicinctinum mittitur.
Ubi anno sequente ptisi laborans ex medicorum judicio,
adit Audomarum ad patrem. Quo loco corpore intabes-
cens, morte sublatus est 13 septembri 1615, annos agens
19. Cujus exsequiæ ad Sanctum Vedastum peractæ sunt,
per Dᵒᵘᵐ suppriorem, ritu *absolve*.

GUISLENUS CORNAILLE, Audomarenus. Ætatis 11. Oriun-
dus 11 aprilis 1597 è prosapiâ Florentii scutiferi Dⁱ de la
Buquaille in villâ Wambarcourt et Mariæ Desplanques
Hedinieul. 1616 redditus patri, posteà devenit canonicus
Audomarenus. Patruus D. Vindiciani infra fol. 278, vive-
bat 1645.

ALEXANDER CARONDELET, Bucciniensis. Ætatis 11. Prodiit 31 octobri 1597. E stirpe numerosâ Pauli Toparchæ
de Maulde et de Wingen gubernatoris Bucciniensis, qui
obiit 1626 et conjugis Annæ d'Ailly, Dⁿᵃ Despretz en
Warennes. 1613 studet in collegio Marchenensi. Tùm
evoluto anno probationis professionem egit 14 septembri
1615, cùm.... 1617 è collegio nostro vadit Parisios, 1618
Berclavensis. Receptis posteà minoribus et tonsurâ ab
Abbate Caverellio, demùm 19 februarii 1622 sacerdotio
initiatur. Inde Hasprensis religiosus, 1628 ad monasterium
regressus, 1631 iterùm fit Berclavensis, 1635 ibi hærebat
quando Buccinii factum singulare contigit. Gallis urbem
intercipere molientibus.

. . . .

Regebat idem oppidum Paulus de Carondelet eques Dᵘˢ
de Maulde-Wingen, nuptus Annæ de Montigny, baronissæ

de Noyelles et dominæ de Villers-au-Bois-Premécque et frater Germanus Alexandri præfati.

. . . .

Aderat nostro Alexandro frater nomine Franciscus, qui ex archidiacono Brabantiæ 1628 renuntiatus est decanus Cameracensis. Posteà post adventum Mariæ Mediceæ matris Ludovici XIII ab archiducissâ Elisabetha legatus extra ordinem mittitur dicto regi. Obit autem Antuerpiæ 29 octobris 1635.... Alexander autem dictus, 1635 è Berclavo demigrat Sailliacum : dein, quia cum confratibus suis persecutionem ab Hispanis ducibus, nusquam terminandam pateretur, evocatus à rege Christianissimo secedit in Galliam. Vigentibus utriuque ob bellum ferox, confiscationibus, donatur ab eodem rege pensione 500 florenorum suprà tres villicationes Sancti Vedasti in Picardiâ sitas. Degens Parisiis apud religiosos, vulgo Blansmanteaux, cujus mans'onis gratiâ D. Maximilianus posteà Abbas nominatus Sancti Vedasti, cum eis nectit notitiam. Interdiù præfatus Alexander hæsit Angicurti, uti socius præpositi. Unde reversus ad Sanctum Vedastum anno 1648. Post aliquot menses migrat à sæculo 25 octobris 1648, annos natus 51. Conditus terræ è plagâ claustri retrò stalla chori.

LUDOVICUS DE BELLEVALET, Audomarenus. Ætatis 10 1/2. Deducens prosapiam 11 novembris 1597 ex Antonio Toparchâ de Pomeras, Famechon et consiliario Consilii Artesiæ. et ex Eleonorâ Payen. Votis editis 14 septembris 1616 cum sociis denticulatæ vestitionis sub litterâ R. Inde petit Duacum ad philosophiæ palæstram, 1620 fit minorista ab Abbate, posteà Hasprensis factus auspicatur subdiaconatum ab archiepiscopo Atrebatensi, primitias in monasterio decurrit. Haspris dissenteriâ correptus piè et admodùm religiosè sicut vixerat, devixit 17 octobri 1624, annos agens 27.

1610, 14 septembris, suscepti sunt quinque novi candidati, qui vestiti sunt in sacello Abbatiali de manè à Caverellio et posteà comparuêre ad missam nostræ Dominæ.

SIMON GALLOT, Atrebas, è parochiâ S. Auberti. Ætatis 21. Oriundus 5 augusti 1589 è Jacobo receptore comitis de Busquoi et Joannâ le Maire. Durante novitiatu 1612 hæsit Berclavi ad strictiora, votaque edit post sex hebdomadas 17 septembri 1613. Posteà frequentat scolas philosophicas in collegio Duacensi : redux 1617, receptis ab Abbate minoribus fit hypodiaconus, presbyteratu adauctus sacrum facit 20 octobri 1619. Dein Hasprensis, indè Gorrensis, 1624 revocatus degit in monasterio, 1631 ad sanitatis recuperationem in aerem Maniliensis præposituræ missus fit denuò Hasprensis. Ibi naturæ concedit 28 februarii 1641, annos natus 52.

PETRUS MANNESSIER, Atrebas. Ætatis 17. Sumpsit genus initio februarii 1593 de Petro mercatore et Barbarâ Jyvenchy. Vota depromit 14 septembri 1614, immediatè post Duaci resumit studia, quorum cursum absolvit in gymnasio Sancti Vedasti Duaceno 1620. 1618 initiatur tonsurâ et minoribus ab Abbate, tùm neomista 18 aprilis 1620 primitias facit in monasterio. Aliquantò post præficitur operibus. 1627 questor generalis. Vir propter egregias corporis animique dotes commendatissimus, laudem sïbi partam usquè ad posteros transmisit. Unus ex administratoribus, sede vacante, insuper dictus, morte abripitur 18 augusti 1637, annos 44. Humatus in sacello beatæ Mariæ Virginis : sed ejus epitaphium per renovationem pavimenti translatum est ad fores dicti loci.

Antonius Boucher, Atrebas, è parœciâ Sancti Joannis. Ætatis 16, habens prosapiam 26 martii 1594, ex Antonio jurisconsulto Consiliario Artesiæ et Annâ Hanotel. Fuit socius scolarum et votorum 1613 cum Simone Gallot. Posteà hæsit Duaci ad studium philosophiæ et theologiæ. Medio studiorum sacerdotio insignitur 18 aprilis 1620 ; 1621 in collegio novo publico Duacensi, cæpit philosophiam legere, 1629 subregens, 1630 professor theologiæ, simul præses collegii Sancti Gregorii et œconomus 1631, 1645 regens. Vir moribus et doctrinâ conspicuus, mortem oppetiit 14 novembri 1656, annos agens 63.

Baldericus Despierres, seu Despiers. Ætatis 15. Oriundus septembris 15 1595 in ædibus de Vertain, pagi Templeûve, è stirpe Philippi Toparchæ de Morselede juxtà Ypras et Bonæ de Roisin filiæ Antonii dynastæ de Rougy qui ortum dedère decem prolibus. Professionem edit socius D° Petro Mannessier 14 septembri 1614. Dein missus in collegium Duacenum ad studia, ubi remansit ad annum 1624. Interim receptis ab Abbate tonsurâ et minoribus, presbyter promovetur 1622 24 septembri, 1624 fit Hasprensis perlecturus theologiam, 1630 redux in monasterium mandatur, unam aut alteram theologiæ lectionem singulis hebdomadis habere. 1631 Gorrensis, 1634 director novitiorum et quartus prior, 1637 unus ex administratoribus monasterii, sede vacante, denominatus, renuntiatur successor questoris generalis demortui. 1640 post redditionem oppidi secedens Duacum devenit præpositus Gorrensis pluralitate suffragiorum capituli Duaceni, id est religiosorum sub Hispanicâ ditione degentium. Quià vero tempore obsidionis 1640 duæ arcæ ad illum attinentes, depositæ fuerant in domo domini Bullart, subpræfecti montis pietatis, cum variis supellectilibus et schedulis tam ipsius quam monasterii. 22 augusti 1640 ad illam ædem directi duo Vedastini cum suis scribis qui coram apparitore Consilii Artesiæ per aperturam arcarum omnia in indicem referrent. 1645 ob Bethuniæ obsidium cladibus ingeminatis præposituræ Gorrensis administrationem remittit superiori Haccartio, ità ut degeret in Abbatiâ Sandenbourg vel alibi de suo consensu. 1653, 1664 præpositus Saliensis, 1664 præpositus Hasprensis, hujus loci temporale dimisit inter manus superiorum initio 1673. Senio confectus, ibi interiit 8 aprilis 1674, annos natus 79.

Religiosus....

Claudius Pisson, Atrebas. Ætatis 15. Ortum sumens novembri 1595 è Claudio et Isabellâ Pronier. 1613 languidus haurit aerem Sancti Michaelis et Berclavi. Eodem anno sinitur accipere annum probationis. Interim ptisi laborans mortique vicinus, obnixè rogat præviè ad professionem admitti, quam de consensu Abbatis et religiosorum legit in lecto decumbens, 7ᵃ martii 1615. Postridiè fit exsanguis 8 martii, pro eo actæ exsequiæ professi. Jacet in alâ templi versus sacristiam.

1612, 13 maii, adlecti quatuor hâc serie professi:

Nicolaus de la Charité, Atrebas, è parœciâ S. Auberti.

Ætatis 20. Exortus 9 februarii 1592 de genere Adriani et Franciscæ Hay. Vacat 1614 Duaci ad theologiam. Edit autem vota 14 septembri 1615 cum Alexandro Carondelet. Resumptis studiis, 1621 fit neomista, tum professor philosophiæ, 1623 fit sacellanus prioris 1629; 1631 Hasprensis, 1632 eleemosynarius, 1640 secretarius capituli, 1641 reffectuarius, 1646 cellerarius, 1647 reddituarius. 1653 præpositus Beuvrariensis. Beuvrariis vitam cum morte commutat 14 julii 1656, annos natus 62.

Petrus Robillart, Atrebas. Ætatis 19. Oriundus è genere Roberti 5 aprilis 1593. Sesquianno circiter exacto in ritibus et cantu ecclesiæ Sancti Vedasti, frequentat cum sociis scolas Patrum societatis Jesu. Edit professionem 14 septembri 1617 cum ... Posteà demigrat Duacenum ad collegium pro studiorum prosecutione; septembri 1622 sacerdotio initiatus fit 1623 Berclavensis, 1626 redux in monasterio degit, 1635 sacrista. Vitam autem universæ carnis ingreditur 19 decembri 1637, anno ætatis 47. Religiosus vitæ commendabilis.

Carolus Havrelan, Atrebas. Ætatis 18. Originem cœpit 10 novembri 1594 è propagine Antonii qui erat filius Joanni. Interruptis humanioribus scolis Atrebatensibus, fit professus 14 septembri 1615 cum Alexandro Carondelet. Inde transmeat ad cursum philosophiæ Duacenum, suo tempore recipit tonsuram et minores ab Abbate, sacerdotio insignitus 18 septembri 1621, docuit Duaci rhetoricam, 1623 philosophiam, ut magis principalis 1624; 1630 subregens et professor theologiæ, revocatus 1638 fit supprior monasterii. Occurrit porro testimonium facultatis Artium Duacenæ de eodem ad M. Priorem direc-

tum 10 octobri 1640. Carolus is aderat apud nos genui-
nus surculus, in sanctâ religione plantatus, atque in eâ
diligenter excultus. Ad omne virtutis, et scientiæ studium in dies, magis magisque assurgens, artem eloquentiæ
biennio, philosophiam septennio, edocuit. Magnum sui
amorem bonamque famam apud omnes meritò sibi conciliavit. Theologiam sexennio professus est. Accedit vitæ
probitas, gravitas morum in rebus agendis : prudentia ac
aliarum virtutum connexio. Quibus sic omnium animos
attraxit, ut hinc Duaco excedens, affectum sui reliquerit
æternum, et hanc in nobis mentem de se impresserit, eum
natum esse monasterio, suis honori, ac patriæ bono, ubi
ipse ad altiora fuerit promotus. 1646 simul obit vices præpositi Sancti Michaelis. loco destructo, 1648 præpositus
Berclavensis. Ibi animam Creatori reddit 19 septembri
1650, annos natus 56.

PHILIPPUS DE FIENNES. Ætatis 15. Prodiit 22 septembri
1597. Absolutis humanioribus et rhetorice édit vota 14
septembri 1619 cum aliis sociis sequentibus: longe infrà.
Dein petit Duacum philosophiæ causâ. Presbyteratu
adauctus 21 septembri 1624, fit Berclavensis 1626, 1630
conveniens ad solemnitatem relationis Sancti Vedasti
retentus est ab Abbate, fit inde sacrista. Obdormit in
Domino 9 aprilis 1633, annos natus 36. Jacet resurrectionem bonam expectans, juxtà thesaurariam. Originem
trahit patre Gisleno comite de Chaumont, vice comite de
Fruges dynastâ d'Eulle, Heuchin etc. filio Eustachii et
Joannæ de Sainte Aldegonde et matre Joannâ de Longueval
filia Maximiliani comitis de Busquoy, unde octo proles.
Verùm pater renexuit viduus nuptias cum Franciscâ de
Faye filiâ Dᶦ Delespesse è quâ suscepit tres alias proles.

1613, 14 aprilis, solus conscribitur.

Joannes Antonius de Wignacourt d'Ourton. Ætatis 14. Ut potè egressus 24 junii 1599 è stirpe nobili Antonii et Claræ de Hornes. Aderat autem adhùc ei frater nomine Maximilianus nomine d'Ourton ibidem mortuus 1667. 1615 resumit syntaxim in scolis Atrebatensibus. Vota verò edit 14 septembri 1620 cum socio sequente et . . . . Deinde petit Duacum ad studia: sacerdotio unctus 23 septembris 1623; 1624 Gorrensis: et quia loci istius aliis saluber ei noceret aer fit Beuvrariensis et Berclavensis. Tùm Hasprensis 1627, 1637 redux dicitur sacellanus D. prioris, 1640 œconomus novi collegii Duaceni, 1642 præpositus Beuvrariensis, 1649 12 januarii præpositus Maniliensis 1650; 1651 suppræpositus, 1658 rursus renur̄tiatur præpositus Beuvrariensis. Revocatus ad monasterium 1673, aliquantò post fit præpositus Berclavi. Iterùm reversus ad monasterium 167... Deinceps degit ut senior privatus. Emittit spiritum 5 januarii 1678, annos natus 79. Sacramentis maturè expetitis.

1614, 6 aprilis. Ingressi septem Tyrones, plerique in Remigialibus 1615, frequentant scolas humaniores R. P. societatis Jesu Atreb.

Franciscus du Tertre, Atrebas. Ætatis 18. De parœciâ Sancti Auberti trahit propaginem 23 martii 1596 à Joanne et Antoniâ Fercot. Emittit professionem 14 septembris 1620, cum præfato socio, quem in scolis comitatus est Duaci. Cum eo pariter consecratur sacerdos, Gorrensis 1623, 1628 Beuvrariensis 1627, Berclavensis 1634, dein

Hasprensis. Ibi vitam concludit 14 junii 1650, annos natus 54.

GAUGERICUS BAUDUIN, Atrebas. Ætatis 18. De parœciâ Sancti Gaugerici, deducit stemma 20 decembris 1596 ab Egidio Bibliopolâ. 14 septembris 1616 edit vota religionis. Duacum immediatè post mittitur ad philosophiam et alia studia, receptis tonsurâ et minoribus ab Abbate, tandem devenit neomista 21 septembri 1624. Aliquot mensibus exactis mittitur Hasprensis 1625. Gorrensis 1628, Berclavensis 1629, rursùs Gorrensis, ibi hærens 1645, 1651. Fato functus 20 octobris 1660 ex Necrologio, alibi 1650.

MICHAEL LE NAIN, Bapalmas. Ætatis 17. Exortus 26 aprilis 1597, è familiâ Adriani et Franciscæ Lacheryes. Paulò post vestitionem exautoratus, posteà in alterâ militiâ armorum nempe interiit.

JOANNES LENGLART, Atrebas. Ætalis 16. In districtu parochiæ S. Gaugerici, oriundus 31 maii 1598. E genere Petri et Annæ de la Pierre. Se Deo vovet per vota 14 septembris 1617 cum Dᵒ Petro Robillart et aliis. Colit posteà universitatem Duacenam, 1623 solùm diaconus mandatur perlegere, ut minùs principalis, philosophiam, 21 decembris. Hanc provinciam diù non obit ob infirmitates. Unde regressus, oleo sacerdotali unctus 6 aprilis 1624, Hasprensis designatur 1625. Ibi naturæ debitum solvit 5 septembris 1634, annos natus 37.

JOANNES PISSON, Atrebas, parochianus S. Joannis. Ætalis 16. Ut pote luce donatus 16 julii 1598. Frater Germanus Claudii supradicti, tunc etiam viventis fol. 217. Deserit institutum 15 julii 1615, non eodem ac fratris sui relicto desiderio, functus est tandem peregrinus.

PHILIPPUS VANDELIERES, alibi VANLIERES, Atrebas.
Ætatis 16. De Beatæ Magdalenes parœciâ sumit ortum
13 novembris 1598. Professionem legit 14 septembri
1620, alibi 1617. E theologiâ Duacenâ redux fit tandem
sacerdos 23 septembris 1625 Duaci in templo nostræ
Dominæ. Variis affectus morbis, fit non multò post Berclavensis, posteà Gorrensis, sed ibi sanus non efficitur.
In monasterio stadium brevis vitæ terminat 1 septembris
1627, annos natus 29.

NICOLAUS HACCART, Tornacensis. Ætatis 14. De Sancti
Piati districtu, sumit genus 24 novembri 1600, Frater
Germanus Claudio infra dicto Ved°. Emissus è capitulo
1616 repetiit grammaticam ut ulteriùs progrederetur.
Depromit autem vota socius D[i] Philippi Vanlieres supradicti, immediatè post emissus ad Universitatem Duacenam. Ibidem cùm ageret adultâ ætate, inopinato febris
eventu commotus, sed sacramentis præmunitus, mortem
oppetiit 26 octobri 1622, annos natus 22. Relicto sui
desiderio.

1615, 8 novembris. Ingressi quinque sequentes :

JACOBUS PRONIER, Atrebas. Nepos D° Adriano Pronier Magno Priore, desumit 4[a] maii 1596 natalitia à Joanne
Toparchâ de Simencourt et Franciscâ Doresmieux. 1617
mittitur uti puer Duacum ad logicam. Evolutoque anno
probationis profitetur sub votis religionem 14 septembri
1620, cum sociis suprà. Remeans subindè ad Universitatem Duacenam, receptis tonsurâ et minoribus ab Abbate,
initiatusque presbyter 27 septembri 1623, devenit Gorrensis. E vivis ibidem decedit 25 julii 1631.

Philibertus Cabrera de Spinosa, Bruxellanus. Ætatis
15. Natalitia trahit 1ª maii 1600 in parochiâ S. Gudulæ,
de stemmate nobili Melchioris natione.... et depositarii
thesaurarii regii in Belgio et Isabellæ de Mol. Puer frequentat 1617 collegium Atrebatense. Professionem verò
depromit 14 septembri 1622, cum tribus sociis infrà serie
ordinatis. Dein vadit Duacum ad philosophiæ cursum
decurrendum : susceptis ab Abbate minoribus fit subdiaconus 1624, levita 1625. Anno sequente cùm illum Abbas
Caverellius deduxisset secum Bruxellas uti deputatus
Artesiæ, et more solito apud illius patrem hospitatus
fuisset, rogatu patris et matris Philibertus ad sacerdotium
promovetur 28 martii 1626 apud cartusianam Bruxellensem per Joannem Franciscum ex comitibus guidiis à
Balneo archiepiscopum Patracensem et Nuntium apostolicum : primitias insuper agit in templo Monialium
Sanctæ Elisabethæ ejusdem oppidi. Indè egit in monasterio, donec obtinuerit 1628 Duacum pro studiis regredi.
1630 fit Beuvrariensis, locique renuntiatur præpositus
april. 1634. Is idem est quem Caverellius prætermisso
monasterii usu, ægrè tamen ferens, promovit unicum
citiùs.

1641 promovetur præpositus Hasprensis · suffragiis
Duacensium, usus his gentilitiis (pl. xvi) sparsis, tàm ad
altare majus cujus tabulam renovavit, quàm ad portam
posteriorem præposituræ Hasprensis, ab ipso à fundamentis excitam, paulò ante obitum. Animam autem efflat
9ª junii 1648, annos agens 48.

Guislenus le Vasseur, Betunæus. Ætatis 15. De
parœciâ Sancti Vedasti. Frater Domini Antonii suprà

folio 208, tunc mortui. Trahit prosapiam 3 septembris
1600. Fuit idem conditione par ac socius præcedens.
1614 redux è palæstrâ Duacensi presbyter ungitur 19
septembris 1626. Paulò post devenit Beuvrariensis, 1630
æger transfertur Berclavensis tanquam in aerem minùs
subtilem ex dicto medicorum : inde transmeavit Haspras.
Ubi prior localis ad manes concedit 19 augusti 1637,
annis vitæ 37 transactis.

JOANNES DE BEAURAINS, Atrebas. Ætatis 14. Parochianus
Sancti Joannis, propaginem agnoscit 14 aprilis 1601, Joannem et Mariam Penin. Edit vota 14 septembris 1620 cum
præfatis sacerdos initiatus 17 septembris 1626, scientiam
quam ipse congesserat, dispergens 1627, cæpit legere in
collegio Duaceno philosophiam, 1629 tanquam magis....
fuit etiam professor theologiæ annis 1638 et 1640, subregens 1645 ibidem loci vitam transegit laudabiliter. Orator
insuper facundissimus, oratorumque sui temporis facilè
princeps, varias easque doctissimas reliquit orationes,
1661 præses collegii conventualis. Migrat à sæculo
3ᵈ decembris 1664, annos agens 64.

CAROLUS TSERCLAES, Bruxellensis. Ætatis 13. Ortum
auspicatur in districtu parochiæ Sanctæ Gudulæ 29 januarii
1602, de nobili Joanne equite Claro et Anna Van der
Hulst. Post annos primi novitiatùs prosequitur in collegio
Atrebatensi studia poeseos et rhetorices, 14 septembris
1622 agit professionem cum suprà dictis. Immediatè post
frequentat scolas Duacenses ad philosophiam. Interim
ejus mater vidua præfati Joannis equitis Toparchæ de
Seurue, Spalhens, Elberghem, etc, contractu donationis
inter vivos juridico 1622, constituit Carolo dicto, et assi-

gnat pensionem 102 florenorum. His ubi rescitis à Caverellio Abbate, contractus ille pro nihilo ab eo habitus,
quod redditus vitalitii religiosos in particulari haud
decerent : et ordinatum, ut deinceps eliminarentur illi,
expresso mandato de his rebus edito. Medio studiorum
recepit ordines minores ab Abbate, demùm presbyter
sacratur 18 septembris 1627. Post sex menses iterùm
remeat Duacum ut mathematicis vacaret et præesset
operibus, 1634 vice præses, et œconomus partis conventualis Duacensis agit, 1636 in monasterio præfectus
operum et sylvarum, 1639 sacellanus prioris, 1640 post
urbis cessionem victoribus et legitimis dominatoribus,
Galliæ fit, sede vacante, præpositus Angicurtensis.

165... auspicatur simul principalitatem collegioli S. Vedasti Parisiensis. Probavit tamen tricas... Angicurti degens, penuriam, si unquàm magis, patitur. Tandem
violentâ febre correptus, fato decedit ibidem 1ᵃ julii
1669, annos agens 67. Sacramentis piè ac maturè susceptis.

1616, 20 novembris. Induitur religiosè

MAXIMILIANUS DE BOURGOGNE. Trahens ortum in oppido
seu Castro de Fremont super Sabim tractûs Namurcensis...
è nobili stirpe Joannis Toparchæ de Zenrevaide, Zegouârt
et Catarinæ dictæ Brugghe, aliàs de Oienbourg, de Duras.
Is autem Joannes arguit suam progeniem oriundam è
Balduino Toparchâ de Fallaise, filio naturali Philippi
Boni Ducis Burgundiæ et Catarinæ de Tiesfries nato
Insulis, anno circiter 1645. Habuitque is Joannes in fratrem, Hermannum comitem de Fallais, Dᵘᵐ de Zomer-

dicq, Sunelande, Ham Vieû Valene etc, natu majorem, Prodiêre autem ex eodem Joanne.... Carolus aliàs nuncupatus, Dominus de Zenensuaide, seu Senenhusse Zegouart. Noster Maximilianus, Leonora, Joanna... et 3ᵃ filia Maria canonica Nivellensis: ex Carolo exiit posteà Anna... En stirps quam sibi propriam etiamnùm reclamat.... Dⁿᵘˢ de Herbame juxtà Markillies; sed huius orta legitur ab quodam Joanne de Burgundiâ Toparchâ d'Herlaer, Amerval etc. filio naturali Joannis de Burgundiâ quis fuit episcopus Cameracensis, et ipse filius etiam naturalis Joannis Ducis Burgundiæ qui fuit occisus apud Montereaufaut-Yones.

Porro Maximilianus præviè ad vestitionem studebat Montibus in seminario PP. societatis Jesu. Edit vero vota in monasterio Sancti Vedasti, 14 septembris 1619. Indè vacat logicæ studiis, quam propugnans 1620 dicavit patruo Hermanno suprà dicto. Tùm aliis studiis incumbit. Urgebat de cætero, collaborante patruo 1624, ut Montibus Hannoniæ aliquandiù degeret in monasterio quod olim sæcularis frequentaverat, operam daturus theologiæ. Ast Caverellii firmitatem non potuit frangere, hinc Duaci remanens presbyter initiatur septembris 1625. Ab episcopo Atrebatensi missarum solemnia agente, in æde nostræ Dominæ ejusdem oppidi. Paulò post fit Hasprensis; inde Sailliacensis, 1628 Beuvrariensis, 1636 sacellanus Abbatis, quo mortuo degit ut senior, donatus carterio. Recrudescentibus in dies hostilitatibus inter reges Galliæ et Hispanæ, bonisque Sancti Veʾlasti in Picardiâ seu Galliâ sitis, in confiscationem mutuam delapsis; Maximilianus ille familiaris Isaaco de Bullart præfecto Montis Pietatis Atrebatensis, jure belli obtinet 26 octobris 1639 à curiâ Bruxellensi prioratum de Barlet, situm in Artesiâ, de parochiâ de Bailleul au Cornaille, in viciniis Paulopolitanis, dependentem ab Abbatiâ de Samer au Bois, non procul ab urbe Boloniensi, tuncque vacuum post obitum D. Antonii de Bury. Atrebato gallis 1640 parente, quisque in jus suum erat restitutus. Et quidem Abbas commendatarius dicti loci de Samer cum suo proviso D. Claudio de Forcheville, prioratum revendicabat. Usque modo nihil reddituum è loco du Barlet accesserat Maximiliano : vigebat quippe luctuosissima tempestas. Eodem tempore D. Alex. Carol. pergebat invadere redditus enascentes villicationis de Breny.... Quod Ludovici XIII valde infirmi, curiales ad sopiendas clarigationes parum intenderent. Unde Maximilianus, traductus in judicium tàm Consilii Artesiæ quàm Parlamenti Parisiensis, nihil aliud respondebat, quàm sua bona per integrum restituerentur Vedastinis. Lis ista fuit diutina. Nec à Do de Beljame præfecto civili Artesiæ valuit terminari 1642, fioem duntaxat accepit 1645 interim.

1617, 8 octobris, ingrediuntur duo sequentes : qui professi 14 septembris 1620, posteà missi sunt Duacum ad studia.

NICOLAUS GUERARD, Atrebas. Ætatis 18. In æde Sancti Gaugerici sacris aquis tinctus 13 maii 1599. Neomista promovetur cum Do Maximo dicto septembr. 1625, 1627 Berclavensis, inde 1628 præfectus collegii Duaceni, 1634 magister ordinis et director novitiorum 1636, 1638 cantor, 1639 de consensu supprioris et administratorum, sede vacante, tempore vacantiarum circiter anni 1639 abiens cum viatico. Devenit religiosus Sancti Dionysii in Hannoniâ.

Franciscus Doulcet, Insulanus. Ætatis 18. Nepos D° Petro Denis, levita legit philosophiam in collegio Duaceno. Promotus presbyter 19 septembris 1626, 1630 uti magis principalis edocet, 1637 theologiæ professor, 1641 prior Hasprensis, iniquis temporibus, et secretarius ordinarius religiosorum Sancti Vedasti sub Hispanicâ ditione degentium; 21 junii 1648 renuntiatur præpositus Hasprensis. Ad monasterium revocatus 1666 fit receptor, 1673 suppræpositus. Vivendi finem attengit 30 augusti 1676, annos agens 77. Conditur posteà ante sacrum beatæ Mariæ Virginis, hoc marmore decoratus :

Ubique fulsit, decus sidereum in collegio Duaceno, ad instar sideris orientis, Haspris in meridie fulsit : Atrebati in monasterio Jubar, etc. Vir tùm pietate, tùm doctrinâ domi forisque clarus. Utrobique miris prudentiæ, cætera- rumque virtutum exemplis emicuus, quem congregatio Sancti Benedicti in Belgio, sanctionum regularium pro- pugnatorem indefessum venerata est.

1618, 21 octobris, adlecti sunt alii duo.

Philippus Smerpont, origine Hesdinœus. Ætatis 16 1/2. Alibi dicitur sacris tinctus in ecclesiâ de Houplines, juxtà Seclin : ex progenie Nicolai et Joannæ de S. Paul 10 februarii 1602. Septembri 1627 fit presbyter Basseiæ ab episcopo Atrebatensi. Tùm Deo litat dominicâ 1ᵃ octobris vigiliâ comitiorum Artesiæ, 1628 Hasprensis, undè redux 1630, 1636 cantor, 1640 deputatus Ambianum pro monas-

terii negotiis, 1642 vinitor. Cùm D^{nus} de Nizart Prior
major obiisset, martii 1644, sedesque prioris per annum
ferè vacaret, is Philippus per devolutum apostolicum à
SS. Pontifice impetratum anno primo II kalendas novembris.... intendit dictum officium auspicari. Conticuit nihi-
lominùs usque ad diem... februarii 1645 designatum pro
electione. Tunc in capitulo bullas sibi faventes intimat.
Respondit conventus illas ad se non directas effectu cari-
turas fore. Paulò post pacificè et de jure eligitur D^{nus}
de Bonmarchiet in Priorem majorem. 1646 en requi-
rente Philippo dicto Breviculum devoluti per vicarios
generales episcopii Atrebatensis, sede vacante, fulminatur
12 januarii. Postridiè, ut is devolutarius coràm notariis
apostolicis, possessionem in ecclesiâ et capitulo tentat
auspicari, obstat D^{nus} Prior major de Bonmarchiet. Lis
porrò enascitur in Consilio Artesiæ, et producta toto
anno trahitur in moras. Bonmarchietus huc usque in possessorio suadetur, Intimando *le deport* suæ causæ in illo
tribunali, appellare titulo abusùs ad Parlámentum Pari-
siense. Hæc via mox displicet Consilio dicto Artesiæ,
alleganti quod possessorium jus deberet priùs à se per
sententiam definiri. Ut ut sit, res coarctata in tribunali
Parisiensi remansit talis. Fit satis nostro Philippo pro
exhibitione cartarum monasterii, et aliis prætentionibus
de jure. Religiosi Sancti Vedasti sese jungunt legitimo
priori. Pariter Abbates Artesiæ accedunt in causam tanquàm irretiti de novitate. Tandem Philippus Smerpont
cecidit lite 1° Arresto Parlamenti, 17 maii 1646, quo
nullus judex à se de hâc causâ nosceret: tùm altero.....
Post hæc Philippus Smerpont 1649, 1651 degit in monasterio quietus : Berclavensis 1652, 1653 ; Gorrensis 1655.

Animam Deo reddit 20 octobris 1662, annis transactis 60. Et quia turris Vedastina ob incendium deficeret, in ejus obsequiis, pulsatæ nolæ beatæ Magdalenes xxiiij assium pro pulsatore solo.

NICOLAUS DE LA MÔTTE, Atrebas. Ætatis 18. Oriundus 3 maii 1600. Biennio post primum habitum religionis, mittitur ad studia Duacena, ibi exautoratus circa regalia 1621.

1619, 14 septembris. Annumerati sunt tres Tyrones. Professionemque edunt omnes 14 septembris 1622.

MICHAEL CORNAILLE, Atrebas. Ætatis 17. Regeneratus fonte salubri in æde Sancti Joannis 18 martii 1602. De stirpe Philippi consiliarii Artesiæ Toparchæ d'Oppy. Post professionem incæpit cursum philosophiæ, cujus lauream adeptus est primus, et eminentior totius universitatis Duacenæ discipulus. Septembri 1627 sacerdotio adaugetur Basseiæ. Duacum indè repetens legit rhetoricam. 1628 herniâ laborans fit Gorrensis. Paulò post redux fit professor philosophiæ. Majus professor 1635, 1640 quartus prior, denominatus ex tunc principalis collegioli Atrebatensis apud Parisios, 1642 tertius prior, 1643 cæpit hærere Parisiis ut principalis, 1646 thesaurarius, 1649 suppræpositus, 1650 præpositus Derclavensis. Munitus cartis Burgundii et Haccartii. 1656 præpositus Beuvrariensis, 1659 degens in monasterio uti privatus,... Vᵘˢ administrator collegii Duaceni, 1665 præpositus Saliensis, 1672 Præpositus major, 1674 junio præpositus Sancti Michaelis elargitur crucifixum majus argenteum, pro arâ præcipuâ monasterii 1678. Tandem ultimatè præpositus Beuvrariensis 1679. Ibi diem extremum claudit 13 junii 1683, annos natus 81. Venerandus religiosus functus ferè omnibus gradibus, seu monasterii et dependentiarum statibus.

JACOBUS DE BONMARCHIET, Duacenus patriâ et secundùm alios oriundus Duaci. 24 junii 1602 de prosapiâ Antonii Toparchæ de Russilly et de la Braielle et Fiancissæ de Lalain dictæ Penel. E quâ insuper prodiit Nicolaus.... Cui uxor posteà... Carondelet filia gubernatoris Bucciniensis : item Ludovicus qui devenit Abbas Sancti Andreæ Cameracensis : item Maria Abbatissa Dodoniensis. Post vota Jacobus noster frequentat scolas Duacenses, receptis autem ab Abbate tonsurâ, et minoribus, presbyter initiatus a R^{mo} Atrebatensi, primitias agit die translationis Sancti Vedasti 1628 Ob id cessit Abbas locum in celebratione officii, aliquantò post fit Beuvrariensis, 1635 redux fit sacrista, 1637 magister juniorum, 1638 quartus prior, dein tertius prior 1640 17 augusti, 1641 thesaurarius, 1642 præpositus Berclavensis, 1645 25 februarii à capitulo Sancti Vedasti, Prior major eligitur.

. . . .

JOSEPHUS DE CALONNE, ex Blanquenberge. Ætatis 17. In Flandriâ, seu in Forteritio vicino oriundus, 13 novembris 1602, de genere Jacobi capitanei, qui posteà fuit gubernator Arcis de Renty : et obiit in monasterio Aquicintino 28 februarii 1657, annos natus 80 et Franciscæ Moria. Ex · hâc etiam familiâ prodiit Ludovicus Fr. Abbas Aquicintinus frater dicti Josephi.

Josephus ille, post vota studuit pariter Duaci ad philosophiam, redux recipit ordines cum socio præcedente :

sacrum verò primum facit dominicâ 15 octobris 1628. Paulò post Gorrensis, 1631 Hasprensis, tùm loci prior immixtus in regimine temporali 1637, 1639 Abbas Blangiacensis in Artesiâ,..... 10 junii 1640 præsente Abbate Sancti Martini de Tornaco benedicitur : et morte corripitur 2 octobris 1671.

1620, 11 octobris. Tyrocinium experiuntur tres ordine sequentes, professi omnes 14 septembris 1623 : diriguntur posteà ad philosophiam Duacenam

Nicolaus de Fromont, Atrebas. Ætatis 18. Natalitius ei dies 20 septembris 1602, super parochiam Sancti Nicolai ad fossas, de propagine Nicolai mercatoris. Levita legit rhetoricam Duaci 1627, presbyter 1628 mense septembri regreditur citiùs Duacum, ubi legere cæpit philosophiam 1630. Redux fit magister juniorum. Præfectus vestiarii 1640 : spiritum emittit 30 novembris 1642, annos agens 40.

Michael Denis, Atrebas. Ætatis 17. Trahens genus 16 julii 1604 de Antonio præside Consilii Artesiæ, Domino de Sapignies et Margarettâ de Marconville qui dictus pater sepultus est anno 1624 apud P. Jesuitas Atrebatenses. Absolutis studiis ungitur presbyter 22 septembris 1629. 1630 in Remigialibus cæpit legere rhetoricam Duaci. Beuvrariensis 1631, 1637 ; sacrista 1638, quartus prior 17 augusti 1640 renuntiatur, dein tertius prior, 1645 thesaurarius. Fato functus 20 januarii 1648, annos agens 45.

Henricus de Hamael. Oriundus ex Fromont in Leodiensi tractu, alias in Vielvil propé Carolomontium, 5

aprilis 1601 de stirpe nobili Henrici, Toparchæ de Vierves
et A.... de Merode. Medio studiorum peste impetitus
decessit è vivis, 10 junii 1626, annos natus 25. in domun-
culâ collegii quæ fuit ædítui Sancti Albini et adhæret
parochiæ cœmeterio.

**1621, 21 novembris. Ingressi sunt quatuor alii, qui editis posteà
votis 14 sept. 1624, resumpsère Duaci cursum philosophicum.**

ANTONIUS CAUVET, Atrebas. Ætatis 21. Aquis salubribus
purgatus in ecclesiâ cathedrali, 3ᵃ januarii 1601, 1629
23 septembris ad presbyteratum promotus, Hasprensis
1630, Beuvrariensis 1636, 1643 deinceps transegit vitam
Hasprensis, loci prior 1664. Mortalitatem complet 20
martii 1670, annis transactis 69.

GEORGIUS D'OIGNIES. Nepos Dⁿᵒ Philippo suprà folio
172. E stirpe Caroli, par conditionis cum socio præcedente, presbyter sacratur ab illustrissimo Atrebatensi
23 septembris 1629; 1630 Hasprensis, Berclavensis 1631,
1649, redux fit succentor, 1637, 1640 cantor, 1650
director noviiiorum, 1651 quartus prior. Linguâ gallicâ
donat librum, cui nomen: *la Croix de Jésus et de Marie*,
ex Italo Alexandri Barbieri presbyteri Messiniensis, opus
ad exarationem paratum, et Dⁿᵒ Abbati Maximiliano
dicatum circà annum 164.... Morti concedit 3 maii 1653,
natus annos 52.

LAURENTIUS THIEULAINE, Atrebas. Ætatis 18. Sumens
ortum 31 octobris 1603. Trimestri elapso, vicinus morti
rogat vota edere coram Abbate et conventu, et fit exsanguis 3 januarii 1622.

Philippus de Werpe, ex Castro de la Môtte au Bois.
Ætatis 17. Editus 27 januarii 1604 è familiâ nobili Joannis
et Joannæ de Boyaval. Frequentatis à se Duacensibus
scolis, redux 1629 presbyter consecratur 20 septembris
1631, 1633 è primis incubuit novæ ordinationi bibliothecæ monasterii, 1641 quartus prior simul bibliothecarius. Subitaneè occumbit vigiliâ Paschæ 20 martii 1644,
annos natus 39. Jacet resurrecturus, juxtà vas lustrale
sacelli Sancti Jacobi.

**1622, 30 octobris. Conscripti sex juvenes: qui ex illis perseveravêre
edunt professionem 14 septembris 1625. Dein missi ad collegium Duacenum.**

Antonius Carnero, Bruxellanus. Ætatis 19. 24 febr. 1603.
Natalitia desumit in districtu parochiæ Sanctæ Gudulæ,
de genere Antonii et Barbaræ de Saint Croix. Post bien-
nium, 17 octobris 1624, Patri debitè monito redditur.
Posteà excipitur in conventu Guillelmitanorum propè
Antuerpiam.

Claudius Haccart. Dùm frater Germanus D. Nicolaus
suprà folio 222 moreretur, ipse Claudius post quatriduum
vestitur. Sumpserat vero genus 8 februarii 1603, Duaci
in parœcia Sancti Jacobi, à stirpe Ludovici Scutiferi, qui
obiit 1623 Dominus de le Senne, et præfectus ab hospitiis
Dᵘᵒ Principi de Ligne Bruxellis, et Judocæ de Lannoy
superstitis. Hæc fuit pariter Domicella Ludovicæ de
Lorraine uxoris præfato principi, apud Anthoing residentis. Quidam Jacobus Haccart nobilitatus anno 1589.

Claudius is, auspicatus ab Abbate tonsuram et minores,
dein hypodiaconus legit rhetoricam, uti secundarius.

Neomista promotus 1629 in eâdem provinciâ continuavit. 1631 ad monasterium revertitur, sed collegii Duaceni 1637 dictus est œconomus. Vir bonæ indolis, prudens, doctus et ad pedum pastorale natus, quem nusquam ambitio. . . . .

JOANNES BAPTISTA GERY, Atrebas. Ætatis 19. De parœciâ Sancti Stephani. Ortus 21 novembris 1603, sacerdotio decoratus 20 septembris 1631, fit Hasprensis 1631, 1645; 1641 revocatus fit eleemosynarius, 1651 cantor, Berclavensis mittitur 19 aprilis 1652. Paulò post naturæ debitum solvit 1652, 5ᵃ augusti ex Necrologio, annos natus 49.

EGIDIUS DE LA MÔTTE, Atrebas. Ætatis 17. Ut potè ortus januario 1605. Redux è scolis Duacenis 1630. Sacerdotium adipiscitur 17 septembris 1632 ab episcopo Tornacensi. Vitales auras deserit 22 maii 1638, anno vitæ 33° : humatus quiescit ante capellam Sanctæ Mariæ Virginis.

PLACIDUS LABBE, Atrebas. Regeneratus 2 februarii 1605 in templo Sancti Gaugerici de genere Joannis. In professione petiit commutari nomen suum Gaspardi in Placidi : paris sortis cum socio præcedente. Fit neomista ab illustrissimo Tornacensi, .. septembris 1632, dein Beuvrariensis et Gorrensis, sede vacante cantor, 1644 aprili quartus prior, 1647 reffectuarius, 1650 thesaurarius, 1654 decembri vinitor, 1660 17 septembris renuntiatur præpositus Maniliensis. Devixit 17 januarii 1667, annos natus 63.

GUILLELMUS PETIT, Quercetanus. Ætatis 16. Oriundus 16 octobris 1606. Decursu anni probationis 1625, per recessum ab instituto, matrem suam contristat.

1623, 28 octobris, annumerati bini Tyrones, editis votis 14 septembris 1626. Posteà Duacum amandantur ad philosophiam.

JACOBUS VAN DER LINDEN, Bruxellanus. Ætatis 20. Perfusus flumine sacro 2 novembris 1603 in parœciâ Sancti Gaugerici de progenie Ferdinandi et Annæ Van der Noot. 1629 redux è scolis fit hypodiaconus ab episcopo Atrebatensi 1631, levita 1632 11 septembris, à præsule Tornacensi. Demùm presbyter 25 septembris 1632. Enascente Marte inter Christionos principes, 1635 et sequentibus annis debaccantur utrimque in confiscationes. Hinc, uti diximus, intercepti redditus Sancti Vedasti in Picardiâ et Galliâ siti, magnus Prior interim curat de monasterii damnis : facitque 25 februarii 1637 licentiam dicto Jacobo obtinendi per clarigationem. aliquem prioratum regularem in Belgio. 1638 cùm vacasset ille religiosus Mechliniæ per biennium pro monasterii negotiis, 1640, Atrebato Gallis dedito, secessit Berclavensis 1640, 1645. Ratione novæ illius dominationis cessabant à Vedastinis clarigationes quod sua bona Picardiæ restituerentur : verùm contigit 1642, ut is Jacobus sub Hispanicâ ditione degens, à principe Catholico Rege excitus auspicaretur Biancourt et.... prioratum Rentiaci in Artesiâ, post obitum D. Ledvini Danel. Intelligebant autem Vedastini. qui sub ditione Hispanicâ hærebant, talem è gremio excessum, nihil juris habiturum, pro præbendis sui primi instituti. Ast quoniam nihil minimum lucri è Rentiaco propter bella emergeret : novus prior saltem petit 1643 in curiâ Bruxellensi, ut quamdiù obiret munia religiosi Vedastini, de eorum bonis aleretur. Quod et non illubenter ab hisce concessum est. Res posteà in novam labuntur formam. Rentiaceni incolæ petunt et stringunt Jacobum dictum, quatenùs apud se residens 1647 eos protegeret. Ex alterâ parte curia Bruxellensis dispensat eumdem super residentiam Berclavensem, cartâque monet Vedastinos præstò adesse suo confratri egeno.

Porrò is prioratus de Renty dependebat etiam à Majore monasterio (*Marmoustier*) in Turingiâ. Locumque interim ambiebant successivè tanquam titulares beneficiati Robertus Bulleux, tùm alii successores per molimina resignationum, Joannes Lescot vir sæcularis etc.1660, pace factâ inter reges, ecce decurrit 4 julii Alexander le Roy doctor Sorbonius Rentiacum reclamans, aliàs secundatus à rege Christianissimo. Unde lis nova à Jacobo propugnata in Consilio Artesiæ : verùm ut deprehendit se conniventiâ ministrorum utriusque regis, exturbatum à prioratu, pergit eodem anno Parisios, oculos detergere Marchiani de la Fuentes, suadeturque ab eo, bullâ devoluti redintegrari. Quæ executioni mandata sunt ad tempus. Bello 1667 iterùm inter eosdem principes exorto, Jacobus per curiam Bruxellensem iterùm redintegratur : pace subinde factâ, recedere cogitur. Nilominùs ab eo multa interim reædificata sunt ad graves expensas. Jacobus ille anno 1669 degebat uti religiosus in monasterio, 1670 prior Hasprensis fungens suâ vice hebdomadarii officio. Motivo servandi Rentiacum à manibus extraneorum në omnia pessumdarent amplius, urgebat 1672 novum æmulum nomine Delattre : .... Necdum lite terminatâ, religiosus ille Deo et sibi vacans, plùs et plùs intendit sui statûs exercitiis. Miti morte non paulò post consumitur 30 martii 1676, annos natus 73. Ne autem Vedastini grava-.

rentur de debitis quæ defunctus contraxisset Audomari, in qualitate prioris Rentiaci et Biancourt : de mandato magni Prioris abstinuere ab ejus mobili, seu suppellectili, quæ in indicem juridicum servata est diù.

PAULUS DE LE PRÉ. Ortum habuit 18 novembris 1605, 1630 redux è collegio Duaceno fit presbyter cum socio præcedente. Paulò post factus Gorrensis ad annum 1646, 1646 tertius prior, tùm eodem anno supprior, 1655 cellerarius et vices agens granatarii. Rebus humanis eximitur 22 aprilis 1668, annos natus 68. Tumulatus jacet ad fores sacelli Sancti Benedicti.

1624, 27 octobris. Induti sunt sex candidati, professi posteà 4 octobris 1627, dilati ob absentiam Abbatis. Mox omnes amandantur ad scolas collegii Duaceni.

ANTONIUS GAZET, Ariensis. Ætatis 23. Professus vacat theologiæ Duaci : redux 1629, sacratur presbyter ab episcopo Atrebatensi 20 septembris 1631, Gorrensis 1637, 1645, degit in monasterio 1648, 1651, Berclavensis diem ultimum claudit 23 novembris 1657, annos natus 51.

PHILIPPUS DE MAGNICOURT, Gravelinganus. Ætatis 22. Ei ortum dedere martii 1602, Antonius Scutifer de Præsidiariis Hesdinii, et Mariâ de la Barre. Post professionem repetiit cursum philosophiæ Duacenæ : 1629 redux fit tandem presbyter 25 septembris 1633 per episcopum Tornacensem. Posteà habitavit præposituram. . . . . . . 1640 revocatus renuntiatur præfectus operum, eodem anno Gorrensis. 1645 Beuvrariensis, 1651, 1661, 1670 reddituarius, exercens simul vices granatarii. . . . .

præpositus Saliensis 1672. Munitus sacramentis fit exsanguis 28 junii 1679, annos natus 78.

Ludovicus de Fremessent. Ætatis 19, ex Flers juxtà Hesdinium Oriundus 1ᵃ martii 1605 ex stirpe Thomæ et Annæ du Carlo. 1631 revocatus è Duaco fit subdiaconus cum tribus sequentibus, ab episcopo Tornacensi, 1632. 1634 sacerdos ungitur cum quinque sociis ordine sequentibus, et aliis tribus Vedastinis, per illustrissimum Atrebatensem 23 decembris. 1637, 1645 Berclavensis. E vivis abscedit 10 octobris 1649, annos natus 42.

Petrus Happiot, Atrebas. Ætatis 19. De parochiâ Sancti Joannis, 31 augusti 1605 sacris inundatur, è familiâ Petri et Annæ le Mieûre Votis actis cæpit ediscere philosophiam Duacenam. 1631 redux, neomista sacratur 1634. 1637 Berclavensis, 1639 redux, fit præfectus operum 1642, Beuvrariensis 1645, docet philosophiam 1646. Medio ætatis florentis, morte prævenitur 4 januarii 1648, annos agens 43. Quidam Robertus Hapiot graphiarius Consilii Artesiæ nobilitatus anno 1594.

Robertus Gilles, Betunœus. Ætatis 19. Stemma trahens à Germano, et Magdalenâ de la Fosse 16 octobris 1605. Socius scolarum et ordinum cum præfatis sociis, Hasprensis 1635, 1661 ; Beuvrariensis 1645, 1648 eleemosynarius, Berclavensis 1653. Firmus consilii pluries obstitit, ne amplius cœnobium ære alieno gravaretur 1654. 1674 thesaurarius apponi curat tabellam adorationis regum juxtà scalam turris monasterii. Animam efflat 22 julii 1675, annis vitæ peractis 70.

Franciscus Guerard, Atrebas. Ætatis 18. Sacro fonte purgatus in ecclesiâ Sancti Gaugerici 19 septembris 1606

de stemmate.... 1631 redux ex universitate sacerdotio
decoratur 1634 cum sociis, Gorrensis 1636, succentor
1640, sacrista 1641, vinitor 1643, 1647 per aliquot menses delegatus ad regimen Beuvrariense, 1647 questor
generalis, 1665 3ᵃ martii capitulariter à magno Priore
renuntiatur Præpositus major. Tertio ab obitu Domini de
Saint-Amand præpositi die, sacramentis præviè munitus
in pace requiescit 11 octobris 1670, annos natus 64.
Conditus terræ propè capellam SS. Confessorum. Ab hinc
magnus Prior Dⁿᵘˢ Chasse ejus nepos mnemosynon
marmoreum ei affigi curavit, ad parietes stallorum chori,
versus meridiem, his verbis : « Pietate in Deum singulari,
officiosâ in confratres humanitate, difficillimis temporibus, immotis constantiâ et rectitudine, sibi ab exteris
fidem, à domesticis amorem conciliavit. »

1625. Vestitur solus, dein professus 1628 mittitur Duacum ad studia

PHILIPPUS LE MERCHIER, Ariensis. Ætatis 19. Consobrinus Dⁿⁱ Antonii suprà folio 193, 1631 legere incæpit
rhetoricam Duaci : tum philosophiam 1633, antequam
sacerdotio initiaretur septembri 1634. 1637, 1641 perseverat professor philosophiæ emeritus, 1645 subregens et
œconomus novi collegii. Morte prævenitur 27 januarii
1649, annos agens 44. Ecclesiæ sacramentis inter confratrum orationes præviè susceptis, relictâ boni nominis
famâ, terræ mandatur in ecclesiâ Sancti Gregorii Dua-
.censis.

1626, 25 octobris. Adlecti ad primum novitiatum, octo candidati professi omnes 14. septembris 1629: diriguntur ad collegium Duacenum

STANISLAUS FOGELWAIDER, Bruxellensis. Ætatis 20. E stemmate.... et Marthæ Van Hûche. Transactis quatuor annis Duaci, recipit tonsuram et minores ab Abbate, Berclavensis 1637, 1640, Hasprensis 1645. Berclavi stadium vitæ brevis decurrit 8 septembris 1649, anno vitæ 43.

FRANCISCUS FOUQUIER, Atrebas. Ætatis 18. In ecclesiâ Sancti Nicolai ad Fossas baptizatur a D^{no} Philippo le Clercq præposito Sancti Michaelis 4 octobris 1608 de prosapiâ Ludovici.... Promovetur sacerdos Ariæ ab episcopo Audomareno 20 septembris .... 1640, 18 martii, quidam D^{us} Robertus Fouquier.... religiosus Sancti Sepulcri Cameracensis tumulatur in ecclesiâ Sancti Vedasti propè sacellum Sancti Fiacrii, sub hoc superposito epitaphio, his verbis : Is diversis muniis sui cœnobii laudabiliter functus, ejusdem loci electus est Abbas, et ab Urbano VIII° confirmatus, sed securioris vitæ studiosus cessit oneri, ac tandem multis ærumnis et senio confectus Atrebati vivere desiit. Noster porro Franciscus .... munia sacristæ obibat 1644, 1648; 1649 simul sacellanus magni Prioris ; 1648, 1652 reffectuarius, 1668 cellerarius : paucis post annis onere levatur, senior expirat 31 octobris 1680, annos agens 73. Jacet etiam conditus è regione Sancti Fiacrii.

PETRUS LESTRELIN, Valentianus. Ætatis 18. Sumit ortum in parœciâ Sancti Vedasti 14 octobris 1608 de stirpe Egidii et Mariæ Cocquiel. Presbyter sacratus 23 decembris 1634, professor philosophiæ in nostro collegio 1636, Majus 1647, 1651 theologiam legit, 1661 subregens, 1664 præses collegii conventnalis, 1671 Præpositus Magnus, 1672 abdicat officium degens ex desiderio privatus vir, februario 1677 præpositus Berclavensis, unde redux 1679. Obiit venerabilis senex in monasterio 10ª januarii 1681, annos agens 73. Vir pius....

FRANCISCUS DU CARIEUL, Atrebas. Ætatis 18. In templo Beatæ Madgdalenes baptizatus 27 decembris 1608 de stemmate...... 1633 redux è scolis Duacenis. Berclavensis 1637, 1640. Fato functus..... 1642, annis vitæ transactis 34.

BENEDICTUS COUPPÉ, Atrebas. Ætatis 17. Anteà dictus Isembardus: trahit 8 octobris 1609 prosapiam de Henrico et Clarâ Davesnes. Post studium quinquennii revocatus ex universitate præfatâ, initiatur cum socio sequente presbyter Ariæ ab Illustrissimo Christophoro de France episcopo Audomarensi 20 septembris 1636. 1640 mense augusto post urbis obsidium, renuntiatur succentor, simul præfectus vestiarii, 1644 cantor. Meritis plenus occumbit 11 octobris 1646, annos natus 37. Jacet pro resurrectione antè capellam Sancti Benedicti.

ANTONIUS PARMENTIER, Ariensis. Ætatis 17. Oriundus 11 octobris 1609, de stirpe Francisci, qui fuit receptor statuum Artesiæ et Annæ Cauliers. Socius et par conditionis exstitit scolarum et ordinationum cum præfato Couppé, 1640 Hasprensis factus, ibi semper degit, 1653 ibidem cantor, 1664 thesaurarius Hasprensis, 1674 quia vacante officio præpositi Hasprensis, hostilitatum illuc inducerent Hispani Bruxellenses. Natus ille de ditione Hispanicâ declaratur ejusdem loci præpositus, deprecatus prævie sibi oblatam dignitatem, demùm obedientiæ obsequentem se fecit. Naturæ debitum ultimum exsolvit 1ª augusti 1676, annos agens 67.

Nicolaus Gerin, Valentianus. Ætatis 16 1/2. Aquis tingitur salubribus in æde Sancti Vedasti, 5ª januarii 1610. Sumens ortum de Nicolao et Mariâ Buirette. Post studia Duacena, levita factus Ariæ septembris 1636 per episcopum Audomarenum. Ungitur sacerdos decembri 1637 per Illustrissimum Tornacensem, 1640 post urbem captam secedens, hæret Gorrensis. 1645 à religiosis sub Hispanicâ ditione degentibus, omniumque votis, œconomus Gorrensis expetitus. Tòm præpositus localis post abcessum D. Balderici Despierre, declaratus ab Haccartio, confirmatur à Dⁿᵒ de Bourgogne electo 1645, concurrente etiam majore Priore de Bonmarchiet, 1674 revocatur ut senior ad monasterium : dein Hasprensis, uti loci thesaurarius, interdiù degens in refugio Valencennensi. Reversus ad Sanctum Vedastum, sub finem anni 1678. In senectute bonâ vitam deserit 28 aprilis 1680, anno ætatis 71. Sepultus è regione meridianâ, coràm fano Sanctorum Angelorum.

Joannes Antonius de Wignacourt. Ætatis 15 1/2. De Flètre, oriundus Lilariis, è nobili stemmate.... et Annæ de Liers 15 aprilis 1610. Alibi dicitur baptizatus in pago de Lières in Artesiâ, 1636 20 septembris fit subdiaconus ab archiepiscopo Cameracensi, dùm alii socii ordinarentur ab episcopo Audomareno, 1637 promovetur levita ab eodem archiepiscopo. Non multò post levita fit Hasprensis, Haspris ibidem residebat 1639, 1645. Migrat à sæculo 3ª martii 1647, annos agens 37.

1627, 28 octobris. Admissi vestiuntur duo sequentes. Professi 14 septembris 1630, emittuntur ad scolas Duacenas.

Natalis le Tenneur, melius Teneur, ex Lisbourg. Ætatis 20. Desumit genus anno 1607, è prosapiâ Jacobi et Joannæ de Neuféglise. Professus, operam dat theologiæ: legit rhetoricam 1633. Inauguratur autem presbyter 23 decembris 1634, cum socio sequente, per Illustrissimum Atrebatensem. 1638 præfectus collegii philosophiam edocet, 1640 subregens, 1640 grassantibus belli cladibus petiit et obtinuit à D° majore Priore, monasteriique administrantibus, transferri ad monasterium Sancti Adriani Montensis, ubi ab hoc anno hæsit valedicens confratribus.

Claudius Lanvin, ex Frévent super Cangiam. Ætatis 17. E stemmate Joannis et Mariæ Duquesnoy, fonte vitali purgatus 9ᵃ julii 1610. Editis votis, vacat studiis theologiæ, quibus non interruptis, ei imponitur in remigialibus 1631 : ut rhetoricam alternatim legat cum D° Philippo le Mercier. Philosophiæ professor, 1640, 1645. Theologiam legit 1653, 1663. Regens collegii 1657 usque 1675 : quo anno 11 septembris levatus est officio. Principi de Ligne, totique curiæ Bruxellensi notissimus, pluries Archiducem gratioso colloquio pro collegii negotiis convenit; aliàs Reginam Galliæ matrem Parisiis salutavit. 1664 vacante Abbatiâ Alderburgensi, ad ejus pedum pastorale, per consilium Bruxellensis curiæ præpositus est et denominatus. Tum subsequenter præpositus ad Abbatiam de Valsor, seu Vaussour, quæ insidet inter Dionantium et Givetum propè Namurcum, anno 1668.

Ast neutrum acceptavit: propter istorum locorum intricatas obserationes, reique strepitosæ diuturnitatem. Vir extitit summæ eruditionis, pietate præclarus: in comitate et urbanitate nulli secundus. Superioritatis jura quæ in majore Priore monasterii limitaverat, in extensionem facultatis administratorum collegii Duaceni: tricis et vitiligationibus post positis demùm agnovit. Tùm redux ad monasterium, ultimos suæ mortalitatis annos ibidem traducit humilitatis, patientiæ, resignationisque typum confratribus exhibens. Dedit vero ecclesiæ monasterii picturam resurrectionis Christi, quæ appensa desuper vestibulum interius dicti templi, ex manu artificis Bruxellensis etiàm nunc cernitur. Cùm profectus esset Duacum: paulò post in ægritudinem lapsus. Vitam claudit 16 novembris 1676, annos natus 67. Sacramentis omnibus debitè munitus, in Camerâ quâdam hospitii filiarum Dei: unde lectica moribundi hactenùs nomen ejus retinuit.

1628, 15 octobris. Annumerati novi sex Tyrones: omnes professi 13 septembris 1631 pridiè exaltationis Sanctæ Crucis, diriguntur subindè ad scolas Duacenses.

Nicolaus Immelot, Yprensis. Ætatis 22. Stemma nobile traxit à Judoco Toparchâ de la Torre et Annâ de Mol..... Regeneratus salubri lavacro 6ᵃ anni 1607, in templo Sanctæ Mariæ de Brieles juxtà Ypras. Hypodiaconus peste interiit 21 februarii 1635, annos natus 28.

Joannes Gillot, Ariensis. Ætatis 18. E stirpe Jacobi et Jacobæ Wallart, in fonte baptismi ædis Sanctæ Mariæ purgatus anno 1610. 1639 19 martii ungitur presbyter ab

Illustrissimo Tornacensi, cum duobus è sociis. Duaci residet ab anno 1645 ad 1667. Ast non docuit. 1661, 1664 præfectus collegii, et œconomus 1667, subregens 1666, nomine Haccartii, et religiosorum sub Hispanicâ ditione degentium, 1651 agit receptorem in allodio etc. et sequentibus annis. 1667 revocatus fit suppræpositus, 1670 thesaurarius, 1671 Præpositus major, curat affigi tabellam crucifixi propè vestiarium, cujus pictura inæstimabilis est. Ad manes concedit 16 aprilis 1671, annos natus 71.

> Moribus et corde et factis sincerus et ore :
> Integer ac vitæ, menteque pacificus.

JOANNES LE CENSIER. Ætatis 18. Nepos Dⁿˡ Joannis suprà folio 191, sacris undis regeneratur, in parœciâ Sancti Nicasii 11 augusti 1610, è stirpe Caroli. 1635 propugnat theses theologicas Duaci, 1638 neomista sacratur, magister ordinis 1643, 1644 bibliothecarius, simul et quartus prior, tertius prior 1651, 1652 supprior tempore calamitoso regularitatem monasterii retinet : interdiù egit 1559 vices eleemosynarii, 1661 vices granatarii et reddituarii. Morte sublatus est 18 aprilis 1672 anno ætatis 62. Supprior per viginti annos bene meritus : instanti disciplinæ regularis custodiâ : assiduis vitæ monastices documentis : singularibus virtutum omnium exemplis, et grandi caritate promicuus. Tumulatur antè Sanctam Mariam Blancam.

GUISLENUS DE LA RUE, Atrebas. Ætatis 17 1/2. Recipit nomen Christiani in ecclesiâ canonicorum Sanctæ Mariæ civitatis 3ᵃ januarii 1611 è prosapiâ Caroli. Transegit vitam in collegio Duaceno, presbyter initiatus cum socio sequente, 19 martii 1639 per Illustrissimum Tornacensem, 1640 præfectus collegii : docet philosophiam 1642, magis principalis 1651, theologiam legit 1656, 1661 ; 1661 vice præses collegii conventualis, 1674 præses collegii, 1675 regens. Kalendarium ecclesiasticum perpetuum à se editum 1646 æri incidi procurat, sed usque modo nobis incognitum. Notior exstat acquisitio loci de Boisrivois ab eo facta, in recreationem studentium Vedastinorum et in conductionem bibliothecæ collegii. Verùm locus is, fundo ingratus paucos reddit census. Tandem Guislenus cedens carterio regentis, sedit per plures annos ab anno 1678 in alterâ æde conventuali, ut propior accederet ad ecclesiam. Ibi morti paret subitaneæ, sed non improvisæ 15 octobris 1683, annis vitæ 73 decursitatis. Quem major Prior D^{nus} Chasse tali schedulâ honoravit : « Vir exstitit mentis candidæ, acris et inconcussæ, rectissimæ voluntatis ; ex cujus ore lex requirebatur, qui profundam in philosophicis, tùm mathematicis, tùm in theologicis eruditionem, cum pietate masculâ, solidâ virtute, et rarâ humilitate copulavit : decursu vitæ uniformi tenore, indefesso labore, parvulis doctrinæ panem frangendo, magnum Universitati Duacenæ et Ordini nostro decus, sibi famam et honorem apud Deum et homines conciliavit. »

JOANNES CARPENTIER, Atrebas. Ætatis 17. Salubriter regeneratus in templo beatæ Magdalenes, 10 januarii 1611 de stemmate Michaelis. Neomista 1639 devenit 1641 sacellanus Dⁿⁱ prioris, 1643 bibliothecarius, 1645 præfectus operum, 1649 sacrista, 1655 quartus prior, 1659 tertius prior et vinitor. In his gradibus morte sublatus est 21 augusti 1661, annos agens 51. Religiosus mentis candore fulgens, et affectus in cultum B⁰ Mariæ Virginis.

Jacet humatus in pronao, à latere sacelli Sanctæ Crucis. In hâcce epochâ, cùm religiosi vexarentur de proventu suo à regissoribus italis commendæ : custoditus est præfatus Joannes moribundus quadrimestris per Domicellam Margaretam Carpentier sororem suam natu majorem, quæ non recusavit stipendium 50 librarum.

PHILIPPUS HAPPART, Antuerpianus. Ætatis 14. Renatus vitæ spirituali 6 januarii 1614 in templo beatæ Mariæ Virginis. Evolutis studiis sacerdos sacratur Tornaci 17 decembris 1639, cum tribus sequentibus. Atrebato Regi Christiano parente, 1640 fit Gorrensis, Berclavensis 1645. Vitæ metam attigit 21 novembris 1647, annis mundi transactis 33.

1630, 20 octobris. Ingrediuntur quatuor novi Tyrones. Editis votis, demigrant omnes ad palestram Duacenam.

MICHAEL GALOPIN, Montensis. Ætatis 21. Inter Christianos recensetur 14 aprilis 1609 : in parochiâ Sancti Germani : de stemmate Joannis et Catarinæ de Behault. Neomista unctus 1639 ab Illustrissimo Tornacensi, 1642 eleemosynarius, vinitor 1643, 1648; 1654 sacellanus Abbatis, 1655 reddituarius, 1657 cæpit regimen præposituræ Berclavensis, declaratus loci præpositus 17 julii 1660. Redeundo è visitatione gubernatoris Basseiæ cum socio Baillivo Delebarre : ab equo indomito vulneratus interiit 6 julii 1665, sepultus jacet in præpositurâ Berclavensi. Vir boni nominis.

JACOBUS DE RANTES, Quercetanus. Ætatis 20. Oriundus geminus et secundus filius è stirpe Jacobi et Barbaræ de le Cambre 23 julii 1610. 1639 promotus presbyter Tornaci, Hasprensis mittitur 1640, 1645. Vivens Lenotaphium sibi parat Haspris, in effigie celsâ sculpturæ, retrò stalla ad lævam chori. Ibi transit ad alteram vitam, 20 februarii 1648, annos natus 38.

PHILIPPUS DAMIENS, ex Mons et Moncheaux (Ætatis 17) Vico propè fanum Sancti Pauli, de stemmate Caroli et Mariæ las Comenas, undâ salutis abluitur 1ª septembris 1613. Neomista 1639 cum præfato socio : Hasprensis 1645. Ibi vitam brevem terminat 3 martii 1647, agens annos 34.

PAULUS DESPREES, Betunœus. Ætatis 17. Sacro lavacro regeneratus in parochiâ Sancti Vedasti, de propagine Antonii et Joannæ le Vasseur. Liber posteà recedit.

1633, 17 septembris, Adlecti sunt in novos Tyrones, quatuor sequentes, per suffragia religiosorum recepti 13 septembris 1636 ; postridiè vota vovent. Tùm amandantur ad scolas Duacenses.

ANTONIUS DE CONTES, ex Bucamp. Trahit originem 29 julii 1616 in Castro de Bucamp de parochiâ de Blangiel, in tractu Hesdinensi, de nobili stirpe Ludovici Toparchæ de Bucamp et Annæ d'Héricourt. Medio studiorum initiatur hypodiaconus, cum tribus sociis sequentibus, ab Illustrissimo Tornacensi, 17 decembris 1639. 1640 urgente armorum strepitu, hæret Sailliaci, donec aliter statueretur. 1641 23 februarii ab eodem antistite sacratur presbyter. Hasprensis 1643, 1661 : granatarius 1668, 1671 præpositus Maniliensis, 1678 præpositus Beuvrariensis, 1679 præpositus Berclavensis. Columbarium ibi à fundamentis excit et obstat ne insulenses pro novo canali pistrinum aquatile ad pontem de Madou, per rupturam.... offendant. Animam Creatori reddit 24 octobris 1680, annos agens 64. Vir pius, prudentiæ singularis et fratrum amator.

ARNOLDUS LE MERCHIER, Atrebas. Ætatis 16. Nepos D⁰ Antonio, suprà folio 193, de stemmate Maximiliani Toparchæ de Renaucourt et. . . . Deleval. Sacerdotio insignitus degit Hasprensis 1645, 1661. Redux ad monasterium curat appendi 1668 tabellam Nativitatis Christi, retrò stallorum chori versus solem : paraliticus viginti annorum, cupiens dissolvi et esse cum Christo, fit exsanguis 30ᵈ martii 1671, annos natus 54.

CAROLUS HEEMS, Valentianus. Ætatis 17. De parochiâ Sancti Gaugerici genus trahit 30 novembris 1616, è stirpe Claudii (qui posteà medicus monasterii) et Reginæ de Boilleux. 1640 medio armorum strepitu, hæret levita in præpositurâ Sailliensi de mandato præsidis congregationis. Presbyter factus, Gorrensis 1645. Hæret in collegio Duaceno 1648, 1651; 1663 tertius prior, et vices reddituarii supplens, 1669 Beuvrariensis, 1672 hospitarius. Dein præpositus Angicurtensis. Revocatus dies ultimos claudit in monasterio, functus 10 octobris 1680, annis vitæ transactis 64.

PETRUS LE FRANÇOIS, Atrebas. Ætatis 16. Oriundus 27 martii 1617 de parœciâ Sancti Nicolai Fossatensis. E propagine Joannis mercatoris et Antoniæ Deslaviers. Recepit etiam ordines ab Illustrissimo Tornacensi, medio studiorum theologiæ. 1656,1661 Beuvrariensis, 1664 thesaurarius, cellerarius 1672 per aliquot annos : extitit autem staturâ minoratus, sed fortis animo, cujus vita verè pia, et continua religiosarum virtutum exercitatio : ac veri ascetæ typus fuit maximè commendabilis : tùm ob fervorem ergà officium divinum et assiduam in choro præsentiam ; tùm ob sui abnegationem et in pauperis commiserationem. Migrat de sæculo 16 octobris 1691, ætatis 75, Venerandus senior, et ultimus ex his qui viderant Abbatem Caverellium : tuncque hujusce præsulis desitum est anniversarium. Tumulatur juxtà sacellum Sanctæ Mariæ Virginis.

1634, 8 octobris. Ultimate vestitur ab Abbate Caverellio, Abbas Caverellius recipit totaliter cviij novitios.

EGIDIUS MARTINI, Bruxellanus. 1637 instante professionis die, mense februario, ab instituto decedit ultrò : de multo communitatis consensu.

Deficiunt indè . . . .

. . . .

Tempestate plùs et plùs luctuosâ . . . .

1650, 17 februarii, habitum religionis induti sunt à D⁰ᵒ Bonmarchiet majore Priore, capitulo congregato, quatuor serie
sequentes. 12 septembris 1651 recepti pluralitate capitulan-
tium, schedas suas privatas, scrutatoribus tribus contraden-
tium. Eodem die in missâ solemni, professionem edunt sub
hâc formulâ finali, in præsentiâ D.... magni Prioris et conventûs, addentes etiam, de consensu electi Abbatis, D⁰ⁱ Maximiliani, quod is contradiceretur ab Haccartio, verùm hæc
ultima verba non inutilia modo sed impertinentia ad rem
reputabantur. Professi autem studuerunt philosophiæ in monasterio, sub D⁰ᵒ de Blissy extraneo professore.

PETRUS DE ROUGEMONT. Ætatis 21. 1652, 25 martii
recipit subdiaconatum ab Illustrissimo Tornacensi : septembri diaconatum ab eodem. Demùm extrà tempora
virtute indulti apostolici 23 februarii 1653 presbyter
sacratur Tornaci. Sacrista 1656, granatarius 1671, vinitor
1661, 1676 suppræpositus. De hâc luce subtrahitur 6ᵗ
aprilis 1689, annos natus 60. Jacet conditus retrò Mausolœum Caverelli extrà chorum.

PHILIPPUS ALBERTUS DESPRETS. Ætatis 18. De stemmate Philippi scutiferi Toparchæ Roclencourt. 1654
septembri fit hypodiaconus Ambiani cum duobus sociis
sequentibus. 1655 maio promovetur levita ab episcopo
Sylvanectensi, cum socio sequente, tùm presbyter.
Bibliothecarius 1650, quartus prior 1659, 1661 tertius
prior, eodem anno, vacat theologiæ Duaci, et docet philosophiam, majus 1665, 1672, professor theologiæ 1672.
Cellarius in monasterio 1674. Præpositus Gorrensis 1675,
1679 Augusto præpositus Saliensis, 1683 præpositus

Beuvrariensis : ibidem vivendi finem explet 21 junii 1690, annos natus 59.

Antonius le Sergeant, Atrebas. Ætatis 17. Sacro fonte renatus in templo Sancti Joannis Baptistæ, 22 aprilis 1633. De prosapiâ Antonii Dⁿⁱ de Beaurains, et Margaretæ Smerpont. Ordines recipit cum socio dicto, promotus presbyter Ambiani 22 septembris 1657, 1661 quartus prior, 1666 tertius prior, reffectuarius simul et bibliothecarius : 1672 supprior, secretarius capituli et vices gerens reddituarii. Religiosus extitit eruditione non impar, vir amabilis, morum candore, quotidianis virtutum exemplis, ardentique disciplinæ regularis zelo præditus, confratrum bono natus, et singulari omnium studio desideratus. Morte eripitur 26 junii 1680, annos agens 47. Jacet humatus antè sacellum Sanctorum Confessorum.

Adrianus d'Estourmel, Belvacesio. Oriundus è stemmate Caroli, legitur ejus consanguineus Toparchâ de Mamés. Ortum ducit à Carolo scutifero Toparchâ d'Herville, et domicellâ Margaretâ de Govier, baptizatus in parochiâ de Thieux in Belvacesio, recepit ordines sacros Ambiani, presbyter factus septembris 1657. 1662 præfectus operum, 1664 quartus prior, 1665 julio præpositus Berclavensis, novembris 1673 præpositus Beuvrariensis, 1678 præpositus Maniliensis. Tunc cùm strueretur minor pronaus in ecclesiâ parochiæ Maniliensis, desuper ejus fores opposita illius gentilitia. 1683 initio augusti translatus ad præposituram Sailliensem, præpositus recens ibi fato functus est, 17 decembris 1683, annis vitæ peractis 50.

1651, 23 maii. Superaddundur quatuor sequentes et 14 septembris 1652 (alibi 14 decembris sed erroneè), vota edunt eodem modo quo supradicti, eodemque die per schedas in capitulo recepti.

FRANCISCUS DU BOSQUEL, ex Merignies. Ætatis 22. Ortus è stemmate Antonii D^ni de Horel et Isabellæ du Crocq. Necdùm professus initiatur minoribus 1652 ab Illustrissimo Boloniensi cum tribus sociis. 25⁴ maii subdiaconus ab episcopo Tornacensi sub titulo patrimonii à solis magno Priore et conventu approbato. Aderat autem religiosus Sancti Vedasti hos candidatos præsentans episcopo præfato sub litteris dimissorialibus magni Prioris, quæ tamen non fuerunt expetitæ..... Post professionem, ab eodem antistite promovetur levita, tùm 23 februarii 1653 presbyter, cum D⁰ Petro de Rougemont, et socio sequente. 1665 præfectus operum, 1662 sacellanus prioris, 1672 præpositus Berclavensis per interim, 1675 thesaurarius, 1676 granatarius, 1689 suppræpositus. Ergastulum sui corporis piè deponit 20 martii 1693, annos natus 74. Sepultus extrà sacellum Sanctorum Martyrum cum sociis resurrectionem expectat. Quidam Jacobus du Bosquel major oppidi Insulensis nobilitatus anno 1564.

LUDOVICUS DE LA GRANGE, Insulanus. Ætatis 24. Ex declaratione propriâ scripto mandatâ ortus est de parochiâ Sancti Stephani 27 aprilis 1627, ex familiâ Ludovici et Philippidis Bâve. Philosophiæ et jurisprudentiæ cùm diù Duaci vacasset, fisci et decani munere functus fuisset, baccalaureatùs laureâ donatus, legum decretorumque candidatus pro licentiâ declaratur. Medio Tyrocinii religiosi initiatur ordinibus, factus subdiaconus ab Illustrissimo Tornacensi. Tùm levita et presbyter ab eodem dominicâ quinquagesimâ cum socio du Bosquel, Hasprensis 1665, Berclavensis 1671, 1677, 1680, Gorrensis 1672, redux ad monasterium, 1680 renuntiatur theologalis: intendit editioni variorum librorum, inter quos adest alter instructionum pro confessariis, alter pro pænitentibus, uterque translatus et elucidatus gallico idiomate ex Italico Segnari, opus exquisitum: 2 volumina in 12° quod excussum Parisiis dicavit respectivè Cardinali Bullonio Abbati et Illustrissimo Atrebatensi Dⁿᵒ Guidoni de Sêve ; huicque ità percarum ut quotidiè præ manu in meditationem gestaretur. Alias etiam edidit meditationes prælo excussas pro unâquâque mensis die. Verum posteà alter exarator librum illum secundâ impressione donans, apposuit in autorem, quemdam extraneum...... quam subductionem oculis probavimus. Is autem Ludovicus ad patres apponitur: functus 28ᵃ augusti 1691, annos natus 64. Donavit in ecclesiæ decorem tabellas argenteas canonum majoris aræ.

Isaac de Ransart, Atrebas. Ætatis 22. Ortum sumit 13 martii 1629. Inauguratur Tornaci omnibus ordinibus præter presbyteratum, quem recipit Parisiis ab episcopo Sylvanectensi, Dionysio Sanguin 5 octobris 1653 extrà tempora, sub dispensatione apostolicâ. 1659, 1663 cantor simul et eleemosynarius, 1672 thesaurarius, hoc quoque anno gravatus morbo Sancti Marculphi, agit per se octavam ad Sanctum Petrum Corbeiensem: dein morte sublatus est 2ᵃ martii 1673, annos natus 44.

GUILLELMUS NICOLAUS DE LA CHARITÉ, Atrebas. Jàm tonsuratus et minorista vestitus. Ætatis 21 1/2. Oriundus 10 novembris 1629 de parochiâ Sancti Gaugerici. Nepos Dⁿⁱ Nicolai suprà folio 217, cujus insignia non retinuit. De stemmate Joannis et Mariæ le Riche. Sæcularis egit philosophiam Duaci. Medio autem novitiatûs promovetur hypodiaconus ab Illustrissimo Tornacensi, donatus eodem titulo patrimonii à patre uti D^{nus} Franciscus du Bosquel socius. Cum eo etiam sacratur presbyter Tornaci, dominicâ quinquagesimæ 1653. Tùm Deo libat dominicâ Passionis, anno ætatis 23 et quatuor mensis. Posteà egit aliquantulùm Duaci pro studiis. Cavens triduò ante obsidionem 1654 ex Atrebato apud Beuvrarias secedere. Conducit autem per plures annos villicationem Sylvæcurtis 1663 quam religiosi diù per se tenuerunt. Inde fuit director novitiorum 1665, præfectus operum 1671 vir vigilantissimus et laboriosus, 1673 questor generalis sedulus, 1683 Præpositus major, restaurat alam novam sui carterii.

1652, 2ª augusti, habitum suscepêre quatuor novi candidati, professi omnes cum aliis tribus sequentibus ; 3ª maii 1654 eodem modo quo suprà.

FRANCISCUS HOURDEQUIN, Atrebas. Ætatis 20. Trahit genus 20 julii 1632 è genere Lamoraldi procuratoris regii in Consilio Artesiæ et Mariæ Magdalenes Tahon. Omnes ordines recepit ab episcopo Sylvanectensi; tàm Sylvanecti quàm Parisiis, presbyter factus 16 martii 1658, 1660 secretarius capituli, sacrista 1661, 1668 præpositus Maniliensis, 1671 suppræpositus, ambiens officium 1672 præpositi Sancti Michaelis destructi, restringitur ad unicam dignitatem 1673, confirmante Bullonio Abbate. 1674 Magnus Præpositus, non segniter munus obit, ab anno 1679 pro monasterii negotiis, hærens sæpiùs Parisiis, ibidem loci reliquit ossa 3 decembris anno ætatis 50. Cadaver custoditum est per unam noctem ab uno presbytero stipendiario, postridiè delatum est ad exequias in ecclesiâ Sancti Mederici de cujus parochiâ substabat hospitium defuncti. D^{nus} Feret officiarius cardinalis Bullonii curam egit de omnibus : solvitque expensas funebres ad summam 130 lib. computato velamine panni nigri. Verùm alibi legitur quod cadaver fuerit sepultum ad Abbatiam Sancti Martini de Pontissarâ à parocho et clericis Nostræ Dominæ, expensâ 12 libr. pro illis.

JOANNES BAPTISTA FONTAINE, Atrebas. Ætatis 19. Jàm minorista, prosapiam deducens aprilis 1633 à stemmate Petri consiliarii. Atrebati promovetur levita ab Illustrissimo Tornacensi feriâ 6ᵃ post cineres 1657. Tùm sacerdos Parisiis cum socio supradicto 1658, cellerarius..... 1665 professor philosophiæ. Magis principalis 1669, theologiam legit 1673, præses collegii conventualis 1675, 1676 præpositus Hasprensis. Ubi jacet mortuus sub mausoleo, retrò stalla ad dextram appensa, honoratus his verbis in schedâ ejus obitus : « Sortitus animam bonam ac vivis sapientiæ æternæ aquis inundatus, fons cunctis amænus, et dulcis evasit, in Artesiâ scaturivit, sed parvus et solitudinis serâ signatus latuit. In Flandriâ comparatas in silentio aquas salutares, copiose effudit, Universitatis Duacenæ decor factus est, sapientiæ cupidis limpida sacræ theologiæ dogmata spargens. In Hannoniâ tandem, quasi flumen redundans, omnem circumcircà regionem, diversis bonorum rivulis irrigavit. Hasprarum regimini praepositus, abjectione postremus mansit, cunctis liberalis et commodus, sibi parcus et durus, fortunæ adversa, belli strages sensit, sed sustinuit in patientiâ, nec à pauperibus saturandis, nec à reparandis domûs Dei ruinis cessavit, terrenis vacuus, cœlestibus abundans opibus, ardentem sui sitim viventibus reliquit, etc. »

Talem ac tantum virum staturæ excelsæ, virtutis eximiæ, raræ pietatis, ac perfectæ caritatis, audimus etiamnùm contemporaneis præconisari. Eâ ejus fuit in pauperes misericordia, ut pecuniâ vacuus, indusium proprium, in bosco quodam exutus, transeunti egeno clàm dederit. Multa alia hujus generis post ejus mortem propalata sunt. Eâ astitit œconomiâ ut novum refugium altero vendito, procuraverit Valencenis, carterium que integrum, in secundâ fronte Hasprensis præposituræ struxerit. Villicatoribus universæque genti acceptissimus, demùm ab aliquot annis regimine temporalium exoneratus, magnâ sui ergà superiores majores exhibitâ submissione et obedientiâ : Cælo maturus, piè ac sanctè devixit 21 novembris 1701, annos natus 70. Vir et religiosus sanctæ memoriæ.

ADRIANUS DE BOULOGNE, è Leodiensi Provìnciâ. Ætatis 19. Exortus maii 1633, 16 martii 1658 promovetur Parisiis subdiaconus, ab episcopo Suessionensi : tùm levita ab episcopo Brugensi in Flandriâ. 1660 13 martii ungitur presbyter Tornaci : Hasprensis 1672. Berclavensis 1677. Beuvrariensis 1677. Ibi morti paret 9ª maii 1680, annos natus 27, subitaneo mortis aculeo correptus.

ANTONIUS CHASSE. Jàm minorista, desumpserat genus

in districtu parochiæ Sancti Gaugerici de stemmate Antonii et Franciscâ Guerard ortus 29 aprilis 1635. Receptis subdiaconatu ab Illustrissimo Tornacensi, diaconatu ab episcopo Suessionensi, tandem sacratur sacerdos Parisiis ab episcopo Illustrissimo Sarlatensi 7ª junii 1659. Paulò post in collegio Duaceno philosophiam docet 1661, magis 1665, 1669 theologiæ professor. Ab anno 1662 donatus à vicariis generalibus episcopii Atrebatensis vacantis, licentiâ confessiones audiendi et prædicandi. Initio anni 1672 revocatus ad monasterium pro urgente negotiorum ac litium directione, paulò post capitulariter à Dⁿᵒ magno Priore renuntiatur Præpositus major.

Tùm 23 februarii.....

Eodem anno 1652, 28 septembris, annumeratus est, et vota edit cum suprà dictis

Joannes Baptista du Bœuf. Recipit ordines cum socio supradicto: presbyter neomista 1659, 1667 succentor, sacrista 1669, reffectuarius 1674, præpositus cellæ vinariæ 1675, thesaurarius 1676, 1680 Hasprensis. Ad manes concedit Haspris 21 junii 1681, annos agens circiter 46.

Eodem anno 17 novembris, superadditus est socius votorum cum supradictis

Jacobus de Boulogne, ex Bioul (ætatis 20 1/2) in Tractu Namurcensi, exortus februar. 1632 de stemmate Jacobi scutiferi, Toparchæ de Florimont et Antoniæ de Reffin. 1655, maii,... fit minorista: Sylvanectensi episcopo dené-

gante concedere simul subdiaconatum deffectu interstitio-
rum. Berclavensis 1665, quartus prior 1665; 1669, 1672
tertius prior, 1674, 1675 hæret Haspris, missus ad loci
negotia, reddituarius 1673, 1676, præpositus Gorrensis
1678: 1680 præpositus Berclavensis per 27 annos. In his
muniis constitutus votorum, et veræ in Deum devotionis
jugiter memor, extraneorum reverentiam sibi conciliavit
et confratrum, innatâ sibi conversationis affabilitate amicitiam usque ad finem vitæ adauxit. Vir maximè parcus
eloquio, prudentiæ sectator, vir tandem secundùm institutum apostolicum et piæ memoriæ. Sacramentis munitus dies claudit 8 aprilis 1707, annos natus 76.

1653, 24 octobris. Admittuntur duo sequentes, professi posteà 4ᵃ maii 1655 ritu quo suprà.

Franciscus de Beauvoir, Atrebas. Ætatis 21. Oriundus
7 maii 1632. 1658 initiatur hypodiaconus 21 septembris
Ambiani, levita Parisiis 20 septembris 1659, ab episcopo
Sarlatensi: demùm ungitur presbyter 18 septembris 1660
Gandavi. Berclavensis 1665, socius.. . 1666, 1671 quartus
prior præfectus braxatoriæ, tertius prior 1675 et quia
Hasprensis præpositura.... 1675 cellerarius, 1680 præpositus Gorrensis per viginti quinque annos. Demùm curâ
dictæ præpositūræ inter manus superiorum depositâ,
sacramentis devotè susceptis moritur præpositus senior
5ᵃ aprilis 1706, annis vitæ transactis 74.

Petrus Jourdain, Ambianensis. Ætatis 19. De parœciâ
Sancti Remigii, oriundus è stemmate Petri et Catarinæ
Bultel. Recipit omnes ordines cum præfato socio. Neo-

mista 1660, Berclavensis 1661, præpositus Angicurtensis
1669. Senior privatus, diutino articulari morbo captus,
vitam cum morte commutat 18 maii 1762, annos agens
68. Vir verè pius, ac religionis. Jacet sub humo, secùs
sacellum Sanctæ Crucis.

Deficiunt adhuc vestitiones per quindecim annos.

Julius Mazarin....

Reginaldus d'Este.

**1665, 27 martii. Roboratur conventus Vedastinus, vestitione octo
Tyronum hâc serie. Posteà omnes vota edunt in missâ solemni
10 septembris 1666, in præsentiâ D. majoris Prioris celebrantis et conventûs, ritu hùc usque sub commendâ servato.**

Franciscus Fontaine, Atrebas. Ætatis 24. Frater Germanus D. Joannis Baptistæ suprà, oriundus 1641, de
fonte baptismatis levatus à Dno de Saint-Prœuil, Atrebatensi gubernatore primo, cui eodem anno amputate est
cervix Ambiani..... Receptis post professionem infrà sex
menses omnibus ordinibus ab Illustrissimo Ladislao Jonnart episcopo Audomareno : unctus sacerdos 26ª martii
vigiliâ Paschæ 1667 cum duobus sociis sequentibus, degit
in monasterio. 1671 Beuvrariensis, eleemosynarius 1672,
reffectuarius 1677, hospitarius 1682. Per plures annos
hæsit Michaelista, dùm præposituram alibi translatam
erigebat magnus Prior. Religiosus extitit staturâ minoratus, simul fraudis nescius, verè devotus, universis
carus, pacificus et humilis. In officiis vero divinis fre-
quentandis ita assiduus, ut caducâ licet senectute curva-

tus ad chorum non gestari sed trahi se faceret. Pie è vivis discedit sacramentis munitus 26ª februarii 1715, annos natus 74. Sepultus antè sacellum SS. Martyrum.

Carolus Hirchoulx, ex Villers au Terque, è stirpe Francisci... Ætatis 23. Initiatur omnibus ordinibus cum socio præcedente, neomista 1667, 1672 cantor, 1682 reffectuarius, 1684 cellerarius per aliquot annos. Mortalitatem explet 10 martii 1700, annos natus 58. Jacet ad fores sacelli beatæ Mariæ Virginis. Vir optimus, justus, timens Deum et eleemosynas faciens.

Vedastus d'Engremont, Insulanus. Ætatis 22. Par sortis fuit ac præcedentes pro ordinibus, presbyter vigiliâ Paschæ 1667. Inde Beuvrariensis 1667, Gorrensis 1672, 1689; 1676 præfectus operum, Hasprensis 1681, 1690, 1695 ; 1685 præpositus Angicurtensis. Indè privatus degit Berclavi 1686. Tandem redux ad monasterium, paupertatis et religiosæ confraternitatis zelator, senior expirat sacramentis debilè munitus, 30ª martii 1707, annos agens 64. Tumulatus quiescit, antè fanum resurrectionis.

Benedictus le Censier. Ætatis 22. Nepos Dⁿⁱ Joannis supra fol. 246, et pronepos alterius Joannis fol. 191. Natalitius ei dies fuit 21 julii 1643 de Natalis et Catarinæ Noel stemmate, super parochiam Sancti Auberti. Insignitur omnibus ordinibus ab episcopo Audomareno, præter presbyteratum ad quem promotus est ab episcopo Rotomagensi, septembri 1667. Fuit primùm director novitiorum, quartus prior 1672, simul sacrista 1674, tertius prior 1677, supprior 1680, sedulus per viginti duos annos : à quo officio sublevatus est quietis causâ, à D⁰ magno Priore procuratæ, dùm is idem zelum Sancti Martini imitatus non recusaret laborem. Posteà non minùs exercitiis regularibus intentus, in exsequendis mandatis Dei cucurrit, ut gigas, usque ad vitæ terminum. Undè honoratus mnemosynali marmore, non adulatoriis nuncupationibus : altè insidet posterorum animis.

Quippè speculum bonorum operum factus, vir extitit summæ in Deum pietatis, magnæ in divam virginem devotionis, regularium constitutionum strictæ observationis, in choro frequentando indefessæ assiduitatis, in pauperes tenerrimæ commiserationis; queis quidquid suo ergastulo subtrahere poterat, hoc idem clàm erogare satagebat. Tandem post dolores pedum acerbos, patientiâ incredibili toleratos, sacramentis refocillatus vitam religiosam religiosè terminat, dissolutionem sui corporis Deo commendans 21 maii 1714, annos natus 71. Tumulatur posteà antè Sanctam Mariam Blancam. Vir piissimæ memoriæ.

Ludovicus de Cortes. Ætatis 20. Ex Rô propè Duacum : Ei genus dedit. . . . . militans sub rege Hispano. 1672 cantor et sacellanus prioris, Berclavensis 1673, 1682, 1694; 1674 prior Hasprensis. 1683 egit thesaurarii vices in monasterio. 1684 rursùs prior Hasprensis, Beuvraïriensis 1688, 1694, 1697, Gorrensis 1697, 1705. 1709 senior degit in monasterio venerandus, summam gravitatem cum singulari affabilitate conjungens; sacramentis consuetis confirmatus, ergastulum sui corporis piè deponit 16⁴ martii 1715, annos natus 70. Terræ mandatus versùs claustrum.

Philippus de la Bécanne, Atrebas. Ætatis 19. Cui

in patrem Nicolaus D^{nus} de Leseuville oriundus ex
regione Cenomanensi in Galliâ (*Mayne*). In matrem
Margaritam Wallart sororem Ludovicæ Catarinæ de quâ
infrà folio 305, junior studet Duaci. Neomista promotus
20 decembris 1670, 1671 agit præfectum collegii Duaceni,
1672 Berclavensis, 1676 eleemosynarius, 1682 cellerarius, decembri 1683 præpositus Saliensis per 26 annos,
1709 præpositus Sancti Michaelis, jubilœum agit dominicâ maii 1715, renovando vota ad altare majus, coràm
majore Priore missam celebrante, sub pulsatione majoris
campanæ. Religiosus extitit solitudinis dilector, nec non
scientiarum gnarus, vir planè secundum institutum
Apostolicum. Domui Dei præesse novit, utrobique religionis cultor, utrobique fratrum amator. Verè sibi pauper,
verè pauperi dives, migrat à sæculo, ad mortem ritè
paratus, 4ᵃ martii 1719, annos natus 72. Cadaver ejus de
summo manè ad monasterium relatum post vigilias de
defunctis sub serò terrâ cooperitur antè sacellaniam de
defunctis.

STEPHANUS LE PEZ, Insulanus jam tonsuratus. Ætatis
19. Oriundus 25 decembris 1646 de parœciâ Sancti
Stephani, è stemmate Gasparis et Antoniæ Lanvin.
Mediis studiis Duacenis fit hypodiaconus ab episcopo
Yprensi 21 septembris 1669. Levita decembri sequenti,
ab Illustrissimo Stephano Moreau, episcopo Atrebatensi
noviter sacrato, et sacerdos in Quadragesimâ 1671 ab
episcopo Audomareno ad archiepiscopatum Cameracensem denominato. Beuvrariensis 1672. 1676 bibliothecarius in monasterio et sacrista simul 1677, receptor
forensis 1679, 1681 reddituarius per 26 annos.

Interim et toto decursu vitæ operam dat arti heraldicæ,

ità ut scripserit plus quàm quadraginta codices in folio, et totidem memoralium volaticorum. Nobilibus Belgii notissimus, eorum stemmata per integrum elucidavit autor firmus, cui nemo refragari ausus fuisset; et ità solertis ingenii, ut genealogias plerasque prævias sive exaratas, sive manuscriptas correxerit. Ceterùm si de ingressu cujusvis puellæ nobilis in prima capitula moveretur quæstio, ad ipsum recurrebant consanguinei, stirpis suæ seriem propalaturi. Imò Marescallus de Boufflers eumdem Insulas accersivit de suâ progenie notas accepturus. Artesianæ nobilitatis in modum prosecutus est prosapias, ut eas prælo mandare paratus fuerit. Sed morte præventus executionem aliis reliquit. In his omnibus socium habuit interdiù D^{uum} Perry suum sororium collaborantem, Atrebatique residentem. Præfato autem Stephano è vivis excesso, tanta papyrorum illiusce speciei copia inventa est, ut ad illarum translationem vix currus suffecisset. Undè molestia irrepit in D^{uum} magnum Priorem, cui jamdiù non arridebant talia opera, ob rationes satis intelligibiles : ne præsertim quidam ex illis nobilibus de gravamine quererentur.

Contigit in his circumtantiis plerosque codices (seu registra) nostri Stephani morientis, hærere per mutuum commercium inter manus dicti Perry. Qui cùm à dicto superiore, parùm de his sollicito, non reclamarentur, eidem siti sunt, posteà ad extraneas manus transituri. Quippè illius genealogistæ hæredes bonis minorati omnia dein vendidere, et horum non minorem obtinuit partem D^{nus} Marchio d'Havrincourt.

Quantùm ad registra de manu D^{ni} Stephani nobis residua, adsunt numero viginti circiter, ad quæ quotidiè recurrunt nobiles, non sine opportunitate. Hique percontant se olim monumenta et cartas suppeditasse præfato socio: necdùm reddita, nec facilè reddenda ob rei inextricabilitatem. Reverâ post illius obitum subsecutum est atrox bellum in Artesiâ, sicque plerisque mortuis inducta est oblivio generalis.

Nunc redeamus ad religiosum Stephanum viventem. Cùm is allaboraret genealogiæ Cardinalis Bullonii Abbatis commendatarii, præpositura Hasprensis vacat 1701. His auditis suum præconem intendit remunerare Illustrissimus ille. Proponit eumdem in præpositum, sed majore Priore denegante consensum, alteri commissus est modo solito locus, Dⁿᵒ Stephano in obedientiâ religiosè subjecto.

Hic tamen non destitit ab opere, talisque opifex qualis ex nullâ hominum memoriâ par visus est, qui tantam si convertisset operam directioni cartarum monasterii, nomen immortale consecutus fuisset. Porrò nihil lucri unquàm ei obtigit. A plerisque in prætium operis dati sunt aliquot libri historiarum, genealogiarum, etc., hique bibliothecam Sancti Vedasti non mediocriter ornant.

Tandem vir ille magnus corpore et ingenio, facundus ore, sobrius, comis et mitis; vir, inquam, religiosæ conversationis et bonorum operum, aliàs strenuus deffensor jurium, ac privilegiorum monasterii: Sacramentis ecclesiæ ardenti zelo susceptis, vitam cum morte commutat 28 januarii 1707, annos natus 61. Terræ mandatus antè sacellum Resurrectionis.

GUILLELMUS DE BEAUMARET, Duacenus. Ætatis 16. De parœciâ Sancti Jacobi, oriundus 8 februarii 1649 de stemmate Arnoldi et Mariæ Jacobæ Honoré: et hinc nepos..... Abbatis Sancti Amandi. Presbyter factus.....

1676 succentor, 1684 privatam ducens vitam lectionaria chori, collationes capitulares, acta ecclesiæ Atrebatensis tempore episcopi Lamberti, aliaque innumera, manu egregiâ transcripsit. Munitus ecclesiæ sacramentis, piè ac religiosè moritur 9 julii 1704, annos natus 56. Sepultus beatam resurrectionem expectat in sacellulo.

1666, 31 octobris. Addicti sunt octo sequentes. Professi omnes 14 septembris 1668, in præsentiâ magni Prioris celebrantis et conventûs. Missi partim subindè ad palæstram universitatis Duacenæ.

CLAUDIUS QUARRÉ, Atrebas. Ætatis 23. E prosapiâ Francisci. Promovetur subdiaconus ab episcopo Stephano Moreau 22 decembris 1668, presbyter 21 septembris 1669, Ypris ab Illustrissimo Martino de Pratz, sacellanus prioris 1673, 1676 præpositus cellæ vinariæ, 20 novembris 1684 thesaurarius. Religiosus pacificus et benefaciens. Ritè paratus, animam efflat 28 aprilis 1701, annos agens 58. Humatus secùs sacellum SS. Confessorum.

MAURUS CLICQUART, ex Mastain, jàm clericus. Ætatis 22 1/2. Desumit genus 10 maii 1644 à Jacobo et Mariâ le Petit. Mediis studiis initiatur subdiaconatu et levitatu ab episcopo Atrebatensi, sed fit presbyter Ypris 21 septembris 1669. Per viginti ferè annos docuit Duaci, philosophiæ professòr 1670, theologiæ 1678 ; 1676 præses collegii conventualis, donatur 1678 ab episcopo licentiâ absolvendi à casibus reservatis. Talentum sibi creditum Deo reportaturus duplicatum miti morte consumitur 23 novembris 1689, annos natus 45. Sepultus in ecclesiâ Sancti Gregorii.

ALEXANDER DE LA CROIX, ex Lalain. E stirpe Nicolai. Berclavensis 1672, Gorrensis 1674, Beuvrariensis 1675. Rebus humanis eximitur 7 januarii 1679.

PLACIDUS DE ROUGEMONT, Bruxellanus. Ætatis 22. E prosapiâ Pauli viri nobilis et Magdalenæ de Vootch quæ vidua obiit Brugis 15 septembris 1697. Studens Duaci ungitur sacerdos ab Illustrissimo Atrebatensi Guidone de Sève recenter episcopo, ad Pentecostem 23 maii 1671. 1674 legit philosophiam, 1682 theologiam, 1683 regens collegii publici ibidem que operibus invigilans, 1705 præposituram Gorrensem regendam suscepit : ad manes tandem concedit sacramentis munitus 11 decembris 1715, ætatis anno 72. Vir iste mitissimus apparuit populo : suavi administratione, quantùm sit sociata virtuti scientia, omnibus ad exemplum comprobavit : vir solidâ devotione præditus, verè sibi creditis confrater, et ab illis prædilectus, grande nomen sibi comparavit ad posteros transmissum.

CASIMIRUS DE LE VAL, Insulanus. Ætatis 19 1/2. In templo Sancti Stephani sacris undis tingitur 9 maii 1647. E stemmate Philippi Toparchæ de Graincourt et Annæ Delannoy : susceptis minoribus ab episcopo Atrebatensi Stephano Moreau, cæteris initiatus est ab Illustrissimo Ladislao Jonnart archiepiscopo Cameracensi, sacerdos unctus 17 decembris 1672, cantor Hasprensis 1674, 1675, sacrista in monasterio 1680, reffectuarius 1684, vinitor 1687, cellerarius 3 martii 1688, 1700 granatarius. Exactâ vitâ religiosi pacifici, sacramentis maturè receptis, tibiali pressus ægritudine, mortem oppetit 28 decembris 1718, annos agens 72. Tumulatur post missam funebrem antè aram Sancti Hugonis quæ ad fores majores chori, ad dexteram insidet.

IGNATIUS DE ROUGRAVE. E Regione Leodiensi. Cognatus germanus Dⁿᵒ Jacobo de Boulogne suprà folio 259, de stemmate Ludovici scutiferi Toparchæ de Biron et Antoinettæ de Boulogne. Subdiaconus naturæ ultimum exsolvit debitum 7ᵃ aprilis 1671, annos natus 24. Tumulatus....

NICOLAUS PAGE. Atrebas. Ætatis 18. Oriundus de prosapiâ Nicolai et Julianæ Brunier (seu) Bruyer. 1672 ad subdiaconatum promovetur ab Illustrissimo Atrebatensi, diaconus ab episcopo Boloniensi 20 septembris 1672. Tandem presbyter Brugis ab episcopo loci 22 decembris 1674, Gorrensis 1675, præfectus operum 1680, dein forensis receptor 1683, 1699 laboriosissimus, 1693 suppræpositus sedulus multùm institit ne sui status suppræpositi summa, ad alium statum, et quidem partim jungeretur. Devixit 21 aprilis 1709, annos natus 59, sub humo jacens antè capellam de defunctis. Vir religiosæ administrationis, qui antè Deum magnas virtutes operatus est.

PHILIBERTUS DESCOULEURS, Atrebas. Ætatis 16. Fuit de prosapiâ Jacobi scutiferi consiliarii Artesiæ. Dùm studeret Duaci fit subdiaconus ab Illustrissimo Atrebatensi 11 junii 1672, et presbyter 21 martii 1674, quartus prior 1676, dein.... tertius prior, interdiù 1680 unà receptor forensis et gabuli, 1683 29 julii præpositus Maniliensis per quinquennium : amotus indè religiosus Hasprensis 1688, Berclavensis 1690, 1692 : 1702 degit in monasterio, 1710 thesaurarius. Postmodùm privatus senior stadium vitæ asceticæ decurrit, et de omni corde suo laudavit Dominum : demùm senio confectus, suscepto salubri viatico, occumbit 30ᵃ augusti 1720, annos agens 70. Humatus propè fanum Sancti Spiritùs in quo vivens celebrare consueverat.

1668, 14 octobris. Vestiuntur quatuor Tyrones. Professi omnes 14 septembris 1670, ritu eodem qno suprà : deinde amandantur ad studia Duacena.

Georgius Tirsay, ex Verniâ, seu Wervy : (ætatis 20). Burga propè Leodium, oriundus 14 aprilis 1648, de familiâ Georgii et Mariæ le Massenghe. Jàm clericus erat antè vestitionem. Scolas Duacenas excolens recipit minores ordines ab Illustrissimo episcopo Noviomensi 24 septembris 1672. Cæteris ordinibus initiatus est ab Illustrissimo Audomareno : presbyter novus 18 martii 1673, quo anno cæpit primus resumere lectionem dialectices. 1674 philosophiæ professor. Evasus ex ægritudine trimestri, quam passus fuerat 1672, interim fuit custoditus in Camerâ hospitii Dei Duacensis, juxtà morem collegii. In alteram lapsus vitales auras deserit 16 augusti 1676, annos agens 29. Religiosus diuturniori vitâ dignior. Obiit autem in patriâ suâ ad quam sese receperat sub spe sanitatis recuperandæ.

Augustinus de Brandt. Jàm clericus Ariensis, Ætatis 20. Sacro fonte purgatus 29 augusti 1648 de nobili stemmate Philippi et Florentiæ d'Auchel. Post studia Duacensia omnes ordines recipit ab Illustrissimo Ladislao Jonnart, episcopo Audomarensi, dein Cameracensi archiepiscopo, neomista insignitus 17 decembris 1672, Beuvrariensis 1673. Tùm Hasprensis, ubi thesaurarius 1678,

prior Hasprensis 1680, 1685 promovetur vinitor, cellerarius 24 augusti 1686, 1688 1ᵃ martii præpositus Maniliensis: ibi egit per 36 annos. Partem ædium principalium
à fundamentis restauravit, domumque pater familias
optimè gubernavit, magno honoris nomine habitus. In
hoc tamen minor quod arbores altas, crescentes in Boscis
non curaverit per Sylvarios sufficienter emundari, et quo
pejus esset, eorumdem enatarum quantitatem minui
siverit contrà regias leges, in grave damnum religiosorum Sancti Vedasti quod subsecutum est, uti narramus
alibi. Noster autem Augustinus non deficit posteà excusa-
tionibus. Verùm illæ viros mortuos respiciebant. Hæc
porrò non alio à nobis percontantur motivo, nisi ut pre-
cautiones in posterum adhibeantur majores, in re tam
momentosâ. Is præpositus tandem senescens, 1718 gau-
denter egit jubilœum eodem modo quo Dⁿᵘˢ Philippus la
Becanne. Tùm ut soli Deo placere studeret, reversus ad
monasterium deinceps degit ut privatus senior. Sed qualis fuit illius senectus? Rara prorsùs. In illo grandævo
nihil molestum aut quid morosum erat reperire, sed
hominem rectum, corpus instar juvenis erigentem, vul-
tum æquè similem, animum rectè cogitantem, linguam
sapida proferentem, et sæpiùs in fines sibi propositos :
Virum singulis carum et affabilem : cunctos, quibus pro-
miscuè occurrebat, diligentem : Religiosum qui toto vitæ
decursu pacem habuit ad omnes tàm domesticos quàm
extraneos ; hominem etiam morum candore, solidâ pietate, et in pauperes misericordiâ commendatissimum.
Tandem Dⁿᵘˢ dictus post unius et alterius mensis defec-
tionem reffocillatus sacramentis, concupiscenti animo
desideratis, longos dies terminat 7ᵃ julii 1732, annos natus

84. Tumulatus ex prævia petitione, antè sacellum Sanctæ Mariæ Virginis.

Maximilianus le Josne, Atrebas. E stemmate Ludovici Georgii scutiferi et Annæ le Clement. Studens Duaci insignitur in ecclesiâ præposituræ Beuvrariensi clericus, et minorista ab episcopo Boloniensi 24 junii 1672, mense septembri sequenti ab eodem episcopo subdiaconus. Cæteros ordines recepit ab episcopo Audomareno, presbyter unctus 25ᵃ februarii 1673, 1674 præfectus collegii Duaceni, 1675 socius..... 1676 sacellanus magni Prioris, Gorrensis 1682. Paulò post receptor forensis in monasterio, census ferè omnes, diù confusos, in nova regissa per novas dinumerationes elucidavit. 1690 præpositus Beuvrariensis, ibidem redditus temporales, si bellorum et prædecessorum incuriâ collapsos restauravit, labore indefessus ; spiritualibus non minùs intendit. Verùm Parcâ insidiante in occulto, febre malignâ corripitur 13 maii 1699, annos agens 51 circiter. Vir recti Consilii, solertis animi. De monasterio benè meritus.

Hadulphus de Lôs, Insulanus Ætatis 17. E parochiâ Sanctæ Catarinæ, oriundus 2 octobris 1651, è stirpe Erasmi pr., vico Jesuistarum, et Mariæ Magdalenes de Bray. Post studia Duacena infrà menses octo ab Illustrissimo Dⁿᵒ Guidone de Sève episcopo Atrebatensi insignitur omnibus ordinum gradibus, presbyter promotus 22 septembris 1674. vigore indulti apostolici super ætatis defectum. Dialecticam docet 1674, philosophiam 1676, 1678 ; 1683 quæstor generalis, insignisque negociator monasterii primùm curat, uti præpositus Angicurti 1686, hujusce loci, alteri religioso posteà relinquendi, restaurationem. 1692 præpositus Sancti Michaelis.

1670, 22 octobris. Vestiti sunt septem sequentes à D^{no} Jacobo de Bonmarchiet; sed vota edunt, duobus exceptis, 8^{a} novembris 1672, in præsentiâ D^{ni} Ant. Chasse, Prioris majoris, et conventûs.

ANSELMUS CALONNE, Nervius. Ætatis 23. Berclavensis 1674, 1686, thesaurarius Hasprensis 1687, religiosus, religiosè uti vixerat, devixit 14^{a} aprilis 1691, annos natus 44.

BERNARDUS DESMARETZ, Audomarus. Ætatis 20. De parœciâ Sancti Dionysii oriundus è propagine Henrici et Mariæ Theresiæ le Sergeant, die 9^{a} novembris 1650. Recipit omnes ordines ab episcopo Atrebatensi, præter sacerdotium, unctus Brugis 22 decembris 1674, Gorrensis 1675, Hasprensis 1676. Indè decurrit munia præcipua monasterii, eleemosynarii 1683, reffectuarii 1687 : dein vinitoris, 1693 hospitarii, thesaurarii 1702, suppræpositi 1709. Demùm in senectutem caducam delapsus, mortem præsentiens, sacramentis ecclesiæ roboratur : et inter confrætrum preces expirat 12^{a} aprilis 1718 annos natus 68. Sepultus jacet juxtà cancellos sacelli SS. Confessorum.

DOMINICUS DE LA MOTTE. Die receptionis, pluralitate suffragiorum non potitur.

BERTINUS LANVIN, Audomarus. Ætatis 19 1/2. Nepos D^{ni} Claudii suprà, desumit genus in districtu parochiæ Sanctæ Margaretæ 1^{a} mai 1651; de stemmate Francisci et Mariæ Dogminy. Initiatus ordinibus Atrebati, fit indè presbyter Audomari 21 septembris 1675 per Illustrissimum de Brias, archiepiscopum Cameracensem designatum :

dein eodem anno Berclavensis, Hasprensis 1676, ubi thesaurarius 1687, Gorrensis 1677, Beuvrariensis 1682, 1687
bibliothecarius in monasterio. Demùm Hasprensis 1697
per viginti quinque annos. 1722 redux ad monasterium,
mox degit jubilœum, more antiquo, nuncque à Vedastinis repudiato: dominicâ die, deductus medio proces-
sionis, coronatus floribus…. Plenus dierum in corpore
sano, terminal dies munitus sacramentis 26 octobris 1738,
annos natus 88. Humatus juxtà fores sacelli Sancti
Benedicti.

Rupertus Bostica, Insulanus. Ætatis 19. Oriundus de
Scipione,… Italo patriâ, et Brigittâ le Chire, 17 julii 1651.
Ungitur presbyter 1675 cum præfato socio : Hasprensis
1677, 1686, Gorrensis 1680, Berclavensis 1689, 169….,
Beuvrariensis 1691, 1697. Vacavit interim per æstates,
confectioni variorum librorum, utens caracteribus planis
auricalcis, medio perforatis, qui adhuc nobis residui
sunt, non levi pretio comparati. Inter hos libros adest
liber maximus gradualis chori Sancti Vedasti et alii
plures pro viciniis Betuniæ confecti. Appoplexiâ correptus, sacramentis que exeuntium confirmatus, migrat
à sæculo 19 octobris 1711, annos natus 61.

Gregorius de Bassecourt.

Idelphonsus Trigault, Duacenus. Ætatis 17. Sacris
undis abluitur in æde Sancti Jacobi 23 augusti 1653. De
prosapiâ Jeronymi et Barbaræ le Vaillant. Receptis minoribus ab Illustrissimo Atrebatensi, initiatur majoribus
ab Illustrissimo Audomareno, presbyter factus 19 septembris 1676 : vigore indulti super ætatis deffectu. 1678
cæpit Duaci philosophiam legere, quartus prior 1681,

1684 tertius prior docet juniores theologiam. Postmodum regressus est Duacum, ut supplementarius philosophiæ 1686, ibidem degeret. Gorrensis 1689, Berclavensis 1692. Præfuit negotiis Sylvæ d'Ongheil, tùm Palustribus de Malomez, quæ ipse cum Pietrio conduxit sinistro eventu. Insuper præfuit operibus novi dormitorii Berclavensis. De jure canonico.... scius, aliqua reliquit memoralia satis prolixa. Ibidem Berclavi interiit 7 februarii 1702, annos agens 49.

Hugo de Saine, Parisinus clericus. Ætatis 16 1/2. Oriundus.... 1654 è stemmate Ludovici et Mariæ Morant. Receptis minoribus ab Illustrissimo Atrebatensi, ad subdiaconatum et levitatum promovetur Cameraci, tùm 26 martii 1678 ad sacerdotium ab eodem antistite Atrebatensi. Succentor 1681, sacrista 1687, hospitarius...... Morti paret 22ᵃ decembris 1704, annos natus 50. Humatus ad fores thesaurariæ.

Emmanuel, Princeps de Bouillon.

Vestiuntur 1673 21ᵃ aprilis à Dᵒ Antonio Chasse magno Priore septem sequentes, professi duobus exceptis 14 septembri 1674 in ejus præsentiâ et conventûs.

Robertus de Haynin. Ætatis 22. E Toparchis de Wavran, patre nimirùm Philippo Francisco et matre Mariâ Philippâ de Haynin Wambrechies sorore Roberto episcopo Brugensi et Francisco Abbati Marcheno. Medio studii Duaceni recipit Audomaropoli subdiaconatum septembri 1675 cùm socio sequente ; tùm..... Professor philosophiæ 1678, theologiæ 1686, anno sequente, ut exarat thesim in quâ hanc propositionem asserit conformiter ad alteram PP. Recollectarum :

« Tàm summus pontifex est infallibilis, quàm concilium infallibile, » sibi et collegio excit minas præfati civilis regii. Undè secedens fit Hasprensis. Redux promovetur granatarius : confessarius communis religiosorum : præpositus Beuvrariensis 1699.

Joachimus le Cocq, Duacenus. Ætatis 21. E prosapîâ Joannis. 1678 incipit decurrere munia magistri juniorum, 1680 bibliothecarii, cantoris 1684, reffectuarii 1693, dein vinitoris, cellerarii 1707, suppræpositi 1719. Suâ spartâ ubique contentus et quietus degens præposituras recusavit. Vir planè liberalis, verus confrater, et solitudinis studiosus. Vir asceticæ vitæ observantissimus, zelo Dei, pietate et mansuetudine nec non urbanitate commendabilis. Proævus, mortique vicinus horas semper recitans, inter verba orationis ab ipso et ab astantibus religiosis prolata piè expirat 11 aprilis 1728, annos natus 76. Terræ conditus juxtà cortinam rubram. Reliquit autem nostræ bibliothecæ mille ducentos codices exaratos, quos ex parcimoniâ suâ collegerat.

Claudius de Laires, Duacenus.

Joannes de Laire, Atrebas, non adhæsit Tyrocinio.

Ranulphus le Dieu, Atrebas. Aliàs Franciscus dictus è parochiâ Sancti Stephani. Pro... Vivebat 1682 Robertus le Dieu causidicus cum conjuge Mariâ Magdalenâ Desmaretz filiâ Victoris. Initiatur tonsurâ et minoribus septembri 1675 ab Illustrissimo Audomarensi, 1678 subdiaconatu et levitatu ab episcopo Atrebatensi ; tùm unctus presbyter. Socius Hasprensis 1680, ibidem thesaurarius

1681, 1688 redux in monasterio receptor censuum buf-
fetti, *arrentemens*, Gorrensis 1690, Berclavensis 1692. Sacramentis præmunitus Gorris vitam terminat 13 sept. 1702.

Ludovicus Dehamel, ex Manin. Ætatis 18. Oriundus
1ª maii 1655 sub nomine Jacobi, subdiaconatum recepit
1678, ab Illustrissimo Atrebatensi, presbyter factus, fit
Beuvrariensis 1680, Hasprensis 1687, 1706 eleemosynarius, 1711 hospitarius, thesaurarius 1713, cellerarius
1718 per biennium, posteà levatur onere. Jubiliarius à
pluribus annis, pro jubilœo dominicâ die anno 1729
cantat ipse missam solemnem sine pulsatione extraordinariâ campanarum. Senior fato fungitur 28 januarii 1730,
annos natus 75. Conditus jacet antè fanum Dᵒᵉ Virginis
Mariæ. In eo eluxit in Dei param intensa devotio in fre-
quentandis officiis divinis continua assiduitas, in proprium corpus severa mortificatio, et religiosæ paupertatis
studium.

Leopoldus de Bethune Desplanques. Ætatis 18. Ex
Penin : oriundus de nobili stirpe Toparchæ de Penin
Joannis et Annæ Catarinæ de Gherbode. Habuit etiam in
fratrem Benedictum Abbatem Sancti Bertini. Sacellanus
prioris 1680, prior Hasprensis 1687, præpositus Angicurtensis 1692. Tenuis licet redditùs, locum debitè suppellectili et œconomiâ instructum resignavit, præpositus
Gorrensis.... renuntiatur 1716. Extitit asceta corpore minoratus, sed pius, amœnus, liberalis in pauperes, offen-
sionis nis nescius, sibi parcus, solitudinis cultor, imò uti
eremita cannabinis indusiis utens. Refertus bonis operibus: vir simplex ac timens Deum religiosissimè devixit
14 martii 1722, annos natus 67. Terræ mandatur in choro
subterraneo ecclesiæ Gorrensis.

1676, 3 octobris. Adlecti sunt sex juvenes sequentes, hique nuncupati ex egregiâ vestitione (belle vêtûre), professi posteà omnes 17 septembris 1678, vacant eruditioni linguarum orientalium, nempè græcæ et hæbraicæ; quas abhinc in monasterium induxit D^{nus} magnus Prior Chasse accersitis undequàque convenientibus et magistris extraneis qui in eodem cœnobio alios magistros efficerent.

AUBERTUS CAVROIS, Atrebas. Ætatis 21. Mediis studiis insignitur maio 1679 subdiaconus Cameraci, septembri 1680 diaconus Atrebati, 1585 director novitiorum, 1689 philosophiæ professor Duacenus, 1696 theologiæ. Vice præses collegii conventualis 1697, 1703 circiter variis infirmitatibus exhaustus et amissione luminum debilior factus : Duaco valedicens solique Deo servire ducens, senior degit in monasterio in quo memoratim canens vocem acutam cum fratribus miscuit, laudes angelicas in cælesti patriâ cùm iisdem resumpturus. Post religiosæ vitæ stadium sibi prescriptum. Placidâ morte quiescit debitè paratus 12 februarii 1715, annos natus 60. Jacet resurrecturus propè capellam SS. Martyrum.

VINDICIANUS CORNAILLE, ex Vambercourt. Ætatis 21. Nepos D^{ni} Ghisleni suprà vestiti folio 213. Oriundus ex dicto Wambercourt juxtà Hesdinium de prosapiâ Joannis de la Buquaille et Joannæ de Moucheron 2^{a} novembris 1655. Ordinem levitæ suscipit ab Illustrissimo Atrebatensi ad Pentecostes 1681, et alios ordines majores ab archiepiscopo Cameracensi, unctus sacerdos 20 septembris 1687, succentor 1686, eleemosynarius.... 1689 vinitor et confessarius D^{ni} magni Prioris. Cellerarius 20 julii 1699, 1707 præpositus Berclavensis per 17 annos.

Locum hunc mediis bellis egregiè sustinuit. Stabularia et grangias anno 1714 fortuitò exusta reparavit,... in frontipiscio majoris ædis antè et retrò, ad ornamentum infigi curavit: et inter duo carteria officinas à fundamento excitavit. Vir probus et Dei cultor religiosissimè moritur 27ᵃ februarii 1724, annos agens 69. Delatus ad tumulum per scabinos pagi. Piis etiam ejus manibus celebratæ pariter exequiæ in parochiâ de Billy, sub pulsatione campanarum per plures dies.

GREGORIUS DAMIENS, Atrebas. Ætatis 20. De parochiâ Sancti Stephani, sumit natalitia 11 octobris 1656 de stirpe Joannis Francisci et Jolentæ Denis. Ad minores et levitatum promotus est ab Illustrissimo Atrebatensi. Ast ad hypodiaconatum per archiepiscopum Cameracensem. Unctus sacerdos ab eodem episcopo Atrebatensi 9 septembri 1682, 1686 philosophiæ professor Duaci, magis 1689, 1692 prior Hasprensis: Hasprensium temporale rexit à 26ᵃ augusti 1699 ad 14ᵃᵐ februarii 1702 Vice præpositi Fontaine. 1702 supprior in monasterio, 1709 præpositus Saliensis, 1707 præpositus aquarum: regionem nostram de Allodio antè senectutem suam laudabiliter gubernavit. Vir verè pius et solitudinis amator. Mortalis vitæ tandem deponit exuvias 11 novembris 1736, annum agens 81. Quem humavère intrà septa chori de Sailliaco : quo loco divinis assistebat.

AICADRUS THERY, Atrebas. Jàm clericus. Ætatis 19. In parochiâ beatæ Magdalenes aquis sacramentalibus intingitur, 17 septembris 1657; ortus è Philippo et Isabellâ Doresmieux. Ad minores, et subdiaconatum elevatur ab Illustrissimo Atrebatensi : cæteris induitur ab archiepiscopo Cameracensi, sacerdos sacratus 20 septembris 1681.

Exercuit munia quarti prioris 1683. Dein magistri novitiorum, tertii prioris per viginti annos. Commissionibus variis immixtus. 1705 renuntiatur questor generalis, 1707 Præpositus magnus. Extitit vir staturâ et dono loquentiæ dotatus. Religiosus integerrimæ vitæ, singularis in monasterium affectionis, observantiæ regularis, cultûsque divini sectator. Tacitæ sed munificæ in egenos liberalitatis, providæ et circumspectæ in omnibus prudentiæ, nec minoratæ eruditionis. Ità pietas scientiam alterno juvabat fœdere. In concursu multorum, belli strage tumultuosâ et pavidâ corruentium, febre correptus, summo omnium luctu è vivis eripitur, sacramentis munitus 3ᵈ augusti 1710, annos natus 53. Terræ mandatus antè fores majores chori.

EMMANUEL DE LEVEMONT, Normannus. Ætatis 17. Jàm clericus et ortus de stirpe Petri Toparchæ loci de Sainte Marie des Champs et Suzannæ Despine et baptizatus in eâdem parochiâ. Medio scolarum Duacenarum à se excultarum ungitur sacerdos à Rᵐᵒ Atrebatensi 18 martii 1684. Eodem anno 1684 docet philosophiam in collegio nostro Academico et aliquantum per theologiam 1690, 1692 Præpositus major inauguratur per annos quindecim, habitus est vir pius et timeus Deum. Dexteritate in agendis de monasterio benè meritus, prudentiâ, venustate morum, ac conversationis suavitate, confratrum et exterorum plausum et favorem sibi conciliavit. Vivendi finem explet morte præmaturâ 25 maii 1707, annis vitæ transactis 48. Jacet cum socio præcedente antè cortinam rubram.

JOSEPHUS HATTÉ, Atrebas. Ætatis 16. De prosapiâ Joannis Francisci mercatoris et Mariæ Magdalenæ Delattre oritur casnaliter Brugis 1ª maii 1660 : undatus in parœciâ Sancti Jacobi. Initiatus subdiaconatu, et dein levitatu ab episcopo Atrebatensi, hærente apud Armentarias 1682, insignitur sacerdos ab episcopo Audomareno 27 maii 1684 ; 1681 antè sacerdotium philosophiam docuit et tanquàm magis 1684, professor in collegio Duaceno benè meritus, acris ingenii, singularisque eruditionis dono præditus. Morbo pestis communis impetitus, fato concedit Duaci 14 junii 1686, annos agens 26 : relictâ bonâ de se memoriâ.

1677, 12ª novembris. Adleguntur tres alii juvenes. Professi omnes, cum altero subsequente 17 septembris 1679, ritu quo suprà. Dein studuêre linguis extraneis.

EMILIANUS RAULIN, ex Quiery juxtà Yzer. Ætatis 19. Desumit stemma à Carolo Antonio et Leonorâ de la Forge ortus 20 octobris 1658. Jàm clericus sæcularis. Suscipit religiosus omnes ordines ab Illustrissimo Cameracensi. Sacro oleo sacerdotali unctus 18 septembris 1683, Berclavensis 1684, 1689, Hasprensis 1686, 1692 thesaurarius Hasprensis allaboravit libro SS. Hasprensium, 1702 prior Hasprensis. Vitam immaculatam ducere studiosus, probitatisque et religionis cultor, divini officii meditator assiduus, omnium bonorum specimen sese exhibuit. Præparatus ad mortem, rebus humanis eximitur 19 octobris 1714, annos natus 56.

MARTINUS TIRSAY. Ætatis 18. Anteà dictus Oliverius. Frater germanus Dⁿˡ Georgii suprà : in eodem loco oriundus 13 julii 1659, hypodiaconatum et levitatum recipit ab episcopo Atrebatensi : interim docet philosophiam 1681 in collegio Duaceno, et 1683 decembri promovetur presbyter per Illustrissimum Tristanum de la Baume, loci designatum episcopum : posteà prosequitur lectionem philosophiæ ut magis principalis. 1689 cæpit docere theologiam per aliquot annos. Jàm ab anno 1688 institutus præses et œconomus veteris collegii : cui dein addita operum præfectura : et licentia episcopi Atrebatensis pro audiendis confessionibus, etiam in casibus reservatis. 1705 primam regentiam, seu dignitatem primi magistri in dicto collegio adispicitur : delegatus pluries ad synodos congregationis in quibus vices notarii et promotoris explevit. Duaci vacans à scolis, studet particularibus studiis, præsertim digestioni decretorum synodalium dictæ congregationis. practicæ juris canonici : consultus à compluribus extraneis, tàm in foro interno quàm externo. 1711 designatus in Præpositum majorem monasterii, regressum ob causas belli ad alterum annum differt : novam provinciam ingressus.....

Philippus de Cuinghem. Atrebas. Ætatis 17. Nepotulus Philippi de Caverel Abbatis, et ideò Philippus vocitatus. Desumit stemma de stirpe Gerardi et Annæ desideratæ Boudart. Is Gerardus filius Guillelmi D" de Grincourt fratris Arnoldo Baillivo generali Sancti Vedasti anno 1607. 1684 initiatur subdiaconatu Atrebati, et diaconatu Audomari 1684, 27 maii, 1687 sacellanus D" Prioris majoris usquè 1699. Reffectuarius 1699, 1702 7 februarii præpositus Hasprensis. Religiosus extitit præclaris dotibus instructus, tùm corporis, tùm cordis et animi. Lenitate pacem habuit ad omnes eamque inter confratres sibi commissos conciliavit : apoplexiâ impetitus, sacramentoque exeuntium roboratus, obdormit in Domino 7ᵈ octobris 1724, annos natus 64. Habuit præfatus Philippus in fratrem Franciscum Ignatium Dⁿᵘᵐ d'Imercour Saint Laurent, residentem Valencenis.

1678, 13 februarii, cum præfatis annumeratur, votorumque socius.

GATIANUS DES WASIERS, Duacenus. Ætatis 16. Decembri fit subdiaconus Audomari 1682, neomista 1686, Hasprensis 1687, undè redux 1695, sacellanus Dⁿⁱ prioris 1699 dein reffectuarius, vinitor 1712. Interim per tres aut quatuor annos egit vices parochi honorifici apud Sanctam Mariam in Horto. Hospitarius 1713, granatarius 1718, 1728 peregit jubilæum ut Dⁿᵘˢ Ludovicus Duhamel, folio 277. Vir iste humilis planè, et antiqui candoris, cùm summâ animi alacritate, ab adolescentiâ suâ jugum Dⁿⁱ portavit, totoque ardore animi, confratres sermonibus pluries excepit in capitulo.

Ritè ad mortem depositus, eam subit 18 septembris 1730, annos natus 68. Jacet resurrecturus è regione sacelli SS. Martyrum.

14 novembris, eodem anno 1678, ingressi sunt quatuor alii Tyrones. Professi omnes pari˙ modo 14 septembris 1680, dein operam dedere linguis radicalibus.

BENEDICTUS HOURDEQUIN, Atrebas. Ætatis... Nepos Dⁿⁱ Francisci folio 256, patre Philippo Consiliario Artesiæ et matre.... quæ erat vidua D.... Descouleurs. Initiatur 18

decembris 1683 subdiaconatu Audomaropoli. Cæteros
ordines auspicatur Atrebati, factus presbyter 27 maii
1684. Eleemosynarius 1706. Doloris articularis morbo
impetitus, à diuturnis annis... calamitosam vitam in meliorem transmutat 3ª julii 1706, annorum.... Vir doloris
et patientiæ : tumulatur antè sacellum Sancti Benedicti.

Placidus de Melun, ex vico Amettes districtûs Boloniensis. Ætatis 18. Trahit genus commune cum Toparchâ
de Cottes : ipse Placidus oriundus 28 novembris 1660 de
stemmate Bartholomeei Toparchæ d'Illies et Domicourt,
et Annæ Mariæ le Vasseur. Inauguratur in ordines sacros
cum præfato socio : presbyter sacratur ab Illustrissimo
Atrebatensi 7 aprilis 1685, Gorrensis agit 1686, 1693
cantor, sacrista 170..... vinitarius 171.... ob suaves et
pacificos mores, omnium confratrum animos sibi de-
vinxit. Vitam postmodùm absolvit debitâ cum animi
resignatione die secundâ junii 1715, ætatis 55. Conditus
quiescit è regione thesaurariæ. Hæc familia ortum trahit
à Frederico qui fuit filius naturalis patre Hugone de
Melun vice comite Gandensi 1491, matre Elisabetha
Doyen : Fredericus fuit gubernator Bethuniæ et grandævus. Dedit que genus Dno Melun de Cotte, et Dno Melun
de Domicourt.

Michael le Lièvre, ex vico Neulette propè Hesdinium.
Anno 1661 oriundus de Toparchis loci, 1684 27 maii
ordinatur subdiaconus ab episcopo Audomareno de la
Baume, 1685 16 junii levita ab altero episcopo Audomareno de Walbelle..... 1686 21 septembris sacratur
sacerdos ab Illustrissimo Atrebatensi.

1696 Hasprensis, Berclavensis 1702, Gorrensis 1703,

quartus prior 1705, et per saltum supprior 1707 theologalis. Hoc in officio, magno cum applausu sese gessit, omnibus benefaciens, et ab omnibus dilectus. Theologiam monasticam moribus et verbis docuit, dein sacri eloquii veritates dilucidè exponeus, pietatem cùm eruditione suis confratribus inspiravit. In plagâ ferè universali anni 1710 inter adstantium preces religiosè fit exsanguis 16ª julii. Sepultus retrò mausolœum fundatoris nostri, annos agens 49, relicto sui desiderio.

VIGOR TOUSTAIN, Normannus. Ætatis 16. Originem trahit 2ª novembris 1662 in vico de Limesy versùs Rothomagum, de genere Francisci Toparchæ loci et Catarinæ le Conte quæ obiit mense martio 1700, fit subdiaconus Audomari 1683, diaconus Atrebati 1684. Tùm sacerdos ungitur Deppæ 23ª octobris 1685 à coadjutore episcopi Rothomagensis, vigore indulti super deffectum ætatis. Berclavensis 1686, 1697, 1706, Hasprensis 1688, Gorrensis 1690, Beuvrariensis 1692, 1706 ad monasterium redux, fit 1712 reffectuarius, 1718 thesaurarius. Religiosus comis et perurbanus, 1721 cùm demigrasset Parisios ad monasterii negotia socius subdelegatus, in morbum paulò post incidit: post aliquot menses delatus ad oppidum Sancti Dionysii, moribundus iterùm defertur ad confratres nostros Sandionysianos. Ibi refocillatus viatico et oleo salutifero à loci superiore, post aliquot dies, anno 60° ætatis stadium vitæ asceticæ perfecit. Ibidem postmodum exequiis et tumulo excipitur sicut unus è monasterii gremio, 18ª julii 1721.

1679, 25 septembris. Admissi sunt al primam Tyrocinii palæstram sex sequentes : professi omnes, ritu quo suprà 14ᵃ septembris 1681. Studuerunt indè linguis orientalibus diùque vixêre omnes.

BASILIUS DE HAYNIN, Valentianus. Ætatis 22. De parochiâ Sancti Vedasti. Oriundus 14 septembris 1657 è prosapiâ Davidis et Barbaræ de Montier. Dùm studeret Duaci, legit dialecticam. Interim recipit ordines ab Illustrissimo Atrebatensi ; sacerdos promotus junio 1683. Gorrensis 1686, 1705, Beuvrariensis 1698, 1704 ; 1690 magister juniorum, 1707 tertius prior docet theologiam juniores, 1709 quæstor generalis, 1711 præpositus Beuvrariensis, 1731 ob senium debilis factùs, onere levatus, ibidem hæsit præpositus senior. Locum sibi commissum tùm in ædibus sacris, et supellectilibus, tùm in separationibus ornavit valdè. Vir pius et à consortio vicinorum segregatus et solitarius devixit. In senectute bonâ deficit oleo infirmorum duntaxat unctus 25ᵃ januarii 1735, annos natus 78. Tumulatus antè aram ecclesiæ.

ATHANASIUS ROUVROIS, Atrebas. Ætatis 19. Lavacro salubri regeneratus in templo Sanctæ Crucis 31 octobris 1660. De stemmate Petri et Margaretæ le Roy. Initiatus subdiaconatu ab Illustrissimo Atrebatensi, cum tribus sociis sequentibus : cæteros recipit ordines Audomari : presbyter sacratus 16 junio 1685, Gorrensis 1686, 1696, 1708, Berclavensis 1689, Beuvrariensis 1690, 1698, redux ad monasterium 170..... eleemosynarius 1711, sacrista 1713, reffectuarius 1715, hospitarius 1719. Immaculatæ is jugiter studuit vitæ, pacem habuit ad omnes ; de cætero vir simplex, rectus, quietissimus ac timens Deum. obdormit in Domino 31 augusti 1729, annos agens 69. Sepultus in majore pronao, è plagâ fani Sanctæ Crucis.

HIERONYMUS DE FRANCE, Montensis. De parœciâ Sancti Germani. Ætatis 19. Deducit genus de propagine illustri Gasparis Odoardi, fœdatarii gabuli Atrebatensis de Beaumetz et D⁰ᵉ Mariæ Magdalenæ Marcoul, baptizatus 1ᵃ decembris 1660. Medio studiorum Duacenorum promovetur Audomari levita decembri 1683; tùm presbyter Atrebati decembri 1684 ab Illustrissimo antistite. Legit.... Hæsit etiam Parisiis in seminario Sancti Maglorii pro scientiis : indè non parùm litteratus 1686 fit magister morum, 1687 quartus prior per viginti annos, tertius prior 1705, reddituarius urbicus et secretarius capituli 1707, 1718 major Præpositus : extitit autem vir probitatis, prudentiæ, religionisque cultor. Studuit autem sic transire per temporalia, ut non amitteret æterna. In senectutem maximè caducam lapsus, diùque paratus ad sui corporis dissolutionem, è vivis excedit 10ᵃ novembris 1727, annos natus 68. Humatus post missam funebrem antè cortinam rubram.

CORNELIUS CAMBIER, Bassianus, jàm clericus. Ætatis 17 1/2. Oriundus 11ᵃ aprilis 1662, è propagine Egidii licentiati in medicinâ, et Mariæ Franciscæ Wion. Insignitur posteà ordinibus universis ab Illustrissimo Atrebatensi, sacerdos unctus 21 septembris 1686. Hasprensis 1687, 1704, Beuvrariensis 1692, Berclavensis 1696, 1702 degit in monasterio. Tùm paulò post Haspras missus. Ibidem renuntiatur localis thesaurarius : lubens concionator in viciniis, 1721 redux in monasterium, mox dicitur thesaurarius, diuturnissimæ podagræ doloribus jàm diù agitatus, perfectam animi tranquillitatem jugiter retinuit : nec impatientiæ locum dedit, exstitit insuper asceta paupertatis religiosæ sectator; officiisque sibi injunctis sufficialiter providens, servatâ autem religiosæ conversationis usquè ad mortem loquelâ. Ritè paratus, vitam amittit 12ᵃ februarii 1732, annos natus 70. Venerandus jubilarius conditur posteà juxtà cancellos Sancti Fiacrii quo loco de more supremo litabat.

AMBROSIUS DE BEAUFREMEZ. Ætatis 17. Trahens stemma 1662 de ..... recipit ordines cum socio præfato, neomista 21 septembris 1686. Beuvrariensis 1689, sacellanus magni Prioris 1702, dein reffectuarius, 1711 carterio sibi oblato nuntium remittens fit Beuvrariensis : ibi chorum ex antiquatâ parcimoniâ, tabulis et stallis munivit. Vir verè pius, humilis et devotus, religiosissimè dies suos claudit sacramentis munitus 18 novembris 1724, æiatis 63° anno. Beuvrariis sepultus.

JOANNES CHRYSOSTOMUS HARDY, Atrebas. Ætatis 15. Ortus in ædibus du Grand Turc 12 julii 1664. De propagine Joannis Dⁿⁱ de la Cressonniére et Franciscæ de Villers: dùm ageret in palæstrâ Duacensi, legens dialecticam 1686 et eodem anno philosophiam ; initiatur hypodiaconus Audomari 1687, 1687 septembri levita Lauduni in Galliâ : demùm octobri 1688 presbyter Atrebati, 1693 pergit legere philosophiam magis principalis, 1698 theologiam, 1705 præses collegii conventualis in monasterio, confratribus explanat psalmos, concionatoris partibus fungens in oppido et viciniis, 1716 quæstor generalis, 1721 præpositus Sancti Michaelis. Indè post lapsum unius

anni degit privatus senior in monasterio. Extitit religiosus corporis celsi, facilis loquelæ, officiis divinis diù
noctùque valdé assiduis, magnâ alacritate laudes Supremo
decantans. Plagâ tibiali ex reiteratâ collisione impetitus,
post aliquot menses stadium vitæ terminat, 13 martii
1728, annos agens 64. Tumulatus retrò mausolæum D^{ni}
de Torsy gubernatoris extrà chorum.

**1680, 5 octobris. Annumerantur quatuor candidati, qui omnes
simili modo professione edixêre 2ª octobris 1682 ; dilati ad
quindenam ob absentiam D^{ni} magni Prioris, toto mense septembri.**

Petrus le Brun, dictus de Miraumont : ætatis....
Oriundus ex Grarà propè Malbodium. 15 junii 1683 promotus minorista ab episcopo Atrebatensi. Junior missus
Haspras ad sedandas ægritudines. Subitance moritur
7ª septembris 1684.

Paulus du Candas. De parœciâ de Lestrem. Ætatis 20.
Desumit ortum de stirpe Atrebatensi Joannis Baptistæ
Toparchæ de la Chapelle et Ludovicæ Claudiæ Foucquier
4ª maii 1660. Vacans lectionibus Duacenis recipit minores
Audomari, 27ª maii 1684. Sequentes ordines ab Illustrissimo Atrebatensi ; demùm consecratur sacerdos ab antistite Audomareno 16 junii 1685, 1688 edoctâ à se dialec-
ticâ, philosophiam legit 1690. Æger reversus ad monasterium rebus humanis eximitur 14 octobris 1690, annos
natus 31. Sub humo jacens antè capellam Sancti Aicadri.

Antonius Gaillart, Atrebas. Ætatis 17 1/2. Nepos D^{ni}
Antonii Chasse magni Prioris. Prodiit 6 februarii 1663

salubri fonte regeneratus in templo Sancti Gaugerici de familiâ Petri jurisconsulti et Margaretæ Franciscæ Chasse. Recipit omnes ordines ab archiepiscopo Cameracensi, insignitus sacerdotio 22 februarii 1687. Non multò post præfectus operum, Hasprensis 1692, degit in monasterio 1700, Gorrensis 1714, redux 1716, cantor 1719, Beuvariensis 1727. Religiosus senior officiosus : post ægritudinem aliquot dierum, munitus sacramentis, animam Deo reddit 21 augusti 1733, annos ducens 71. Beuvariis sepultus.

DROGO FLESCHEL, Atrebas. De parœciâ Sancti Stephani. Ætatis 17. Oriundus è Philippo et Mariâ Barbarâ Hannart. Subdiaconus juvenis bonæ expectationis moritur 18 februarii 1684, annos agens 22. Sepultus antè sacellum Sanctorum Angelorum.

1681, novembris 11ᵃ, adlecti quatuor Tyrones professi omnes 14 septembris 1683.

LEONARDUS DE VICQ, è Castro de Nieppes (Ætatis 20) propè Armentarias, ultimus ejusdem nominis. Oriundus 26ᵃ octobris 1660 de stirpe Francisci Toparchæ loci et Annæ Villegas. Promovetur minorista 27ᵃ maii 1684 Audomari : presbyter ab archiepiscopo Cameracensi 21 april. 1685, indè Hasprensis, 1689 succentor per 17 annos, cantor 1704, præfectus operum 1711, Berclavensis 1719..., 1723 uti senior degit in monasterio, cellerarius 1727, granatarius 1730, 1731 egit jubilœum, per celebrationem majoris missæ. 13 augusti 1736, sacramentis piè susceptis, obdormit in Domino, vir sui instituti nusquam immemor, annos natus 76. Tumulatus antè sacellum Sanctorum Angelorum.

Maximilianus d'Enghien. Ætatis 19. Desumit originem in. parochiâ de Bruyelles, propè Tornacum, de genere Joannis Francisci et Barbaræ d'Aubremont, 25 januarii 1662. 1685 susceptis minoribus Audomaropoli, cæteris ordinibus initiatus est ab archiepiscopo Cameracensi, Sacerdos sacratus septembri 1687, Beuvrariensis 1694, Hasprensis 1696 : dein redux Gorrensis 1705, 1709, Berclavensis 1711, 1726. Religiosus ab omnibus sæculi actibus alienus, virque pacificus, apoplexiæ morbo impetitus, ritèque ad obitum paratus, fato functus est Berclavi 15ᵃ februarii 1729 : annis vitæ transactis 67.

Alexander Gery, Atrebas. Ætatis 16 1/2. Aquis salutis ablutus in ecclesiâ Sancti Gaugerici 12 januarii 1665. Auctoribus Alexandro et Mariâ Magdalenâ Deslaviers. 1688 insignitur tonsurâ ab episcopo Audomareno ; minoribus à præsule Atrebatensi, tùm aliis ab archipræsule Cameracensi; neomista factus 18 februarii 1690. Hasprensis 1696. Dein regreditur ad monasterium. Beuvrariensis 1701, Berclavensis 1702. Rheumatismo gravi captus, ad monasterium suum ossibus relatis, sacramentis munitus, vitam absolvit 17ᵃ novembris 1706, annos natus 42. Jacet è plagâ vestiarii.

Remigius de la Pierre, ex Bousies. Ætatis 16. Unus è septemdecim prolibus editis à Philippo Francisco et Helenâ le Picard, Toparchis de Bousies, juxtà Landresium. Promovetur presbyter 17ᵃ decembris 1689, vigore indulti apostolici super deffectum ætatis. Hasprensis 1694. 1698, 1704 degit in cœnobio primario. Beuvrariensis 1708. Berclavensis 1709, sacellanus magni Prioris 1711, vinitor 1715. Præpositus Angicurtensis per biennium. Indè hæsit privatus religiosus Hasprensis 1718. Anno sequente animam omnipotenti Deo creatori, roboratus sacramentis, piè reddit, è vivis excessus 16ᵃ septembris 1719, acutissimâ oppugnatus febre, anno ætatis suæ 53.

1683, 27ᵃ novembris, vestiti sunt quinque Tyrones serie sequentes professi omnes 14ᵃ septembris 1685.

VEDASTUS DE BEAULANCOURT, Beuvrariensis. Ætatis 22. Initiatus minorista et hypodiaconus Audomaropoli; ad ordinem levitæ et sacerdotii elevatur, ab archipræsule Cameraceno unctus 25 martii 1690. Beuvrariensis 1690, Berclavensis 1692, Hasprensis 1701. Anteà et posteà degens ad Sanctum Vedastum. Tandem Hasprensis 1718 vitam usque produxit 4ᵃ julii 1725. Post malignam febrem morti paret, consuetis ecclesiæ sacramentis munitus, annos natus 64.

ADALBERT MARISY, ex Thilloy Bapalmæ. Ætatis 19. Trahit genus 20ᵃ julii 1664 de stemmate Claudii Toparchæ de Perissy, et in Thilloy juxtà Bapalmas. et Mariæ Claræ de Lictervelle. Medio studiorum palestræ Duacenæ fit presbyter cum socio dicto, 25ᵃ martii 1690. Docet philosophiam 1691. Æger calamitosus sub Patrocinio SS. Hasprensium positus, tùm monasterii. Requievit in pace 18 martii 1694, annos agens 30. Sepultus jacet in ecclesiâ Sancti Vedasti, ad fores vestiarii.

BARTOLOMOEUS HAPIOT, ex Houdain. Ætatis 19. Consanguineus Dⁿᵒ Petro suprà folio 239, oriundus 4ᵃ septembris 1664. de stemmate Philippi et Mariæ Yolent. Studens Duaci recepit ordines Cameraci : neomista..... Præfectus in collegio publico Sancti Vedasti. Supplementarius professor philosophiæ 1694. Gorrensis 1696. 1703 Hasprensis. 1707 tertius prior, supprior 1710 simul theologalis 1716, 1719 præpositus Sancti Michaelis. 1721 degit senior ad Sanctum Vedastum : 1732 dominicâ 22 novembris ingressurus brevi in annum quinquagesimum instituti religiosi sinitur ex dispensatione jubilœum agere; ritu æodem quo D^{nus} Philippus de la Becanne. 1734 hospitarius. Senio, variisque infirmitatibus exhaustus, munitusque sacramentis, placidâ morte quievit 11^a martii 1740. Tumulatus è regione thesaurariâ reliquiarum, ætatis suæ 76.

Bonifacius Lallart, Atrebas. Ætatis 19. Frater uterinus D^{ni} Benedicti le Censier, suprà folio 246. oriundus de parœciâ Sancti Mauritii 6^a novembris 1664 de propagine Benedicti et Catarinæ Noel. Ordinibus subalternis omnibus susceptis ab Illustrissimo Atrebatensi : presbyter ungitur Cameraci ab Illustrissimo archiepiscopo de Bryas, 25 martii 1690. 1694 magister juniorum, bibliothecarius 1699, 1713 receptor forensis, versùs Anneûlinum. Dein vinitor, 1722 præpositus Gorrensis. 1737 præpositus Sailliacensis, D° Egidio Cuvelier adjuvamen suppeditante. 1741 9^a februarii manè deprehensus est obiisse in Domino. Exequiæ ejus in parochiâ loci actitatæ sunt per D^{num} pastorem.

In monasterio autem quoniam religiosi per trimestre foribus ecclesiæ occlusis ob caducitatem turris exularent pro divinis in sacello Beatæ Mariæ Virginis. ibidem peracta sunt funeralia, ad quæ convenerunt invitati consanguinei ejus magno numero : introducti per ostium vestiarii. Fuit is D^{nus} Bonifacius disciplinæ regularis addictissimus, et religiosus piæ conversationis.

FRANCISCUS DE CARONDELET. Jàm clericus et consanguineus D^{no} Alexandro folio 213. Ætatis 17. Desumit natalitia 16^a februarii 1666 in Castro de Noielles juxtà Haspras, de stemmate Antonii Baronis de Noielles et Joannæ Ludovicæ de Lannoy. Is Antonius erat filius Pauli de quo pag. 213. Dùm excoleret Universitatem Duacenam, initiatur omnibus ordinibus ab archipræsule Cameraceno, presbyter unctus vigiliâ Paschæ 1690. 1692 docet dialecticam, Berclavensis 1695, Beuvrariensis 1696, 1698 degit in monasterio, eleemosynarius 1713, 1714 præfectus Braxatorii, vinitor 1722, 1724 præpositus Hasprensis, anno 1742 12^a decembris senio exhaustus, sacramentis debitè receptis, extrema vitæ conclusit, annos natus 77.

1685, 13 septembris, adscripti in novitios sex sequentes : respectivè professi 14 septembris 1687, ceremoniis quibus suprà

IGNATIUS LE GRAND, Quercetanus. Ætatis 19. Consanguineus D^{no} Chasse magno Priori. Ei ortum dedêre 22^a junii 1666 Ignatius licentiatus medicinæ et scabinus Valentianus et Anna Francisca Morel. Infirmus in Tyrocinio, sinitur vacare per aliquot menses in aere natali. Professus recipit omnes ordines ab Illustrissimo Cameracensi, promotus sacerdos 9^a junii 1691, Hasprensis 1694, Gorrensis 1703, Beuvrariensis 1705 ; redux egit vices parochi ad Sanctam Crucem per plures annos, 1715 sacrista. Religiosus fuit religiosæ conversationis. verus

Dei cultor, vir patientiæ et doloris : diutino langore imbutus, sacramentis devoté susceptis, obdormit in Domino 2ª januarii 1723, annis suæ vitæ 57. Tumulatus non longè à thesaurariâ.

COLOMBANUS DE PARTZ, de Cherisy.

ODO THIEULAINE, qui posteà devenit Trinitarius et obiit presbyter Duaci. Neuter perseveravit.

HADULPHUS DE BRAY, ex Haubourdin. Ætatis 18. Consanguineus Dⁿᵒ Hadulpho Delos. Post studia Duacena, bærens Beuvrariis promovetur presbyter ab episcopo Boloniensi 31 maii 1692, 1693 usque 1700 professor philosophiæ in collegio Duaceno, 1717 docet juniores theologiam in monasterio, Beuvrariensis 1708. Naturæ debitum exsolvit 24ª novembris 1710, annos natus 43.

PETRUS CORNAILLE, Atrebas. Ætatis 18. Pronepos Dⁿⁱ Michaelis suprà folio 230. Oriundus de parœciâ Sancti Auberti 1ª novembris 1667, de stirpe Claudii Dominici Dⁿⁱ de la Motte consiliarii et Isabellæ le Sergeant. Clericus 1687 promotus Atrebati, omnibus dein ordinibus insignitur ab Illustrissimo Cameracensi, sacerdos sacratus 14 februarii 1693. Hasprensis 1695, Berclavensis 1710, redux 1711 de sæculo sublatus est 1ª decembris 1712, annos natus 46. Humatus propè capellam SS. Confessorum.

THEODORUS DE COUPIGNY. Ætatis 17. Regeneratus sacro fonte 5ª maii 1668, in templo villæ d'Ogny non procul à Cameraco de prosapiâ Caroli Jacobi de Coupigny Delbarre et Franciscæ Robertinæ de Bloquel. Ordines subalternos suscipit Cameraci : Dein sacerdos ungitur Boloniæ

31ᵃ maii 1692, cum socio Dⁿᵒ de Bray, Hasprensis 1696.
1705, receptor foraneus 1708, 1720 questor primarius.
Menstruâ infirmitate correptus, magnâ animi resignatione
obdormit in Domino 19ᵃ decembris 1731, ætatis 64.
Tumulatus juxtà fanum Sanctæ Crucis quod ornamentis
et omni supellectili instruxerat. Vir iste in Populo mitissimus apparuit pacis sectator, fraternam charitatem
utique fovit, nullique injuriosus extitit ; adeo humilis.....

**1687, 15ᵃ octobris, Ingrediuntur sex alii : professi, uno dempto,
14ᵃ septembris 1689.**

BERTIUS VEUGLART, Ariensis. Ætatis 21. De parœciâ
Sancti Petri. Oriundus 12 julii 1666 de familiâ Florentii
et Jacobæ Damas... Initiatur ferè omnibus ordinibus Cameraci : verùm sacratur presbyter Namurci 19 septembris 1693 per Illustrissimum Petrum Van der Perre.
Beuvrariensis 1695, Hasprensis 1696, Berclavensis 1718.
Ibi Berclavi vità fungitur subitaneo mortis aculeo impetitus, 15 julii 1724, annos natus 58. Sepultus ad ima majoris aræ.

AICADRUS DESVIGNES. Ætatis 21. Haspris de villà Floriacensi. Oriundus 29 januarii 1667 de propagine....
.et Mariæ Franciscæ Teil. Medio studiorum Duacensium
fit Cameraci presbyter in quadragesimâ 1693 ; 1691 necdum sacerdos, docuit dialecticam, 1693 philosophiæ professor : tanquàm magis principalis decurrere incepit quatuor philosophiæ palestras, 1705 theologiæ professor,
1707 præses collegii conventualis et œconomus, 1710
regens primarius docere perseverat.

COLOMBANUS DE LANNOY : du Carnoy, Insulanus. Obit posteà vacans militiæ armorum.

PETRUS DE GRUTZ, Bavacensis. Ætatis 18 1/2. Oriundus 4ᵃ januarii 1669 de stirpe Ignatii et Annæ Mariæ Durant. Receptis ordinibus subalternis Cameraci, ungitur presbyter septembri 1693 ab Illustrissimo Namurcensi, 1696 magister juniorum. Posteà receptor forensis 1706, questor generalis 1711. Dominicâ die januario 1715 regressus è matutinis apoplexiâ premitur, missus posteà ad aerem patriæ et ad aquas Aquisgranenses. Hæret Haspris : ibi post biennium ad manes concedit 14ᵃ martii 1717, annos agens 49. Eluxit in eo in Deum et divam Mariam solida pietas, in victu sobrietas, officiosa in confratres charitas, misericordia in pauperes, et in choro assiduitas. Omnes diligendo, omnibus propter Deum benefaciendo, religiosus probissimus vixit : undè et memoria ejus in benedictione.

SIMON PETITPAS, Insulanus. E parœciâ Sanctæ Catharinæ. Ætatis 18. E prosapiâ Jacobi Dⁿⁱ de Wal et Isabellæ Th. de Vos de Stiennevicq, baptizatus 9ᵃ februarii 1670. (Quidam Carolus Petitpas nobilitatus anno 1600) Ei aderat in fratrem Dⁿᵘˢ Benedictus, qui Abbas Sancti Bertini 1723. Fit autem ille neomista Namurci septembri 1694, 1711 cantor supremus. Religiosus teneris in amicitiam animi, sociis amabilis : sacramentis ecclesiæ munitus, vitæ metam attingit 3ₐ martii 1714. Sepultus è plagâ fani Sanctæ Resurrectionis, annos natus 44.

ANDREAS DENIS, Atrebas. Nepos Dⁿⁱ Francisci de Beauvoir, suprà folio 260. Oriundus de stemmate Caroli Ludovici Toparchæ de Torcy-Revillon et Annæ Mariæ de

Beauvoir. Junior presbyter cum præfato socio 1694. Indè factus Gorrensis juxtà Avunculum, ex hâc luce substrahitur 11 decembris 1695. Carolus Ludovicus dictus Arguebat genus è Gertrude Fouquier viduâ 1682 Philippi Antonii Denis dinastæ de Revillon.

Eodem anno 1687, 3ᵈ decembris supperadditur, posteà professus cum supradictis.

MATHIAS FLESCHEL, Atrebas. Ætatis 16 1/2. Frater germanus Dⁿᵒ Drogoni jàm è vivis excesso suprà folio 290. Desumit natalitia 25 februarii 1671. Insignitur ordinibus Namurci, oleo presbyterali perunctus 5ᵃ junii 1695, bibliothecarius 1711, cantor 1714. Dilexit decorem domûs Dei. Munitus ecclesiæ sacramentis, febre corripitur 23ᵈ martii 1715, annis vitæ 44. Sepultus è regione vestiarii juxtà fratrem suum.

1691, 12 januarii, admissi sex Tyrones; professi uno excepto 14 septembris 1692, in præsentiâ Dⁿⁱ Guillelmi de la Charité, novi Prioris majoris et conventûs.

PHILIPPUS DE MEURICOURT, Ariensis. De Castro Sancti Francisci cui nomen generis erat Maupetit, mutatum à patre ob causas militares. Oriundus 28 decembris 1668 de stemmate.... capitanei *(partisan)* sub Hispanis. Medio studii Duaceni, fit diaconus ab Illustrissimo Namurcensi, martio 1695. Promovetur presbyter 22ᵈ septembris 1696 Cameraci ab Illustrissimo archiepiscopo Fenelon, 1698 docet dialecticam, tùm eodem anno philosophiam : ut magis 1705, 1711 degens in monasterio edocet juniores theologiam, Gorrensis 1712. prior Hasprensis 1714, suppræpositus 1728. Senio confectus vir pacificus, obiit, sacramentis debitè susceptis in infirmitorio 28ᵃ novembris 1742. Sepultus est post exequias in novâ areâ sacelli actitatas, secùs cancellos capellæ prioralis Sancti Joannis, ecclesiæ veteris, anno ætatis 74.

Maurus de Beaurains, Atrebas. De stemmate Nicolai. Post studia Duacena sacerdos promovetur Namurci 1698 martii. Docuit dialecticam 1699, 1700 in collegio nostro publico. Berclavensis 1703, Gorrensis 1707. Ex levi vulnere tibiæ contracto, post annum, sacramentis roboratus rebus humanis eximitur 5ᵃ augusti 1709, annos natus 39. Extitit vir summi candoris.

Nicolaus Hebert, Atrebas. Ætatis 20. Nepos Dⁿⁱ Petri Rougemont suprà folio 252. De parochiâ Sancti Nicolai in Atrio, desumit ortum 13 novembris 1670, de stirpe Guillelmi consiliarii Consilii Artesiæ filii Francisco Ignatio et Catarinæ de Rougemont et Jacobæ Van Lathem. Adeptus sacerdotium ab archiepiscopo Cameracensi Illustrissimo Fenelon, Deo litat 2ᵃ julii 1696 in monasterio, magister juniorum 1702; director novitiorum 1705, quartus prior 1706, tertius prior 1710, reddituarius 1718 et secretarius capituli, 1734 novembri quæstor primarius : retinens simul recepturam pedi pastoralis, quam adortus fuerat ab anno 1718 usquè ad annum 1742.

Jacobus le Mercier, Atrebas, ex Houdain. Ætatis 20. Cui natalitia 1ᵃ februarii 1671 præbuêre Lucas et Maria Margareta Espilet. Scolas Duacenas excolens propugnavit religiosus thesim philosophiæ Cardinali Bullonio

Abbati dicatam. Recipit subindè omnes ordines ab Illustrissimo Namurcensi, Petro Van der Perre, presbyter promotus 19a martii 1696. Eodem anno legit dialecticam, 1698 philosophiam, theologiæ professor 1708, usque..... 1711 præses, 1727 regens collegii Duaceni. Vir mentis candidæ et inconcussæ, solidâ cum virtute et singulari in pauperes beneficentia extitit. Naturæ debitum exsolvit 1a octobris 1735, annos natus 66. Tumulatus in æde collegii Sancti Gregorii Duaceni

JOSEPHUS BOUDART, Atrebas. De genere Josephi scutiferi, Tyrocinium deserens : posteà devenit Toparcha de Couturelles. Ibi obit 1725.

LUDOVICUS DUBOIS, Atrebas. Exortus de parœciâ Sancti Gaugerici 1ᵃ augusti 1671. De stemmate Antonii Toparchæ posteà de Duisans, Fosseux, Hermaville, et Joannæ Galbart. Recipit ordines Namurci, et Cameraci sacerdos unctus 15ᵃ martii 1698. Gorrensis 1714, Berclavensis 1718. Ichrographium præpositurarum horum locorum et Beuvrariensium confecit, hujusmodi operum studiosus. 1719 præfectus operum in monasterio. Febre malignâ impetitus, sacramentis ardenter requisitis, roboratur, mortalitatemque explet 19ᵃ aprilis 1721, annos natus 49 Jacet resurrecturus è plagâ meridionali, versùs vestiarium. Fuit is corpore minoratus....

1694, 22ᵃ januarii. Annumerati tres alii candidati, professi 14ᵃ septembris 1695 ritu solito.

ALPHONSUS DORESMIEUX, Atrebas. Ætatis 23. Oriundus 25 augusti 1671. Inauguratur ordinibus Namurci. promotus sacerdos ab Illustrissimo Ferdinando de Berlo novo episcopo. Gorrensis.... Beuvrariensis.... eleemosynarius 1713, præpositus Angicurtensis 1721, præpositus Sancti Michaelis 1722. Ibidem obiit 24ₐ octobris 1757.

Franciscus Cardon, Insulanus. Ætatis 19 1/2. Sacro fonte ablutus in ecclesiâ Sancti Petri 21 octobris 1674, de stemmate Joannis Baptistæ et Mariæ Brigittæ Scherer. Nonnullos ordines adeptus Atrebati, demùm ungitur presbyter per Illustrissimum Cameracensem. Primâ vice Deo libat dominicâ in albis 1699, 1713 receptor forensis, versùs Biache, Thelu, etc., vinitor 1723, supprior 1728, thesaurarius 1733. Podagræ doloribus ab aliquot annis laborans, carnis exuvias deposuit 28 februarii 1739. Tumulatus..... Sacramentis prͶviè debitâ devotione receptis. Vir gratæ simul ac religiosæ conversationis.

Petrus Dupuich, Atrebas. Ætatis 18. Sacro ablutus lavacro in ecclesiâ Sancti Gaugerici de prosapiâ Francisci..... et Catarinæ Caudron .... octobris 1677 adipiscitur presbyteratum ab Illustrissimo Cameracensi. 1702 docet dialecticam in collegio Duaceno 1702. Et eodem anno philosophiam usque 1714, 1714 theologiæ professor, 1721 hæsit Manilii socius præpositi grandævi, eidemque secedenti successit 1724.

1697, 7ᵃ octobris, habitum religionis suscepêre sex sequentes : professi omnes primo excepto, 1ᵃ maii 1699 ; ritu quo suprà.

Gabriel Deswez, è pago.... Jàm levita : non perseveravit in instituto: presbyter....

Joannes Baptista Dubois, Atrebas, clericus. Ætatis....

Neomista septembri 1701. Docet dialecticam 1703 et sequentibus annis ; philosophiam 1705, theologiam 1718 usquè ad obitum suum, 1727 præses collegii conventualis Duaceni et œconomus. Extitit is orator facundissimus, tàm in cathechismis explanationibus quàm cœteris concionibus. Subtilissimus philosophus, nec æquè minùs profundus theologus virque consultissimus. Doctrinâ sanctorum imbutus nusquam fuit scientiâ inflatus, nec errore seductus. Universitatis Duacenæ, scolæ Thomisticæ, atque monasterii decor et ornamentum. Laboribus exhaustus piè obdormit in Domino 20 decembris 1728, annos natus 54. Sepultus in ecclesiæ dicti collegii.

CAROLUS DE BEAURAINS, Atrebas. Ætatis 20. Consobrinus D⁰ Mauro suprà folio 299. Oriundus 5ᵃ aprilis 1677 de prosapiâ Christophori et Mariæ Susannæ Sotin. Promovetur Namurci subdiaconus 26ᵃ martii 1701. Levita 11 martii 1702, demùm presbyter unctus ibidem 2ᵃ julii 1703, Berclavensis 1708, Gorrensis, Beuvrariensis 1709, 1713 redux dicitur bibliothecarius, quartus prior 1718, tertius prior 1719, supprior 1724, prior Hasprensis 1728. Quo loco moritur sacramentis præviè susceptis 16ᵃ februarii 1735, anno ætatis 57. Religiosus vitæ immaculatæ.

JOSEPHUS DE VILLERS, Bapalmas. Ætatis 20. Unus è triginta prolibus Joannis. . Ortum sumit 25ᵃ augusti 1677 de Mariâ Clarâ Wagneur. Insignitur religiosus universis ordinibus ab Illustrissimo Namurcensi, cum præfato socio, sacratus sacerdos 2ᵃ junii 1703. Beuvrariensis 1711. 1719 redux ad monasterium fit Hasprensis 1721, loci thesaurarius, prior Hasprensis 1728. Quo in officio infirmitatibus diutinis agitatus, sacramentis religiosissimè susceptis, placidâ morte quiescit 11ᵃ martii 1733, annos natus 56. Vir pacificus, religiosæ conversationis, Deo ac ejus sanctis verè devotissimus.

Nicolaus de la Grange, Insulanus. Ætatis 19. Oriundus 8ᵃ septembris 1678 : de stemmate Ignatii. Initiatus ordinibus sacris Namurci. Fit sacerdos Cameraci 21 septembris 1703, Berclavensis 1714, receptor forensis versùs Anneulinum, 1720 totus vacat officio cellerarii sibi imposito, 1727 munus receptoris foranei injungitur resumere, 1730 cellerarius, 1736 septembris promovetur granatarius, exoneratus officiis prioribus 1737 jussus simul recipere census granatariæ, 1738 designatus Beuvrariensis præpositus 17ᵃ octobris. Jàm æger post quadriduum malignâ febre corripitur, sacramentis præviis. 21ᵃ octobris sequenti tumulatus antè sacellum martyrum in quo celebrare consueverat, annum agens 61. Religiosus singularis meriti.

Maximilianus Hurtrel, Atrebas. Ætatis 19. De districtu parochiæ Sancti Gaugerici: ei ortum dedère 11ᵃ januarii 1679 Franciscus filius Petri et Ursula Marchant, adeptus omnes sacros ordines cum præfato socio. Post propugnationem theologiæ universæ in collegio Duaceno nostro. 1706, 1707 legit dialecticam, 1708 philosophiam, 1710 quartus prior, simul 1712 director novitiorum, tertius prior 1718, supprior et theologalis 1719. Delegatur 1721 Parisios ad monasterii negotia, præpositus Berclavensis 1724, 1728 Præpositus major.

Benedictus Zebert, religiosus presbyter Sancti Gerardi

juxtà Namurcum, recipitur Haspris, quasi unus è Vedastinis, per binos annos: sub commendatione 1699.

1702, 27ᵃ maii. Annumerati sunt inter Tyrones, sex novi : professi, uno dempto, 15 januarii 1704 juxtà morem solitum.

Dominicus de Belvalet, ex Humereuil, juxtà Hesdinium. Ætatis 27, genus deducit 11a junii 1677, è stemmate Jacobi Onuphrii Josephi, dynastæ loci dicti..... et Mariæ Catarinæ de Cerf. Et ideò consanguineus..... Intrà quadragesimam, Namurci promovetur ad omnes ordines sacros. Sacerdos sacratus 3a aprilis 1706. Berclavensis 1707. Paulò post regreditur. 1713 succentor. cantor 1715, Beuvrariensis 1719, Hasprensis 1723, ibidem thesaurarius 1727, 1735 prior Hasprensis, 1738 granatarius.

Albertus Bosquet, Paulopolinas. Ætatis 21. Oriundus 23ᵃ februarii 1681 de genere Philippi et Mariæ Theresiæ Thelier. Medio studii Duaceni adest socius pro omnibus ordinationibus præfato Dⁿᵒ Belvalet : neomista 3ᵃ aprilis 1706, 1710 legit dialecticam, tùm eodem anno philosophiam, professor theologiæ 1721, præses collegii conventualis 1729, 1735 senior degit in monasterio, 1739 fit reddituarius.

Alexander de Blois, Nervius. Ætatis 19. Regeneratus vitæ spirituali in parochiâ du Chasteau, 19 januarii 1683 de stemmate Antonii vice comitis d'Arondeau et Mariæ Ludovicæ de Toustain. Dùm vacaret palestræ Duacensi, ¡nauguratur Insulis à celsissimo principe Leodiensi levita; cæteros ordines recipit Namurci, presbyter unctus 16 martii 1709, docet dialecticam 1711, tùm eodem anno philosophiam, 1723 receptor forensis in monasterio, 1734 reddituarius. Apoplexiâ ab aliquot annis impetitus, morti paret 25ᵃ maii 1739. Tumulatus juxtâ statuam Sancti Benedicti propè sacellum Resurrectionis, anno ætatis 57.

PAULUS DRUON, ex pago Delattre super Scarpam. Abscedens candidatus devenit presbyter sæcularis. Moritur autem in flore ætatis anno 1713, parochus in Hesdigneul.

MARCUS PALISOT, Atrebas. Ætatis 16. Sacro fonte ablutus 25ᵃ aprilis 1686, in templo Sancti Nicolai de Fossato, de prosapiâ Philippi Francisci d'Incourt, primi præsidis Consilii Artesiæ et Mariæ Barbaræ de Le Lée, filiæ Francisci. Hypodiaconus..... promovetur levita ab Illustrissimo Leodiensi, Insulis..... Neomista..... Berclavensis 1712, redux 1714, fit sacellanus prioris 1715, 1724 reffectuarius 1736. Apoplexiâ impetitus sed priùs oleo sacramentali peunctus, migrat à sæculo 10ᵃ januarii 1736. Religiosus fraternæ charitatis cultor, qui nulli unquam nocuit. Tumulatur non longè à portâ cortinæ rubræ.

Philippus Franciscus de quo suprà, Præses Consilii Artesiæ Toparchæ d'Incourt, Warlusel, Beauvoir-Scavoir, è stirpe fuit Blasii Palisot equitis Mᵉ d'hôtel de Louis XIV et conjugis Ludovicæ Catarinæ Wallart filiæ de Joanne Wallart scutifero Dⁿᵒ d'Incourt et du Scavoir. Is Joannes filius Antonii de quo superiùs paginâ 188.

LEO DE MAULDE. Oriundus in Castro de la Buissière 16 junii 1686 proles viiᵃ de stemmate Leonis Fr. loci Toparchæ qui obiit Atrebati 5 januarii 1687 et Ernestinæ Theresiæ de Ghistelles gravidæ tempore obitùs mariti.

Dùm coleret collegium Duacenum, recipit ordines ab Illustrissimo Namurcensi, presbyter factus 20 septembris 1710, dialecticæ professor 1712, philosophiæ 1714, mense decembri 1724 fit....

1705, 11 decembris. Ingressi sunt sex candidati : posteà vota edunt omnes 14 septembris 1707. Tum plerique magno studio vacant linguis orientalibus.

JACOBUS DE BRIAS, jàm clericus. Ætatis 22. Oriundus casualiter 15ᵃ augusti 1683 in Castro de Leysel, infrà Furnam in Flandriâ, ex propagine Roberti Francisci et Mariæ Claræ de Roger. Recipit omnes ordines Namurci, sacerdos unctus 19ᵃ septembris 1711. succentor 1715, simul sacrista 1722, levatur 1727, officio succentoris, vinitor 1731. Religiosus in omnibus vitæ asceticæ muniis punctualis et vigilantissimus observator et in confratrum exemplar habitus, in divam Virginem valdè devotus, silentiique custos. Post commotionem morbicam quinque mensium sacramentis ritè et maturè susceptis, ergastulum sui corporis deponit 28 julii 1732, annos natus 49. Sepelitur propè tabulam altaris Sanctæ Annæ.

MARTIALIS DE BEAUFFREMEZ. Ætatis 20 1/2. Consanguineus Dⁿᵒ Ambrosio suprà folio 288, trahit ortum 18 maii in villâ... du Roseau propè Insulas, de stirpe..... Promovetur hypodiaconus Insulis à principe episcopo Leodiensi 1708, neomista Namurci decembri 1711, 1713 magister juniorum eos edocet linguas orientales, Beuvrariensis 1714, Gorrensis 1716, quartus prior 1719 resumit lectionem dictarum linguarum, tertius prior

1724, 1728 vinitor. Præpositus Beuvrariensis capitulariter renuntiatur 25 augusti 1731. Secutus vestigia et genium prædecessoris sui præpositi, domum ornavit et strenuè gubernavit. Morbo sudorifico in febrem occultam converso; in brevi dies vitæ complet 21ᵃ septembris 1738, sacramentis solitis munitus, annos agens 54.

ANDREAS DORMY, Parisinus, de parochiâ Sancti Pauli. Ætatis 19 1/2. Ei natalitia 1ᵃ julii 1686 dedére Josephus Philippus qui sortem armorum secutus Betuniam appellit et Joanna Chapelain. Initiatur omnibus ordinibus ab Illustrissimo Namurcensi : presbyter promotus, septembris 1712, Beuvrariensis 1713, mittitur 1714 Parisios uti principalis collegioli nostri, recenter Sancto Vedasto regressi. Ob id creatus magister artium in Universitate Parisinâ, 1717 ad monasterium redux fit Beuvrariensis 1720, Gorrensis 1721, Berclavensis 1725, Hasprensis 1732, prior Hasprensis 1738, 1741 cellerarius mense octobri.

GASPAR CAULIER, Duacenus. Ætatis 19. Sacro lavacro ablutus in ecclesiâ Sancti Amati, die natali, 1686, de familiâ Claudii Yvonis graduati in medicinâ et Catarinæ Brigittæ Fourdin. 1711 missus ad studia Duacena, ordines subalternos adeptus ab episcopo Atrebatensi, fit demùm presbyter ab Illustrissimo Namurcensi septembri 1713, 1715 docet dialecticam præfectus collegii, 1716 degens in monasterio, fit bibliothecarius 1718, Gorrensis 1721, Berclavensis 1723, 1724 redux septembris... 1731 23 martii obit.....

EGIDIUS CUVELIER, Atrebas. Ætatis 18. Deducit ortum 26ᵃ novembris 1687, de stemmate Caroli et Margaretæ

Jacquemont, oriundus in ædibus graphealibus monasterii. Inauguratur ordinibus cunctis, Namurci cum socio Dormy, Deoque primum litat 17 octobris 1712, magister juniorum 1714, Berclavensis 1716, præfectus operum 1722, 173... dirigit ædes novas Gorrenses, 1735 sedet Sailliaci D^{num} præpositum senem adjuturus: 1739 initio januarii redux fit cellerarius, 1741 ad Pasca præpositus Sailliacensis.

CAROLUS VALORY, Menenus. Ætatis 17. Trahit natalitia 30ᵗ januarii 1689 de stirpe Caroli Guidonis qui de Machinatore regio post obsidionem Duaci 1710 à se viriliter partim propugnati, renuntiatus est vice præfectus generalis exercituum regis et qui demùm gubernator Querceti obiit 1734. Is Carolus recipit pariter omnes ordines Namurci, sacerdotio insignitus martio 1713. 1717 septembri missus Parisios ut juvaret magnum Præpositum ad negotia domùs, ibidem hæsit: 1720 præpositus Angicurtensis, 1722 principalis simul monasterii collegiali Parisiensis et actor pro monasterio. Morbo è cangrenâ in costis contracto, post aliquot menses, viribus deficiens moritur; sacramentis ecclesiæ munitus, præsente monasterii superiore; ætatis anno 50. Tumulatus in parœciâ.... Vir fuit magni consilii, prudens et ad negotja natus, comis et pacificus.

1709, 11 decembris. Ingressi sunt primum novitiatum sub eodem D^{no} de la Charité magno Priore quatuor sequentes; recepti pluralitate suffragiorum 26 julii 1711, festo Sanctæ Annæ, vota edunt coràm D^{no} Roberto de Haynin novo magno Priore et conventu 14ᵗ septembris 1711.

GUILLELMUS GARGAN, ex villâ Sancti Georgii, propè Hesdinium. Ætatis 21. Desumens originem 24 augusti

1688 de stemmate.... Initiatur omnibus ordinibus ab Illustrissimo Namurcensi, presbyter unctus, Deo libat 21 martii 1715. Eleemosynarius 1720, sacellanus magni Prioris 1725, receptor simul status hospitarii, præfectus cellæ vinariæ 1732, et simul 1734 receptor forensis versùs Hendecourt, Dainville usque ad annum 1738, 1736 7ᵃ septembris promovetur cellerarius, decembri 1738 præpositus Beuvrariensis.

Paulus du Mortier, Orchiacensis. Ætatis 21. Oriundus 12 septembris 1688 de prosapiâ Christophori Antonii, et Mariæ Michaelis Crappet. Medio studii Duaceni insignitur omnibus ordinum gradibus, Namurci : sacratus sacerdos, primitias celebrat in festo SS. Petri et Pauli 1715, Gorrensis 1715, Berclavensis 1718, redux ad Sanctum Vedastum 1719, Hasprensis 1721. Vir perfectæ abnegationis, votorum suorum observantissimus, qui in corpore celso, mortificationem jugiter portavit. Berclavi, sacramentis refocillatus, expirat die secundâ novembris 1732, annum agens 45.

Michael Hauberdin, Episcopofontanus (Ætatis 20), ultrà Binchium... Oriundus 22ᵃ decembris 1689. Moritur involutus clade publicâ, 27 augusti 1710 infans novitius ; humatus è plagâ sacelli de Bongio : relicto sui maximo desiderio : quippe....

Benedictus Thery, Duacensis.... Ætatis 19. Trahit quartâ decembris 1690 prosapiam de Matthæo Francisco, Toparchæ d'Oppy magno Baillivo Duacensi et Mariâ Annâ Isabellâ de Mol Dᵐ de Foncqvillers et Gricourt. Adeptus ordines omnes Namurci, primum sacrum agit die octavâ Epiphaniæ festi 1716, magister juniorum 1717, Gorrensis 1719, Beuvrariensis 1720, 1730, Hasprensis 1722, 1724 : 1723 degit in monasterio per annum. Beuvrariis diem ultimum claudit 20 junii 1731, annos natus 41.

1712, 19 martii. Annumerati in Tyrones novos, quatuor alii : professi 14ᵃ septembris 1713 in præsentiâ Dⁿⁱ Roberti de Haynin, magni Prioris celebrantis et conventûs. Student posteà ferè omnes linguis orientalibus.

Robertus Corṇaille, ex Wambercourt propè Hesdinium. Ætatis 23. Nepos Dⁿᵒ Vindiciano suprà folio 278. Ortus die octavâ julii 1689 de genere Joannis Baptistæ de la Buquaille et Mariæ Claræ Pepin. Promovetur ad omnes ordines Namurci : neomista junio 1717, Hasprensis 1718, Beuvrariensis 1723, Gorrensis 1725, redux 1730, sacrista 1731, agit simul vices thesaurarii 1732, 1735 fit thesaurarius Hasprensis.

Ranulphus Raulin, ex Quiery la Môtte. Ætatis 22. Consanguineus Dⁿᵒ Emiliano suprà folio 281. Arguit 5ᵃ martii 1690, stemma Antonii et Annæ Claræ Stevez. Elevatur ad omnes ordines ab Illustrissimo Namurcensi. Presbyter unctus decembri 1715, in festo Epiphaniæ sequenti Supremo litat; dein magister juniorum 1716 eos docet linguas orientales : 1717 professor dialectices in collegio Duaceno, tùm eodem anno, philosophiæ; director novitiorum 1720, simul quartus prior 1724, 1727 tertius prior et secretarius capituli, 1733 vigiliâ Assumptionis supprior, 1738 præpositus Angicurtensis, principalis collegioli Parisiensis, 1743 post novem menses vacantiæ administrationis præposituræ Hasprensi renuntiatur loci præpositus.

HUGO DELECOURT, Insulanus. Ætatis 18 1/2. In districtu parochiæ Sancti Petri exortus de prosapiâ Maximiliani, et Mariæ Magdalenes d'Athis, tertiâ octobris 1693. Medio studiorum in palæstrâ Duacensi, inauguratus hypodiaconus martii 1717 à celsissimo Tornacensi. Levita Namurci 1717 septembris. Demùm sacratur presbyter ab Illustrissimo Atrebatensi, vices ejus gerente in sacello palatii Dᵐᵒ Sabbathier episcopo Ambianensi, qui seniorem socium convenerat mense septembri 1718,. Hasprensis 1718, redux 1720, fit magister juniorum, eosque edocet theologiam, 1733 Berclavensis, 1741 septembri fit prior Hasprensis.

HADULPHUS D'ASSENOY. Ætatis 18. Ariensis, jàm clericus. Sacris tinctus aquis 24ᵃ maii 1694 : in templo nostræ Dominæ, de prosapiâ Nicolai Josephi et Annæ Franciscæ Chrétien. Missus 1714 ad theologiam Duacenam, post triennium, thesim ejusdem universæ Cardinali Rohannio dicatam propugnat. 1718 levita docet dialecticam : recipit omnes ordines cum præfato socio Delecourt, presbyter neomista celebrat ad Sanctum Vedastum 16ᵃ octobris 1718, et ibi hæsit ad sex menses, 1719 professor philosophiæ, 1729 theologiæ et œconomus collegii novi, 1732 post Pascha accersitur à celsissimo Cardinali Rohannio in theologum commensalem, 1735 designatur primarius regens collegii Duaceni ab administratoribus, 1737 redux Duacum, 1742 per tres menses vacat in abbatiâ Murbacensi.

1714, 15ᵈ octobris, admissi vestiuntur quinque sequentes : recepti
20ᵈ martii 1716 pluralitate capitulari suffragiorum, vota edunt
1ᵈ maii 1716 (duobus demptis) rita quo suprà: tum ex illis
student linguis extraneis.

ROMANUS DE CALONNE, Nervius, jàm clericus. Ætatis 23.
Abscedit à Tyrocinio februar. 1716. Devenit autem presbyter, tùm 1730 canonicus è præcipuis ecclesiæ Tornacensis: nuncupatus Dⁿᵘˢ de Beaufait.

MAURUS LEFEBURE, Atrebas. Ætatis 19. Ut potè regeneratus in ecclesiâ Sancti Gaugerici 1ᵈ decembris 1695,
de stirpe Joannis Lucæ et Claræ Franciscæ Delobry :
promotus hypodiaconus Namurci septembri 1717, levita
Atrebati septembri 1718, sacerdotio insignitur iterùm
Namurci 1720 in vigiliâ Sancti Matthiæ ; primitias celebrat 10 martii dominicâ Lætare. 1721 bibliothecarius
1725, Berclavensis 1722, eleemosynarius 1725, sacellanus magni Prioris 1732. Hujusce opusculi digestor et
scriba, 1734 receptor forensis reddituum dominicalium et
gabuli versùs Biache, simul 1736 præfectus cellæ vinariæ : 1738 supprior et secretarius capituli.

JOSEPHUS FROMENTIN, Atrebas. Ætatis 18. E propagine
Adriani Henrici Francisci consiliarii Artesiæ oriundi ex
Allodio, et Antoniæ Duquesnoy : sub finem Tyrocinii
cùm sese imparem sentiret excercitiorum regularium
ordinibus, captis de se ulterioribus experimentis recessit
relicto sui desiderio : indè tamen non mutavit vitæ
genus: soli Deo placere cupiens, sacerdotioque insignitus
degit nunc vir devotus, et eleemosynas faciens. 1739
manet apud Carmelitas-Sanpaulitanos.

Augustinus Lejosne, Atrebas. Ætatis 17. Nepos Dⁿⁱ Maximiliani suprà folio 272. Oriundus... decembris 1697 de parochiâ Sanctæ Crucis, et prosapiâ Hyacinthi de Riomval magni Baillivi hujusce monasterii et Isabellæ Franciscæ Gosson : quæ fuit filia Francisci scutiferi Dⁿⁱ du Petit Preelle et Mariæ Agnetis de Frasneau. Ornatur omnibus ordinum gradibus ab Illustrissimo Namurcensi, sacratus sacerdos, primitias agit in Pascalibus 1722, succentor 1725, cantor 1727, 1736 reffectuarius simul, 1742 exoneratus officio cantoris.

Andreas le Quin, Atrebas. Ætatis 16 1/2. Exortus super crientionem de parœciâ Sancti Auberti 30 maii 1698, de propagine Andræ et Mariæ Franciscæ le Roy. 1717 missus Duacum ad studia propugnat theologiam universam, dein docet dialecticam, recipit diaconatum 20 septembris 1721 Atrebati, episcopo Waterfodiensi Richardo Piers, episcopum senem juvante, tum sacerdotium 19 septembris 1722 ab episcopo Audomareno, pares vices fungente. 1723 philosophiæ professor, 1732 theologiæ et œconomus subregens, 1735 præses collegii conventualis.

Armandus Gasto de Rohan.

1716, 15 octobris, adlecti sunt septem sequentes ; recepti per suffragia religiosorum aliquot diebus ante diem professionis, dilati ob absentiam superioris. Demùm vota edunt, duobus exceptis, 14 septembris 1718, in præsentiâ Dⁿⁱ Martini Tirsay, majoris Prioris electi, et conventûs, student etiam posteà græco et hæbraico.

Hubertus le Nain, Valentianus. Ætatis 23. Patrocinante Marescallo de Montesquiou oppidi gubernatore vestitus decurrit Tyrocinium laudabiliter. Tùm nolente Deo, sui liber factus, devenit posteà sæcularis presbyter, tùm canonicus Sancti Gaugerici Valentiani.

EMILIANUS DASSIGNY, ex Werquin. Ætatis 22. Nepos... Priorissæ Avesnensis, è stemmate.... Recedens ab instituto post studium biennii in nostro collegio Duaceno, ingreditur ordinem capucinorum Galliæ.

BERNARDUS BECCUE, ex la Gorghe. Ætatis 20. Oriundus 3ᵃ octobris 1696 de prosapiâ Jacobi Francisci et Honorettæ Nottel. In nostro collegio Duacensi publico propugnatâ universali theologiâ legit dialecticam 1722. Posteà receptis ordinibus cum socio Dⁿᵒ Lequin supradicto : sacratur pariter sacerdos 19 septembris 1722, tùm philosophiæ professor 1725, Beuvrariensis interdiù 1724, 1735 professor theologiæ Academicæ.

AUDOMARUS HANOTEL, Paulopolinas. Ætatis 20. Trahit genus 15 octobris 1696, è stirpe Philippi et Mariæ Joseph le Cocle. Promovetur levita februar. 1720 ab Illustrissimo Namurcensi. Tùm presbyter Atrebati, 21 septembris 1721, ab episcopo Waterfodiensi, Hasprensis 1722, Beuvrariensis 1723, Gorrensis 1729, 1731, Berclavensis 1730, 1732 : 1735 regressus fit anno sequenti receptor forensis versùs Anneulin.

AUBERTUS LE HARDY, Valentianus. Ætatis 19. Sacro fonte respersus in templo Sancti Nicolai die secundâ augusti 1696, de stemmate Thomæ Dⁿⁱ d'Aulnois et Rosæ Theresiæ de Maulde. Fit pariter hypodiaconus, tùm levita Namurci, februar. 1720, regressus autem ex itinere, cæpit laborare morbo.... Malo remedium respuente.... heroïcâ patientiâ dolorosam patitur operationem : eâdem die sacramentis jàm munitus, inter verba orationis in limine mortis etiam ab ipso recitatæ, stadium vitæ absolvit 24ᵃ martii 1720, annos natus 23. Tumulatus ex desiderio prævio, ante sacellum beatæ Mariæ Virginis. Vir staturâ celsus, et valdè pacificus.

Josephus le Roy, Atrebas. Ætatis 18 1/2. Salubribus undis purgatus in ædibus parochianis Sancti Auberti. 18 aprilis 1698, de stirpe Petri et Mariæ Rosæ Jacquemont. In palæstrâ Duacensi propugnat theses theologiæ intregræ : interim Namurci promotus subdiaconus et levita Atrebati per.... postmodum ad presbyteratum elevatur septembri 1723 ab Illustrissimo Ferdinando de Berle episcopo Namurcensi, in Vedastinos propensissimo, à quo sacerdotes... è gremio monasterii uncti sunt : obit autem is venerandus episcopus, ac deinceps ordinandi missi sunt ad viciniora loca. Præfatus autem Josephus fit Berclavensis 1724, Gorrensis 1725, philosophiæ professor in collegio Duaceno 1726, quartus prior 1728 edocens theologiam in monasterio, 1733 tertius prior, 1742 regit statum *de la Crosse.*

Placidus le Mayeur, Atrebas. Ætatis 15. Regeneratus 27ᵃ octobris 1701 in parochiâ beatæ Magdalenes de prosapiâ Joannis Toparchæ de Simencourt et Joannæ Guerard. Ideo pronepos Dⁿⁱ Francisci Guerard suprà folio 239. Professus studuit Duaci. Initiatus subalternis ordinibus, fit demùm neomista Ypris ab Illustrissimo Joanne Baptistâ de Smet, decembri 1724, vigore dispensationum, super deffectum ætatis, Berclavensis 1725, 1732 redux fit eleemosynarius ; director novitiorum 1733, 1738 vinitarius.

1719, 5ᵃ novembris. Annumerati sunt quatuor sequentes et vota edunt omnes 14ᵃ septembris 1721, ritu quo suprà. Vacant posteà linguis extraneis.

NICASIUS DE LE CROIX, ex Dohen juxtà Teruanas, natus anno 1697... decembri. Ætate superat Dⁿᵘᵐ Andream Lequin. Suo tempore Duaci propugnat theologiam universam : interim factus hypodiaconus Namurci, aliis ordinibus initiatur Ypris sacerdos unctus, 23 septembris 1724, 1725 et sequentibus annis docet dialecticam. Interdiù Beuvrariensis 1728, legit philosophiam 1728, theologiæ professor 1739.

LAMBERTUS DELATTRE, Montanus. De stemmate Florentii scutiferi Toparchæ de Fegnies propè Bavacum. Initiatus omnibus ordinibus ab Illustrissimo Yprensi, primitias celebrat dominicâ infrà octavam SS. Sacramenti 1725, Beuvrariensis 1626. Post quadrimestri rheumatismo gravatus, sacramentisque exeuntium munitus, mortem oppetit ibidem, 21 januarii 1727, annos natus 26. Vir comis, pacificus.

ELIGIUS LALLART, Atrebas. Ætatis 17 1/2. Nepos Dⁿⁱ Bonifacii suprà folio 293, undâ salubri abluitur 12 maii 1702 in templo Sancti Stephani de stirpe Francisci..... et Maximilianæ Robertinæ de la Haie. Ad omnes ordines promovetur ab Illustrissimo Yprensi. presbyter unctus 15 junii 1726. Paulò post Berclavensis, Gorrensis 1728, In monasterio degens 1730; fit Hasprensis 1732, 1737 Berclavensis.

REMIGIUS TOURNAN, Tornacensis. Ætatis 17. Prosapiam deducit 27ᵃ augusti 1702, ablutus in parochiâ Sancti

Quentini de genere Martini et Helenæ Carolinæ Desgardins. Cum præcedentibus non potuit vestiri ob morbum pustularum in limine ingressùs eidem adventatum. Indè sanatus in infirmitorio induit habitum religionis privatim in sacello Dⁿⁱ magni Prioris 22 decembris 1719: et ideò *Remy* nuncupatus quia remissus, seu dilatus. Insignitur posteà omnium ordinum gradibus ab Illustrissimo Yprensi, neomista mense septembri 1726, succentor 1727, rhetoricam et linguas orientales edocet juniores religiosos, 1733 vigilia Assumptionis quartus prior, 1734 curam bibliothecæ suscipit, 1738 receptor forensis versùs Biache.

1721, 15 octobris. Adlecti sunt quinque Tyrones. Professi 7ᵃ maii 1723. Vacant dein plerique studiis linguarum: tum scolis Duacenis.

AUBERTUS HELLWICH, Audomarenus. Ætatis 20. Ortum desumit 24 octobris 1701 de parochiâ Sancti Dionysii è stirpe Ghisleni et Aldegundis de Marles. Duaci complevit theologiam, cujus theses propugnavit post quadriennium. Interim initiatur hypodiaconus ab archiepiscopo Cameracensi 20 aprilis 1726. Levita Atrebati ab Illustrissimo Francisco de la Salle, episcopo Atrebatensi novissimè adventato 20 septembris 1727, 1728 in monasterio docet rhetoricam juniores, 1729 legit Duaci dialecticam, 1730 philosophiam. Post anni integri infirmitates. quod mortale erat, exuit, sacramentis munitus. Tumulatus in ecclesiâ collegii 1ᵃ augusti 1736. Verbi divini extitit prœco facundus.

VIGOR DE BRIOIS, ex Salomé propè Basseiam. Ætatis

19 1/2. Natalitia trahit 7ᵃ martii 1702, de stemmate Caroli et Mariæ Magdalenes Franciscæ le Merchier Toparcharum d'Hulluch. Theologiam generalem etiam propugnavit Duaci. Socius Dⁿᵒ Helluich pro omnibus ordinibus receptis. Sacratur pariter sacerdos ab Illustrissimo Atrebatensi.... septembris 1727, 1730 docet juniores philosophiam in monasterio. Legit dialecticam Duaci 1728, 1730, 1732; 1732 philosophiæ ibidem professor....

Henricus Cardon, Insulanus. Ætatis 19 1/2. Nepos Dⁿᵒ Francisco, suprà folio 301. De parœciâ Sanctæ Catarinæ; oriundus 25 aprilis 1702 è propagine Joannis Baptistæ, et Mariæ Franciscæ Catarinæ de Sailly. Evectus ad omnes ordinum sacros gradus Ypris, ibidem promovetur sacerdos 15ᵃ junii 1726. Paulò post fit Gorrensis, 1733 ob restaurationem integram præposituræ Gorrensis, missus Berclavum : eodem anno vigiliâ sanctorum fit eleemosynarius, 1735 sacrista, 1738 receptor forensis versùs Hendecourt.

Philibertus de la Haie, Betunœus. Ætatis 19. Cognatus Dⁿᵒ Eligio Lallart : oritur parochianus Sancti Vedasti 16 septembris 1702 : è familiâ Joannis et Mariæ Franciscæ Danvin. Maio 1725 fit subdiaconus Ypris, tùm Atrebati levita septembris 1727 et neomista 18 septembris 1728, 1729 sub finem julii, æger ducitur ad patrocinia SS. Armentariam, ubi devixit initio decembris 1738.

Martinus Bertoul, ex Hotecloque. Ætatis 16. Oriundus 1705. De stemmate Ludovici Francisci Dⁿⁱ d'Hautecloque, Herbeval, etc. scutiferi, et.... Franeau, ortæ de genere Jacobi Francisci Dⁿⁱ de Lestoquoy et Mariæ Fr. Belvalet. Professus vacat studiis Duacenis, 1729 vigiliâ Pascæ, initiatur presbyter ab Illustrissimo Atrebatensi. 1730 mense julio Beuvrariensis, 1741 regressus ad monasterium fit receptor thesaurariæ et hospitariæ.

1723, 20 decembris. Vestiti sunt, seu debuêre vestiri quatuor sequentes, professi omnes 14ª septembris 1725.

THEODERICUS DE SAINT-VAAST, ex Crevecœur. Ætatis 22. Ordines subalternos Ypris recipit, levita 1723, mense augusto febre occultâ sed malignâ captus, religiosè simul, et generosè animam Deo reddidit, sacramentis præmunitus, 8ª septembris 1727, humatus juxtà sacellum Sancti Sepulchri.

THOMAS DELIGNY, Atrebas. Ætatis 19 1/2. De parœciâ Sanctæ Crucis. Oriundus 19 martii 1704 è genere Joannis Josephi et Mariæ Joseph Marchant : ob id cognatus Dⁿᵒ Maximiliano Hurtrel suprà folio 303. Ypris insignitus subalternis ordinibus, promovetur presbyter septembri 1727 ab Illustrissimo Atrebatensi, vigore indulti apostolici, super deffectum ætatis, succentor 1733, 1742 1ª januarii cantor.

MICHAEL DE FOREST, Tornacensis. Ætatis 19. Sacris undis purgatus 15 decembris 1704 in templo S. Brixii, de stemmate Nicolai et Joannæ Corduan. In exerciliis spiritualibus vestitionem præcedentibus intentus, incidit in ægritudinem pustularum, quarè dilatus ad habitum ad 23 januarii 1724, fit subdiaconus Ypris 1726. Tùm cætera recipit Atrebati. Neomista unctus ab Illustrissimo Atrebatensi 18 octobris 1728. Berclavensis 1730, 1737 redux ad monasterium fit sacellanus prioris 1738, simul agens recepturam thesaurariæ et hospitulariæ. Tempore febrium nocuarum anni 1741, fungens munus parochi apud S. Crucem, communi morbo impetitus, religiosè susceptis sacramentis 8ᵃ septembris 1741 devixit. Ejus corpus ex infirmitorio per pratum allatum est ad sacellum refectorii majoris pro exequiis, dein per claustra delatum ad locum tumuli antè capellam Sancti Joannis Baptistæ majoris ecclesiæ. Vir fuit comis et pacifici eloquii.

ARMANDUS DE BASSECOURT, ex Griny (Ætatis 18), propè Hesdinium, editus 25 octobris è stemmate Andreæ et Mariæ Claræ de Thieulaine. Dictus Armandus, ob nuncupationem Abbatis Rohannii etsi nomen istud in martyrologio haud reperiatur. Presbyter ungitur.... ab Illustrissimo Atrebatensi 1730, 1732 vice præféctus operum, 1735 eleemosynarius, 1739 præfectus operum.

1725, 13ᵃ januarii, ingressi sunt quatuor alii candidati, professi, uno dempto, 14ᵃ septembris 1726.

ADRIANUS HEBERT, Atrebas. Ætatis 21. Nepos Dⁿⁱ Nicolai suprà folio 299, et ab ipso baptizatus 14ᵃ februarii 1704, in templo beatæ Magdalenes, de prosapiâ Christophori Adriani et Mariæ Catarinæ Jacquemont. Evehitur ad sacerdotium vigiliâ SS. Trinitatis, per Illustrissimum Atrebatensem. 1738 eleemosynarius, agens insuper recepturam censuûm buffeti et granatariæ.

ROMANUS LALLART, Atrebas. Ætatis 19. Frater germanus Dⁿᵒ Eligio etiamnùm viventi, folio 316. Oriundus de parochiâ Sancti Joannis Baptistæ 5ᵃ februarii 1706. Initiatur omni ordinum gradu ab Illustrissimo Atrebatensi, presbyter sacratus 25 martii 1730, eodem anno Gorrensis, Berclavensis 1732. Paulò post, medio florentis ætatis, febre impetitus, naturæ concedit, 20ᵃ januarii 1733. Religiosus....

EMILIANUS CAMBIER, Atrebas Aubertinus. Ætatis 18. Nepos Dⁿᵒ Cornelio suprà folio 287. Medio Tyrocinii deficit, parentibus honestè redditus. 1733 in quadragesimâ, ingressus cœnobium RR. SS. Trinitatis Atrebatensium, anno evoluto ibidem edit vota.

VINDICIANUS DU PIRE, Betunœus. Ætatis 17, ex toparchis d'Hinge. Sæcularis studuerat philosophiæ Parisiensi : indè redux studiorumque zelo imprimis ductus, ingressus est domum Sancti Vedasti. In fine Tyrocinii, occultâ febre captus, malum cum ardore intenso superans, emittit vota cum aliis, octavâque professionis die, sacramentis piissimè expetitis, confortatus, vitæ cursum consummavit 21 septembris 1726, anno ætatis.... Tumulatus è plagâ vestiarii, relicto suî desiderio. Fuit quippe præclaris dotibus instructus, et magnæ expectationis, pollens vivaci memoriâ, pietate in Deum, et exactitudine in minimis punctis regulæ.

1726, 6ᵃ maii, conscripti sunt quatuor candidati, professi omnes, 15ᵃ januarii 1729 in præsentiâ Dⁿⁱ Aycadri Desvignes, majoris Prioris noviter electi, et conventûs. Vacant posteà linguis orientalibus, et relectioni rhetorices.

FERDINANDUS GRUIELLES, ex Dourges. Ætatis 22. Genus deducit 3ᵃ aprilis 1704 è Ludovico Francisco et Mariâ Joseph Laurin. Professus resumit Duaci studia tùm

physicæ, tùm theologiæ, professor dialecticæ 1731.
1733, 1735. Interim initiatus subalternis ordinibus ab
episcopo Atrebatensi, sacratur presbyter Ypris septembri
1721. Professor Duacenus philosophiæ 1735 post trimestre nimirùm vigiliâ Nativitatis Domini secedens in
cubiculum moritur subitaneè 1735. Tumulatus in æde
sacrâ collegii. In eo eluxit morum puritas, conscientiæ
candor : cujus cor non inflavit scientia : humilis verbis,
humilis et opere, omnibus erat carus, cunctis benevolus.

AMATUS VERGHELLES, Insulanus. Ætatis 21 1/2. De parœciâ Sanctæ Catarinæ, oriundus 19 decembri 1704. De
stemmate Caroli Francisci et Claræ de Smitre. Comes
adfuit præfato socio D^{no} Ferdinando in ordinationibus.
Ungitur pariter presbyter septembri 1731 ab Illustrissimo
Joanne Baptistâ de Smet, præsule Yprensi : is episcopus
fecit presbyteros è Vedastinorum gremio : non multò post
transiit ad sedem episcopalem · Gandensem, 1737 Hasprensis.

FIRMINUS DUCAMP, Dunkercanus. Ætatis 20. Ortum
trahit 18ª januarii 1707, è stirpe Antonii et Annæ Franciscæ Van der Straëte. Minorista ab Illustrissimo Atrebatensi septembri 1728. Occultâ sed malignâ febre correptus, magnâ animi resignatione et constantiâ, dissolutionem sui corporis patitur 2^a julii 1729. Dolentibus religiosis tumulatur propè sacellum Sanctæ Crucis, ætatis....
Exstitit vivacis et acris ingenii, facundiæ dono instructus,
juvenisque omnibus amabilis

VEDASTUS LE PIPPRE, Atrebas. Ætatis 15 1/2. Salubribus
undis purgatus 28 januarii 1711 in ecclesiâ beatæ Magdalenes, de propagine Jacobi Francisci et Mariæ Gislenæ

Izembart. Subalternis ordinum gradibus ab episcopo Atrebatensi investitus : demùm 10ᵃ aprilis, vigiliâ dominicæ Passionis 1734 virtute indulti super minoritatem ætatis, promovetur presbyter ab Illustrissimo Guillelmo novo episcopo Yprensi, 1738 sacrista, 1741 munus obit parochi Sanctæ Crucis per octo menses.

1728, 6ᵃ aprilis, sub Dⁿᵒ Aycadro Desvignes, magno Priore, vestiti sunt sex scholares : professi omnes 14 septembris 1729, repetant rhetoricam, et student plerique linguis extraneis.

HIERONIMUS COUPPÉ, ex Lagnicourt infrà Cameracum. Ætatis 21. Ei natalitiâ dedêre 17 aprilis 1707 Nicolaus Michael et Maria Helena Lefebure. 1721 missus Duacum ad theologiam, eam universam propugnat 1734, interim omnes ordines Atrebati recipit : sacratus presbyter 8ᵃ martii 1732 : primitias celebrat 21ᵃ martii sequenti, festo Sancti Benedicti, prætermisso hâc vice ritu monasterii, ob studiorum necessitatem : legit posteà dialecticam 1734, et 1735 philosophiæ professor.

LAURENTIUS BOUTON, Belunœus. Ætatis 20. De parœciâ Sanctæ Crucis, oriundus 15ᵃ februarii 1708 de stirpe Jacobi Francisci et Mariæ Franciscæ Morel. Neomista promotus ab Illustrissimo Atrebatensi, Deo litat dominicâ Lætare 1732, Beuvrariensis septembri 1733.

VINDICIANUS POTTIER, Atrebas. Exortus de stemmate... et... Deligny ; et cognatus Dⁿᵒ Thomæ Deligny suprà folio 319, febre oppressus, socium Dⁿᵘᵐ Firminum Ducamp de triduo in morte prævenit, piissimè excessus è vivis 29ᵃ junii 1729. Juvenis ad monasticum institutum

natus, vitâque diuturniore dignissimus. Vigiliæ et exequiæ
ejus peractæ sunt ritu rogamus, sub missâ funebri horâ
decimâ, et sub pulsatione eâdem nolarum, sicut pro
professi, sed minus prolixâ. Tumulatur is novitius è
regione sacelli de Bongio.

STEPHANUS DONCKERR, ex pago la Venthies. Ætatis 18.
Ei ortum præbuère 26ª martii 1710 Ludovicus et Maria
Francisca Jouglez. Ad subalternos ordines elevatus Atrebati, fit demùm presbyter Ypris 10 aprilis 1734, unâ
cum Dⁿᵒ Vedasto le Pippre, Berclavensis 1735.

MAXIMILIANUS ANSART, Atrebas. Ætatis 17 1/2. Nepos
Dⁿᵒ Maximiliano Hurtrel suprà folio 303. Sacro fonte pur-
gatur 18 novembris 1710 in templo Sancti Gaugerici, de
prosapiâ Joannis Francisci et Mariæ Magdalenes Hurtrel.
Levita promovetur... decembris 1732 : neomista pariter ab
Illustrissimo Atrebatensi initiatur mense decembri 1734,
1738 quartus prior et director novitiorum : quibus func-
tionibus lubens et petens exoneratur 1740.

NORBERTUS BERTIN, Valentianus. Ætatis 17. De parochiâ Sancti Jacobi exortus 8ª junii 1711 de genere Pasca-
sii et Mariæ Franciscæ Cambien. Dùm Duaci vacaret
studiis, promovetur hypodiaconus Atrebati 21 martii
1733 ab Illustrissimo Atrebatensi, levita 24 aprilis, vigiliâ Paschæ à celsissimo Cameracensi, cum socio sequenti,
septembri 1735 Boloniæ fit presbyter per Illustrissimum
ejusdem loci, 1735 dialecticæ, et remigiali tempore, professor philosophiæ Duacenæ.

1730, 15ª octobris. Adlecti sunt quatuor Tyrones: professi 25ª martii 1732; relectâ dein rhetoricâ, discunt linguas orientales.

VINDICIANUS DEREGNAUCOURT, ex Belleforière ultrà Duacum. Ætatis 23. Desumit ortum 1ª maii 1707 ex Carolo et Mariâ Barbarâ Fleury. Studens Duaci initiatur ordinibus cum socio præfato Bertin, fit autem presbyter ab Illustrissimo Atrebatensi, martio mense 1735. Primitias celebrat Duaci in feriis Pascalibus, 1737 post cursum theologiæ Duacenæ quam Universam propugnavit, degit in monasterio, docuitque juniores theologiam.

LUDOVICUS CORMAN, ex villâ Roubaix. Ætatis 19. Oriundus 25ª septembris 1711, è stirpe Dionysii et Mariæ Joannæ le'Père. Receptis tonsurâ et minoribus ab Illustrissimo Atrebatensi fit hypodiaconus Ypris 10 aprilis 1734. Levita ab Illustrissimo Atrebatensi, mense martio 1735, et ab eodem Illustrissimo Atrebatensi presbyter 1735 decembri, primitias celebrat Duaci: absolutâ theologiâ quadriennali, quam propugnavit, redux ad monasterium, 1739 professor philosophiæ Duacenæ.

JOANNES CHRYSOSTOMUS LE MERCIER, Atrebas. Ætatis 18 1/2. Nepos Dⁿⁱ Jacobi suprà folio 299. Exoritur 6ª maii 1712. De parochiâ Sancti Joannis, è stemmate Philippi et Franciscæ Caulier. Medio palestræ studiorum Duacenorum promovetur subdiaconus, vigiliâ Pascæ 1734 à celsissimo Cameracensi. Diaconus ab Illustrissimo Atrebatensi, cum socio præcedente, et ad Pentecosten sequentis anni 1736 sacerdos unctus ab Illustrissimo Yprensi, primitias celebrat Duaci, 1737 post decursum theologiæ

Duacenæ à se propugnatæ, redux in monasterio docet juniores theologiam, 1740 quartus prior et director novitiorum.

JOANNES BAPTISTA BOUTON, Betunœus. Ætatis 17 1/2. Cognatus D^{no} Laurentio suprà folio 323. Regeneratus aquâ salubri 2^a aprilis 1713 in ecclesiâ Sanctæ Crucis de prosapiâ Petri et Mariæ Joseph le Clercq ; fit subdiaconus Atrebati mense martio 1735, et ibidem diaconus, tùm presbyter Duaci à Reverendissimo patre Mathia... Recollectâ Anglo episcopo in partibus, in vigiliâ Paschæ 1737, Hasprensis 1738.

1731, 15^h octobris, adduntur alii tres, qui professi 25^a martii 1733, relegunt posteà rhetoricam, dein ediscunt idioma orientalium.

BENEDICTUS DE COCQ, ex pago Houle (Ætatis 20) propè Audomarum. Oriundus 16 septembris 1711 de genere Christiani et Mariæ Annæ Veron. Sabbatho quatuor temporum decembris 1734, clericatum, minores et subdiaconatum eodem diè auspicatur, unà cum duobus sociis sequentibus, promovente Illustrissimo Atrebatensi : tùm ab eodem diaconatum mense martio 1735, cum præfato D^{no} Joanne Baptista Bouton, 1738 absoluto theologiæ à se propugnatæ quadriennalis cursu 1738 vacat in monasterio, eodem anno legit Duaci dialecticam. item anno 1740 et 1741 octobris sacellanus D^{ni} magni Prioris.

RUPERTUS VAN DEN DRIESCHE, Audomarus. Ætatis 20. Ablutus sacris undis 12 octobris 1711 in ecclesiâ Sancti Sepulchri, de prosapiâ Jacobi et Catarinæ d'Assonleville : recipit omnes ordines socius dicti Benedicti de Cocq et comes studiorum Duacenorum quæ per propugnationem theologiæ Universæ conclusit. Regressus 1738, edocet juniores rhetoricam, et linguas orientales.

MAURONTUS CLAREZ, Valentianus. Ætatis 19 1/2. De parœciâ Sancti Nicolai, oriundus 28 januarii 1712. Ex stirpe Jacobi Francisci et Annæ Joseph Clerquain. Socius in ordinum gradibus receptis, et par conditionis ac duo suprà pro studiis, 1737 redux in monasterium fit succentor 1740.

1732, 9ª decembris, induti sunt duo sequentes, quorum primus more solito edit vota 3ª maii 1734, dein vacat lectionibus, cum sociis præviis.

AMBROSIUS RICHE, ex Mairieux, propè Malbodium. Ætatis 20. Ei ortum dedère 15ª augusti 1712 Nicolaus Joseph et Maria Francisca Leleu. 1736 septembri Boloniæ recipit subdiaconatum : presbyter fit ab Illustrissimo Atrebatensi decembri 1737, vacans theologiæ Duacenæ quam Universam propugnavit : professor dialectices 1738, absoluto theologiæ cursu degit in monasterio docuitque anno 1740 juniores theologiam.

ATHANASIUS BOUTON, Betunœus. Ætatis 18. Frater germanus Dⁿⁱ Joannis Baptistæ etiamnùm viventis folio 326. Oriundus de parœciâ Sancti Vedasti. Medio Tyrocinii æger sinitur aerem natalitium haurire : tùm magno zelo post quatuor menses reversus, vix resumit exercitia instituti, cùm post octavam regrediente morbo, mærens ipse à patre reducitur ad propria, relicto aliàs sui desiderio. Presbyter sæcularis fit parochus parvi Sancti Vedasti in suburbiis Bethuniensibus. Deinde anno 1746 parochus de Mazongarbe.

1733, 31 octobris, de manè post primam induti sunt duo sequentes.

LAMBERTUS HAZART, ex Felleries ultrà Avesnas, in Hannoniâ ; è prosapiâ Pauli et Mariæ Mocqueau, natus 2ᵃ decembris 1713, vota edit 3ᵃ maii 1736 cum duobus sociis sequentis vestitionis, 1736 decembri fit subdiaconus ab Illustrissimo Atrebatensi ; tùm diaconus in vigiliâ Paschæ 1737, fit presbyter ab Illustrissimo Atrebatensi decembri 1737. Vacans theologiæ Duacenæ, quam Universam propugnavit.

ANTONIUS POTIER, Atrebas. Oriundus 11ᵃ junii 1715, de parœciâ Sancti Nicolai de Fossato : è prosapiâ Antonii et Mariæ Barbaræ de Saulty. Vota solus edit 25 martii 1735 : hypodiaconus fit Boloniæ ab Illustrissimo loci antistite, septembri 1736, tùm diaconus ab Illustrissimo Atrebatensi 1737, 1738 mittitur Duacum ad mutationem aeris ; inde reversus fit 19 decembris 1739 presbyter ab Illustrissimo Yprensi, episcopo Atrebatensi non ordinante.

1734, 16ᵃ novembris, suscepti sunt tres Tyrones, hâc serie sequentes : quorum duo ultimi vota, de more, edunt tertiâ die maii 1736.

PAULUS GRIBOVAL, ex pago Sancti Livini. 1736 mense februario sæpè sæpius recurrente morbo capitis habituali, secedere cogitur liber ad propria, et devenit sacer-

dos sæcularis diœcesis Boloniensis, 1741 parochus pagi
de Lozinghem à magno Priore præsentatus.

Romanus Lestocquart, Insulanus. De parœciâ Sancti
Stephani: natus 8ᵃ septembris 1713 patre Dominico,
matre Mariâ Magdalenâ Frihelle. Fit subdiaconus ab
Illustrissimo Atrebatensi decembri 1737, levita mense
septembri 1738, Ypris per Illustrissimum loci antistitem:
tùm 19 septembris 1739 presbyter per eumdem Illustrissimum Yprensem, 1741 novembri Beuvrariensis.

Amandus Labouré, Atrebas. De parœciâ Sancti Gaugerici: baptizatus 2ᵃ decembris 1714 è genere Francisci et
Mariæ Annæ Payen. Fit subdiaconus cum socio supradicto et levita, tùm presbyter ab Illustrissimo Yprensi
2ᵃ aprilis 1740, octobri 1741 Berclavensis.

**1736, 20 martii, habitum religiosis induti sunt quinque candidati
sequentes qui omnes, uno excepto, professionem fecerunt 14
septembris 1738. Quo tempore ex arresto generali regio, injungitur processus verbalis in vestitione et professione parentelæ. Tunc communitas erat 36 religiosorum :**

Jacobus Mirandolf, Duacenus. Qui institutum deseruit
31 decembris ejusdem anni 1736 : et evenit jurista.

Basilius Lenglart, aliàs Ludovicus Ferdinandus Bernardus, ex urbe Audomarensi. Ætatis 21. E parœciâ....
de stemmate Guillelmi et Mariæ Ludovicæ Hebert, natus
19 augusti 1715. Nepos... fit hypodiaconus ab Illustrissimo
Yprensi 19 septembris 1739. Tùm ab eodem episcopo
levita, aprilis 1740; presbyter verò ab Illustrissimo
Atrebatensi, decembri 1740.

ATHANASIUS DESBAULX, aliàs Philippus Carolus Adrianus, Duacenus ; è parœciâ... Ætatis 20. Natus 6 novembris 1716 è familiâ Adriani Francisci consiliarii gubernantiæ et Joannæ Doby : fit subdiaconus ab Illustrissimo Yprensi 1740, diaconus ab Illustrissimo Atrebatensi decembri 1740, dein presbyter ab eodem Illustrissimo Atrebatensi ad SS. Trinitatem 1741.

EMILIANUS RAULIN, aliàs Carolus Alexander. Oriundus in pago Belval in Artesiâ 5ᵃ martii 1717 è genere Francisci Toparchæ loci et Juliæ de Lascaris. 1738 mittitur Duacum ad cursum philosophiæ, redux 1739 recipit minores et subdiaconatum ab Illustrissimo Atrebatensi decembri 1740, diaconatum ab Illustrissimo Yprensi 19 maii 1742, factus presbyter ab Illustrissimo Atrebatensi 22ᵃ octobris 1742.

MARCUS PALISSOT, aliàs Ambrosius Carolus, nepos Dⁿⁱ Marci prædicti. Natus Insulis de parœciâ.... de stemmate Ambrosii Alexandri præsidis Artesiæ, Toparchæ d'Hincourt et Mariæ Ludovicæ Volant de Lesglantières. 6ᵃ februarii 1718, recipit ordines cum socio Athanasio de quo suprà. Presbyter fit ab Illustrissimo Yprensi 10 martii 1742.

1737, 5ᵃ octobris, ingressi sunt ad probationem instituti nostri, quatuor candidati ordine sequentes, quorum duo posteà residui vota edidêre 6ᵃ aprilis 1739 et studuêre linguis orientalibus.

GREGORIUS VAN DEN BROUCHE, aliàs Nicolaus Josephus, natus Dunkercæ 26 martii 1718, è familiâ Joannis Baptistæ et Annæ Mariæ de Gardein. Qui morbo captus sponte discessit ad propria 15ᵃ februarii 1738.

Guislenus Thery, aliàs Antonius Gislenus Atrebas ; de parœciâ Sancti Auberti, natus de stemmate Antonii Alberti mercatoris et Mariæ Claræ Dupuich, 5ᵃ februarii 1719. Professus relegit rhetoricam, et linguas orientales, 1740 septembri, vadit Duacum ad theologiam, 1741 ad Sanctam Trinitatem fit subdiaconatus ab Illustrissimo Atrebatensi, 1742 ad Sanctam Trinitatem diaconus ab Illustrissimo Yprensi.

Aicardrus Delestoille, aliàs Franciscus Michael Joseph Duacenus, de parœciâ Sancti Petri, de genere Francisci Michaelis mercatoris et Franciscæ Theresiæ de Misboth 27ᵃ martii 1719. Pronepos Dⁿⁱ Desvignes magni Prioris. Socius studiorum prædicti ac ordinum.

Aubertus Grenet, aliàs Petrus Josephus, Bucciniensis. Ortus 27ᵃ novembris 1720, patre Guillelmo medico, matre Eleonorâ Dubois. Sæculares vestes resumpsit 28 maii 1738.

1738, 5ʰ octobris, vestiti sunt duo sequentes juvenes à Dᵒ Desvignes, magno Priore, qui vota religionis edidère 25 martii 1740. Dein vacavère linguis orientalibus, ac rhetorice, dein theologiæ.

Carolus Crinon, aliàs Ludovicus Josephus, ex Walincourt in Cameracesio, ortus 15ᵃ januarii 1719 è genere Ludovici et Mariæ Dewex, fit subdiaconus ab Illustrissimo Atrebatensi 22 decembris 1742.

Aubertus Capiau, aliàs Andreas Josephus, è parochiâ Sancti Albini Duaceni, natus 2ᵃ septembris 1720, patre Joanne et matre Mariâ Franciscâ Jaunart. Recipit subdiaconatum cum socio præfato.

1739, annumerati sunt in candidatos, vestitione factâ 18ᵈ septembris, sex ordine sequentes : professi omnes, excepto quarto 19ᵈ martii 1741 in sacello beatæ Mariæ Virginis, choro à religiosis de relicto. Tunc communitas erat 43 religiosorum.

JACOBUS LE GENTIL, aliàs Gislenus Josephus, ex pago Wanquetin, natus 23 januarii 1720, patre Joanne Philippo, matre Mariâ Franciscâ Vermel.

BERTINUS SAMIER, aliàs Ludovicus Alexander, Oriundus in pago Bailleul-aux-Cornailles, 30ᵈ martii 1720, genere Joannis Antonii et Christinæ Isabellæ Coroyette.

GREGORIUS LEFEBURE, aliàs Maximilianus Franciscus Ferdinandus, de parœciâ Sanctæ Crucis Atrebatensis, oriundus 8ᵈ aprilis 1720, stirpe Joannis Francisci Antonii decani consiliariorum Artesiæ et Mariæ Yolentæ le Caron, et ideò pronepos Domni Gregorii Damiens præfati.

PAULUS LE MERCHIER, aliàs Josephus Franciscus Atrebas, de parœciâ Sancti Joannis. Ortus 9ᵈ junii 1720, è familiâ Caroli Francisci et Joannæ Margaritæ Cuvelier, nepos Dⁿⁱ Egidii Cuvelier dicti. Gustato anni Tyrocinio, sæculares vestes resumpsit 24 augusti 1740, 1745 devenit officiarius legionis pedestris de Champagne.

TIMOTHEUS LUCAS, aliàs Joannes Carolus, è pago Vaux, versùs Bapalmas, natus 11ᵈ augusti 1720, patre Gregorio, matre Catharinâ Goubé.

IGNATIUS D'HYBERT, aliàs Carolus Constantinus Josephus. Oriundus in Burgo Frevent, de parœciâ Sancti

Vedasti, 30 septembris 17?0, è stemmate D^{ni} Caroli
Josephi et Mariæ Theresiæ Joseph Franciscæ de Gargan.
1741 octobri, missus Duacum ad philosophiam.

**1740, die Assumptionis B. M. V. religiosi omnes Sancti Vedasti
Atreb. nullo excepto, convenêre ad processionem generalem,
quadraginta duo per seriem, nullusque ex eis, etsi senior,
detinebatur infirmitatibus, raro exemplo.**

EXPLICATION DES PLANCHES.

EXPLICATION DES PLANCHES

Planche I.

Le N° 1, Philippus Marginal, répond à la page 31 de ce volume. A ce nom seulement, et en 1298, commence la longue série des blasons des Religieux de Saint-Vaast.

Le N° 2, Englebertus ou Ingelbertus Louchart, correspond à la page 32. La famille Louchart est fort connue à Arras au Moyen-âge.

Le N° 3, Simon de Bulecourt, et le N° 4, Egidius d'Annequin, répondent à la page 33.

Le N° 5, Claudius Crespin d'Accabli, ne vient qu'à la page 36. Dans ces armoiries les émaux ne sont pas indiqués.

Nicasius de Goinquelieu, N° 6, vient à la page 43; les deux N°s suivants, Michel Blokiel et Joannes Sacquespée, famille très-illustre à Arras, sont à la page 44.

Petrus de Matefelon et Jean de Neuville sont à la page 45 : le premier se trouve dans la notice de Petrus Planes, avec lequel il doit peut-être s'identifier.

Nicolas de la Fons est à la page 47, et Jean de Moy, à la page 49. La crosse qui surmonte l'écusson indique la qualité d'Abbé.

Sigerus Dambrinnes, page 49, a un écusson près du texte qui le concerne, mais cet écusson n'étant pas rempli, nous n'avons pas pu le mettre dans cette collection. Il est néanmoins utile de mentionner ce fait, d'un écusson inachevé, comme nous le mentionnerons plus tard assez souvent.

Egidius de Hées, famille d'Arras souvent citée, Michel d'Assonleville et Baudoin de la Fosse, terminent cette planche première : On trouve les Notices pages 50 et 51.

———

Les blasons qui suivent sont décrits dans l'*Armorial général... des familles nobles et patriciennes de l'Europe*, par

J.-B. Rietstap, Gouda 1861. — Les autres se trouvent généralement, soit dans d'Hozier et Borel d'Hauterive, *Armorial de Flandre*, etc., etc., soit dans le *Dictionnaire héraldique* de Grandmaison ; soit dans les *Esquisses généalogiques* de M. du Hays, Paris et Lille 1863. — Tout décrire a semblé chose superflue : donner les descriptions de l'Armorial général européen était au contraire chose moins connue et d'un grand intérêt pour les familles qu'elles concernent. Nous nous sommes borné à ces citations.

1. — PHILIPPE MARGINAL. Il y a bien, dans le texte, *Marginal*, avec une *n*. Dans l'Armorial général nous trouvons *Margival*, avec un *v*. Les armes sont d'ailleurs les mêmes : *d'argent à la croix d'azur chargée de cinq coquilles d'or.*

3. — SIMON DE BULECOURT. Le Nécrologe écrit *Bulecourt* ; ailleurs on trouve *Bullecourt* : *d'or à la fasce de gueules accompagnée de trois maillets de sable.*

4. — GILLES D'ANNEQUIN : *écartelé d'or et de sable, à la cotice engrelée de gueules brochant sur le tout.*

7. — MICHEL BLOKIEL : *d'argent au chevron de gueules accompagné de trois merlettes de sable.* Ce nom s'écrit aujourd'hui *Blocquel* (Barons de Wismes, 1626.)

8. — JEAN SACQUESPÉE : *de sinople à l'aigle d'or chargée sur l'estomac d'une épée d'argent garnie d'or, posée en bande, que l'aigle tire avec le bec, d'un fourreau de sable.*

10. — JEAN DE NEUVILLE : *de gueules, au saut de vair....*

12. — JEAN DE MOY. La faute existe dans le dessin du Manuscrit, et le dessinateur a copié servilement. Peut-être doit-on substituer l'argent à l'azur. Nous trouvons un *Moy* qui a *de gueules au brancard d'argent mis en bande, accosté de deux étoiles du même.* Evidemment ce ne sont pas les armoiries ici présentes, où les étoiles, au nombre de trois, sont d'or. Il est impossible toutefois que les émanches soient ainsi placées couleur sur couleur.

14. — MICHEL D'ASSONLEVILLE : *d'argent à la fasce de sable chargée de trois molettes du champ.* Ici les trois molettes sont d'or : elles sont d'ailleurs rigoureusement calquées sur le Manuscrit.

15. — BAUDOUIN DE LA FOSSE : *d'or à trois cors de chasse de sable, liés de gueules, virolés d'argent* (la Fosse de Givenchy.)

Phlūs
Marginal

Englebertus,seu Ingelbertus
Louchart

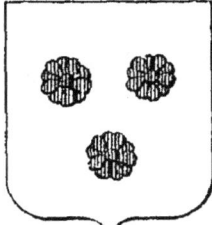

Simon
de Bulecourt

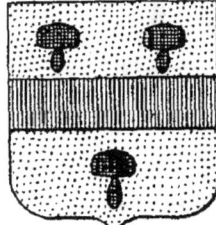

Egidius
d'Annéquin

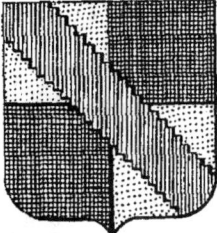

Claudius Crespin
d'Accàbli

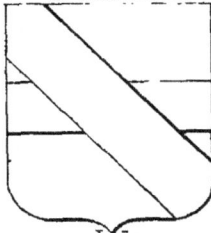

Nicasius
de Goinquelieu

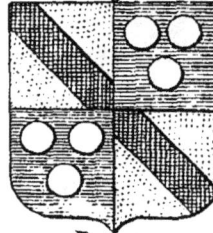

Michel
Blokiel

Jóes
Sacquespée

Petrus
de Matefelon

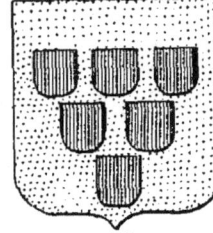

Jóes
de Neûville

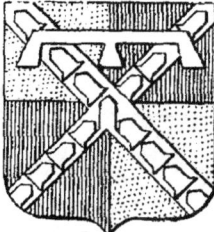

Nicolaus
de la Fons

Jóes   de Moy

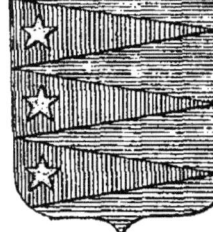

Egidius
de Hées

Michel
d'Assonleville

Balduinus
de la Fosse

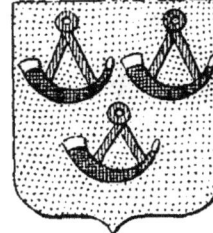

Jacobus
de Basguehem

Petrus
de Beauvais

Eustachius
Saquespee

Joés
Hourier

Joannès du Clercq

Gobertus
de Mory

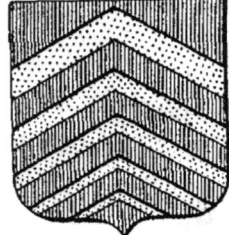

Jacobus
de Hertain

Jacobus
de Bertrangle

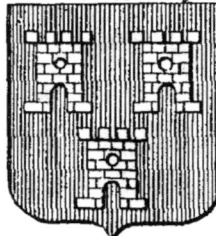

Hugo
Dococh

Engherandus
de Mailly

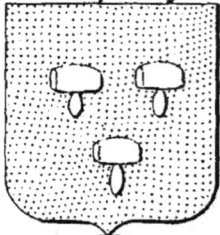

Bertrandus
Des Fosseux

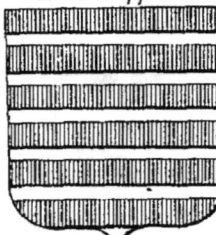

Joés
Jonglet

Egidius de Longueval

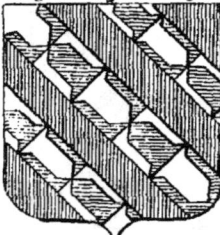

Sigarus
de Baquelerot

Egidius
Carpentin

Planche II.

Jacobus de Basquehem se trouve page 51. Entre cet écusson et le suivant, Pierre de Beauvais, qui est à la page 54, on trouve encore un écusson inachevé, celui de Jean de Méricourt, page 52.

Après Pierre de Beauvais, se trouve encore un écusson inachevé : c'est celui de Jean ou Joannes de Bellemotte, page 54.

Puis viennent, même page, Eustache Sacquespée et Jean Hourier.

Plus loin, page 57, on trouve Jean du Clercq ; puis Gobertus de Mory, Jacques de Hertain, page 58, et Jacques de Bertrangle, page 59.

Hugo Dococh est à la page 60.

Les six autres, Enguerand de Mailly, Bertrand des Fosseux, Jean Jonglet, Egidius ou Gui de Longueval, Sigerus de Bacquelerot et Egidius de Carpentin se succèdent presque sans interruption aux pages 62, 63, 64.

Notons ici que l'écusson de Sigerus de Baquelerot est inachevé.

———

1. — Jacques de Basquehem. Cette famille, dont le nom s'écrit aujourd'hui *Bacquehem*, porte : *d'or fretté de gueules, au canton de sinople chargé d'une fasce d'argent surchargée de trois merlettes de sable.* Le sinople est ici remplacé par l'*azur*, nettement indiqué sur le Manuscrit.

3. — Eustache Sacquespée : voir pl. I, 8.

7. — Jacques de Hertain : *d'argent à la bande d'azur*

chargée de trois coquilles d'or. Il faut évidemment rectifier ainsi ce blason, calqué ici d'ailleurs avec sa faute sur le Manuscrit. Ce nom s'écrit aujourd'hui *Hertaing.*

9. — Hugues Dococh : *d'argent à la fasce de gueules, accompagnée en chef de trois coqs rangés, de sable, crêtés et barbés du second, posés sur la fasce.* C'est de la famille *Ocoche de Manchicourt.*

10. — Enguerrand de Mailly : *d'or à trois maillets, de sinople, de gueules, d'azur* ou de *sable,* selon les familles. Comme ici il y a dans le texte : dictus *d'Anthûille,* il s'agit d'un de Mailly d'Hauteville, par conséquent aux trois maillets *d'azur.* On a lieu de constater la prudence de l'auteur qui, dans le doute, s'est abstenu.

11. — Bertrand des Fosseux : *de gueules, à trois jumelles d'argent.* Il y a ici un manque d'exactitude dans le dessin : l'idée n'a pas été rendue, puisqu'il y a une fasce mince de moins, soit cinq au lieu de six.

13. — Gilles de Longueval : *bandé de vair et de gueules.*

14. — Siger de Baquelerot (aliàs *Bacquelrot,* an 1628) : *de gueules au saut de vair.*

15. — Gilles Carpentin. Les Carpentin de Cumont portent : *d'argent à trois fleurs de lis au pied nourri de gueules.* Ici il y a une modification.

Planche III.

Jacques de la Tannerie est à la page 65.

Antoine de Neuville se trouve à la page 66.

David de Bulleux a sa Notice à cette même page.

Pierre de Wignacourt et Jean de Lisque ont la leur à la page 67.

Philippe Gommer et Philippe Aletruye se trouvent à la page 69.

Paul de Sains, page 70, a des armoiries incomplètes ; nous les avons reproduites telles qu'elles sont dans le Manuscrit.

Antoine du Clercq, n'a rien de commun dans les siennes avec celles de Jean du Clercq de la planche II.

Godefroid Dubos est à la page 72.

A cette page, on trouve un écusson non rempli, à côté de la Notice de Johannes Barré.

Page 73, se trouve Antoine Pollet.

Jean Carin est à la page 74, ainsi que Antoine de Bauf-fremez.

Jean de Warluzel, page 75.

Georges d'Averoult, page 76.

---

1. — Jacques d'Aubermont. Il y a ici une confusion dans la rédaction, et c'est à Jacques d'Aubermont que se rapportent les armoiries du n° 1 de la planche III.

3. — **David de Bulleux** : *d'azur au chef d'or*. On écrit aujourd'hui *Buleux*.

4. — **Pierre de Wignacourt** : *d'argent à trois fleurs de lis, au pied nourri de gueules*. Pour le canton, l'auteur du Nécrologe a une note explicative.

5. — **Jean de Lisque** : *bandé d'or et d'azur, à la bordure de gueules* ; tel est le dessin du Manuscrit. *Licques* porte bandé *d'argent* au lieu d'or.

6. — **Philippe Gommer** : *de sable à la fasce d'or, chargée de trois aiglettes de gueules et accompagnée de treize billettes couchées d'or, en chef quatre et trois, en pointe trois, deux et un*. Les treize billettes y sont, et au delà, mais non pas dans l'ordre indiqué : quant aux trois aiglettes elles n'existent pas sur le dessin.

13. — **Antoine de Beauffremez** : *d'azur à l'écusson d'argent, accompagné de trois merlettes d'or rangées en chef*. On lit aussi *Beauffremetz*.

14. — **Jean de Warluzel** : *de sinople à la fasce d'argent, à la bande de losanges de gueules brochant sur le tout*.

15. — **Georges Daveroult** (ou d'*Averhoult*) : *d'or à trois fasces de sable, au canton d'hermine*

Jacobus de ✠ la Tannérie

Antonius de Neuville

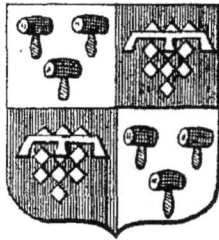

David de Bulleux

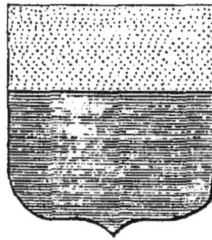

Petrus de Wignacourt

Joēs de Lisque.

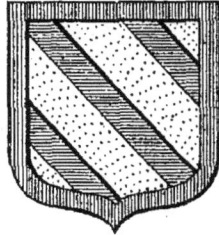

Philippus Gommer

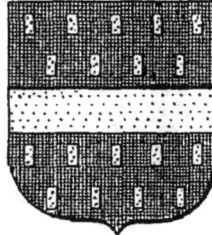

Phlus Aletruye.

Paulus de Sains.

Antonius du Clercq

Codefridus Dubos.

Antonius Pollet.

Joēs Carin.

Antonius de Bauffremez.

Joēs de ✠ Warluzel

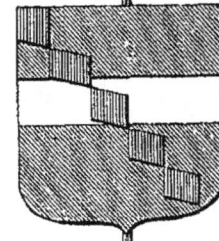

Georgius Daveroult.

Petrus Dauquesne.

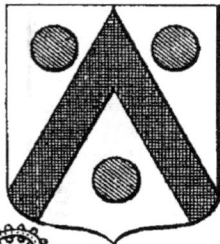

Phlûs du Châtel.

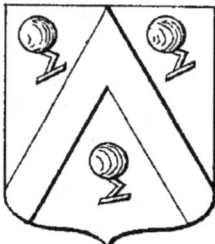

Joēs de Bencourt.

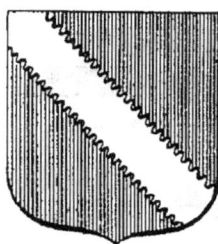

Carolus Borbonius.

Jacobus de Kerles

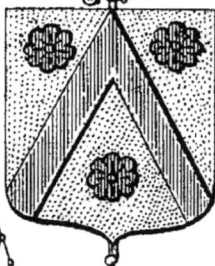

Walerandus de Wignacourt.

Joēs le Cochon.

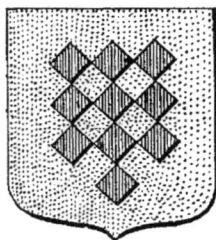

Joēs Tacquet.

Claudius de Cambrin.

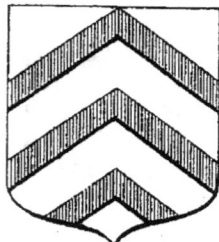

Phlûs d'Alennes.

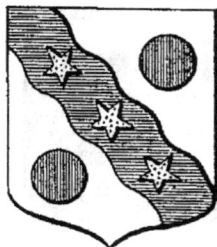

Leduinus de Paris.

Phlûs de Wallois

Joēs le Feutre.

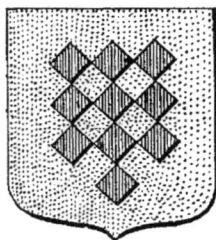

Jacobus Baudart.

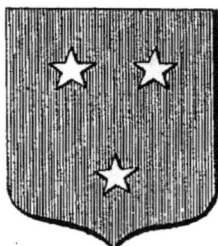

Martin Asset

Audaces for tuna juvat

Planche IV.

PETRUS DAUQUESNE est à la page 76.

PHILIPPE DU CHATEL, page 78, a son écusson inachevé.

JEAN DE BENCOURT et le Cardinal CH. DE BOURBON se trouvent à la page 82.

On trouve ensuite JACQUES DE KERLES, page 83, et WALERAND DE WIGNACOURT, dont les armoiries rappellent celles du même nom de la planche III.

JEAN LE COCHON, page 84.

JEAN TACQUET, CLAUDE DE CAMBRIN, PHILIPPE D'ALENNES et LEDUINUS DE PARIS, page 85.

PHILIPPE DE WALLOIS, d'une famille d'Arras, dont nous avons une pierre tombale très-curieuse au Musée, page 86.

Nous trouvons JEAN LE FEUTRE et JACQUES BAUDART, à la page 87.

Et enfin, à la page 89, on lit la Notice énergique de MARTIN ASSET.

---

4. — CHARLES DE BOURBON : *de France, à la cotice de gueules.*

6. — WALERAND DE WIGNACOURT : voir plus haut, pl. III, 4.

8. — JEAN TACQUET : *d'or au saut ondé de sable.* Il y a ici une étoile en plus.

9. — CLAUDE DE CAMBRIN : se trouve dans l'Armorial, mais avec d'autres armoiries.

10. — PHILIPPE D'ALENNES : autres.

11. — LÉDUIN DE PARIS : *de gueules à trois têtes de lion d'or.*

12. — PHILIPPE DE WALLOIS : autres.

14. — JACQUES BAUDART : autres

15. — MARTIN ASSET : voir pl. VI, 15.

Planche V.

Les trois premiers noms : Guillaume Caulier, Jean Théry et Jean le Bailli, se trouvent aux pages 90, 91 et 92.

Après ce dernier nom on trouve un écusson *en blanc* à côté de la Notice de Robertus Gosson.

Jean-Jacques le Tordeur, Jean d'Estrées et Martin Bertoul sont à la page 93.

Nicolas Lentailleur est à la page 94.

La croix qui accompagne les armoiries de Robert Briconet indique sa qualité d'Archevêque : on trouve sa Notice fort curieuse à la page 94.

Egidius Payen, d'Arras, est à la page 95, ainsi que Charles Ricart.

Jean Ousson, Jean de Saveuses et Gencianus Raulin, page 96.

Jacques Creppel a sa Notice page 97, et Jean Houvigneul, se trouve page 98.

———

1. — Guillaume Caulier : autres armoiries.

2. — Jean Théry : id.

3. — Jean le Bailly : id.

5. — Jean d'Estrées : *d'argent fretté de sable, au chef cousu d'or, chargé de trois merlettes du second.*

6. — Martin Bertoul : *de gueules à la fasce d'or, accompagnée en chef de trois coquilles d'argent, et en pointe d'un lion léopardé du second.* On écrit d'ordinaire *Bertoult.*

8. — Robert Briconet : *d'azur à la bande componée d'or et*

de gueules de cinq pièces, le premier compon de gueules chargé d'une étoile (5) *d'or.* Robert Briconet était noble et de la Touraine, nous dit le texte : or ce sont ici les armes des *Briçonnet* de Bretagne et de l'Ile-de-France. On est fondé à croire dès lors que le dessin du Manuscrit est une reproduction *par à peu près,* faite sur quelque ancien monument à demi effacé. La rectification serait facile, mais nous devons donner le *calque* tel qu'il est.

9. — GILLES PAIEN : *d'or à l'aigle de sinople, becqué et membré de gueules...,* les armoiries exactes du dessin ici reproduit.

10. — CHARLES RICART : autre.

12. — JEAN DE SAVEUSES : *de gueules à la bande d'or, accompagnée de six billettes du même, rangées en orle.* Il y a ici un défaut d'arrangement dans les billettes, qui devraient mieux suivre les bords de l'écu.

13. — GENTIEN RAULIN : *d'argent à trois roses de gueules, bout. d'or, barbées de sinople.* On écrit aussi *Raullin.*

Guillelm Caulier
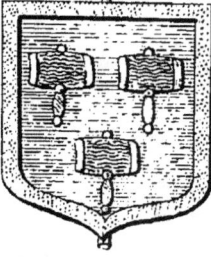

Joës Théry
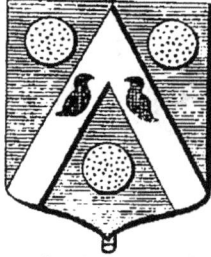

Joës Le Bailly.
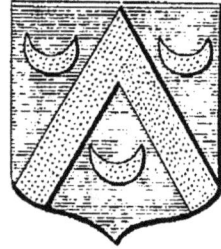

Joës Jacobus le Tordeur

Joës d'Estrées.

Martinus Bertoûl.

Nicolaus Lentailleur.

Robert Briconet

Egidius Paien

Carolus Ricart.

Joës Oûsson.

Joës de Saveûses
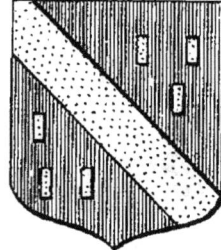

Gencianus Raulin.
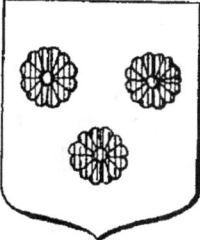

Jacobus Creppel.
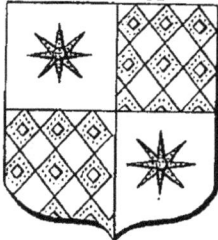

Joës Houvigneul.
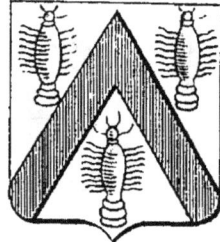

Lith. Desavary-Dutilleur, Arras.

Adrianus de Habarcq

Robertus Anssart.

Joēs de Longueval
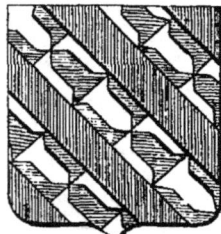

Joēs Forme.

Jacob Walerandus de Wignacourt.

Petrus Savary.
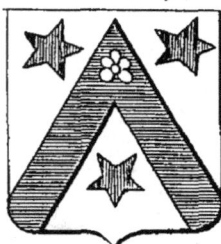

Antonius de Moÿencourt.
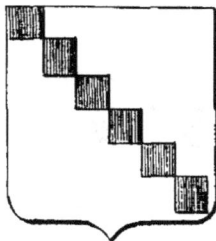

Walerandus de Wignacourt.

Rolandus de Montmorency.

Joēs le Norquier.

Jacobus de Kerles.
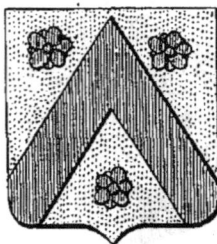

Pétrus de Cardevacque.

Robertus de le Disque.
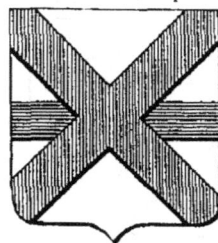

Ludovic de Miraumont.
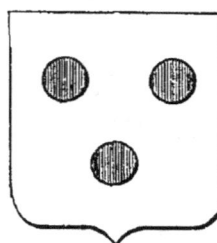

Joēs Asset.
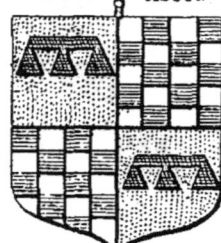

Planche VI.

Adrien de Habarcq est à la page 98.

On trouve page 99, Robert Anssart, dont les armoiries sont ici parlantes : ansa ardens.

Puis viennent les armes bien connues des Longueval, dont la Notice sur Jean est à la même page, ainsi que celle de Jean Forme.

On retrouve, page 100, les armes de Wignacourt ; la Notice sur Pierre Savary ; puis Antoine de Moyencourt, page 101, puis encore les Wignacourt, page 102 ; enfin les armoiries bien connues de Montmorency.

On voit ensuite Jean le Norquier, page 102.

Jacques de Kerles, page 103, armoiries déjà vues planche IV ; et les Cardevacque, page 104, que nous retrouverons plus loin

La planche VI se termine par Robert de le Disque, Notice page 105.

Ludovic de Miraumont. même page ; et Jean Asset, page 106, mêmes armoiries que celles de son oncle, planche IV.

———

1. — Adrien de Habarcq : *fascé d'or et d'azur, de huit pièces.* Ici il n'y a que sept pièces, comme dans le Manuscrit.

2. — Robert Anssart : voir plus haut.

3. — Jean de Longueval : voir plus haut, pl. II, 13.

4. — Jean Forme : *d'azur à trois bandes ondées d'argent.* On dit aussi *Formé de Framicourt.*

5 et 8. — J. et W. DE WIGNACOURT : voir plus haut, pl. III et IV.

6. — PIERRE SAVARY : *d'argent au chevron d'azur accompagné de trois étoiles de gueules*, Savary d'*Artois,* ceux du Tournaisis ayant des merlettes au lieu d'étoiles.

9. — ROLAND DE MONTMORENCY :

L'auteur, à propos de ce nom, renvoie à André du Chêne, et son renvoi, contrôlé par nous avec soin, est très-exact. Il y a eu seulement ici une *distraction.* Les lignes conventionnelles etc. indiquant les couleurs dans le blason sont fort modernes : or l'auteur a reproduit purement et simplement le dessin de du Chêne, qui ne s'accorde pas avec sa description, parce qu'il n'attachait pas de valeur aux susdites lignes. Cette distraction prouve d'ailleurs combien Dom le Fébure aimait à s'entourer de documents et à les reproduire avec fidélité.

11. — JACQUES DE KERLES : comme son oncle, pl. IV, 5.

12. — PIERRE DE CARDEVACQUE : *d'hermine au chef de sable.*

14. — LOUIS DE MIRAUMONT : *d'argent à trois tourteaux de gueules.*

15. — JEAN ASSET : comme son oncle, pl. IV, 15.

Planche VII.

Michel Daize ou Daix, d'Arras, a sa Notice page 106.

Enguerrand du Gardin se trouve page 107.

Antoine de le Fosse et Philippe de le Planque, page 108.

Pierre Reffin, page 109. Les armoiries de ce dernier sont inachevées.

Page 109, nous trouvons un écusson *en blanc* à côté de la Notice de Jean Haniot, d'Arras.

Claude de Nouvelles est à la page 109.

Jean Théry et Paris Taffu, à la page 110.

Petrus Bello, à la page 111. Les armoiries de ce dernier sont inachevées.

On trouve Philippe Vignon et Jean Dervillers, page 111.

Lucas Philippe, Ambroise Héranguières et Jean Bauduin, page 112 ; enfin Jérome Rufault, page 113.

———————

1. — Michel Daize ou d'Aix : *d'argent à trois merlettes de gueules.*

5. — Pierre Reffin : les *Reffin* (Cambr.) portent *d'or à la bande de contre-vair*. Ce n'est pas exactement le blason ci-contre, mais il y a du rapport entre les deux.

6. — Claude de Nouvelles : *burelé-ondé d'argent et d'azur, de douze pièces* (Hainaut). Ce n'est pas le blason ci-contre, dans lequel les burèles sont remplacées par des chevrons, mais il y a analogie dans l'ensemble et dans les émaux.

10. — Philippe Vignon : *d'azur au chevron d'or, abaissé sous une tranche du même.*

11. — Jean Dervillers : *d'argent au chevron, accompagné en chef de deux trèfles et en pointe d'une merlette, le tout de sable.*

12. Luc Philippe : *de gueules, à la croix dentelée d'argent.* Philippes du Coscastel ou Phélippes de Coetgourheden.

13. Ambroise de Héranguières : *d'azur à dix losanges d'argent : 3, 3, 3 et 1.* Le nom est Héraugières, dans le texte il y a un *u* au-dessus de l'*n*, correction qui paraît ancienne. La famille est du Hainaut.

14. — Jean Bauduin : *d'azur au chevron d'argent, chargé de deux lions de gueules et accompagné de trois trèfles d'or.*

15. — Jérome Rufault : *d'or à trois coqs de sable, encollés de têtes de chèvre de gueules.* Le dessin n'est pas très-net sur ce dernier détail.

Michel Daize

Engherandus du Gardin.

Antonius de le Fosse

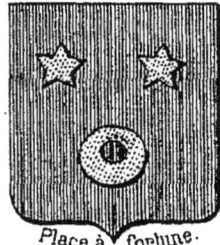

Place à fortune.

Phlūs de le Planques.

Petrus Reffin.

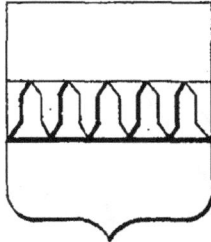

Claudius de Noûvelles.

Joēs Thery

Paris Taffu.

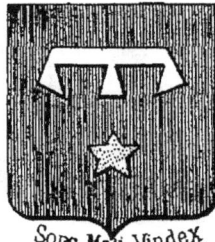

Sors Mali Vindex

Petrus Bello.

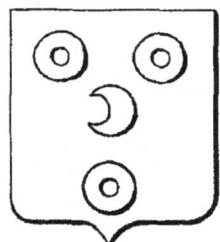

Phlus Vignon.

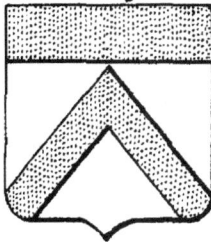

Joēs Dervillers.

Lucas Philippe.

Ambrosius de Hérangûières

Joēs Bauduin.

Hieronÿmus Rufault.

Vive Deo

Petrus Baudart.

Robertus Doresmieúx.

Cleriardus de Markais.

Pétrus le Cerf.

Phlûs le Bailly.

Andreas le Cambier.

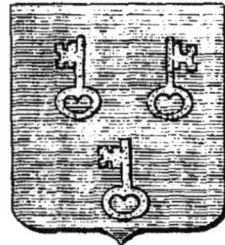

Pétrus du Carieũl.

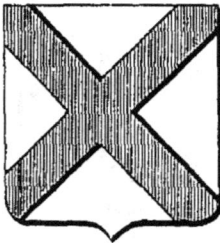

Nicoláus Lentailleũr.

Antonius de Trámery.

Joẽs de Boufflers.

Ludovicus de Haússy.

Joés Morel

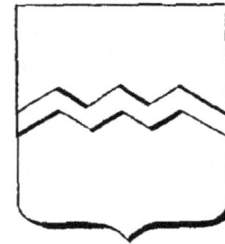

Joẽs Lefebûre

Thomas de Parenty

Romanus Vignon.

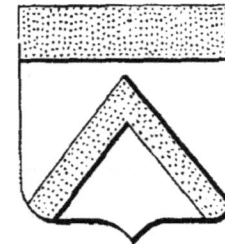

Deo Parenti.

Planche VIII.

Avant l'écusson de PIERRE BAUDART, page 113, nous trouvons un écusson *en blanc*, à côté du nom de PETRUS LE CAMBIER, même page.

Vient ensuite un écu que nous reverrons souvent, celui des DORESMIEUX, Notice page 113.

Puis CLERIARDUS DE MARKAIS et PIERRE LE CERF, page 114.

PHILIPPE LE BAILLY et ANDRÉ LE CAMBIER, page 115.

PIERRE DU CARIEUL a sa Notice même page.

NICOLAS LENTAILLEUR et ANTOINE DE TRAMERY, page 116.

JEAN DE BOUFFLERS, page 117.

LUDOVIC DE HAUSSY, page 118.

JEAN MOREL, page 119, l'écusson de ce dernier est inachevé.

La planche VIII se termine par les écussons de JEAN LEFEBVRE, THOMAS DE PARENTY et ROMAIN VIGNON, dont les Notices se lisent pages 119 et 120.

———

1. — PIERRE BAUDART : autres armoiries.

2. — ROBERT DORESMIEULX : *d'or à une tête de more, tort. d'argent, accompagnée de trois roses de gueules.*

3. — CLER. DE MARKAIS : *d'or fretté de gueules.*

4. — PIERRE LE CERF : *d'or au rencontre de cerf de gueules,* de Cerf de Haghedorne.

5. — PHILIPPE LE BAILLY : autres.

6. — ANDRÉ LE CAMBIER : *d'azur à trois clefs d'or*, le Cambier dit d'Aigny.

7. — PIERRE DU CARIEUL : *d'argent au saut de gueules.*

9. — ANTOINE DE TRAMERY : *de sable au chevron d'or, accompagné de trois merlettes du même*, la Tramerie, Marquis du Forest.

10. — JEAN DE BOUFFLERS : *d'argent à trois molettes de gueules, 2 et 1, accompagnées de neuf croix recr. du même.*

12. — JEAN MOREL : *d'argent à la fasce vivrée de sable*, Morel de Tangry.

15. — ROMAIN VIGNON : comme Phil. Vignon, pl. VII, 10.

Planche IX.

NICOLAS LE SERGEANT et SIMON DE WARLUZEL ont leur Notice à la page 121.

ANTOINE DE LE VAL est à la page 123.

GUILLAUME DE LOUEUSE et JEAN TOURNEMINE sont à la page 123.

JACQUES DE HABARCQ, à la page 124, ainsi que HENRI DE LIGNE.

ANTOINE LE FEUTRE, à la page 125.

Voici ensuite de nouveau l'écusson des DORESMIEUX, et celu D'ANTOINE ENGILAND, correspondant à cette même page.

MICHEL LE FEBVRE et MATTHIEU DU CROCQ, page 127. Ce dernier écusson est inachevé.

JEAN DE PRONVILLE vient ensuite, page 128.

Puis encore un écusson inachevé, celui de JEAN BOURGEOIS, page 129 ; enfin JEAN OUDART, page 130.

———

1. — NICOLAS LE SERGEANT : *d'azur à trois gerbes d'or, liées de gueules.*

2. — SIMON DE WARLUZEL : *de sinople à la fasce d'argent ; à la bande de losanges de gueules brochant sur le tout.*

3. — ANTOINE DE LE VAL : autres armoiries.

4. — GUILLAUME DE LOUEUSE : *d'argent à la bande d'azur, accompagnée de six merlettes de sable, rangées en orle.*

5. — JEAN TOURNEMINE : autres.

6. — JACQUES DE HABARCQ : voir pl. VI, 1. Ici les *huit* pièces sont nettement marquées.

7. — HENRI DE LIGNE : *d'or à la bande de gueules.*

9. -- LOUIS DORESMIEULX : voir pl. VIII. 2.

10. — ANTOINE ENGILAND, dictus de Gomicourt : *d'or à la bande de sable.*

11. — MICHEL LE FEBVRE : autres.

12. — MATHIEU DU CROCQ : autres.

13. — JEAN DE PRONVILLE : *de sinople, à la croix engr. d'argent.*

15. — JEAN OUDART : *d'argent à trois merlettes de sable.*

Nicolaus le Sergeànt.

Simon de Warlusel.

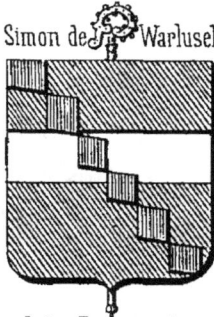

Antonius De le Val.

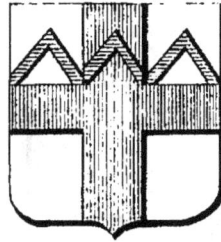

Guillelmus de Loueûse.

Joês Tournemine.

Jacobus de Habârcq.

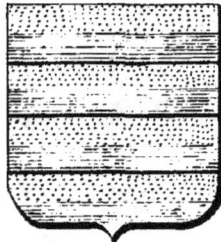

Henric' de Ligne.

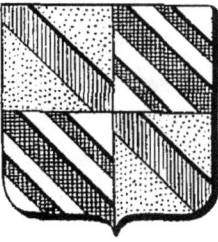

Antonius le Peûtre.

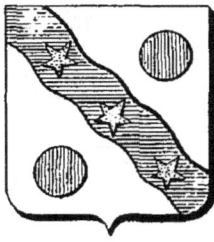

Ludovicus Doresmieux

Vide ne Cadas

Antonius Engiland.

Michel Le Febvre.

Cœlo-Fabricare.

Mathœus Du Crôcq.

Joês de Pronville.

Joês Bourgêois.

Joês Oudart.

Joës Doresmieûx.

Guillelm' Collart.

Jacobus Monvoisin.

Jacobus de Markais.

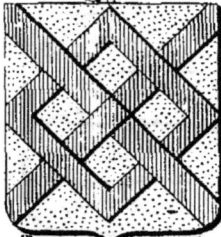

Petrus de Rincheval.

Joës de Caverel.

Conatibus somnia cedunt.

Aeternum urget.

Joannes Saracin.

Pietate et Sapientia.

Antonius de Ricamet.

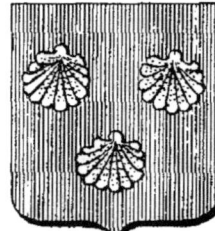

Philippus de Vernenboûrg.

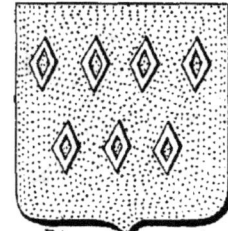

Disce bene mori.

Joës Perloys.

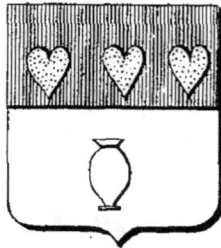

Hieronymus de Moncheáux.

Guillelmus de Croix

Antonius de Douay.

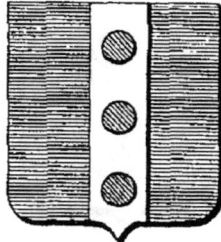

Joës le Cambier.

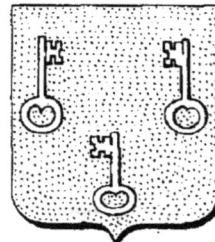

Adrianus Pronier.

Folium ejus Viride.

Planche X.

Le Nº 1 de la planche X nous offre encore les armoiries des Doresmieux, Notice page 130.

Puis viennent deux écussons incomplets, Guillaume Collart et Jacques Monvoisin, page 131.

Jacques de Markais correspond à la page 132.

Pierre de Rincheval, à la page 133.

Jean de Caverel, à la page 135. Ses armoiries sont les mêmes que celles de l'illustre Philippe de Caverel, qui viendra plus tard, planche suivante.

Entre Pierre de Rincheval et Jean de Caverel, nous trouvons un écusson laissé *en blanc*, celui de Jacques de Bouin, page 134.

Voici la pagination des autres :

Jean Saracin, page 136 ; Antoine de Ricamet, page 138 ; Philippe de Vernenbourg, page 139 ; Jean Perloys et Jérôme des Moncheaux, page 140 ; Guillaume de Croix et Antoine de Douay, page 143 ; Jean le Cambier, page 144 ; Adrien Pronier, page 145. Ce dernier est inachevé.

———

1. — Jean Doresmieulx : voir pl. VIII et IX.

4. — Jacques de Markais : voir pl. VIII, 3.

5. — Pierre de Rincheval ou Raincheval : *de gueules, semé de billettes d'or, au lion du même, brochant sur le tout.* Il y a ici modification dans les émaux, les pièces restant les mêmes.

6. — JEAN DE CAVEREL : *d'argent au chevron de sinople, accompagné de trois quintefeuilles de gueules.*

7. — JEAN SARRACIN : *d'hermine à la bande losangée d'azur.*

8. — ANTOINE DE RICAMETZ : *de gueules à trois coquilles d'or.*

9. — PHILIPPE DE VERNENBOURG : *d'or à sept losanges de gueules, 4 et 3.*

10. — JEAN PERLOYS : *d'argent ; au chef de gueules chargé de trois couronnes d'or ;* modification....

11. — JÉROME DE MONCHEAUX : *de sinople fretté d'or.* Il y a ici transposition et modification....

12. — GUILLAUME DE CROIX : *d'argent à la croix ancrée de sable,* Croix Haméricourt.

13. — ANTOINE DE DOUAY : *d'azur au pal d'argent, chargé de trois tourteaux de sinople.*

14. — JEAN LE CAMBIER : voir pl. VIII, 6.

Planche XI.

Cette planche commence par les belles armoiries des MONTMORENCY, Notice à la page 145.

Puis nous trouvons celles de PIERRE DE ROCOURT, page 146 ; de NATALIS DE NOVIOM, avec le bâton cantoral ou bourdon, même page ; de GUILLAUME BOSQUET, incomplètes, page 147, et à la page 149, nous trouvons un écusson *en blanc* près du nom de PIERRE DESCOULEURS.

Viennent ensuite, JOSEPH DE PENIN, page 149 ; PHILIPPE DELATTRE, page 150 ; MAXIMILIEN LE BLAN, page 151 ; PHILIPPE LE CLERCQ et ALPHONSE DORESMIEUX, page 152.

ANTOINE GÉRY se trouve à la page 155 ; PHILIPPE DE CAVEREL, à la page 156 ; CLAUDE LOUVEL, à la page 157 ; NICOLAS HANIOT, à la page 158 ; LOUIS BAZIN, à la page 159.

Le dernier écusson, celui de PIERRE DE LANNOY, est incomplet, on trouve la Notice à la page 160.

---

1. — ROGER DE MONTMORENCY : *d'or à la croix de gueules, cantonnée de seize alérions d'azur.*

2. — PIERRE DE ROCOURT ou RAUCOURT : *d'or semé de billettes de gueules ; au canton chargé d'une coquille d'argent.*

5. — JOSEPH DE PENIN : autres armoiries.

6. — PHILIPPE DELATTRE : id.

7. — MAXIMILIEN LE BLAN : analogues, mod. dans les émaux, etc.

8. — PHILIPPE LE CLERCQ : on trouve le champ d'azur et les palmes dans les armoiries d'une famille artésienne de ce nom, mais le reste ne concorde pas avec celles-ci.

9. — ALPHONSE DORESMIEULX : voir les planches précédentes : VIII, IX, X.

11. — PHILIPPE DE CAVEREL : voir pl. X, 6.

Rogerius de Montmorency

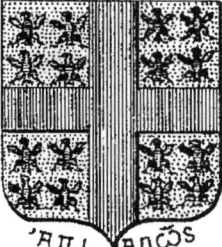

Petr' de Rocourt

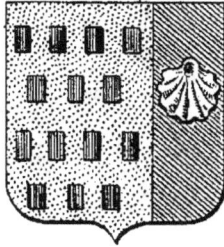

Natalis de Noviom

In Cruce Parta Salus

Guillelm' Bosquet

Josephus de Penin

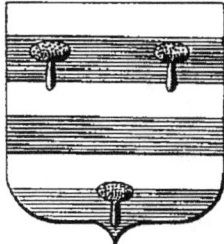

Phlûs Delattre

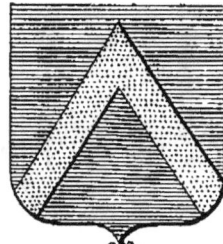

Maximilian' Le Blan

Phlûs Le Clercq

Alphonsus Doresmieux

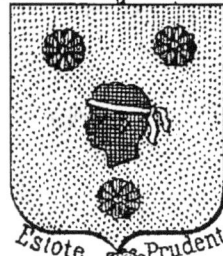

Æterna Æternis

Estote Prudentes

Antonius Gerÿ

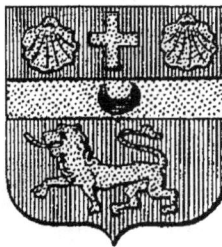

Philippus de Caverel

Claudius Louvel

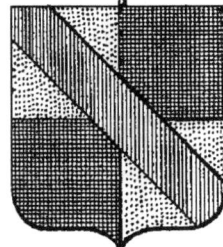

Apud bonos jura pietatis

Nicolaus Haniot

Ludovicus Bazin

Petrus de Lannoy

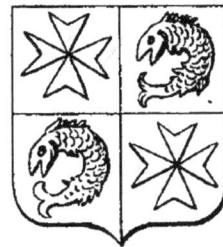

Spe et patientia

Carolus de Wignacoûrt

Adolphus Pouillon

Godefridus Lenmens

Grata deo lenis mens

Joês Muette

Amédire Muette

Andreas Denis
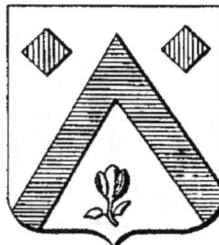

Nicolaus Lemaire

Ne quid nimis

Alardus Gazet

Joês Dupire

Eustachius de Moronval

Christophorus Carette

Petrus Denis

Æternum Urget

Phlûs D'Oignies

In melius

Phlûs Le Nain

Robertus Briois
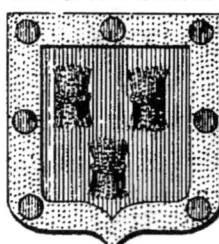

Petrus Richardot

Æternus palma æterna

Planche XII.

Un écusson bien connu, celui des Wignacourt, ouvre la planche 12. On trouve la Notice à la page 161.

Puis viennent Adolphe Pouillon, page 162 ; Godefroid Lenmens, 164 ; Jean Muette, 165 ; André Denis, 166 ; Nicolas Lemaire, 167; Alard Gazet, 168, personnage bien connu ; Jean Dupire, 169 ; Eustache de Moronval, 170. Ce dernier écusson est inachevé.

Nous avons ensuite Christophe Carette, page 170 ; Pierre Denis, p. 171 ; Philippe d'Oignies et Philippe le Nain, p. 172, écusson inachevé; Robert Briois, p. 173, et Pierre Richardot, page 174.

Ici comme ailleurs, on peut remarquer les devises, qui sont de vrais jeux de mots sur les noms, qu'ils décomposent et expliquent à plaisir.

———

1. — Charles de Wignacourt : voir les planches III, IV, V, VI.

2. — Adolphe Pouillon : *d'or à la fasce de sable, accompagnée de trois merlettes du même*

5. — André Denis : *d'argent au chevron de gueules, accompagné en chef de deux losanges de sinople, et en pointe d'une grenade du même, ouv. du sec. la tige en bas,* Denis d'Oresmeaux. C'est exactement notre écusson, moins les couleurs des pièces qui meublent l'écu.

11. — Pierre Denis : *d'argent au lion de sable, armé et lampassé de gueules,* Denis du Péage.

12. — Philippe d'Oignies : *de sinople à la fasce d'hermine,* Ognies et Ongnies.

14. — Robert Briois : *de gueules à trois gerbes d'or, liées du même ; à la bordure du second, chargée de huit tourteaux du champ.*

15. — Pierre Richardot : *d'azur à deux palmes d'or, passées en saut, cantonnées de quatre étoiles du même.*

Planche XIII.

Nous trouvons François Fournier à la page 176; Egidius Venant à la page 177; Jean de la Motte-Hibert à la page 179; Philippe Demoncheaux et Pierre de Flandre, page 180; Michel de Miraumont, page 181; Philippe Clocqueman, page 182; Philippe Doresmieux, page 184.

Jean de Nisart répond à la page 184; François Boucault à la page 186; Eustache de la Diennée et Jean le Cambier, à la page 188. On a déjà rencontré plusieurs fois ce dernier nom.

Enfin nous avons Philippe Wallart, page 188; Adrien Lautens, page 189; et Jean-Maximilien d'Enghien page 190.

---

1. — François Fournier : autres armoiries.

2 — Gilles Venant : *d'or à la bande componée de gueules et d'hermine de sept pièces, acc. de deux fleurs de lis d'azur,* le Venant d'Yvergny.

3. — Jean de la Motte-Hibert : *d'argent à trois poissons nageants de sable, l'un sur l'autre.*

4. — Phil. de Moncheaux : voir plus haut, pl. X.

5. — Pierre de Flandre : autres.

6. — Michel de Miraumont : *d'argent à trois tourteaux de gueules.*

8. — Philippe Doresmieulx : voir plus haut, pl. VIII, IX, X, XI.

9. — Jean de Nizart : autres.

10. — François Boucault : autres.

11. — Eustache de la Diennée : autres.

12. — Jean le Cambier : voir plus haut, pl. VIII, X.

13. — Philippe Wallart : autres.

15. — Jean-Maximilien d'Enghien : *gironné d'argent et de sable de dix pièces, chaque giron de sable chargé de trois croix recroisetées au pied fiché d'or, les pieds dirigés vers le cœur de l'écu.*

Franciscus Foûrnier

Egidius Venant

Joês de la Motte-Hibert

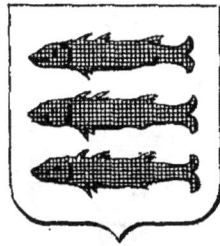

Phlûs Demoncheaux

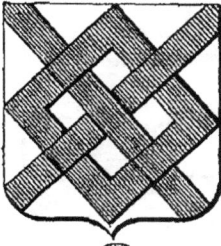

Petrus de Flandre

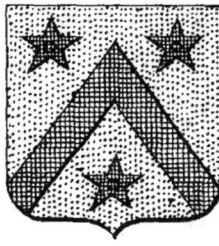

Michaël de Miraûmont

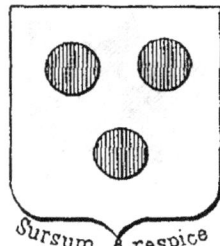

Sursum respice

Phlûs Clocqueman

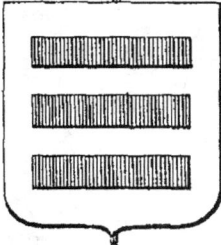

Philippus Doresmieux

Joës de Nisart

Nisus ad Bravium

Franciscus Boucault

Eustachius de la Diennée

Joës le Cambier

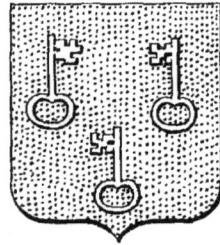

Virtute duce industria Comite

Philippus Wallart

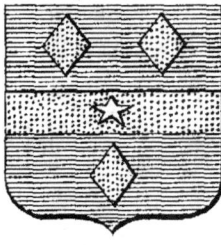

Adrianus Lautens

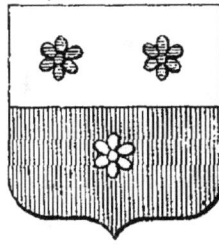

Joës Maximilian d'Enghien

A Croix Croisés

lith. Desavary. Dutilleux à Arras.

Jacobus Touars

Joês le Censier

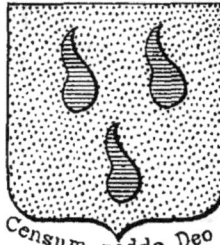

Philippus de St Amand

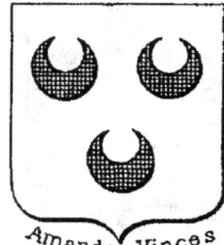

Censum redde Deo

Amando Vinces

Joês de Moncheaux

Antonius Le Merchier

Joês Baptista Le Maire

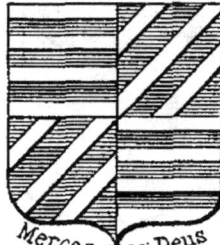

Merces mea Deus

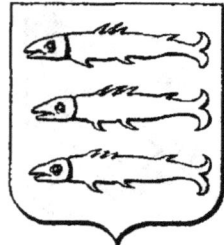

Maximilianus Thieulaine

Julianus Demoncheaux

Robertus Moncarré

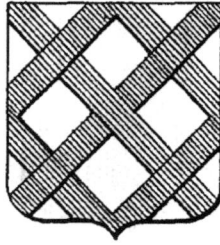

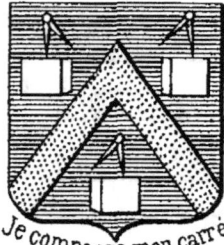

Je compasse mon carré

Jacobus Gallois

Petrus Doresmieux

Petrus Dervillers

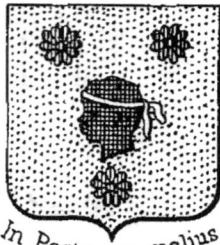

In Posterum melius

Philippus Le Vaillant

Venantius Du Hôt

Martinus Doulcet

Spes mea Deus

Quid dulcius melle et agno

Planche XIV.

La planche XIV reproduit plusieurs écussons déjà connus et elle en donne de nouveaux. Voici les pages du texte où se trouvent les notices qui correspondent à ces armoiries :

Jacques Touars, Jean le Censier et Philippe de St-Amand, page 191 ; Jean de Moncheaux et Antoine le Merchier, p. 193 ; J.-B. Le Maire, incomplet, page 194 ; Maximilien Thieulaine, nom historique à Arras, page 196 ; Julien de Moncheaux et Robert Montcarré, page 198 ; Jacques Gallois et Pierre Doresmieux, page 199 ; Pierre Dervillers, page 200 ; Philippe Le Vaillant et Venant du Hot, page 202 ; et Martin Doulcet, page 203. La devise de ce dernier est une imitation très spirituelle de la devise biblique de Samson. Quoi de plus doux que le miel? Quoi de plus fort que le lion? avait dit le héros. Martin Doulcet ne connaît que la douceur : Quoi de plus *doux* que le miel et l'agneau ?

---

1. — Jacques Touars : autres.

3. — Philippe de St-Amand : autres.

4. — Jean de Moncheaux : voir plus haut, pl. X et XIII.

5. Antoine le Merchier : écartelé : *au 1 et 4 d'argent à trois fasces d'azur : au 2 et 3 parti : A d'argent à trois bandes d'azur ; B d'azur à la gerbe d'or, accostée de deux étoiles (5) du même*, le Merchier de Criminil. Notre présent blason est presque celui-là.

7. — Maximilien Thieulaine : *burelé d'argent et d'azur ; à la bande de gueules chargée de trois aiglettes d'or, brochant sur le tout.*

8 — Julien de Moncheaux : voir pl. X, XIII et XIV.

11. — Pierre Doresmieulx : voir pl. VIII, IX, X, XI et XIII.

12. — Pierre Dervillers : voir pl. VII, 11.

13. — Philippe le Vaillant : autres.

14. — Venant du Hot : *d'azur à un lacs d'amour d'or.*

15. — Martin Doulcet : voir plus haut.

Planche XV.

Après Jean Hannedouche, page 204 du texte, nous trouvons, près du nom de Jean Descouleurs, un écu dont le champ est laissé vide; puis viennent Jean Carbonnier, page 205; Jean de Berghes, même page; Guislain de Moncheaux, page 206, avec ses armoiries fort connues.

Nous avons ensuite Jean Beirette, page 206; Jacques Caverel, page 207; Robert Citey, page 208; François de la Motte, page 209; Guillaume le Vasseur, page 211; François du Mont-St-Eloy, page 212.

Puis nous trouvons les belles armoiries des de Bonnières de Souastre (Notice page 212); puis Guislain Cornaille et Alexandre Carondelet, page 213; Ludovic de Bellevalet, page 214, que nous retrouverons encore; et en dernier lieu Pierre Manessier, page 215.

1 — Jean Hannedouche : *de sinople à la bande d'or, chargée de trois croix recr. au pied fiché de sable, posées dans le sens de la bande ; au chef d'argent chargé de trois mouches d'hermine de sable.*

2. — Jean Carbonier : autres.

3. — Jean de Berghes : *d'or au lion de gueules, armé et lampassé d'azur*, Berghes-St-Vinoc.

4. — Guislain de Moncheaux : voir pl. X, XIII, XIV.

6. — Jacques Caverel : autres.

8. — FRANÇOIS DE LA MOTTE : *d'azur à la bande losangée d'or de cinq pièces*, la Motte Baraffe.

9. — GUILLAUME LE VASSEUR : *de gueules à trois fasces ondées d'argent ; au lion du même lampassé d'or, brochant sur le tout*, le Vasseur de Valhuon.

10. — FRANÇOIS DU MONT-ST-ELOY : *d'argent au saut de gueules.*

11. — CLAUDE DE BONNIÈRES : *vairé d'or et d'azur.*

12. — GUISLAIN CORNAILLE : autres.

13. — ALEXANDRE CARONDELET : *d'azur à la bande d'or, accompagnée de six besans du même, rangés en orle.*

14. — LOUIS DE BELLEVALET : *d'argent au lion de gueules.*

15. — PIERRE MANESSIER : autres.

Jôês Hannedouche.

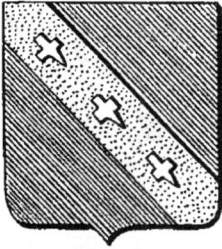

Jôês Carbonier.

Jôês de Berghes.

Guislenus De Moncheaux.

Jôês Buirette.

Jacobus Caverel.

Robertus Citeÿ

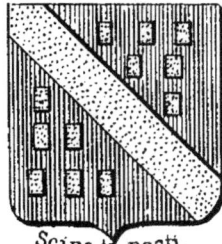

Rigate
Franciscus de Lamôtte.

Guillelmus le Vasseur.

Scire te nosti.
Franciscus
du mont St. Eloy.

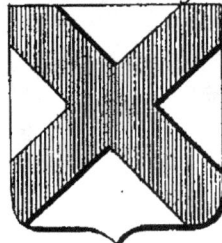

Claudius de Bonnières.

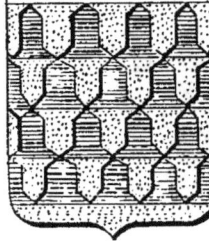

Guislenus Cornaille.

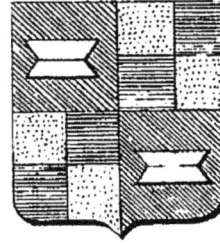

Alexander Carondelet.

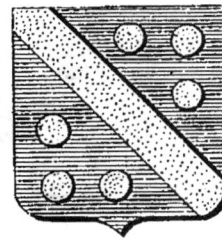

Ludovicus de Bellevalet.

Petrus Mannessier.

Baldericus Despierres

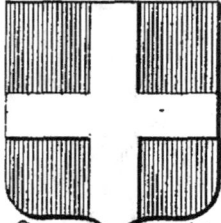

Claudius Pisson

Nicolaŭs de la Charité

Crux mihi gloria

omnia Charitas

Carolus Havrelan

Phlŭs de Fiennes

Joĕs Antonius de Wignacoŭrt

Franciscus du Tẽrtre

Joĕs Pisson

Nicolaŭs Haccart

Jacobus Pronier

Philibertus Cabrera De Spinosa.

Joĕs de Beaurains

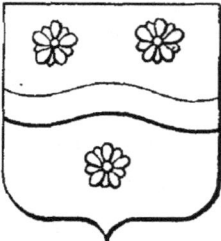

Mundana Spinosa

Carolus Tserclaës

Maximilian'de Bourgõngne

Nicolaŭs Guérard

Stes Clare

Regale Sacerdotium

Planche XVI.

Sur les quinze écussons de cette planche XVI, quatre sont inachevés, ce sont ceux des Pisson, Pronier et Guérard. Deux autres sont particulièrement distingués : Cabrera de Spinosa et Maximilien de Bourgogne. Voici les pages auxquelles correspondent ces quinze écussons :

BALDÉRIC DESPIERRES, page 216 ; CLAUDE PISSON et NICOLAS DE LA CHARITÉ, page 217 ; CHARLES HAVRELAN, page 218 ; PHILIPPE DE FIENNES, page 219 ; J.-A. DE WIGNACOURT et FRANÇOIS DU TERTRE, page 220 ; JEAN PISSON, page 221 ; NICOLAS ACCART et JACQUES PRONIER, page 222 ; PHILIBERT CABRERA DE SPINOSA, page 223 ; JEAN DE BEAURAINS et CHARLES TSERCLAES, page 224 ; MAXIMILIEN DE BOURGOGNE, page 225 ; NICOLAS GUÉRARD, p. 227.

---

1. — BALDERIC DESPIERRES : autres armoiries.

5. — PHILIPPE DE FIENNES : *d'argent au lion de sable, armé et lampassé de gueules.*

6. — JEAN-ANTOINE DE WIGNACOURT : voir plusieurs des planches précédentes.

7. — FRANÇOIS DU TERTRE : *d'argent à trois aigles éployées de gueules, bq. et m. d'azur.*

9. — NICOLAS HACCART : *d'azur à la croix ancrée d'argent, cantonnée de quatre coquilles d'or*

12. — JEAN DE BEAURAINS : autres.

13 — CHARLES TSERCLAES : *de gueules au lion d'argent, armé, lampassé et couronné d'or, la queue fourchée et passée en*

saut.; ch. sur l'épaule d'un écusson aux armes de Bygaerden, qui sont d'or au chef échiqueté d'argent et de sable.

14. — MAXIMILIEN DE BOURGOGNE : écartelé : aux 1 et 4 les armes modernes, et aux 2 et 3 les armes anciennes des Ducs de Bourgogne. Sur le tout de Flandre, qui est d'or au lion de sable, armé et lampassé de gueules.

15. — NICOLAS GUÉRARD : de gueules à trois croissants d'or.

Planche XVII.

Le premier écusson est celui de FRANÇOIS DOULCET, p. 228. Ici nous trouvons le blason de la planche XIV modifié et ramené, ainsi que la devise, à l'énigme proposée par Samson aux Philistins.

Puis nous avons PHILIPPE SMERPONT, page 228; MICHEL CORNAILLE, page 230; JACQUES DE BONMARCHIET et JOSEPH DE CALONNE, page 231; HENRI DE HAMAEL, page 232; ANTOINE CAUVET, page 233, incomplet.

Nous trouvons ensuite GEORGES D'OIGNIES et LAURENT THIEU-LAINE, page 233, ce dernier semblable à ce que nous avons déjà vu, planche XIV; PHILIPPE DE WERPE et CLAUDIUS HACCART, page 234, précèdent une série de trois blasons incomplets : EGIDIUS DE LA MOTTE et PLACIDE LABBE, page 235; JACQUES VAN DER LINDEN, page 238.

Le dernier est celui d'ANTOINE GAZET, page 238, personnage bien connu.

———

2. — PHILIPPE SMERPONT : autres armoiries.

3. — MICHEL CORNAILLE : *d'argent à la fleur de lis au pied nourri de gueules, accompagnée de neuf merlettes de sinople : 3, 2, 3 et 1.* Il y a ici une inexactitude dans le nombre des merlettes, etc. ; mais c'est la reproduction exacte du dessin.

5. — JOSEPH DE CALONNE : *d'hermine au léopard de gueules.*

6. — HENRI DE HAMAEL : *de gueules à cinq fusées d'argent, accolées en fasce et touchant les bords de l'écu.*

7. — ANTOINE CAUVET : autres.

8. — Georges d'Oignies : voir pl. XII, 12.

9. — Laurent Thieulaine : voir pl. XIV, 7.

10. — Philippe de Werpe (la Motte-au-Bois)

11. — Claude Haccart : voir pl. XVI, 9.

12. — Gilles de la Motte : *d'argent au lion de sable* — (?)

14. — Jacques Van der Linden : *de gueules ; au chef d'argent, chargé de trois maillets penchés de sable.*

Franciscus Doulcet

De Forti Dulcedo

Philippus Smerpont

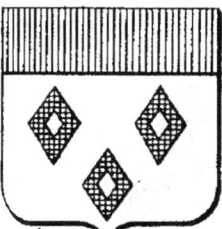

Michaël Cornaille

Jacobus de Bonmarchiet

Jamais assez

Josephus De Calõnne

Henricus de Hamaël

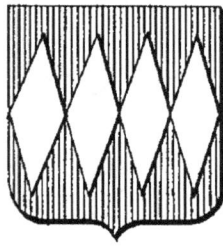

Antonius Caûvet

Georgius D'Oignies

Laurentius Thiêûlaine

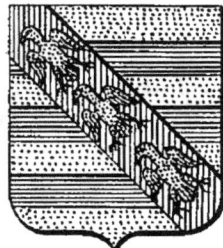

Philippus de Werpe

Claudius Haccart

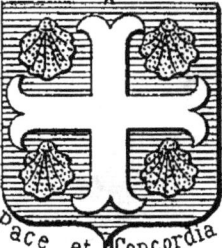

Pace et Concordia

Egidius De la Motte

Placidus Labbe

Jacobus Vander Linden

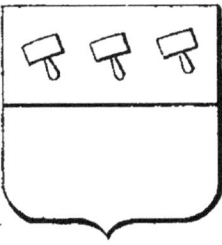

Antonius Gazet

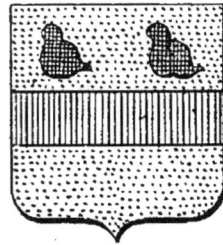

Phlūs de Magnicourt

Petrus Happiot

Robertus Gilles

A pio virtus

Franciscus Guérard

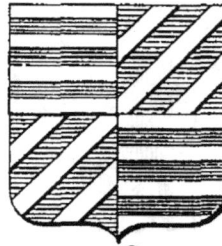

Philippus Le Merchier

Franciscus Du Carieul

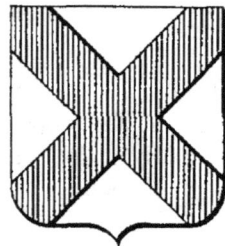

Joannes de Wignacourt

Claudius Lanvin

Nicolaus Immelot

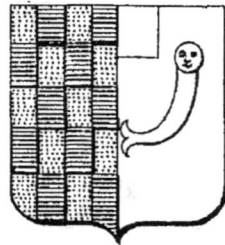

Colit ardua Virtus

Joannes Gillot

Joës Le Censier

Guislenus De la Rue

Cor sapientium, ubi tristitia

Philippus Happart

Michaël Galopin

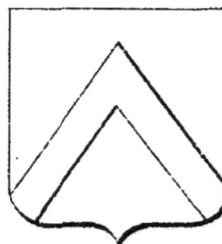

Jacobus de Rantes

Planche XVIII.

Après Philippe de Magnicourt, page 238, il y a dans le texte, page 239, un blason laissé *en blanc,* c'est celui de Louis de Fremessent.

Puis nous avons, page 239, Pierre Happiot, Robert Gilles et François Guerard, inachevé; Philippe le Merchier, p 240; François Ducarieul, page 242; Jean de Wignacourt, page 243.

Toutefois, avant Fr. du Carrieul nous devons mettre Pierre Lestrelin, page 241, qui a un écu *en blanc,* et avant J. de Wignacourt nous trouvons, page 243, un autre écu en blanc. près du nom de Nicolas Gerin.

Viennent ensuite, sans interruption, Claude Lanvin, p. 244; Nicolas Immelot et Jean Gillot. page 245; Jean le Censier et Guislain de la Rue, page 246; Philippe Happart et Michel Galopin, page 248, inachevé; Jacques de Rantes, page 249, également inachevé. Dans le texte nous trouvons encore un écu en blanc, page 249. près du nom de Philippe Damiens.

···· ·

3 — Robert Gilles : *d'azur au chevron d'or, accompagné de trois glands tigés et feuillés du même,* Gillès, Flandre.

4. — Franciscus Guerard : voir pl. XVI, 15.

5. - Philippe le Merchiez : voir pl. XIV, 5.

S. — François du Carieul : voir pl. VIII, 7.

7. — Jean de Wignacourt : voir plusieurs des planches précédentes.

9. — Nicolas Immelot : *échiqueté d'or et d'azur,* de Mol.

10. — Jean Gillot : *d'or à trois papillons d'azur*, Gillot de Croyal, Bret. Il y a ici interversion.

11. — Jean le Censier : voir planche XIV, 2.

12 — Guislain de la Rue : *d'argent à l'arbre de sinople ; au chef d'azur, chargé de trois étoiles du champ.*

13. — Philippe Happart : *de gueules. à trois fleurs de lis au pied nourri d'argent.*

Planche XIX.

L'écusson bien connu de la famille DE CONTES correspond à la page 249. La page 250 se rapporte aux deux suivants, dont l'un est inachevé. Ici se placent deux écussons sans aucuns meubles : ils correspondent aux noms de P. DE ROUGEMONT et de PH. ALBERT DESPRETZ, page 252 ; ANTOINE LE SERGEANT et ADRIEN D'ESTOURMEL se trouvent à la page 253. Les DU BOSQUEL et DE LA GRANGE sont à la page 254. NIC. DE LA CHARITÉ et FR. HOURDEQUIN sont page 256, et J.-B. FONTAINE, page 257. Au bas de la page 258 commence la Notice sur ANT. CHASSE ; un écusson sans armes correspond au nom de J.-B. DU BŒUF, page 259. La Notice de JACQUES DE BOULOGNE commence au bas de la page 259, et celle de FR. DE BEAUVOIR est à la page 260. Même page on trouve P. JOURDAIN, dont l'écusson n'est qu'indiqué. Les noms du cardinal MAZARIN et du cardinal D'ESTE sont à la page 261.

———

1. — ANTOINE DE CONTES : *d'or au créquier de gueules :* Ce blason, fort connu, est ici inachevé.

2. — ARNOULD LE MERCHIER : voir plus haut, pl. XIV et XVIII.

3 — PIERRE LE FRANÇOIS : autres.

4. — ANTOINE LE SERGENT : voir planche IX.

5. — ADRIEN D'ESTOURMEL : *de gueules, à la croix dentelée d'argent,* il y a ici une brisure.

6. — FRANÇOIS DU BOSQUEL : *d'azur au canton d'argent, chargé quelquefois d'un écureuil au naturel,* du Bosquiel.

7. — LOUIS DE LA GRANGE : autres.

10. — J.-B. Fontaine : autres armoiries.

12. — Jacques de Boulogne : *d'argent à la bande de sable, accompagnée de trois lionceaux de sinople, lampassés de gueules et couronnés d'or*, Boullogne, Boulongne.

13. — François de Beauvoir : *d'argent au chevron d'azur, accompagné en chef de deux roses et en pointe de trois roses tigées et feuillées de gueules.* Ailleurs on trouve le chevron de gueules et trois quintefeuilles.(?) Le premier est d'Artois.

14. — Jules Mazarin : *d'azur à la hâche consulaire d'argent, les verges d'or liées d'argent, posée en pal ; à la fasce de gueules brochant sur le tout et chargée de trois étoiles d'or.*

15. — Réginald d'Este : *d'azur à l'aigle d'argent armée d'or.*

Antonius de Contes.

Arnoldus le Merchier.

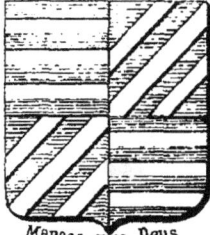

Merces mea Deus

Petrus le François.

Antonius le Sergeant

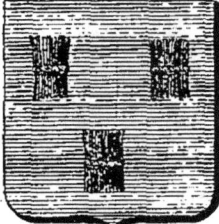

Virtute Duce Satelles

Adrianus d'Estourmel.

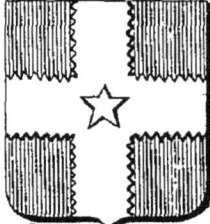

In Cruce triumphus.

Franciscus du Bosquel.

Ludovicus de la Grange.

Guillem. Nicolas de la Charité.

Ex charitate Concordia

Franciscus Hourdequin.

Joannès Baptista Fontaine.

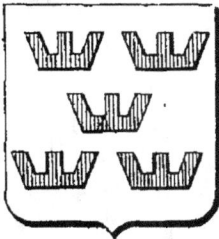

Antonius Chasse

Deo volente te sequente

Jacobus de Boulogne.

Suatine et Abstine.

Franciscus de Beauvoir.

Julius Mazarin.

Reginaldus d'Este

Lith. Besavary-Dutilleux, Arras

Franciscus Fontaine.

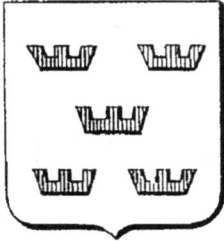

Carolus Hirchoulx

Benedictus Le Censier.

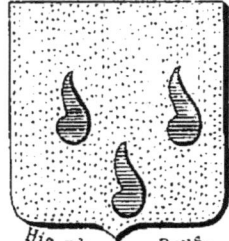

His placatur Deus.

Ludovicus de Cortes

Philippus de la Becanne.

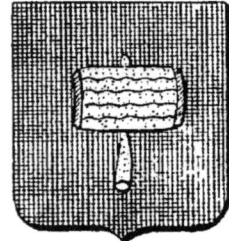

Stephanus le Pez.

Claudius Carré.

Placidus de Rougemont

Casimirus De le Val.

Nolunt quadrata moveri.

Georges Tirsay.

Augustinus de Brandt.

Maximilianus le Josne.

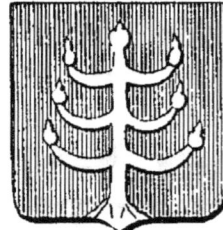

Hadulphus de Lôs.

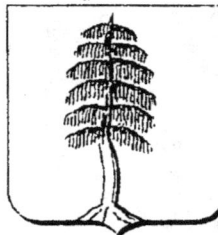

Bernardus Desmaretz

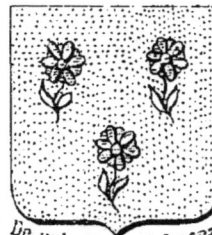

Bertinus Lanvin.

De paludibus dulciora.

lith. Desavary-Dutilleux, Arras

Planche XX.

La Notice sur Fr. Fontaine se trouve page 261 ; Hirchoulx et Le Censier sont à la page 262. A la même page se trouve un écusson *en blanc*, celui de Vaast d'Engremont, de Cortes et de La Bécanne sont à la page 263. La longue Notice sur Etienne le Pez commence page 264. Cl. Quarré se trouve page 267. Les Notices de Pl. de Rougemont et de Casimir de le Val sont à la page 268. Page 269 se trouve l'h. Descouleurs, dont l'écusson est *en blanc*. Tirsay et de Brandt sont à la page 270. Le Josne et de Los se trouvent page 272. Enfin, Desmaretz et Lanvin sont à la page 273.

———

1. — François Fontaine : voir la planche XIX.

3. — Benoit le Censier : voir planches XIV et XVIII.

7. — Claude Carré : lisez *Quarré : d'azur au chevron d'argent, accompagné de trois besans du même, chargés chacun d'un filet de sable mis en demi-cercle ; ledit chevron chargé en chef d'une étoile de sable, et en bas de chaque côté d'une merlette du même, affrontées.*

8. — Placide de Rougemont : *de gueules au lion d'or.*

9. — Casimir de le Val : *d'argent à une croix de gueules et à une fasce vivrée d'azur en chef, brochant sur le tout.*

11. — Augustin de Brandt : *d'azur à trois flammes d'or ombrées de gueules.*

12. — Maximilien le Josne : *de gueules au créquier d'argent.*

14. — Bernard Desmaretz : *d'or, à trois feuilles de nénuphar de sinople...(?)*

Planche XXIII.

Vaast de Beaulancourt, Adalbert Marisy et Barthélemy Hapiot, se trouvent page 292, et Boniface Lallart page 293. Fr. de Carondelet et Ign. le Grand sont à la page 294. La page 295 donne les Notices de Had. de Bray, de P. Cornaille et de Th. de Coupigny. Aicadre Desvignes est à la page 296. Pierre de Grutz, Simon Petitpas et André Denis sont à la page 297 ; mais ce dernier n'a que l'écu en blanc. Enfin, Fleschel et de Meuricourt se trouvent page 298, et Maur de Beaurains page 299.

———

1. — Vaast de Beaulancourt : (Beaulaincourt) *d'azur à deux léopards d'or, adossés et accroupis, leurs queues passées en double saut.* Il y a ici une modification.

2. — Adalbert Marisy : *d'azur à six macles d'or, 3 et 3.*

3. — Barthélemy Hapiot : *d'azur à la bande d'or, accompagnée de six trèfles du même, rangés en orle.*

4. — Boniface Lallart : *d'or au chevron de gueules, accompagné en chef de trois étoiles de sable, et en pointe d'un croissant du même.*

5. — François de Carondelet : *d'azur à la bande d'or, accompagnée de six besans du même, rangés en orle.*

6. — Ignace le Grand : autres.

7. — Hadulphe de Bray : autres.

8. — Pierre Cornaille : voir pl. XVII.

9. — THÉODORE DE COUPIGNY : voir plus haut : *d'azur à l'é-cusson d'or en abîme.*

10. — AICADRE DESVIGNES : autres.

12. — SIMON PETITPAS : *de sable à trois fasces d'argent*

14. — PHILIPPE DE MEURICOURT : le vrai nom est MAUPETIT : *de gueules à la croix d'argent, chargée de cinq mouches d'hermine de sable.*

15. — MAUR DE BEAURAINS : autres.

Rupertus Bostica.

Ildephonsus Trigault.

Emmanuel Princeps de Bouillon

Semper agens

Robertus de Haynin.

Joachimus Le Cocq.

Ludovicus De Hamel

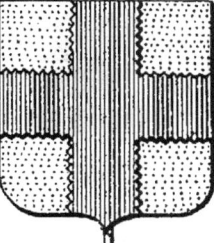

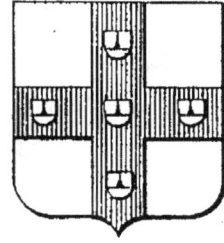

Léopoldus de Béthûne.

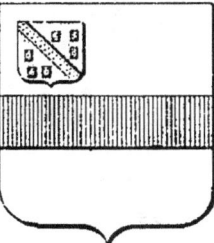

Vindicianus Cornaille.

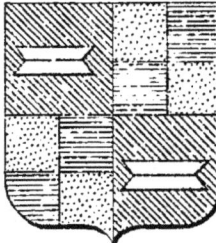

Grégorius Damiens

Emmanuel de Levemont.

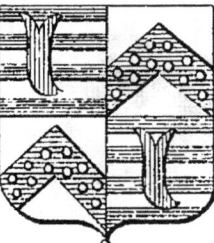

Josephus Hatté.

Emilianus Raulin

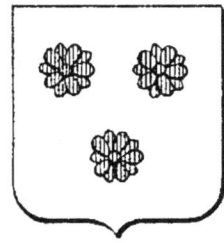

Martinus Tirsay.

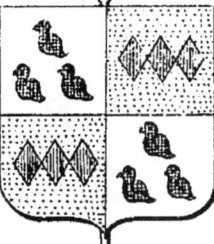

Phlûs de Cuinghem.

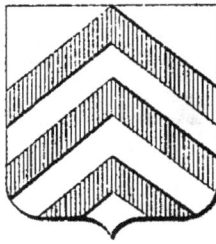

Gatianus des Wasiers

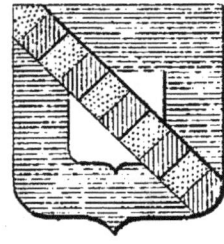

Lith. Desavary. Outilloux à Arras.

Placidus de Melûn

Michaël Le Lièvre

Vigor Toustain

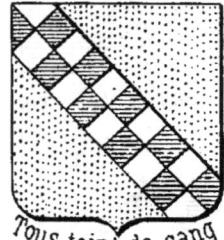

Tous teint de sang

Basilius de Haynin

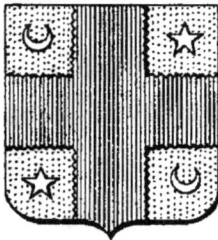

Athanasius Rouvrois

Hiéronymus de France

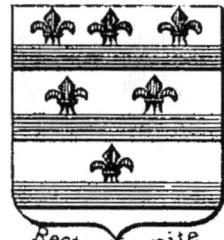

Recto tramite

Cornélius Cambier

Ambrosius de Beaufremez

Joannes Chrysostomus Hardy

Antonius Gaillart

Drogo Fleschel

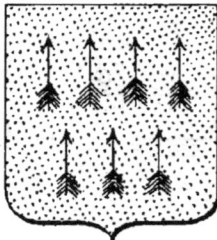

Leonardus de Vicq

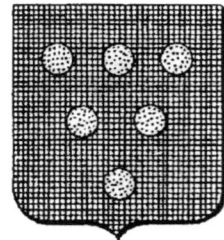

Maximilianus d'Enghien

Alexander Géry

Rémigius de la Pierre

Planche XXIV.

Hébert et le Mercier correspondent à la page 299 ; Doresmieulx est au bas de la page 300 ; Cardon et Dupuich sont à
la page 301. On trouve de Beaurains et de Villers page 302 ;
de la Grange et Hurtrel, page 303. A la page 304 correspondent de Belvalet, Bosquet, de Blois. Enfin Marc Palisot
et Léon de Maulde se trouvent à la page 305.

---

1. — Nicolas Hébert : autres.

2. — Jacques le Mercier : autres.

3. — Louis Dubois : *d'azur à trois coquilles d'or*, du Bois
de Hove.

4. — Alphonse Doresmieulx : voir les planches précédentes.

5 — François Cardon : *d'azur à trois chardons d'or*, Fr. ou
bien : *de gueules au chevron d'argent accompagné de trois
chardons d'or*, Fl.; il y a ici combinaison de ces deux blasons.

6. — Pierre Dupuich : *d'azur à la fasce d'argent, accompagnée en chef d'un croissant du même*. Ici la fasce est d'or.

7. Charles de Beaurains : voir pl. XXIII.

8. — Joseph de Villers : autres.

9. — Nicolas de la Grange : autres.

11. — Dominique de Belvalet : voir pl. XV

13. — Alexandre de Blois : *de gueules à deux fasces bré-*

tessées et contre-brétessées d'argent ; au franc-quartier de gueules à trois pals de vair et au chef d'or.

15. — Léon de Maulde : d'or à la bande de sable frettée d'argent.

Vedastus de Beaulancoûrt

Adalbertus Marisy

Bartolomœus Hapiot

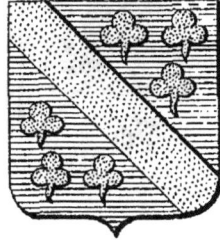

Bonifacius Lallart

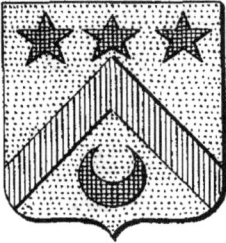

Franciscus de Carondelet

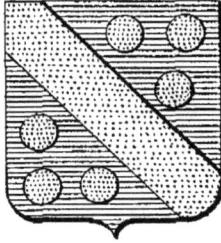

Ignatius Le Grand

Hadulphus de Braÿ

Petrus Cornaille

Théodorus de Coupigny

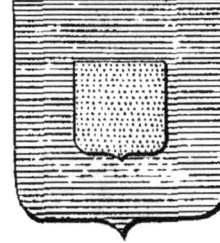

Aicadrus Defvignes

Petrus de Grûtz

Simon Petit pas

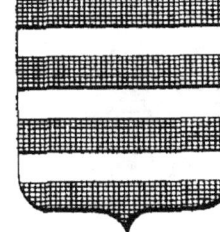

Mathias Fleschel

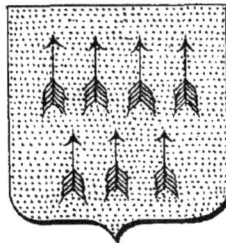

Philippus de Meuricourt

Maurus de Beaurains

Lith Desavary à Arras

Nicolaus Hébert
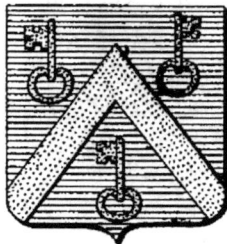

Jacobus le Mercier

Ludovicus Dubois

Alphonsus Doresmieux
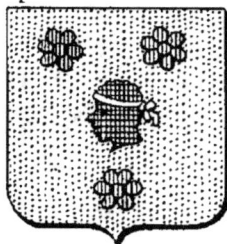

Franciscus Cardon
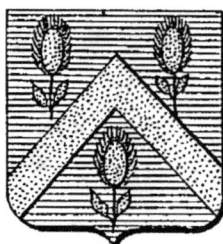

Petrus Dupuich
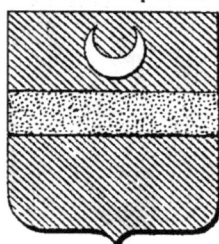

Carolus de Beaurains

Josephus de Villers
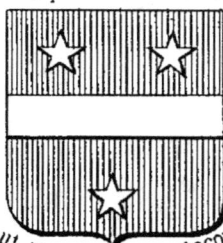

Aut mors aut vita decora

Nicolaus de la Grange

Maximilianus Hurtrel

Dominicus de Bel-valet

Albertus Bosquet

Alexander De Blois
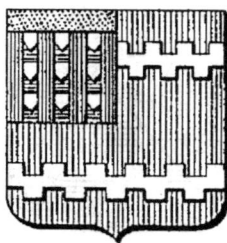

Marcus Palisot

Leo de Maulde
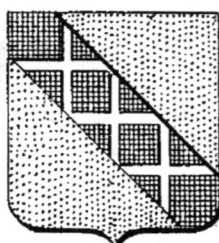

lith Desavary à Arras

Planche XXV.

On trouve Jacques de Brias et Martial de Beauffremez à la page 306. Dormy, Caulier et Cuvelier à la page 307. Valory et Gargan ont leurs Notices à la page 308, et du Mortier a la sienne page 309. Là aussi est celle de Benoit Théry, dont l'écusson est *en blanc*. Robert Cornaille et Ranulphe Raulin sont à la page 310. Delecourt et d'Assenoy se trouvent page 311.

Maur Lefebure (*l'auteur du Nécrologe*), a sa notice incomplète à la page 312 ; on trouve à la même page l'écusson *en blanc* de J. Fromentin ; enfin, le Josne et le Quin sont à la page 313.

————

1. — Jacques de Brias : *d'or à la fasce de sable, accompagnée de trois cormorans du même, becqués et membrés de gueules, rangés en chef.* Il y a ici une faute de la part du copiste, qui a trop fait ressembler les cormorans à des merlettes : ce défaut est moins accusé dans le Manuscrit.

2. — Martial de Beauffremez : voir pl. XXII.

3. — André Dormy : *d'argent au chevron de gueules, accompagné en chef de deux perroquets affrontés de sinople, et en pointe d'un tourteau de sable.*

4. — Gaspar Caulier : autres.

5. — Gilles Cuvelier : autres.

6. — Charles Valory : *écartelé : aux 1 et 4 de sable à une aigle d'argent, chargée sur l'estomac d'une croisette pattée du champ, accompagnée de neuf croisettes du même, 1 au-*

dessus de la croix, 2 au-dessous posés l'un sur l'autre et 3 sur chaque aile mal ordonnés ; aux 2 et 3 d'or au laurier arrondi de sinople et au chef de gueules.

7. — GUILLAUME GARGAN : *d'argent à deux bandes de gueules.*

8. — PAUL DU MORTIER : *d'azur à trois fasces ondées d'or, accompagnées en chef d'une étoile* (5) *du même ;* il y a ici une modification.....

9. — ROBERT CORNAILLE : autres. Voir Vindicien, pl. XV, XVII et XXIII.

10. — RANULPHE RAULIN : voir pl. XXI.

11. — HUGUES DELECOURT : autres.

12. — HADULPHE DASSENOY : autres.

13. — MAUR LEFEBURE : autres.

14. — AUGUSTIN LE JOSNE : *de gueules au créquier d'argent,* voir plus haut.

Jacobus de Brias

Martialis de Beauffremez

Andreas Dormy

Sans varier

Gaspar Caulier

Egidius Cuvélier

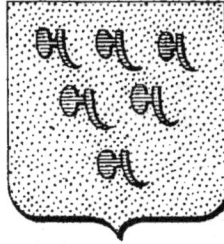

Carolus Valory

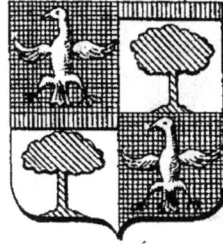

Guillelmus Cargan

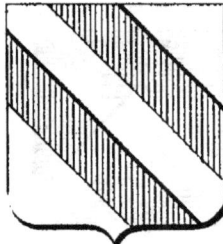

Paulus Du Mortier

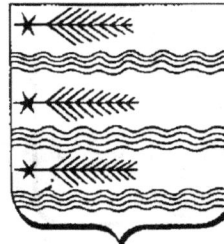

Robertus Cornaille

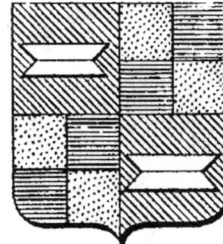

Ranulphus Raulin

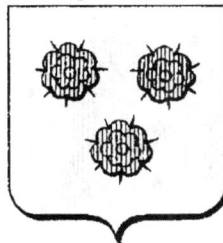

Hugo Delecourt

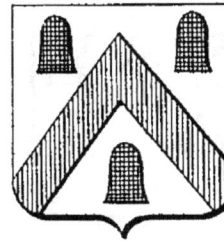

Hadulphus Dassenoy

Maurus Lefebure .

Augustinus Le Jôsne

Andreas Le Quin

Emilianus Dassigny

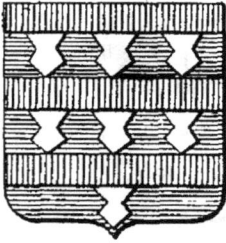

Bernardus Beccûe

Audomarus Hanotel

Aubertus le Hardy

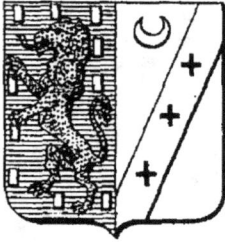

Josephus Le Roy

Regis animus ad alta

Placidus le Mayeur

Nicasius De Le Croix

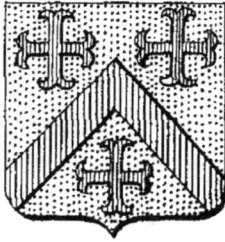

Lambertus Delattre

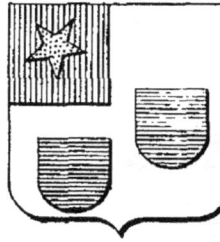

Eligius Lallart

Remigius Tournan

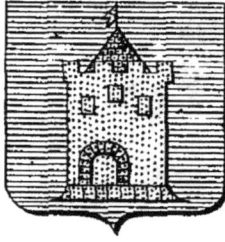

Aubertus Hellwich

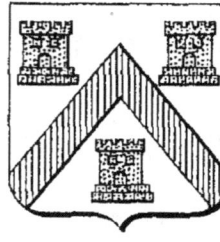

Vigor de Briois

Henricus Cardon

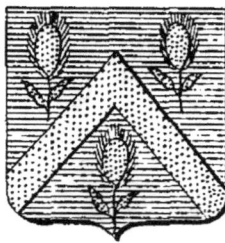

Philibertus De la Haie

Martinus Bertoul

Planche XXVI.

La page 314 donne les Notices de DASSIGNY, BECCUE, HANOTEL
et LE HARDY. On trouve, page 315, celles de LE ROY et de LE
MAYEUR. La page 316 offre celles de NICAISE DE LE CROIX,
DELATTRE, LALLART et TOURNAN. HELLWICH et VIGOR DE BRIOIS
sont à la page 317. HENRI CARDON, DE LA HAIE et BERTOUL sont
à la page 318.

---

1. — EMILIEN DASSIGNY : *fascé de gueules et de vair, de huit
pièces*, Assignies. Il y a ici plusieurs fautes dans le dessin du
Manuscrit.

4. — AUBERT LE HARDY : *de sable semé de billettes d'or ; au
lion du même, armé, lampassé et couronné d'argent, brochant
sur le tout.* Le Hardy du Marais.

5. — JOSEPH LE ROY : autres.

7. — NICAISE DE LE CROIX : autres.

8. — LAMBERT DELATTRE : autres.

9. — ELOI LALLART : *d'or au chevron de gueules, accompagné en chef de trois étoiles de sable, et en pointe d'un croissant du même.* Il y a ici modification dans les émaux.

11. — AUBERT HELLWICH : autres.

12. — VIGOR DE BRIOIS : *de gueules à trois gerbes d'or, liées
du même ; à la bordure du second, chargée de huit tourteaux
du champ.*

13. — HENRI CARDON : voir pl. XXIV.

15. — MARTIN BERTOUL : *de gueules à la fasce d'or, accompagnée en chef de trois coquilles d'argent, et en pointe d'un lion léopardé du second.* Les coquilles, mal accusées sur le Manuscrit, ont été ici transformées en ruches.

Planche XXVII.

La page 319 offre les Notices de Thierry de Saint-Vaast, Thomas Deligny et Michel de Forest. Celles d'Armand de Bassecourt, Adrien Hébert et Romain Lallart sont à la page 320. Vindicien Dupire et Ferdinand Gruielles se trouvent à la page 321. Verghelles et le Pippre sont à la page 322. Coupé et Bouton sont page 323.

Puis on trouve un écusson *en blanc*, celui de Vindicien Pottier. Viennent ensuite : Etienne Donckeer, Maximilien Ansart et Norbert Bertin, page 324.

---

1. — Thierry de Saint-Vaast : *d'azur à l'aigle éployée d'or, becquée et membrée de gueules.*

3. — Michel de Forest : autres.

4. — Armand de Bassecourt : *d'azur à la bande d'argent, chargée de trois flanchis écotés de gueules. Bourlet de gueules et d'argent.* Les flanchis sont ici mal dessinés et de plus mal posés

5. — Adrien Hébert : autres.

6. — Romain Lallart : voir pl. XXVI.

7. — Vindicien Dupire : *d'azur à une fleur de lis d'or, surmontée de deux étoiles du même ; au chef du second, chargé d'une étoile du champ.* Il y a ici modification.

10. — Vaast le Pippre : *de gueules à la croix de vair.*

11. — Jérome Couppé : autres.

12. — Laurent Bouton : autres.

13. — Etienne Doncker : autres.

14. — Maximilien Ansart : voir pl VI.

15. — Norbert Bertin : autres.

Théodericus de St Vâst

Thomas Deligny

Michaël de Forest

Armandus de Bassecourt

Adrianus Hébert

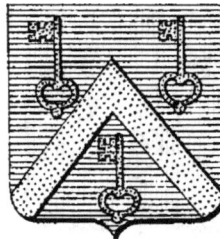

Romanus Lallart

Vindicianus Du pire

Ferdinandus Gruielles

Amatus Verghêlles

Vedastus Le pippre

Hieronymᵘˢ Couppé

Laurentius Boûton

Stephanus Donckeri

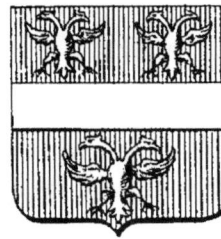

Maximilianus Ansart

Norbertus Bertin

Lith Desavary à Arras.

Vindicianus Deregnaucourt   Ludovicus Corman   Joēs Chrysostomus le Mercier

Joēs Baptista Boūton

Planche XXVIII.

Les quatre blasons de cette dernière planche trouvent ainsi leurs Notices correspondantes dans le texte : Deregnau-court, Corman, le Mercier, page 325 ; Bouton, page 326.

Il y a ensuite quatre autres écussons *en blanc*, savoir :

Benoit de Cocq et Rupert Van den Driesche, qui correspondent à la page 326 ; Mauront Clarez, page 327 ; enfin Ambroise Riche, même page.

---

3 — Jean-Chrys. le Mercier : voir pl. XXIV.

4. — J.-B. Bouton : voir pl. XXVII.

ONOMASTICON

—————

TABLE GÉNÉRALE

des

NOMS DES 1,337 RELIGIEUX DE L'ABBAYE DE SAINT-VAAST D'ARRAS

Depuis saint Aubert, 669, jusqu'à 1740.

—————

LISTE DES RELIGIEUX

Qui ne sont connus que par leurs noms ou NOMINA *proprement dits.*

A

	Pages.
Adalric.	4
Adalong	5
Adalard	6
Ansbert	9
Albéric.	11
Adelelin	11
Adlold.	12
Alard	13
Aldon	14
Achard	15
Alexandre.	15
Aleran.	15
Annar.	15
Alulph.	16
Algot	16
Aubert	16
Alfrid	16
Alard	17
Arnulf.	17
Almouric	18
Adam	18
Anscher	20
Alard	22
Alelm	23
Adam	25
Alard	25

B

	Pages.
Belihard	16
Berner.	18
Baulduin	19
Barthélemi	19
Boamerd	20
Baulduin	21
Boamand	21
Baulduin	23
Bernard	25
Baulduin	25
Baulduin	32

C

Christian	20
Clément	23
Christian	25
Christophe	28

D

Dodilon	7
Drogon.	18
Dodon.	25

E

	Pages.
Echo	7
Emmelin	11
Enerold	14
Elbald	15
Everbert	15
Elvir	15
Evremar	15
Egeson	15
Elbert	16
Ebroin	16
Ernald	16
Erembald	16
Evrard	20
Evrard	23
Eustache	24

F

	Pages.
Foulques	6
S. Foulques	8
Fulcard	8
Frameric	9
Fukard	10
Frédéric	10
Frumold	14
Fulcher	15
Falcon	15
Foulques	20

G

	Pages.
Gosselin	4
Guidon	4
S. Gérard	9
Gérard	12
Gérold	14
Gualdon	14
Guifrid	15

	Pages.
Guntselin	15
Gualon	15
Guennemer	15
Gunther	16
Godescalc	16
Guarner	16
Gunduin	16
Gamelon	16
Gérulph	16
Gunthard	16
Galand	16
Gérold	16
Guimann	17
Gerbodon	17
Godebert	17
Gotrann	17
Gislebert	17
Gerard	18
Guillaume	18
Goyffrid	18
Gualter	18
Garin	19
Guerric	19
Gislebert	20
Gislen, Ghislain	20
Guillaume	28
Gerard	21
Guimann	21
Gualter	22
Gobert	22
Guenemon	22
Gossuin	23
Gualter	23
Guerric	23
Gillebert	23
Gosselin	25
Guidon	8

H

Hatta	4
S. Hadulph	4

	Pages.
Haimin.	5
Hubert	5
Hugues	6
Hugues	6
Hincmar	7
Hugues.	9
Hugues.	9
Hildebrand	9
Herbert	10
Herchembold	12
Haymon	12
Haymeric	13
Hermar	14
Hainfrid	14
Hitier	15
Hilvin	16
Haton	17
Hugues	17
Haymon	18
Henric	18
Hugnold	18
Henric	20
Haymon	22
Hugues	22
Henric	22
Herbrand	23
Hugues.	24
Henric	24
Henric	28
Hugues	28
Hubert	30

I J

Jean	11
Isaïe	15
Ingebrann.	15
Jacques	15
Ibert	18
Jean	18
Jean	19
Isaac	20

	Pages.
Jean	21
Ingelbert	22
Isaac	22
Ingelbert	23
Joytrod	25
Julien	28
Jean (Haynocurtensis).	30

L

Leduin	10
Letbert.	15
Layvulph	15
Letbert	15
Letson	15
Letold	18
Lambert	20
Lambert	21

M

Madebald	4
Malefrid	9
Mathold	10
Mildon	11
Manasses	14
Milon	15
Mulger	17
Martin	19
Martin	19
Marinbod, Maynbod	22
Matthieu	23
Martin	24
Martin	28
Milon	34

N

Nicolas	19
Nicolas.	22

O

	Pages.
Oibald	15
Oylard	16
Odon	25

P

S. Poppon	11
Poppon	14
Pierre	22
Pierre	28
Paul	28
Philippe	29

R

Ragenfrid	4
Romain	4
Radfrid	4
Radon	5
Rothold	6
Rodulph	7
Ragenbald	9
S. Richard	10
Rothard	10
Roderic	10
Ricfrid	14
Ricoard	14
Raynhard	15
Riculf	16
Rainlarf	16
Richer	16
Robert	18
Ramard	19
Raynelm, Ramelin	20
Robert	20
Rayner	21
Roger	22
Radulph	23

	Pages.
Robert	23
Robert	23
Rodulph	24
Raymond	25
Robert	28
Roger	28

S

Sigibert	4
Segard	15
Seybert	16
Sarebert	16
Sawalon	18
Syher	18
Sedemar	19
Symon	23
Syher	24

T

Transmar	8
Thetold	14
Tetbold	15
Theodoric	17
Thomas	19
Thetson	22

V

S. Vindicien	3
S Vigor	3
Ulmar	8
Ulbert	15
Ulric	15
Vedast	28

W

	Pages.
S. Wulgan	4
Willibert	6
Walter	12
Widon	11
Wicard	14
Warner	15

	Pages.
Wagon	15
Wiard	15
Wiger	17
Wirinbald	17
Walbert	17
Wascelin	18
Willelm, voyez Guillaume	18

LISTE DES RELIGIEUX

Qui sont connus par leurs noms de baptême et par leurs surnoms, COGNOMINA, *devenus noms de famille.*

On n'a mis ici que les noms de famille avec renvois multiples au texte lorsqu'il y a plusieurs religieux du même nom.

A

	Pages.
d'Accably	36
Achariot.	40
d'Alennes	85
Aletruye.	69
Angelin d'Autriche .	69
de Angicourt . .	24, 27
d'Angre	49
d'Annekin	33
Anssart, Ansart .	99, 324
d'Antin	57
de Arenis	35
d'Arloes	42
d'Arras	34
d'Assenoy	34
Asset	89, 106
d'Atiches	86
d'Athies	36, 84
d'Aubermont . . .	65
d'Aubrichicourt . .	43
Aubry.	30
Augrenon . . .	46, 52
Auguier *dit* Saulty. .	105

	Pages.
d'Averdoin	138
d'Averoult	76
d'Avesnes	35

B

	Pages.
Bacqueler, Bakeler.	26, 48, 60
Bacquelerot. . . .	63
de Bade	23
de Baillelet . . .	43
de Bailleul . .	.27, 48 52
Baillon	88
le Bailly . . .	92, 115
Bandelu, Blondel, Brandelu . . .	114
de Bapaumes . . .	44
Barbou	184
Barré, Barre .	69, 72
Bascé, Bascé . . .	107
de Baser, Bafer . .	47
de Basguehem . . .	51
Bassecourt, de B.	274, 320

	Pages.
A Basseiâ	27
Basseus	35
Baudart	87, 113
Bauduin	112, 221
Bauffremez	74, 288, 306
Bazin, Bassin	159
de Beaulancourt	292
Beaumaretz	266
de Beaumont	55
Beaurains, de Beau- rains	224, 299, 302
de Beauvais	26, 30, 37, 47, 54
de Beauvoir	260
de la Bécanne	263
Beccue	314
li Beghin	34
de Bellemotte	54
Bellot, dit du Candas	111
de Belvalet	214, 304
de Bencourt	82
Benoist	77
de Berghes	205
de Berlettes	88
de Bermicourt, Ber- nemicourt	61, 77
Berneville	30, 43, 52
Bertault	84
Bertin	324
Bertoul	93, 94, 149, 318
Bertrangle	59
le Bescot	48
de Béthune	277
Biaupsis, Biauparesis	45
de Biauvaing	26
de Biteri	33
le Blan	151
de Blicourt	33
Blokiel	44, 95
de Blois	304
Blondel	52
le Blont	37
Bochus	32
du Bœuf	259
Bonbroque	47

	Pages.
Bonmarchiet	231
Bonnières, de Bon- nières	212
du Bos	33, 48, 59, 72
du Bosquel	254
Bosquet	104, 122, 147, 304
du Bosquet	196
Bostica	274
de Bouberch	63
Boucault	186
Bouchault	97
Boucheau	88
Boucher	216
Bouchet	159
Boudart	300
de Boves	39
de Boufflers	117
de Bouillon	275
Bouin	134
Boullereau	88
de Boulogne	258, 259
de Bourbon	82
Bourgeois	129
de Bourgogne	225
le Bourguignon	36, 38
de Bours	48
Bousiny	174
Bouton	323, 326, 327
de Brandt	270
de Brant Were dit Copin	100
de Bray	295
de Bretagne	59, 104
Brias	306
Briconet	94
Briffeuil	42
de Briois, Briois	173, 317
van den Brouche	330
du Bruille	123
le Brun	289
Bruneau	107
de Buchoire	35
de Budes	46
de Buires	44

Pages.

Buirettes. 206
de Bulcourt. . . . 33
de Buleux 66
de Burles 37
de Bury 130, 140
de Bus 65
de Buissy, Buissy . 33, 50
de Buzere 66

C

Cabrera de Spinosa . 223
Caillrier 32
de Calonne, Ca-
lonne. . 231, 273, 312
Cambier . 160, 287, 321
le Cambier 113,115,144,188
de Cambignuël. . . 26
de Cambrin 85
du Camp. 322
du Candas . . . 289
de Candivillà . . . 31
le Candle 117
Canlers 182
Cantaing. 26
de Canteleu dit Dou-
vrin 24, 103
des Capérons . . . 68
des Capelles. . . . 41
Capiau 331
de Capy 30
Carbonnier 205
Cardevaque. . . . 104
Cardon . 35, 117, 301, 318
Carette 170
du Carieul, du Ca-
rieulx. . 115, 200, 242
Carin 74
Carlier, le Carlier. . 144
Carnero 234
de Carnin 46
Carondelet . . .213, 294
Carpentier . . . 75, 247

Pages.

Carpentin 64
Casier. 56
Cassel. 161
Castel 30, 55
du Castel . . . 27, 78
le Castelain , Caste-
lain . . 48, 54, 195
Castenoi 33
de Castillon 39
Castris, Catris . . 45, 55
le Cat. 29
de le Cauchie . . 26, 43
le Caudrelier . 31, 38, 51
de Caverel . . .135, 156
Caverel 207
Cavette, Chavatte . . 71
Caulers, Canlers . . 182
Caulier 90, 307
Cauvet 233
Cavrois 278
le Censier . 191, 246, 262
le Cerf 114
de Cerisy 58
Chainart 87
Chappelain 88
de la Charité . .217, 256
Chasse 258
du Chastel Mortagne . 78
du Chelier 48
de Chite 29
Chrétien 98
Chupprel. 85
de Ciry 32
Citey 208
Clarez. 327
du Clercq. 50, 57, 72, 79,198
le Clercq . . .101, 152
Clicquart 267
Clocman 182
le Cochon . . . 84, 101
de Cocq 326
le Cocq 276
de la Cocquerie . . 168
Cœurlu 101

Pages.

de Coinchy 26
de Colcincamp . . . 86
Collart 131
Comet 177
le Comte 49
de Compiègne . . .31, 46
de Contes 249
Copin 27
Coquel 87
de Corbie 34
Corman 325
de Cormarant . . . 48
Cornaille. . 213, 230, 278
295, 310
le Cornu 35
de Cortes 263
Cossel. 27
Cosset. . . . 35, 41, 50
Coupelot 56
de Coupigny . . . 295
Coupliaus 31
Couppé 242, 323
Courcol , voyez Pal-
mart 97
de la Court 158
de le Court 311
Cousart 61
Cousin. 53, 65
de Creel 44
Creppel 97
Crespel 46
Crespin . . 36, 39, 70
de Crespy 84
le Creux 163
Crinon 331
du Crocq 127
du Crocquet . . . 42
de Croix 143
de la Croix 268
de le Croix . 26, 81, 316
Cuinghem 282
de Curia. 27
Cuvelier 307
Cuveron 194

D

Pages.

Daize, d'Aix. . . . 106
Dambrines 49
Damiens . . 34, 249, 279
Daniel. 88
Dannet 76
Danvin 48
Dassignies, Dassigny . 314
Dassonleville . . . 51
Dauby 74
Dauquaine . . . 76
Delestoille 331
Delhoue 195
van Delieres , van
Lières 222
Deligny 319
Denis. 166, 171, 232, 297
Dervillers . 111, 113, 199
Desauteux 57
Desbaux 330
Descampes 27
Descouleurs. 149, 204, 269
Descuiry. 40
Deshunes 66
Deslaviers 196
Deslois 50
Desmaretz . . . 178. 273
Despiers, Despierres. 160, 216
Desplanques . . . 277
Despretz 249, 252
Dewignes 296
le Dieu . . 81, 117, 276
de la Diennée . . . 188
Dievart 34
de le Disque . . . 105
Distre. 146
Divery 53
Docoche 60
Donckerr 324
Doré 171
Doresmiaus, ou x . .43, 49
Doresmieux 113, 125, 130,
152, 184, 199, 300

Pages.

Dormy 307
de Douay . 34,34,36,47,143
Doublet 88
Douche Vallée . . . 32
Doulcet 203, 228
Doumiers 26
de Dourlens . . . 51
de Dours 30
de Douvrin . . . 75, 114
van den Driesche . . 326
le Dru 120
Druon 305
Dubus . . 54,58,73,189
Dubois . . . 300,301
Dupire 169, 321
Duport 31
Dupuich 88, 301
Durant 123

E

li Enfés 34
d'Enghien . . .190, 291
Engiland 125
d'Engremont . . . 262
de Erchin 35
d'Espinoy, de Spineto . 24
d'Este 261
d'Estrées 93
d'Estourmel . . . 253
d'Esturmel . . . 37
d'Etampes 53
Everlincq 71

F

Fachin 102
Facquier 111
li Faniez 46
Faucompré 167
Faudrys 44

Pages.

Faverolles 26
le Febure, le Febvre,
    Fabri. 46, 46, 112, 119
        127,149,312,332
le Fée 52
du Fermont 30
le Feutre . . . 87, 125
de Fiennes 219
Fillex 33
Flament . . . 33, 95
le Flament 50
de Flandres . . . 180
Fleschel 290, 298
le Flon 211
Floury 111
Fogelwaider . . . 241
de la Fons 47
Fontaine 257, 261
de Fontaine . . . 66
de le Fontaine . . . 81
des Foretz, de Forest . 319
de la Forge . . . 138
Formes 99
de le Fosse . . . 51, 103
du Fossé 161
des Fosseux . . . 61, 62
Fouquier 241
de Fouquières . . . 41
Fournier 176
de France 287
le François 250
de Fremessent . . . 239
Frémin 95
du Friés 31
Fromentin 312
de Fromont 232
Frumault . . . 56, 61

G

Gaillard 70, 289
Gallois 199

	Pages.
Gallot.	215
Galopin	248
du Gardin	107
Gargan	308
Gazet	168, 238
Genot.	47
le Gentil	332
Gerin.	243
Gery	115, 155, 235, 291
Gilles.	239
Gillot.	245
de Goinguelieu.	43
Gomicourt	125
Gommer.	69
Gore	32
de Gorre.	30, 71
Gosseau	114
Gosson	93
de Gouy.	77
le Grand.	89, 294
de la Grange	108, 254, 303
de Grebauval	42
Grebert	87
Grenet	331
Griboval.	328
de Grincourt	42
Gruyelles	321
Grumiaus	26
de Grutz.	297
Guerard.	227, 239
Guibresy.	168
Guillot	70
Guosset	30

H

de Habarcq.	70, 98, 124
Haccart	222, 234
Hacquin.	88
de le Haie	151, 318
de le Halle	38, 46
de Halloy	40

	Pages.
de Hamaël	232
Hamé.	123
de Hamel	277
Hamès	129
Hanart	112
Haniot	109, 158
Hannedouche	204
Hanotel	314
Happart	248
Hapiot	239, 292
de Hardencourt	37
Hardy.	288
le Hardy.	314
de Harmes	26, 27, 39
de Hasnon	
de Hasprâ	27, 29
d'Haspres, de Hapres	30
	31, 35, 38
Hatté	281
Hauberdin	309
de Haussy	40, 118
Havet.	167
Havrelan.	218
Hawel, Hauvel.	146
d'Haymonquesnoy	22
de Haynin	275, 286
Hazart.	328
Hebert	299, 320
de Hedonville	90
Hëems	250
de Hees	50
Hellwich.	317
de Henaut	81
de Heranguières	112
Herlin	119
du Herlin	26
du Herlin de Béthune.	56
de Hertain	58
de Hesdin	29, 33
de Hestrû	61
de Hinchi	24
Hirchoulx	262
de Hoye, Soie	161
de Holleville	65

Pages.

du Hot 202
Hourdequin. . . 256, 283
Hourier 54
de le Houssières . . 60
Houvigneul 98
Hucquet 159
Hukedieu 26
Hurtrel 303
d'Hybert 332

I

Immelot 245
de Inchy 23
de Inchrato 23

J

le Jay 89
Jehannot 44
Jonglet 63
le Josne 272, 313
Jourdain 260
de Journy 83

K

Kakemare 30
de Kerles . . . 83, 103
van Kestel 166

L

Labbe 235
Labouré 329
de le Lacque . . . 61
de Laens 25
de Laiens 53
de Laire 276, 276

Pages.

Lallart . . 293, 316, 320
Lambelin 173
Langrodius 79
de Lannoy 117, 160, 161, 297
Lanvin 244, 273
de Larbent 88
de Larbroie 39
Lansmonier 90
de Lattre. 55, 80, 86, 150
212, 316
Lautens 189
de Lieaue, de Leaue . 201
le Leu 69
Lenchepois 42
Lenglart . . . 221, 329
Lenmens 164
Lentailleur . . . 94, 116
Lesterlin, Lestrelin . 241
Lestocquart 329
de Lestré 131
Lestruient 48
Levin 167
de Leurie . . . 68, 80
de Leuriot 83
de Levemont . . . 280
de Liancourt . . 34, 62
de Libersart 46
le Lièvre 284
de Ligne 124
van der Linden . . 236
de Lisle . . . 34, 47
de Lisque . . . 67, 80
Lobin 44
li Loherens 22
des Loines, de Loisne 40, 50
de Loiry 39
Lombart 192
de Longepont . . . 33
de Longastre . . . 108
de Longueval . . 63, 99
de Lorgies 60
de Los 272
Lotin 30
Louchart 32, 36, 42, 42, 44, 50

Pages.

Louchet 165
Loueuses, de Loueuse 123
Louvel, Louvers . . 157
Lucas 332
de Lucheux 53

M

le Machon, le Manchon 120
de Macken 125
de Macoignies . . . 26
de Magnicourt . . 82, 238
Maillart 178
Maillot 86
de Mailly . . 62, 77, 160
le Maire . . 27, 167, 194
Manceius, Maucrues . 34
de Mancourt . . . 45
Mangé, de Mangré . . 33
Mannessier 215
Marchant 92
de Marchel 81
Marginal 31
Marisy 292
de Markais . . . 114, 132
Marotel 34
Martini 60, 251
de Mas 42
de Matefelon . . . 45
le Mattre 101
de Maulde 305
Maupetit 176
le Mayeur 315
Mazarin 261
de Meaux 85
Mehaut 43
de Melun 284
le Merchier . 193, 240, 250
332
le Mercier . . . 299, 325
Merle 103
Merenville 33

Pages.

de Meuricourt 33, 36, 45, 47
52, 298
Mieville le Roy . . . 26
de Milly . . . 31, 34
Minart 150
Mirandolf 329
de Miraumont . . 105, 181
de Moyencourt . . . 101
de Moyenneville . . 38
de Moienvillers . . . 39
de Moilains 36
Moncarré 198
des Moncheaux, de
Moncheaux 140, 180, 193
198, 206
Moncorné 167
de Montdidier . . . 32
de Montereuil . . . 39
de Montgombert . . 43
de Montmorency . 102, 145
du Mont-St-Eloy 34, 43, 212
Monvoisin 131
Moque 68
Moreau 195
Morel . . . 92, 119, 138
de Moronval 170
de Mortagne . . . 78
du Mortier . 62, 73, 118, 309
de Mory 58
de la Motte . 179, 200, 209
230, 235, 273
de Moy 36, 49
de Mulli 34
Muette 165
de Myon 46

N

le Nain . . 172, 221, 313
Neel 33
de Neue 33, 63
de Neuville . . 40, 45, 66

	Pages.
de Neuvireul	56
de Nizart	184
Nocival	50
Noientel	33
de Noion	33, 39
le Normant	39
le Norquier, *dit* Fachin	102
de Nouiers	44
Noviom	29, 146
de Nouvelles	109

O

de Obert	24
d'Oignies	172, 233
Olivier	53, 100
Onse	45
d'Orchies	60
Oudart	130
Ousson	96
d'Outreliane	47
Ovisto	45

P

Page	269
Paien	95
de Pailluel	40
Palisot, Palissot	305, 330
Palmart, *dit* Courcol	97
Parent	47, 52
de Parenty	119
de Paris	32, 54, 85
Parmentier	242
de Partz	295
Pastorelle	32
Patequin	59, 68
Patinier	205
li Pelletier	40

	Pages.
Penan	88
de Penin	149
Perlois	140
Petit	235
le Petit	47
Petitpas	297
Peuvriel, Peveriaus	41
le Pez	264
Philippe	112
Picous	33
de Pienes	39
Piesme	50
de la Pierre	291
de le Pierre	51, 56
Pilagnet	29
Pilate	30
Pilet, Pillet	105
Pilleville	33
Pion	54
le Pippre	322
Pisson	217, 221
Piton	56
Planes	45
de le Planques	108
Pollet	73
de Pollevaque	26
du Ponchiel	42
de Pont, de Pons	27, 27, 30
du Pont	27, 36
li Pontenier	27
de Ponthieu	38, 44
Potier, Pottier	323, 328
le Potier	54
de Pottes	48
Pouillon	162
van der Poul	178
Poulmans	201
de le Pré	238
Prevost	29, 162
le Prevost	65
Pronier	145, 222
de Pronville	116, 128
de Puisseaue	35

Q

	Pages.
Quarré	267
de Queurlu	90
le Quin	313
Quincault	101
de Quiquempoix	88
Quivigny, Cuvignies	138

R

		Pages.
de Rabuisson		46
de Rains, de Rhemis	26, 27	
	30, 38	
de le Ral		200
de Ransart	98,	255
de Rantes		249
Raulin	96, 281, 310,	330
de Rauville		26
Ravenel		34
Reffin		109
de Regnaucourt		325
de Ribemont		35
de Ricamet		138
Ricart		95
Richardot		174
Riche		327
de Rincheval		133
de Ripemont		40
de la Rivière		108
le Robert		79
Robillart		218
de Rocourt		146
Roguet		113
de Rohan		313
Rollant		41
le Rouge		35
de Rougemont	252,	268
de Rougrave		269
Roulleau		88
Rouvrois		286
Rousée		64

		Pages.
de Roy, regius	26, 26, 30,	37
le Roy		315
Roysant		42
de la Rue	161,	246
de le Rue		161
de le Ruelle	49,	57
Ruffault		113
de Rullecourt		60

S

		Pages.
de Sachy	32,	92
Sacquespée	44,	54
de Saine		275
de Sains		70
de Sailly, le Sailly		119
de Saint-Amand	56, 60,	71
		191
de Sainte Gemme	29, 31,	35
		40
de Saint Gury (St-Géry)		30
de St Juste		45
de St Michel		35
de St Omer		35
de St Quentin		43
de St Vaast	52,	319
de la Salle		119
de Samer		59
Samier		332
Saquel		56
Saquelet		55
Sariet		116
Sarracin	136,	178
de Sarris	35,	42
Savary		100
de le Sauch		49
de Saudemont		64
de Saveuses		96
Savigny		26
du Saultoir		149
de Sauty		34
Sauvages	26,	26

	Pages.
Scurmans	182
Seghin	38
Senelart, *dit* de la Cocquerie . . .	168
le Sergeant, Sergeant	117
	121, 253
Smerpont . .	136, 228
de Soissons, de Sissons.	28, 29, 34, 35, 37
Sor	29
de Spinosa (voir Cabrera)	223
de Susennes, Susenne.	32

T

Tacquet	85
Taffu	110
Tallens	42
de la Tannerie . . .	65
de Tarsmes	59
de le Taverne . .	48, 57
Tauve	47
du Temple	41
li Templiers . . .	34
de Tenques . . .	25, 55
le Tenneur	244
du Tertre	220
Thery . . 91, 97, 110, 279	309, 330
Thevelin, Thievelin .	106
Thibault	97
de Thielu	27
Thieulaine . 196, 233, 295	
de la Thieuloie . . .	78
de Thilly	102
Thire	64
Tirsay . . . 270, 281	
le Tordeur	93
de la Tour	138
Tovars	191
Tournan	316

	Pages.
de Tournay	35
Tournemine . . .	123
Toustain	285
de Trameries . . .	116
Trigault	274
Tserclaës	224

V

Vaillant, le Vaillant .	166, 202
le Vairet	45
de le Val . . .	122, 268
de Valenciennes . .	53
de Valory	308
Vassal	168
le Vasseur . 208, 211, 223	
de Vassogne . . .	37
Vast	111
Venant	177
Verghelles	322
li Verguieres, *ou* Verdieres . . .	34
de Vernenbourg . .	139
de Verneuil	26
Venglart	296
de Vhé	32
de Ville	26, 31
de Vicq	290
du Vieffort	51
Vigne	27
des Vignes	296
de le Vigne	38
Vignon . . . 111, 120	
de Villette	26
de Villeneuve . . .	41
de Villers 31, 34, 65, 78, 78	82, 87, 302
de Vimy	42
de Vregelay	39
de Vrely	39
de Vy	20

W

Pages.

de Wailly 40
Wallart 188
Wallois, de Walois .68, 86
Wallon 83
de Wanquetin . . 55, 98
de Warlius . . 41, 47, 75
de Warluzel . . . 75, 121
Waast. 111
des Wasiers. . . . 283
Wasteau 171
le Watier 74
de Werpe 234

Pages.

des Wez 301
de Wignacourt Ourton 67
83, 100, 102, 161, 220, 243
Willemin. 148
de Willerval . . . 79
Willet. 32
Willin. 71

Z

Zebert 386

NOTE

PREMIÈRE DES LISTES QUI PRÉCÈDENT

Un certain nombre de *noms* de cette liste se trouvent encore employés aujourd'hui, et ils servent de *cognomina*, et ils sont devenus noms de famille, précédés d'un nom de baptême. Ce fait est assez curieux pour être signalé. On pourrait d'ailleurs en citer bien d'autres parfaitement analogues, en divers pays. La question de l'origine vraie des noms de famille est fort complexe, et quoiqu'elle ait déjà suscité de bons travaux, nous pensons qu'elle est encore loin d'être entièrement résolue. Voici ceux des noms de la première liste qui existent encore aujourd'hui à Arras et dans les environs :

Thiéry, Gosselin, Hubert, Wilbert, Guilbert, Hugo, Foucquart, Gérard, Framery, Herbert, Gautier, Wantier, Allart, Wicar, Ricouart, Warnier, Segard, Wagon, Raynhard, Faucon, Milon, Engrand, Jacob, Hitier, Annar, Wiard,

Garnier, Richard, Galland, Guilman, Gerbore, Arnoul,
Muger, Gotran, Henry, Wasselin, Asselin, Guerard, Guil-
laume, Haymon, Bernier, Adam, Godefroy, Robert, Garin,
Thomas, Martin, Bauduin, Evrard, Chrétien, Lambert,
Guislain, Anquer, Régnier, Gobert, du Quesnoy, Pierre,
de Pierre, Isaac, Clément, Gherbrand, Evrard, Simon,
Mathieu, Bernard, Raymond, Philippe, Roger, Eudes, Chris-
tophle, Thibaut, Guarin, Etienne, Ingran, Florent, André,
Renaut.

NOTES ET COMMENTAIRES

SUR LE TEXTE DU

NÉCROLOGE DE SAINT-VAAST

D'ARRAS.

NOTES ET COMMENTAIRES

DU NÉCROLOGE DE SAINT-VAAST D'ARRAS

Page 3. — SANCTUS PATER VEDASTUS. Dans le Manuscrit ce titre est en gros caractères et il y a ensuite une demi-page en blanc, destinée évidemment à une courte Notice. Disons quelques mots de saint Vaast, qui fut le grand apôtre de l'Artois, au commencement du vɪᵉ siècle.

Saint Vaast naquit à Courbefy, entre Limoges et Périgueux (1), et son nom véritable est Vedaste ou Vedastus. Autrefois, on l'a nommé Veast, et ce n'est qu'à une époque assez récente que ce nom est devenu Vaast.

Appelé par saint Firmin, évêque de Verdun, son parent, Vaast exerçait avec un zèle remarquable les fonctions du ministère apostolique dans la ville de Toul, lorsque, après la bataille de Tolbiac, Clovis chercha un prêtre qui pût l'instruire convenablement de la doctrine qu'il venait d'embrasser. Vaast fut désigné pour ces fonctions difficiles, et bientôt

---

(1) Voir notre dissertation sur ce point spécial, *Mémoires de l'Académie d'Arras*, 2ᵉ série, tome v.

27

il s'en acquitta de manière à atteindre bien vite le but pro-posé. En effet, il joignit l'autorité des miracles à la lucidité de la doctrine : tout ainsi était réuni pour triompher des obstacles et faire de ce prince et de ses compagnons demi-barbares, des chrétiens convaincus, sinon de parfaits obser-vateurs de toutes les lois de Dieu. Bientôt après, en effet, à Reims, au milieu de la pompe des cérémonies saintes et d'un appareil de culte déjà royal, Clovis adore ce qu'il avait brûlé, et 3,000 hommes de son armée deviennent chrétiens avec lui.

Saint Remi, agissant en sa qualité de légat du Saint-Siége, le nomme ensuite à l'évêché d'Arras, ou plutôt l'envoie dans ce qui avait été le diocèse d'Arras.

C'est que, en effet, elle était triste à ce moment, la chré-tienneté d'Arras ! Les Huns avaient amoncelé les décom-bres : les traces de l'incendie se voyaient partout encore ; et, ce qui est bien plus déplorable, le souvenir des vérités chré-tiennes s'était à peine conservé, depuis que le dernier pas-teur, saint Diogène, avait été martyrisé, et que son église avait été détruite de fond en comble.

A la place de cette église en ruines, des buissons avaient eu le temps de croître : ces plantes sauvages jointes aux ruines abritaient une bête sauvage, un ours ! Saint Vaast se met à déblayer ces ruines, il relève cette église, prêche et instruit, administre les sacrements, appelle des collabora-teurs zélés, parcourt son immense diocèse, rétablit partout la foi et les mœurs, et exerce une si forte influence, qu'au-jourd'hui encore, depuis Arras et Cambrai jusqu'aux rivages de la Manche et dans une partie de la Belgique, le patronage de saint Vaast s'étend sur un nombre d'églises qui n'est dé-passé que par celui de la sainte Vierge ou de saint Martin. Pendant quarante ans, il administre toute cette région, et il l'administre en père plein de douceur, de tendresse, d'amour. S'il daigne s'asseoir à la table des grands, c'est pour détruire, par des miracles, leurs pratiques idolâtriques : sa charité, d'ailleurs, ne connaît point de bornes, ses aumônes sont incalculables, les besoins de ses enfants spirituels sont ses propres besoins.

De temps en temps, il se retire dans une solitude qu'il a choisie non loin de la cité d'Arras, à l'endroit où est aujourd'hui l'évêché, et où pendant tant de siècles fut l'abbaye qui porta le nom de ce grand saint. C'est là qu'il se trouvait quand une fièvre dévorante vint lui annoncer qu'il allait sortir de ce monde, et qu'une immense colonne de lumière s'éleva du faîte de sa demeure jusqu'au ciel dont elle semblait lui tracer le chemin. C'est au milieu de ces prodiges, entouré de ses prêtres, après avoir été muni du saint Viatique, que ce grand apôtre quitta ce monde, le 6 février de l'an 540.

Alcuin, l'illustre précepteur de Charlemagne, a écrit la Vie de ce précepteur de Clovis : c'est dans cette vie que nous avons recueilli tous ces faits. Plus tard, des ouvrages ont été composés sur les translations de ses reliques, sur ses miracles et ses vertus ; des hymnes et un poëme entier ont été inspirés par l'admiration des actes de cette belle vie : nous en parlerons lorsque, dans le cours de cet ouvrage, viendront les noms de leurs auteurs.

On verra dans un instant pourquoi le nom de Saint-Vaast a été donné à la grande abbaye d'Arras.

Même page. — S. AUBERTUS. Le corps vénérable de saint Vaast avait été inhumé dans l'église Notre-Dame d'Arras, la cathédrale ancienne, et il y reposait depuis environ 128 ans, jusqu'aux temps de saint Aubert, qui fut le septième successeur de saint Vaast sur le double siége d'Arras et de Cambrai.

Un jour, saint Aubert, après s'être acquitté du devoir de la prière quotidienne, se promenait, vers le soir, sur les rem-

parts qui entouraient la cité d'Arras, et il réfléchissait pro-
fondément à une idée qui s'était présentée à son esprit. Il y a
trop longtemps, se disait-il, que le corps de saint Vaast gît
sans honneurs dans la terre : le grand apôtre de ces deux
diocèses doit être enfin glorifié. Et puis, n'est-il pas juste de
donner une demeure particulière, une église spéciale, à
celui qui est réellement, après Notre-Dame, le patron, le
protecteur de tout ce pays, qu'il a conquis à la foi de Jésus-
Christ ?

Ainsi pensait-il en lui-même, lorsque tout à coup il lève
les yeux du côté de l'Orient, et voici qu'une vision merveil-
leuse s'offre à ses regards ravis.

Placé comme il l'était sur cette partie des remparts qui
coupait encore, il y a trente ans à peine, la rue qui continue
celle dite de *Saint-Aubert*, à cause du fait dont nous parlons,
il avait à ses pieds, à une faible distance, la petite rivière du
Crinchon. Puis, le sol s'élevait assez vite et allait aboutir à
un monticule aujourd'hui encore fort accusé, à l'endroit
même où se trouve l'admirable ensemble de l'ancienne
abbaye de Saint-Vaast, partie du château-fort élevé par les
Romains et alors en ruines. C'est là qu'il voyait un personnage vénérable, tenant à la main un instrument ou mesure
à l'usage des architectes, aller, venir, mesurer, prendre des
dimensions et calculer toutes les lignes du projet d'une vaste
basilique. Alors, il n'hésite plus : après avoir pris conseil des
évêques ses collègues, il se met à l'œuvre, et bientôt une
église, digne de recevoir un tel dépôt, s'élève au lieu marqué
par l'ange, à la place du modeste oratoire bâti par saint
Vaast. Quand tout fut préparé, en l'an 667, saint Aubert
invita à la grande fête son vénérable collègue saint Omer,
évêque de Térouanne, et il vint, avec plusieurs autres, à
cette solennité, bien qu'il eût alors perdu l'usage de la vue.
Il allait, avec l'évêque d'Arras, parcourant les rues de la
cité, puis les chemins qui conduisaient au Castrum romain,

lorsque tout-à-coup un long cri de joie et de reconnaissance a retenti, un miracle s'était opéré : l'évêque de Térouanne avait recouvré la vue ! A cet endroit même on construisit une église, plus tard dite de Saint-Aubert, et cette église a existé jusqu'à la Révolution comme un témoin vivant de ce grand miracle.

Le corps de saint Vaast fut donc déposé avec gloire dans la nouvelle église, ou plutôt dans l'oratoire de Saint-Pierre agrandi, orné, transformé, et ce jour de la grande translation fut célébré chaque année comme un jour de fête. Toutefois, Aubert ne put achever son œuvre, la construction d'un monastère digne d'être préposé à la garde de ces précieuses reliques : il était réservé à un autre évêque d'Arras, à saint Vindicien, de mener à sa perfection cette gigantesque entreprise, et de déposer dans une demeure plus splendide la châsse vénérable de l'apôtre de l'Artois.

(Traduit ou analysé des anciens Propres d'Arras).

Même page. — SANCTUS VINDICIANUS. Nous avons publié dans tous leurs détails (1), d'après la vie écrite, au XVIIᵉ siècle, par un abbé de Saint-Eloi, le très-révérend père François Doresmieux, et d'après l'examen des reliques et des pièces très-nombreuses et très-curieuses qui s'y rapportent, les actes de saint Vindicien, évêque d'Arras et de Cambrai, successeur de saint Aubert, et l'un des plus éminents prélats qui gouvernèrent ces deux églises réunies. Renvoyant nos lecteurs à cette Notice, où nous avons réuni tous les documents que nous avons pu trouver, nous nous contenterons de rappeler ici que saint Vindicien naquit dans ce pays, à Bullecourt, qu'il fut élève de saint Éloy, qu'il travailla de

---

(1) *Trésor sacré de la Cathédrale d'Arras*, pages 99 à 143.

concert avec saint Aubert à l'administration des deux diocèses avant d'en avoir lui-même le gouvernement personnel, qu'il fit des fruits admirables de conversion et de sanctification parmi les fidèles si nombreux qui lui furent confiés. Mais ce qui est la plus belle page de la vie si belle de saint Vindicien, c'est la liberté apostolique avec laquelle il parla à Thierry III, lorsqu'il alla lui reprocher en face le meurtre de saint Léger. Cette vigueur épiscopale eut un résultat admirable : c'est elle qui fonda d'une manière définitive l'abbaye de Saint-Vaast et donna naissance, on peut le dire en toute vérité, à la ville même d'Arras (1). Il acheva de détruire les derniers restes de l'idolâtrie ; il établit un monastère où vinrent fleurir toutes les vertus et aussi les sciences : il ferme donc d'une manière grande et digne ce viⁿ siècle, qui fut dans nos contrées le siècle de la formation complète aux choses de la foi.

Faisons connaître ici pourtant les pièces importantes et rares que nous avons trouvées lors de l'examen des reliques de ce saint, en 1860.

C'est d'abord une grande lame de plomb, sur laquelle est gravée cette inscription de 1155 :

« † Anno Dominice Incarnationis millesimo centesimo quinquagesimo quinto, Indictione tertia, Epacta XV, concurrente V. Termino paschali XII kal. Aprilis, presidente Romane ecclesie Adriano IV Pontifice, Sansone archiepiscopo Remensi repositum est corpus beati Vindiciani patris nostri in hoc feretro, presentibus episcopis Godescalco Atrebatensi et Milone Morinensi, octavo kalendas julii. »

---

(1) Voir dans le *Cartulaire de Saint-Vaast*, de Guimann, publié par nous en 1876, les nombreux actes de saint Vindicien pour la fondation et la prospérité de l'abbaye de Saint-Vaast.

Puis il y a une autre lame de plomb avec une inscription de 1275 :

« Anno Domini M°CC°LXXV, mense februario, III° kalendas martii fuit reconditum brachium beati Vindiciani in hoc vase, presente Petro, Atrebatensi episcopo. »

De plus une très petite lame de plomb portant l'inscription suivante : *De corpore sci Vindiciani episcopi S* que *Benedicti Abbatis reliquie.*

Page 4. — THEODERICUS, DODA. Voir le Cartulaire de Guimann et les chartes nombreuses, les dissertations, etc. qui se rapportent à ces personnages.

« Le Roy Thiery fondateur de cette celebre Abbaye (nous
» dit un écrivain du XVII° siècle), y est inhumé avec sa femme
» la Reyne Doda, leur tombeau est au chœur du costé de
» l'Evangile, tres magnifique & tres beau pour le temps
» auquel il a esté fait, leur epitaphe se lit de l'autre costé du
» tombeau hors du chœur :

» Rex Theodericus ditans ut bonus amicus
» Nos ope multimoda jacet hic cum conjuge Doda
» Regis larga manus & præsul Vindicianus
» Nobis jus Regale dant & pontificale
» In decies nono cum quinquagies duodeno
» Anno defunctus, sciet hunc qui quatuor addet
» Qua legis hac hora dominum pro Regibus ora
» Muneribus quorum stat vita Dei famulorum :

» Les obits desdits Roys & Reynes se celebrent en grande
» solemnité tous les ans au mois d'Octobre ».

Même page.— HATTA. Lorsque saint Vindicien eut obtenu du roi Thierry III, en réparation du meurtre de saint Léger, des possessions et des priviléges qui firent de l'abbaye de Saint-Vaast d'Arras une maison de premier ordre, il chercha un digne chef pour cette communauté. Il avait entendu louer la vertu et la sagesse d'un religieux du monastère de Blandinberg, près de Gand, et saint Amand estimait entre tous ce religieux qui se nommait Hatta. Il vint donc, en 685, prendre 'a direction de l'abbaye de Saint-Vaast, et ouvrir la longue liste de ses abbés. Ce qui prouve le profond esprit religieux qui l'animait et la sagesse de la direction qu'il sut imprimer à cette communauté naissante, c'est la ferveur, c'est la discipline qui y régna longtemps encore après lui. Si donc on ne connait point ses actes en détail, on connait dans son ensemble et dans ses résultats évidents son œuvre excellente. Il mourut vers l'an 690, et son nom a toujours été en grande vénération.

Même page. — SANCTUS HADULPHUS. Hadulphe était le fils de saint Ranulphe, martyrisé à Thélus, près d'Arras. Il fut élevé dans l'abbaye de Saint-Vaast, où, grâce à sa piété, son amour de l'étude, ses vastes connaissances, il ne tarda point à occuper les premières dignités. A la mort du bienheureux Hatta, Hadulphe fut appelé à lui succéder, et depuis plusieurs années il remplissait ces fonctions lorsque les suffrages du clergé et des fidèles l'appelèrent à la direction des églises unies de Cambrai et d'Arras. Mais les religieux de Saint-Vaast lui étaient si attachés, qu'ils demandèrent qu'en devenant évêque d'Arras et de Cambrai, Hadulphe restât néanmoins leur abbé. Et cela dura jusqu'à sa mort, c'est-à-dire jusqu'au 19 mai 728. Son corps, inhumé dans l'église de Saint-Pierre, fut transféré au Xe siècle dans la grande église. La cathédrale d'Arras, héritière de l'abbaye, possède encore ses reliques, dont nous donnons la description et l'histoire dans le *Trésor sacré de la cathédrale d'Arras*, p. 176 et suiv. L'inscription sur parchemin, de l'an 1197, qui se trouve à côté des reliques, au milieu de plusieurs autres pièces, est une des plus belles qu'il soit possible de voir, tant par sa rédaction et la noblesse du style et de la pensée, que par son état de parfaite conservation:

Elle est sur une bande de parchemin longue de 0,73 centimètres et large de 4. Elle est sur trois lignes seulement, en belle écriture du XIIᵉ siècle, 1197. On en admirera le style plein de grandeur:

« † Anno. Verbi. incarnati. Millesimo. Centesimo. Nonagesimo. Septimo. Indictione. XV. Epacta. nulla. concurrente. I. 1. Sancte-Romane. Ecclesie. presidente Celestino. P. P. I·I·I· Willelmo Autem. Remorum. Archiepiscopo. Inperante. Glorioso. Romanorum. Inperatore. Henrico. Apud. Nos. vero. Regnante. fortissimo Francorum. Rege. Philippo. Pugnante etiam contra. nos. potentissimo. Rege. Anglorum Ricardo. Reconditum. est. in. isto feretro. ligatum. que. in-duobus. pannis. corpus. beatissimi. confessoris. XPI. Hadulfi. Cameracensis. et Atrebatensis. Episcopi. A. Domno. Henrico. Abbate. Sancti-Vedasti. Ipso die. depositionis ejus. scilicet. X·I·I·I· Kalendas. Junii Feliciter. Amen. »

L'inscription qui fut mise sur sa tombe prouve la haute idée que ses contemporains eurent de ses vertus :

> Hic jacuit sanctus, speculum pietatis, Hadulphus,
> Qui vigil Atrebatum rexit ad astra chorum.
> Dulcis, ave ! nostris veniam, Pater, objice culpis,
> Grata que dilecto dona rependi gregi

Les ossements de saint Hadulphe sont d'une couleur rougeâtre très-prononcée, tandis que ceux de saint Ranulphe sont beaucoup plus pâles. Cela tient, pensons-nous, à la mort violente qui vint terminer les jours de ce dernier, alors qu'il était plein de vie et de santé, tandis qu'une mort naturelle, à la suite d'une maladie, devait laisser des traces toutes différentes. Les reliques de saint Hadulphe sont d'ailleurs moins bien conservées que celles de saint Ranulphe, ce qui paraît encore être le résultat des mêmes causes.

Saint Ranulphe est inscrit au martyrologe romain, comme martyr, au 27e jour de mai ; c'est aussi en ce jour que l'on faisait sa fête dans l'abbaye de Saint-Vaast. Il a aujourd'hui, dans le propre d'Arras, cédé la place à sainte Marie-Madeleine de Pazzi, et on célèbre cette fête le jour suivant. Les hagiographes n'ont laissé aucun détail sur la vie de saint Ranulphe ni sur la cause et les circonstances de son martyre. On sait toutefois que ce martyre eut lieu vers l'an 700, dans un village situé assez près d'Arras, appelé alors Telodium, et aujourd'hui Thélus, entre Arras et Lens.

Nous avons retrouvé, dans l'ancienne châsse de saint Ranulphe, des pièces bien importantes et que nous allons ici reproduire avec soin. •

C'est d'abord un acte authentique, sur parchemin, de la déposition faite dans une châsse, des ossements de saint Ranulphe, par un cardinal-légat, en présence de l'évêque d'Arras, de l'abbé de Saint-Vaast, de beaucoup d'autres personnes et de tout le couvent, à une époque assurément fort solennelle de l'histoire de l'Église, ainsi que l'acte même le fait remarquer, dans un style d'inscription qui se maintient toujours à la hauteur de la pensée. Voici cette pièce si belle :

Anno Verbi incarnati millesimo centesimo octogesimo octavo, regnante in Francia Rege adolescente Philippo filio Ludovici Regis grossi Archiepiscopante Remis Willielmo ejusdem regis avunculo, anno scilicet quo idem rex juvenis et Henricus senior Rex Anglorum, Philippus Comes Flandriæ et universi ferè Religionis Christianæ Principes crucem assumpserunt quia Salahadinus universam ferè terram Jerusalem usque ad mare occupaverat

Dⁿᵘˢ Henricus quondam Abbas Clarevallensis Albanensis Episcopus Cardinalis et Apostolicæ Sedis Legatus a Dⁿᵒ papa Clemente, et predicandi gratia in Gallias destinatus in Ecclesiam sancti Vedasti veniens corpus S. Ragnulphi martyris præsentibus Dⁿᵒ Petro episcopo et Dⁿᵒ Joanne Abbate, multis personis toto que conventu in hoc feretro solemniter reposuit 2ᵉ idus februarii.

> Abbati, Ranulphe, tuo miserere Joanni,
> Qui tibi donat opus insigne labore Wimanni (1).
> . ... hic thesauri tutela fidelis,
> .... condunt, tu cura hos condere cœlis.

Malheureusement, cet acte n'est plus aujourd'hui dans un état bien satisfaisant. J'ai fait en sorte de le consolider et de le mettre à l'abri d'une destruction complète. Déjà, dans des circonstances analogues et avec le soin qui caractérise tous les actes de la visite qu'il fit des reliques de l'abbaye, Philippe de Caverel l'avait fait copier, et nous avons retrouvé cette copie, en belles lettres romaines, exécutée avec un goût parfait, à côté de l'acte original. Elle constate exactement les mêmes lacunes que celles que nous avons dû laisser dans notre transcription ; ces mots étaient donc déjà rongés au commencement du XVIIᵉ siècle

Philippe de Caverel joignit à la pièce qui précède un autre acte constatant la déposition qu'il opéra, des reliques de saint Ranulphe, dans une châsse nouvelle Voici la transcription de cette nouvelle pièce, faite par nous sur l'original :

« Nos Philippus de Caverel Abbas monasterii sancti Vedasti Atrebatensis Sanctæ Sedi Apostolicæ immediate subjecti, ordinis Divi Benedicti, reposuimus et diligenter conclusimus

(1) Ce Wimann était-il l'auteur du Cartulaire de Saint-Vaast, celui que le Nécrologe appelle *famosus*? Il vivait encore à ce moment, car il est mort en 1192, le jour des SS. Marc et Marcellin, le 18 juin (et non le 25 avril comme je l'ai dit par erreur dans mon édition du Cartulaire de Guimann).

in hac capsa ossa seu reliquias sancti Ragnulphi martyris, quas, ab aliquo tempore, ex vetustiori capsa desumpsimus ; hac die XXI. mensis februarii anni 1623, Gregorio XVᵒ pontifice maximo, Ferdinando secundo imperatore, Philippo quarto Hispaniarum et Indiarum rege, ac Belgii, seu inferioris Germaniæ Principe, et Isabella Clara Eugenia Gubernatrice, presente conventu.

» PH., *Abbas mona.*ʳⁱⁱ *Sti Vedasti.* » ·

Voici maintenant une belle charte de Philippe de Caverel, dans laquelle nous trouvons de curieux renseignements sur les châsses précieuses de saint Ranulphe et de saint Hadulphe. Cette pièce est parfaitement conservée :

« Philippus, Dei et apostolicæ sedis gratia, Abbas inclyti monasterii sancti Vedasti Atrebatensis, sanctæ Romanæ Ecclesiæ immediatè subjecti, ordinis divi Benedicti, universis præsentes litteras inspecturis salutem in Domino sempiternam. Notum facimus quod cum anno Domini millesimo sexcentesimo secundo visitationem generalem præfati monasterii obiremus, in ipsa inspectione sacrarum reliquiarum et capsarum quibus includuntur, invenimus capsam reliquiarum sancti Hadulphi episcopi et capsam sancti Ragnulphi martyris vetustate ita corrosas, detractoque omni pene argento et magna cupri deaurati parte sic spoliatas, ut judicaverimus easdem nova omnino indigere reparatione. Conclusis itaque sanctis hisce reliquiis in cista sigillorum, novam apparari capsam sancto Hadulpho curavimus, qua tandem absoluta in eadem hodie reposuimus sacra ossa ejusdem reservatis pauculis ossiculis et capite, cui particularem capsam meditamur ; ad honorem et gloriam sanctæ et individuæ Trinitatis, cujus misericordiæ et sanctorum quorum precibus nos commendamus. Reposita autem sunt eadem sacra ossa in hac theca cum hisce litteris et prioribus quæ in eadem inventæ sunt præsentibus religiosis veneralibus et discretis viris D. D. Natale de Nomon priore, Joanne Vaillant suppriore, Claudio de Lonnel majore præposito, Jacobo Monvoisin subpræposito, Ludovico Doremieux· hospitum præfecto, Joanne Doremieux cellerario, Gulielmo Bosquet præposito Haspren. Adriano Pronnt præposito de Sailly, Maximiliano le Blancq præposito Bercloen. Philippo le Clercq præposito Sancti Michaelis, Alphonso Doremieux præposito Gorren. Antonio Gery præposito Manilien. Allardo Gazet priore de Boeuvria et pluribus aliis religiosis et testibus ad divina congregatis unà cum venerabili et discreto Dⁿᵒ ac magistro Gulielmo Gazet canonico Ecclesiæ collegiatæ Sancti Petri Ariensis et pastore Ecclesiæ parochialis D. Mariæ Magdalene præsentis civitatis Atrebatensis et Jacobo Capron clerico Boloniensis diœcesis notariis apostolicis. In quorum fidem hasce litteras fecimus manu propria subscripsimus et sigillo nostro communiri jussimus. Actum in dicto nostro monasterio die decima quarta mensis julii anni Domini millesimi sexcentesimi sexti ac sanctissimi D. N. Clementis papæ Octavi anno duodecimo.

» Ph.ˡˢ *abbas S.*ᵗⁱ *Vedasti.* »

On aura remarqué dans les témoins de cet acte un bon nombre de noms de religieux que l'on retrouvera dans le Nécrologe de Saint-Vaast.

Page 5. — Haiminus. Voir la Notice sur les écrivains de l'abbaye.

Page 7. — Echo. Voici un nom écossais, chose qui n'est pas rare à cette époque où il y avait des relations très-fréquentes avec la Grande-Bretagne, comme le prouvent de nombreuses histoires de saints de ce pays. On allait de l'Ile de Bretagne à Rome, en passant par Arras, et parfois on s'y arrêtait.

Page 9. — SANCTUS GERARDUS. Saint Gérard est honoré comme le restaurateur de la discipline monastique dans les Pays-Bas et les autres provinces voisines jusqu'aux bords du Rhin. En effet, outre le monastère de Brogne et de Saint-Guislain, où d'abord il fit régner la plus grande ferveur, il réforma celui de Blandinberg, celui de Saint-Bavon, ceux de Saint-Martin de Tournai, de Marchiennes, de Hasnon, de Rhonay, de Saint-Vaast d'Arras, de Turhoult, de Wormhoult, de Saint-Riquier, de Saint-Bertin, d'Auchy-lez-Moines, de Saint-Wulmer, de Saint-Amand, de Blangy, de Saint-Amé de Douai.

Saint Gérard travailla avec des peines incroyables à la réformation de tous ces monastères. Il eut à surmonter des contradictions sans nombre, de la part d'esprits indociles devenus incapables de discipline. Il ne se rebuta point et ne se borna pas même à ceux que nous venons de mentionner. Ses travaux s'étendirent en Lorraine, en Champagne et en Picardie, et il fut le restaurateur de la discipline religieuse dans tout le pays situé entre la Somme, la Meuse et l'Océan.

Saint Gérard était né d'une famille illustre, dans le comté de Namur, vers le temps de Charles-le-Gros, et il avait d'abord suivi la carrière des armes, mais en se distinguant toujours par l'excellence de ses vertus chrétiennes autant que par sa bravoure et la sagesse de ses conseils. C'est dans l'abbaye de Saint-Denis qu'il se consacra à Dieu, et c'est seulement après dix ans de vie religieuse qu'il avait consenti à être élevé à la prêtrise, après avoir, successivement et selon les règles des interstices, reçu les ordres inférieurs et les deux premiers ordres sacrés.

Quand il eut accompli toutes les œuvres étonnantes dont nous venons de donner la liste, saint Gérard entreprit le voyage de Rome, pour aller demander au Souverain-Pontife quelques priviléges en faveur de son abbaye de Brogne. A son retour il visita de nouveau toutes celles où il avait établi la réforme, puis il vint mourir, épuisé de travaux, dans son abbaye de Brogne, au milieu de ses disciples fidèles, le troisième jour d'octobre 959 Dieu l'avait donné comme un apôtre, un docteur et un guide, à un siècle de violences et de dissolution: il était l'homme de son temps qui avait le mieux, peut-être, en Occident, conservé toute la pureté de la règle monastique, et il fut une admirable transition entre les splendeurs de la vie religieuse aux siècles antérieurs et la gloire renouvelée de l'Eglise aux siècles de saint Bernard et de saint Louis.

Page 10. — SANCTUS RICHARDUS. Richard, né d'une famille illustre, fut d'abord attaché à l'église métropolitaine de Reims en qualité de chanoine et avec la dignité de grand chantre. Voulant mener une vie toute de perfection et de détachement il songeait aux moyens à prendre pour arriver à cette fin, lorsqu'il reçut la visite du comte Frédéric deVerdun, parent de l'empereur saint Henri, qui venait lui communiquer le dessein qu'il avait, lui aussi, d'embrasser la vie religieuse. Voyant là une disposition providentielle, Richard et Frédéric vont ensemble à l'abbaye de Saint-Vannes à Verdun, où ils sont reçus avec peine et après diverses épreuves, ce qui ne sert qu'à mieux faire éclater leur solide vertu.

A la mort de l'abbé, l'Irlandais Finden qui les avait reçus, Richard est choisi pour lui succéder, et bientôt sa réputation de sainteté devint si grande que partout on voulut l'avoir pour établir la réforme et ramener à la régularité primitive les monastères qui s'en étaient plus ou moins écartés. C'est à ce titre qu'il se rendit à Lobbes, à Saint-Amand, à Saint-Bertin, à Saint-Josse, à Saint-Vaast d'Arras, et ailleurs. Il résida à Arras assez longtemps pour y rétablir la régularité, et il est cité dans le Nécrologe et dans les divers catalogues, au vingt-huitième rang des abbés de Saint-Vaast. Il courut de grands dangers pour sa vie, au sein même de cette abbaye, où il fut sur le point d'être mis à mort par un religieux hostile à la réforme, que Dieu convertit par une sorte de miracle et dont il fit un modèle, et plus tard un abbé fort exemplaire et fort digne, Léduin.

En venant à Arras, Richard avait emmené avec lui Frédéric à qui il confia les fonctions de prévôt ou grand-prieur de l'abbaye. Lorsque Richard retourna à Verdun, après avoir accompli le pèlerinage de Jérusalem et beaucoup d'autres œuvres, il laissa à Arras le bienheureux Frédéric, qui continua de s'acquitter avec zèle et prudence de ses fonctions de prieur, jusqu'à sa mort, qui arriva le 6 janvier 1020. Richard, abbé de Saint-Vaast, de Verdun, et de plusieurs autres monastères, mourut le 14 juin 1047. A la nouvelle de la mort du bienheureux Frédéric, il s'était rendu à Arras et avait emporté son corps à Verdun, ne laissant à Saint-Vaast que les entrailles. A cause de cette grande amitié des deux Saints, on les a d'ordinaire réunis pour un seul et même jour de fête, celui de la mort de saint Richard.

Page 10. — LEDUINUS. C'est lui qui joue un rôle considérable dans l'affaire de la translation du chef de saint Jacques (voir Guimann, pages 112 à 115). On remarquera ici que Léduin était né sur le territoire de Berclau ; Guimann dit: *in fondo Allodii sui, nomine Berclau.* Léduin ou Lethdwin était un riche et puissant personnage qui, dans cette circonstance, avait commis un excès de pouvoirs, au jugement même de Guimann : *quodam potestatis licentia*.

Page 11. — SANCTUS POPPO. Saint Poppon naquit vers l'an 978, dans le comté de Flandre et sur les bords de la Lys, en un lieu qui n'est pas connu d'une manière plus précise.

Fils d'un noble seigneur du pays, Poppon dut d'abord, selon sa condition, embrasser la carrière des armes. Il se fit remarquer par son adresse, sa valeur et surtout par l'affabilité de son caractère qui le faisait aimer de tous ses compagnons. « Mais, dit l'auteur de sa Vie, sous le baudrier du chevalier il avait les pensées d'un prêtre, et l'austérité d'un religieux sous la cuirasse du guerrier. »

Avec deux compagnons, Rotbert et Lausus, il entreprit alors et accomplit pieusement le pèlerinage de la Terre-Sainte, chose qui présentait à cette époque bien des dangers. Sa pensée secrète était le privilége du martyre qu'il espérait subir dans les lieux mêmes où son Sauveur avait souffert Il y reçut, en effet, bien des contradictions, des injures, des souffrances diverses, mais Dieu voulut lui conserver la vie pour le bien de beaucoup d'âmes qu'il devait plus tard conduire à la perfection. Un peu après, il fit le pèlerinage de Rome pour visiter le tombeau des Apôtres, et il eut pour compagnon le noble et pieux chevalier Thierry, auprès duquel il avait fait ses premières armes et qui était pour lui comme un père.

C'est à son retour de Rome qu'il remporta une victoire éclatante sur lui-même et se consacra à Dieu d'une manière définitive. Il avait pris rang parmi les plus illustres chevaliers de Baudouin, comte de Flandre, et il était surtout lié avec un seigneur nommé Frumold, qui habitait dans les environs de Saint-Omer. Frumold proposa à Poppon d'entrer dans sa famille et d'épouser une de ses filles, et déjà les fiançailles étaient faites, lorsque, frappé d'une voix intérieure et d'une illumination soudaine, il renonça à ce brillant parti pour aller servir Dieu, loin du monde, dans la sainte pauvreté.

Le monastère de St-Thierry, près de Reims, fut le lieu de sa retraite. Bientôt Dieu le fit briller, alors que lui-même voulait se cacher aux yeux de tous.

Richard de Verdun, étant venu à Saint-Thierry, voulut avoir Poppon près de lui : à force d'instances et de prières, il l'obtint et l'emmena dans son monastère de Beaujeu. Avec Poppon il vint aussi visiter l'abbaye de Saint-Vaast d'Arras. Ici on voulut aussi retenir le saint religieux et on lui confia les fonctions de prieur, qu'il exerça au grand avantage spirituel et temporel de cette puissante communauté. Il remplit ensuite, avec non moins de succès, une mission en Allemagne auprès de l'empereur Henri II : là, comme à Arras, on eut lieu d'admirer à la fois sa douceur, sa force, sa charité apostoliques.

Il fut ensuite placé à la tête de l'abbaye de Staveloo, puis à Saint-Maximin de Trèves, où il opéra la réforme et où il fit une maladie qui le mit aux portes du tombeau.

Rendu à la santé dans des circonstances merveilleuses, il travailla à rétablir la paix entre le roi de France, Henri Ier et Conrad, empereur d'Allemagne, qui voulut lui faire accepter l'évêché de Strasbourg.

Poppon refusa cet honneur et n'accepta que la pénible mission de visiteur des principales abbayes de l'Empire. C'est en cette qualité qu'on le trouve en tant d'endroits différents, notamment à Saint-Ghislain et à Hautmont.

Saint Poppon prit en particulier la direction de l'abbaye de Saint-Vaast, et son nom est, avec de grands éloges, dans la liste des abbés de ce célèbre monastère, où il acheva le bien qu'il y avait commencé d'abord à titre de prieur.

Il voulait aller mourir dans son abbaye de Staveloo, mais, sur le désir du comte de Flandre, il s'arrêta dans l'abbaye de

Marchiennes, où une dernière maladie vint le surprendre. C'est là qu'il rendit saintement son âme à Dieu, le 25 janvier 1048, vêtu d'un cilice et étendu sur la terre, après avoir reçu les sacrements et au milieu des prières de tous ses enfants spirituels.

On trouve le nom de saint Poppon dans un grand nombre de martyrologes, et ce grand saint est honoré dans toutes les contrées où il travailla avec tant de zèle, notamment à Arras.

Nous donnons ici ces détails pour indiquer l'esprit qui caractérisait cette époque de réforme, de retour aux traditions, après une période de relâchement.

Page 12. — GERARDUS. On peut voir Balderic et les historiens plus modernes, sur cet illustre évêque de Cambrai et d'Arras.

Page 13. — HAYMERICUS. Voir la Note sur les écrivains de l'abbaye de Saint-Vaast.

Pages 14, 15 et 16. — Les noms de cette longue liste sont fort curieux à étudier au point de vue de la linguistique. La plupart sont d'origine flamande, ou même saxonne. Ils appartiennent essentiellement aux pays qui s'étendent d'Arras à Tournai, comme d'Arras à Aire, à Saint-Omer, à la mer, en y comprenant la Flandre française et une partie de la Flandre belge. Au reste les listes suivantes ressemblent fort à celle-ci, et quand les désignations des lieux de naissance viendront à être mentionnées, on verra que c'est surtout dans ces directions que se recrutait l'abbaye de Saint-Vaast.

Page 21. — GUIMANNUS, LAMBERTUS. Voir ce que nous avons dit de Guimann et de son frère Lambert dans le Cartulaire de Saint-Vaast, publié en 1876. Voir aussi la Note sur les écrivains de l'Abbaye.

Page 22. — JOANNES LI LOHERENS. Voilà un nom étranger à la contrée, aussi bien que HENRI DE BADE, page suivante, et plusieurs qu'il sera facile de distinguer dans la suite, surtout à la première époque des cognomina.

Page 31. — PHILIPPUS MARGINAL. C'est à ce nom que commence le premier blason du Nécrologe, en 1295.

Page 32. — INGELBERT LOUCHART. Ce nom est très-connu, dans ce siècle et plus tard, à Arras.

Les Louchart étaient de riches financiers, qui, dès le XIIIᵉ siècle, prêtaient aux souverains, et dont tous les historiens de la Flandre ont parlé. On peut voir à ce sujet les *Rues d'Arras*, par M. A. d'Héricourt, tome Iᵉʳ, pages 44 à 46, et tome second, pages 74 et 75.

Page 32. — *Circâ œram 1292*, etc. Cette Note est très-précieuse pour l'intelligence de la liste qui la suit.

Page 41. — P. COSSET. Le nom de Cosset ou Cossette est tout-à-fait Atrébate et appartient à une famille de *hault-licheurs*. Voir nos Etudes diverses sur les Tapisseries d'Arras.

Page 44. — J. SACQUESPÉE. Ce nom est fort connu à Arras. On peut voir au Musée un magnifique monument appartenant à cette famille et que nous avons publié dans le *Bulletin de la Commission des Monuments du Pas-de-Calais*, tome II, page 389.

Page 45. — JEAN CASTRIS ou CATRIS. Il est bien probable que nous avons ici une personne appartenant à la famille *Catrice*, qui existe encore, et qui se distingua si fort à Aire, au XVIIe siècle, pendant un des siéges les plus meurtriers, par une conduite pleine d'héroïsme.

Page 46. — EUDES LEFEBVRE. Le nom de *le Febvre*, qui devient *le Febure* quand on le lit par *u* voyelle au lieu de *v* consonne, est excessivement répandu dans ce pays et ailleurs. Il est bien français ou wallon d'origine et n'a absolument rien de flamand. Le sens est d'ailleurs évident. L'un de ceux qui l'ont illustré est l'évêque de Chartres, page 47. Plus tard nous retrouverons *le Febure,* auteur de ce Nécrologe.

Page 52. — EUSTACHE AUGRENON. Ce nom est Atrébate. Nous avons au Musée le souvenir de la famille Au Grenon sur la belle pierre dont nous avons donné le dessin et la description au tome II du *Bulletin de la Commission des Monuments du Pas-de-Calais*, page 389.

Page 57. — JEAN DU CLERCQ. Voici ce que nous trouvons sur cet Abbé dans les Notes sur le *Journal de la Paix d'Arras*.

« Il estoit natif de Doüay, il fut Conseiller du duc de Bourgongne Philippes le Bon des l'an 1429. le M. S. du College de la Compagnie de Jesus à Arras, contient un sommaire de sa vie.

« L'an 1462. le 15. de septembre à trois heures apres » midy, au Convent de Sainct Vaast d'Arras, clost son » dernier jour en l'aage de 86. ans Jean du Clerc Abbé dudit » Convent, et rendit l'ame en sa chambre sur son lict, et

» avoit esté trente-quatre ans Abbé dudit lieu, il avoit moult
» haultement et bien gouverné l'Eglise, et avoit esté moult
» craint de ses Moines et plus qu'autre Abbé, passé deux
» cens ans avoit esté, et aussi il les avoit gardé en paix et en
» droicture, et soigneusement avoit conservé les droicts et
» l'heritage dudit Monastere, et fort augmenté le revenu
» d'iceluy : la tour du clocher de son Eglise estoit de son
» temps en tres-mauvais estat, soustenuë seulement sur
» gros carpentage de quesne, il l'a fit renforcer par plusieurs
» ancres mises au dedans, et aux murailles de gres par
» dehors, puis fit parfaire la Nef de l'Eglise qui n'estoit que
» d'une vaulsure outre le Crucifix, et y fit quatre vaulsures
» de long, et n'y avoit autre commencement que la fondation
» des pilliers qui estoient faits deux cens ans auparavant, et
» puis apres, il feit faire le Portail de l'Eglise, et plusieurs
» autres nobles ouvrages dedans le Monastere, lesquelles
» avoient monté à moult grand finance, il avoit fait faire
» aussi à Demencourt és Fauxbourgs d'Arras une fort belle
» maison de plaisance et jardin, ayant acheté la place de ses
» deniers, et estoit pour soy aller esbatre, et aucunes fois
» y mener son Convent s'y recreer ; il avoit aussi fait refaire
» la maison de Hervain à demie-lieuë prés d'Arras, laquelle
» avoit esté arse au siege d'Arras, il y avoit fait construire
» une moulte noble place pour pareillement y mener son
» Convent, ou par avanture soy tenir en temps de peste ;
» il fit faire encore toutes les belles chambres, depuis le
» clocher de l'Eglise en descendant jusques au pont Sainct
» Vaast ; et en l'Hostel de Dieu mesme fit-il de beaux
» ouvrages et en plusieurs autres lieux, desquels je me
» tairay à present craindant la trop grande prolixité. Ledit
» Abbé avoit esté de moult grand courage, et bien l'avoit
» monstré contre tous Princes, Ducs et autres quels qui
» fussent pour soustenir le droict de l'Eglise, et mesme
» contre ceux de la ville d'Arras. La mort dudit Abbé

» depleut moult à ceux d'Arras et du pays environ, et à
» ses religieux : il fut moult plaint et principalement du
» commun peuple, priant pour luy que Dieu mist son ame
» au repos de la beatitude eternelle : car il fit en son temps
» une chose digne de grande recommandation, et dont il
» acquit moult l'amour du peuple, c'est qu'en la grande
» famine qui fut 1436. valissant lors une charge de bled pour
» un cheval, tant en France comme en Artois dix francs
» de seize sols, monnoye d'Artois pour le franc, et mouroient
» les pauvres gens de faim, et ne souffroit-on les pauvres
» gens és bonnes villes, ains leurs faisoit-on logettes et
» maisonnettes hors des portes, tant pour la famine que
» pour l'infection de leur pauvreté, durant laquelle famine
» desirant subvenir au pauvre peuple qui mouroit de faim,
» il fit ouvrir les greniers de l'Abbaye qui estoient pleins
» de bled (car l'année precedente il y en avoit eu en grande
» planté, et n'avoit valu la charge d'un cheval que huict
» sols) et à tous pauvres gens et disetteux fit bailler le
» menchand dudit bled pour vingt-huict sols, qui estoit
» cinquante-six sols la charge d'un cheval, ou bien trois
» francs, et délors comme j'ay dit se vendoit par les autres
» ordinairement dix francs, et le faisoit ainsi distribuer
» aux pauvres seulement, et non aux riches et gros marchans
» qui en furent exclus, et n'en pouvoit nul prendre plus
» de deux boisseaux pour chaque fois, laquelle œuvre fut
» moult agréable au peuple, et fut cause qu'à sa mort il
» en eut plusieurs bonnes prières ».

» Ledit Abbé est enterré en la Chapelle Nostre-Dame,
où il a une tres-belle sepulture à main droicte de l'Autel,
elle est dans la muraille où ledit Jean du Clerc est représenté
en bosse à genoux en habits Pontificaux, la Crosse en
son bras droict, les mains jointes, sa Mittre à ses genoux,
à costé de luy sont les statuës de sainct Vaast et de sainct
Benoist aussi en habits Pontificaux, et sur le devant tirant

vers les costez de la muraille, sont les representations
de sainct Jean Baptiste et de sainct Jean Evangeliste, toutes
lesdites statuës et le fond de ladite sepulture dorez sur
azur ; au pied de ladite sepulture sur le pavé, il y a un rond
de cuivre, enclos en un autre rond de marbre bleu de
quatre pieds en diamettre ou environ ; sur lequel rond
de cuivre est gravée une Mittre entée en une Crosse, et
aux deux costez deux gantelez dont les Evesques et Abbés
se servent lorsqu'ils officient en Pontifical, le tout entourré
d'un tres-beau feüillage, aux quatre endroicts dudit rond,
il y a les armoiries de sainct Vaast, celles dudit Jean du
Clerc et cette inscription autour dudit rond de cuivre :

Ecclesiæ Pastor hujus benefactor et auctor
    Inter oves solers hac requiescit humo
Cognomen dat huic Clericus nomenque Joannes
    Villa Duacensis ejus origo fuit.
Virginis intactæ missam stabilivit honore
    Omni quam statuit hic celebrare die
M. solo. C. quadro sex. Xac. 10. duplicato
    Quindena luce Septembris transiit ipse.

Page 57. — Nous trouvons les détails suivants dans
le même Recueil de Notes : « Dom ANTOINE DE LE TAVERNE,
Religieux de l'Abbaye Royale de sainct Vaast, Grand Prevost
d'icelle, et autheur du present Journal, (voir plus loin
la Notice sur l'Histoire littéraire de l'Abbaye), estoit un
homme d'une grande pieté et experience aux affaires ; les
beaux Registres qu'il a laissé en ladite Abbaye en font
foy, où il a fait cognoistre le zele qu'il avoit à en conserver
les droicts, de laquelle en qualité de Grand Prevost il est le
premier Officier pour le temporel. On peut voir le temps auquel il se fit Religieux et autres particularitez dans son
Registre pag. 95, dont voicy l'extraict : « Le Dimanche quin-
» ziesme jour du mois de Juin, l'an mil quatre cens trente-

» deux, jour de la Trinité, je Prevost donnay à soupper à mes
» compagnons avec lesquels fus vestu le jour sainct Basile,
» lequel jour sainct Basile audit an 1432 estoit le Samedy
» nuict de la Trinité, auquel jour eut quarante ans, que nous
» fusmes vestus, de nous qui les noms s'ensuivent. 1. Monsei-
» gneur l'Abbé Jean du Clerc, Jacques Danthin Grenetier, Jean
» de la Ruele Celerier, Jean des Hosteaux, Seigneur du
» Monstier, mi Antoine de le Taverne Prevost, Gobert de
» Moiry Sous-Prevost, Jacques de Hertin Prevost de sainct
» Miquel, Pierre du Bus Prevost de Gorre, Eustache Doysy
» Chantre et Ausmosnier, et Jacques de Bertrangle Refroic-
» turier ; appert qu'audit jour de quatorze que fusmes
» vestus, audit temps 1392. estiemes nous dix vivans, auquel
» soupper furent avec nous dix dessusdits, Monsieur le
» Maistre du Temple demeurant à Doüay, Monsieur le
» Chantre d'Arras, Maistre Jean le Sot et de Villers, Frere
» Noel, Guy Jean Chastelain d'Arras, Sire Guy Poviole
» Maistre des enfans en Cité, et plusieurs autres, et despen-
» dimes audit soupper huict livres, treize sols, huict deniers
» monnoye courante, et un pattars pour douze deniers, et
» sans neuf lapins qu'on me donna ».

« Item derechef je Prevost donnay à soupper le jour
» dudit sainct Basile, qui fut le 14. jour de juin l'an 1440.
» à mes dessusdits compagnons qui estoient lors vivans,
» est à sçavoir Monseigneur l'Abbé Jean du Clerc, Gobert
» de Moiry Prieur, Jacques d'Anthin Prevost de Gorre,
» Jacques Hertin Prevost de Berceleau, Jean des Hosteux
» Hostelier, Pierre du Bus Sous-Prevost, et moy Prevost,
» auquel jour Jacques de Bertrangle Thresorier, estoit tres-
» griefvement malade, où fut Monsieur l'Official d'Arras,
» Monsieur le Chantre de l'Eglise Nostre-Dame d'Arras, le
» Conseil de l'Eglise, Damp Nicolas, auquel soupper des-
» pendimes cent cinq sols trois deniers sans trois loignes de
» veel, 18. pouchains, quatre cappons et trente-six pigeons

» qui viendrent de Beuvresse ; » par où on voit que lors il y avoit 48. ans, qu'il avoit pris l'habit de Religieux.

» Il est vray semblable que ledit Dom Antoine de le Taverne et les autres qui prirent l'habit avec luy sont enterrés en la Chapelle de Nostre-Dame à main gauche en entrant en ladite Chapelle, à l'endroit où on voit contre la muraille le portraict de sainct Basile avec les vers suivans :

> Lustra novem grati complent virtute probati
> Reliquiis pasti doctrina pane Vedasti
> J. du Clerc placidus pastor merito Reverendus.
> Præpositus, subpræpositus, preeunte priore
> Cum sociis, ne Officiis claris et honore
> Magne pastor Basili Septem bis erant in ovili
> Rite tuo festo vestiti promptus adesto
> Moribus, assensu dux et grex sospite sensu
> Transferri missam statuunt, nec obinde remissam
> Tu modo sacrifices, alme Vedaste vices.
> Christiferæ missa nunc annexatur in ista
> Ut solet in proprio Petrus habere loco.

Nous aurons à parler encore de cet illustre personnage dans la Notice sur les écrivains de l'abbaye.

Page 63. — GUI DE LONGUEVAL. On peut consulter, sur cette importante famille, le travail de Goethals, *Miroir des Notabilités nobiliaires de Belgique, des Pays-Bas et du Nord de la France*, tome II, pages 789 à 842, in-4°; un Manuscrit de Dom le Pez, bibliothèque d'Arras; M. Paul Lecesne, dans l'Histoire du Canton de Croisilles, tome second d'Arras, *Dictionnaire historique du Pas-de-Calais;* Le Carpentier, etc., etc.

Page 67. — P. DE WIGNACOURT. Comme le dit l'auteur du Nécrologe, la noble famille de Wignacourt est très-connue et elle a été l'objet de l'attention de beaucoup d'écrivains. Son écusson, *d'argent à trois fleurs de lis au pied nourri de gueules,* se rencontrera souvent dans les planches de ce volume, car elle a donné bien des religieux à l'abbaye de St-Vaast ; un de ses membres, Ch. de Wignacourt, 1608, a laissé plusieurs manuscrits, entre autres les *Observations sur l'Echevinage de la ville d'Arras,* publié par l'Académie d'Arras avec une collection de chartes qui font de ce volume une sorte de Cartulaire municipal.

Page 68. — JEAN DE VALOIS. Voici encore une famille Atrébate qui a laissé plusieurs souvenirs ; nous en avons un au Musée d'Arras, qui a été publié dans le *Bulletin de la Commission des Monuments du Pas-de-Calais,* tome II, p. 387 et 388, et qui est des plus intéressants.

Page 79. — GÉRARD LE ROBERT. L'Académie d'Arras a publié son *Journal,* histoire de son temps, où Dom Lefébure nous dit qu'il a puisé pour son œuvre. Nous y puiserons aussi un certain nombre d'extraits, qui montreront au vif quelle était la situation de l'Abbaye de St-Vaast, au temps de la persécution de Louis XI.

« Le premier jour de juing, ou dit an, fut demande par Monsieur du Lude, capitaine en Arras pour le roy, a ceulx de Saint Vaast, huyt mille escus pour leur part et porcion, de quarante mille escus, cy devant dit, et fut le dit seigneur du Lude et le seigneur de Clery en Saint Vaast pluisieurs fois faire ces demandes, dont lui fut respondu par P. Danquasnes, prieur, et P. de Wignacourt, prevost, que ils n avoient riens, et que l eglise avoit tout perdu, aussy (1) que ilz ne povoient rien accorder sans le consentement de Monsieur le cardinal,

(1) Et de plus, qu'ils.

qui estoit l administrateur d icelle eglise, dont ils se partirent mal content de cette responce.

» A cause du refus dessus dit, par soubtille voye et par l advis dudit seigneur du Lude, fut congye (1) ledit P. Danquasnes, prieur, lui disant (2) que il s en alla jouer ung petit (3) et que c estoit le plaisir du roy, et que c estoit pour son grand bien, et qu en brief il retourneroit : dont il partit le v° jour de juin, jour du saint Sacrement, a l heure de grant messe ; et s en alla à Corbye veoir son frere, abbe dudit lieu.

» Le iii° jour enssuivant fut congie P. de Wignacourt presvost, par le maniere et moyen que dessus. Le jour enssuivant et le jour apres en partirent deux carees (4) des principaux officiers, jusques au nombre de neuf. Et ce faisoient les dis capitaines pour mieulx venir a leurs ataintes (5) et accomplissement de leurs demandes.

. » En ce tempoire fut Avesnes en Haynau prinse et arse par les gens du roy. »

. . . .

« Le xx° jour dudit mois fut delivre a aucuns deputes de par le roy toute la vaisselle de la dicte eglise, montant a cent marcqs.

» Ledit jour, lequel estoit la veille Saint Jehan Baptiste, le dessus dit seigneur du Lude et le sieur de Clery, accompagnies d aucuns capitaine et gens d armes, vindrent a Saint Vaast, apres Vespres amener ung religieux de l ordre Saint Benoit, nomme Dampt Jehan du Puichs, moisne profes de l abbaye de Cormery, empres Tours, et Prieur des Roches les

(1) Congédié, renvoyé.
(2) On le congédia en lui disant que.
(3) Un peu.
(4) Charretées.
(5) Desseins.

Tours, bacceller (!) en decret (2) et bien litere (3), mais assez faulx pour estre Vicaire General de par le roy, *in temporalibus et spiritualibus*, pour et ou nom du cardinal de Lion, lequel estoit pour lors administrateur perpetuel de ladite eglise Saint Vaast, en obeyssant au commandement dudit roy, il fut receu *nolens volo.* »

. . . .

« Le jour Saint Vaast en frevier, an LXXVIII, premier venredi de quaresme, apres disner, furent baillies, en la presence Jean Dupuich, vicaire et Jullien Gioux serviteur a Monsieur le Cardinal, par Jehan le Wattier, les baghues, jadis servant a Hervaing, estans pour lors a le ostellerie : Est assavoir : coussins, bancquiers, couvertures de lycts, courtines de saye vermeille, quieux (4) de pointes, linchœulx, nappes, doubliers (5), licts et tous autres extensilles (6), en grant nombre, et baillies aus dis vicaires Jullien et Gayuy, qui estoit pour lors soubsprevost. Et ne prenoient point lès dictes baghues, pour leur necessite seullement, mais pour tout rober : car (7) on n'en perdit non plus que on leur en bailla. »

. . . .

« Le penultime jour de frevier vint a Saint Vaast ung religieux estrainge (8), nomme Chanant au command (9) du

(1) Bachelier.
(2) Droit
(3) Lettré. *Litteratus.*
(4) Courtepointes.
(5) Nappe qu'on repliait, qu'on mettait double.
(6) Ustensiles, toutes sortes de linges et meubles.
(7) On n'en perdit que ce qu'on leur donna On perdit tout, on ne recouvra rien
(8) Etranger.
(9) Au commandement, par l'ordre.

vicaire dessus dit, lequel ny :it guerres son prouffit, ne le prouffit de l eglise.

» Le VIIe jour de mars, ou dit au, vingt ung homme, nomme maistre Nicole, compaignon au dessus dit Jullien, fol et parvers (1), povre de vertus et d argent, pour conforter la malvaise intencion dudit Jullien et pour tirer de nous, ce que nous ne poyons furnir, par manaisse (2). Il nous dit que il nous feroit devenir de noirs moisnes blancqs ; a quoy rien ne lui fut respondu. »

. . . .

« En ce tempoire estoit a Paris ung cordelier de l observance, lequel preschoit publicquement tous les vices et maulvais gouvernemens (3 , regnant pour le jour, et n espargnoit ne roy, ne duc, ne prince, ne eveque, ne abbe, ne parlement, ne chastelet, ne gens d eglise, ne gens lays ; en general et en particullier disoit la verité; mes non pas tout. »

. . . .

« Ou dit tamps fit le vicaire lever ung pallis (4), en notre eglise, de blancques aisselles (5) et quartiers de quesnes, tenant d une part au coing du pillier de la thesorie, et d autre part au pillier du coing du cœur, aiant, au milieu, deux fœullets (6), ouvrans, les festes, par dedens une barre de fer et une serrure, ainsy que a l huys du crucefix. Fit faire oultre plus ung huys traillie (7), au celier de l aumousne (8,, en le fin de la montee de la court, ouvert

(1) Pervers.
(2) Menace.
(3) Administration, gestion, conduite.
(4) Dresser une clôture en palissades, en pieux.
(5) Planches de bois blanc.
(6) Planches.
(7) Treillé.
(8) Cave de l'aumônerie.

à l heure de l aumosne et non plus (1). Par ce moyen ne passoit personne de quelque condicion qu il fut, par le Cloistre ; qui (2) estoit proufitable pour les religieux, jassoit ce qu il fut fait sans leur gre. »

.   .   .   .

« En ce tamps et depuis, Jullien estant a Saint Vaast avec le vicaire, successivement nettoya tous les estans (3) de l eglise, de poison, et n estoit si petit poison qu il ne prit, sans rien rejetter : ne laissa seullement que ung petit estant a Anzain, a cause qu il n estoit hardy pour aler sy loing.

» Au retour des religieux, qui fut a la paix de l an mil IIIIe. IIII^{xx} et deux, apres la visitation faicte sur lesdis estans, ne fut rien trouve, sinon au dit Anzaing aucunes grosses foursieres (4), et grant habondance de quiesne-quene (5), par le moyen de laquelle furent rapoisonnes lesdis estans, pour le temps a venir. »

.   .   .   .

« Le jour Saint Pierre ensievant fut commande de par le roy Loys que l eglise fut reparee, oster les emondices, le bestail, que de long tamps on avoit acoustume y mettre, signamment *tempore belli*, et pluiseurs baghues a pluiseurs gens, estans au dit lieu ; comme il fut fait hastivement ; car a son command (6) ne falloit tarder, a cause qu il estoit si soudain et vindicatif ; dont, pour ceste cause, comme premier motif, il donna a l eglise de Saint Vaast successivement et a pluiseurs fois mille et quatre escus.

(1) Pas plus, à cette heure seulement.
(2) Ce qui.
(3) Etangs.
(4) Frai, œufs de poisson.
(5) Fretin. *Quisquiliæ*. Restes, débris, rognures.
(6) A son commandement.

» Le viie jour de juillet nous donna le roy le gaule et le tonlieu (1), et no promist, a nous religieux, pour lors estant a Saint Vaast, comme G. Robert, chantre, Adam de Croix, quart prieur, P. de Henau, panetier, J. de Licques, tresorier et pluiseurs autres, que s il demouroit conte d Artois, de nous restituer toutes les pertes, que l eglise avoit eu, touchant les guerres, et de rembourser toutes nos rentes viagieres. »

. . . .

« Le xe jour de juillet en la présence de damp Jehan du Puichs, vicaire et pluiseurs religieux de l eglise, tant profes, comme estrainges (2) franchois, lesquelz estoient venus paravant, a pluiseurs fois par le moyen dudit vicaire fut marchande par maistre Amand Millon, jadis maistre des œuvres du duc Charles et a present servant le roy en miesme cas, tant pour le reparation de Saint Pierre, comme de l eglise Saint Vaast, laquelle avoit este rompue en aucuns lieux par engiens (3), jettes de la cite, comme dessus est faicte mencion, a pluiseurs machons (4), aussy aux carpentiers (5), pour hourder es lieux dessus dis ; dont le hourdaige de Saint Pierre monta a vingt quatre livres, et les machons pour tout reparer de leur mestier, xxvi livres.

» Les dessus dis carpentiers pour hourder (6) en le nef de le grant eglise depuis le pavement jusques a le vaulte (7) en haut au milieu de la dicte nef, pour refaire une ogive, rompus par les dis engiens, dont fut paye soixante

(1) Droits d'entrée et de passage.
(2) Étrangers.
(3) Machines.
(4) Maçons.
(5) Charpentiers.
(6) Echafauder.
(7) Voûte.

seize livres a Michault le carpentier, moyennant et ce que il livra le bos du dit hourdaige, aux machons, pour le fasson de la dicte ogive, trente six livres ; et tout ce, fait par le commandement du roy.

» Le XI⁰ jour de juillet, ou dit an, furent publyes treves, par nuit, en la ville d'Arras, entre le roy de Franche, Loys et le duc Charles, ou ses hoirs (1), par terre, par mer, par eau douce et sallee ; *et merito* fut faicte le publication de nuit ; car elle ne sortit pas son effect. »

. . . .

« Le III* jour de septembre furent envoyes lettres en capitle (2; Notre Dame d Arras, sonnant a tous prelats et gens d eglise, auquel capitle et a lequelle assemblee fut le dit G. Robert religieux, et chantre, par le command du vicaire, pour oyr le teneur des dictes lettres, les quelles contenoient ce qui s enssuit :

« De par le roy, le XV* jour de ce dit mois de septembre, » que de chacune eglise, ayant chief, comme evesques, » capittres, abbes et priores, comparussent en la ville » de Ourleans, pour la oyr ce que seroit conclud en l assem- » blee qui se disoit consille, fait de par le roy ». Dont fut conclud que pour la ville d Arras et aucuns prelats d entour on envoyeroit ung personnaige, dont chacun y contribueroit ; dont pour la part de l eglise fut delivre par ledit G. Robert a maistre Guillaume du Cornet, official pour lors, la somme de dix escus d or. a cause qu il estoit commis à recepvoir lesdits deniers, et y fut envoye pour personnaige maistre Gilles Courbet, chanoine et escolattre d Arras, lequel, comme on dit, n ala point jusques a la (3) ;

(1) Héritiers.
(2) Chapitre.
(3) Jusque-là, expression du pays.

et fut argent perdu ; car nous, dessus dis d Arras, estyons acquittiez, comme maistre Jehan de Rely, commis pour la ville de Paris, à autreffois dit et recite audit G. Robert. »

. . . .

« Le VIIᵉ jour de novembre retourna le Vicaire de Paris, aporta lettres de Monsieur le Cardinal, adreschant au Couvent ; il recepvoit ung religieulx estrainge, nomme Jacques de Larbem et le constitua Prevost de notre eglise par ses lettres. »

. . . .

« Lë IXᵉ jour de frevier, ou dit an, se partit ung serviteur du Vicaire, portant vingt et un marcq de vaisselle, en six tasses et une esguiere, au pays du dit Vicaire, ou jamais n avoit eu, ou dit pays, tant d avoir, et ne venoit pas de son patrimoisne. »

. . . .

« Le premier jour de juillet, ou dit an, furent congiez des religieux de Saint Vaast qui estoient demourez aprez les precedens officiers, jusques au nombre de nœuf.

» Le IIIᵉ jour apres, qui fut le nuit Saint Martin d'este, se partirent le residu desdis religieux, jusque au nombre de sept et tournerent tout droit Amiens, duquel nombre estoit ledit G. Robert, chantre, lequel avoit tousjours, lui estant ou dit Saint Vaast, redigie par escript en fourme de memoire, les choses advenues, cy devant escriptes »

. . . .

« En ce tamps dessus dit, par ung debat, fait en l eglise de Saint Vaast, par aucuns religieux estrainges contre gens de guerre, ot effusion de sang en l eglise et alentour ; dont pour ceste cause ot cesse (1) en la dicte eglise l espace

---

(1) On cessa d'y célébrer l'office. Il y eut interdit.

de trois mois, a l occasion des religieux estrainges, et faisoient le service a Saint Pierre, tel que. »

. . . .

« Les dis religieux estrainges chantoient leur grant messe
au milieu du cœur, et en bas estaux (1) se tenoient pour
plaidier (2) l un a l autre, et a l huys du crucefix, a tous
venans, et y avoit aussy grande religion et devosion, que au
marchie aux bestes ; et n eussent seult chanter de reng
a aultre, comme ilz disoient ; ainsy qu ilz estoient dissonnant
en meurs et volunte et de divers pays, neant plus (3) n eussent ilz accorde au chant (4).

» Leurs matines, de jour les chantoient, pour avoir tousjours fait une (5) heure de soleil ; et ung bien y avoit en
ceulx, que ung chacun y estoit, aussy a toutes les heures
canonnialles, tant de nuit comme de jour, et qui failloit (6),
il n avoit point de prouvende ; mais, apres disner, alloient
jouer, ou bon leur sembloit, portant leurs draps sur les
espaulles, et les millieurs les portoient en escarpe, petiant
sur le marchie d Arras avec les gens d armes. »

. . . .

« Les dis religieux et vicaire vivoient amplement des biens
de l eglise, souvent accompaignie de gens de guerre et
faisoient grant mises en despense extraordinaire, comme
apperra cy apres. »

. . . .

(1) Dans les stalles en bas.
(2) Parler ensemble.
(3) Nullement davantage.
(4) Et comme ils étaient différents de mœurs, de volonté et de
pays, ils ne pouvaient pas plus s'accorder dans leur chant.
(5) Une heure avant le coucher du soleil.
(6) Et celui qui y manquait n'avait point de pitance.

« Oultre plus est a notter que durant l espace des ans dessus dis, fit le dict vicaire pluiseurs voyages, de grans depens, tant devers le roy, comme Monsieur le Cardinal, pour l entretenement de son estat, sur les couvertures (1) des besongnes de l eglise, pour se faire payer par le dicte eglise, comme il fit apres par ses comptez.

» Durant les dictes divisions et espace de temps, les dis vicaire et religieux, de tout le revenu de la dicte eglise estant en l obeyssance du roy, ne souffrirent estre bailliez ne delivres quelque petite somme aux religieux vacabondes, profes, de la dicte eglise, estant pour lors en diverses plaches, au royaulme et en l obeyssance du roy, comme Paris, Beuvais, Saint Lys (2), Compiengne, Corbie et autres plaches de pareilles condicions.

» Le gouvernement du dit vicaire et religieux fut tel que tout le temps de leur recepte et l intermise des deniers de la dicte, qu ils eurent l espace de trois a quatre ans, tant dedens l enclos de l eglise, comme des maisons de dehors, ils ne mirent en despense un patart (3), pour ouvraiges ; meismes, touchant leur despense de bouche, ne paierent aux marchans quelque denier touchant le char (4) et le vin ; aussy touchant les rentes viagieres, ou dit temps durant ils ne paierent quelque chose : pourquoy a la paix nous nous trouvasmes en grans debtes par eux faictes.

» En oultre durant l espasse dessus dicte, touchant les josnes religieux, par nous laissiez en l escolle, a notre partement bien moriginez ; par faulte de correction, aussi de bonne exemple des religieux, se convertirent a le nature

(1) Sous le prétexte.
(2) Senlis.
(3) Petite monnaie de cuivre.
(4) Chair, viande.

d iceulx, *sicut terra infructuosa sic juventus neglecta ; unde scribitur : lætare, juvenis, in adolescentia tua, et in bonis sit cor tuum.* »

. . . .

« Le dit jour de Noel, a l heure de tierche, vindrent a Saint Vaast, P. Danquasnes, prieur, et tous les religieux, estans a Douay, pour le jour, durant les divisions, lesquels vindrent a tierche tous revestus : dont le vicaire prieur estraingier et autres religieux franchois, estans audit cœur, furent esmervilliez, et n estoit pas ce qui (1) desiroient.

» Apres le service fait, le dit abbe d'Affleghuem se retourna en son logis avec autres de l'ambassade, venus en Arras par la dicte paix. Le dit P. Danquasnes et autres religieux commencherent a deviser audit vicaire et aux autres religieux estraingiers. »

. . . .

« Le dit jour apres disner, le dit P. Danquasnes, prieur, assembla tous les religieux, profes de la dicte eglise, pour faire un souprieur, lesquels tous, de ung commun accord, *te via spiritus sancti, ex improviso,* condescendirent a sa voix, et fut esleu par bonne voye le dit G. Robert, religieux et chantre, comme dessus est dit, lequel estoit retourne a la dicte eglise, par le congie du vicaire, des le quinzime jour d octobre precedent.

» Ainsy que il fut conclud il fut fait le lendemain en chapitre, et journellement on remettoit les choses en ordre, petit a petit, en recepvant les religieux qui retournoient, lesquels s estoient tenus en diverses plaches.

» Au regard des religieux estraingiers ne firent guerres longue demeure, quant ils perchurent la maniere du vivre

(1) Ce qu'ils.

estre autre que le leutre (1), et, successivement, pourtant
qu ils ne pooient plus dominer, ne avoir gouvernement
des offices, ne le manyement de l argent, ils penserent
a faire leur issue ; car il failloit selonc raison qu ils fuissent
mesure a telle mesure qu ils avoient mesure les autres.
*Scriptum est : eadem mensura qua messi fueritis, remetietur
vobis.*

» Aucuns d iceulx estraingiers religieux, de tres mauvais
gouvernement, ayant port ou affinite tant du prevost des
mareschaulx, comme d aucuns capitaines, estoient rebous (2)
et ne volloient widier se il n avoient de l argent a leur
partement, comme on fit a aucuns, plus par crainte que
par droit ; et tout pour le mieulx.

» Tous les religieux profes retournez, on se trouva
ensemble pour mettre polisse au desordre qu il y avoit ;
et se partirent ledit P. Danquasnes et H. de Gouy, prevost,
lesquels se trouverent devers Monsieur le Cardinal, lui estant
a Paris ; la ou leur furent bailliez grans assaulx, a l ostel
et au conseil du dict Cardinal, a le cause de le prison
du dessus dit Jullien, luy disant (3) serviteur a mon dit
seigneur le Cardinal, et comme cy dessus est faicte mencion.

» Tout bien debatu et la verite moustree, par ledit P.
Danquasnes, prieur, lequel estoit grant juriste et grant
legiste, bon pouete et bon theologyen, et, pour un religieux,
homme scientificque, fut tellement procede a le exaltacion
de l eglise et de luy et a le confusion dudit Jullien ; et furent
constituez vicaires luy et le dit H. de Gouy, tant en spirituel
que en temporel.

» Le vicaire, dont cy dessus est faicte mencion, fut com-
pelle (4) de rendre ses comptes du gouvernement, qu il

(1) Le leur.
(2) Rebours, récalcitrants.
(3) Se disant.
(4) Forcé.

avoit eu, depuis sa venue jusque a ce jour, et en faire ostencion au dit Cardinal : car pour commenchier mettre reygle (1) en l eglise il falloit avoir son estat, comme il fit, *qualiter nescio ;* car il est a supposer qu il y eut corupcion ; car tout son camp (2) portoit telle semenche (3).

Pages 88, 89, 90. — Ces pages contiennent des traits mordants, une critique acerbe : on comprend cela quand on a lu l'histoire atroce des actes de Louis XI à Arras. Les documents abondent sur ce sujet, souvent traité dans ses détails, et sur lequel l'Académie d'Arras a publié beaucoup de Mémoires, notamment les suivants : *Une Vengeance de Louis XI,* par M. Laroche, tome XXXVII⁰ des Mémoires ; *Louis XI et la ville d'Arras,* par M. Boutiot, tome I⁰ʳ de la seconde série.

Une ville qui a tant souffert, une Abbaye qui a été aussi maltraitée, ont assurément le droit de se plaindre. Le châtiment est vif, les coups de fouet sont sanglants, mais ils sont infligés par des contemporains, par des témoins, par des victimes. C'est ici un des endroits les plus intéressants et les plus instructifs du Nécrologe. Dom Lefébure a bien fait d'y laisser la rédaction contemporaine, le cachet des circonstances : l'histoire ainsi présentée fait connaître la vérité. Cette vérité n'est que trop souvent voilée, pour ne pas dire travestie, dans ce qu'on appelle des œuvres historiques, et l'on se fait alors les idées les plus fausses des hommes et des choses dont ces œuvres prétendent traiter. Ici c'est vrai et franc, c'est même brutal : on sait ainsi à quoi s'en tenir et c'est comme si l'on voyait les événements et les acteurs de ses propres yeux.

(1) Règle, ordre.
(2) Champ.
(3) Son cœur était propre à recevoir et à nourrir pareille semence.

Page 94. — Rob. Briconet. La Notice, ici comme souvent, est incomplète et plusieurs *blancs* sont restés sur le Manuscrit.

Page 104. —. Pierre de Cardevaque. La famille de Cardevacque, d'origine bretonne, est très-célèbre à Arras depuis des siècles. On a plusieurs fois écrit son histoire, qui se trouve maintenant presque complète en plusieurs Manuscrits qui se trouvent dans la Bibliothèque d'Arras et surtout chez M. le Marquis d'Havrincourt. Elle a rendu à l'Église et à l'État des services non-interrompus et elle continue d'en rendre. Ambassadeurs, Députés, Officiers, Légistes, Religieux, Prélats, toutes les catégories d'hommes dévoués au service de leurs concitoyens se rencontrent dans cette noble famille, que l'Artois regarde comme sienne depuis 700 ans.

Page 113. — Robert Doresmieulx. La famille Doresmieulx, qui porte pour armoiries : *d'or à une tête de Maure de sable, tortillée d'argent, accompagnée de trois roses de gueules deux et une*, est une des plus anciennes de l'Artois.

Le premier auteur connu est Pierre dit Bridoux, seigneur de la mairie d'Oresmieulx, qui vivait en 1361 Ses descendants se fixèrent à Arras vers 1444 et Gilles fut reçu à cette époque bourgeois de la ville.

Depuis lors, la famille Doresmieux figure à maintes reprises sur ces précieux registres conservés dans les Archives avec le plus grand soin et sur lesquels les plus nobles seigneurs eux-mêmes se faisaient inscrire. Robert, fils de Gilles, exerçait sous Louis XI les fonctions d'échevin ; il fut exilé avec tous les habitants d'Arras, et ne rentra dans ses foyers qu'après la mort de Louis XI. Il eut de nombreux descendants, parmi lesquels nous ne citerons que Martin, grand bailly de l'Abbaye de Saint-Vaast, dont le fils fut capitaine sous Charles-Quint, et Sainte Doresmieulx, qui porta à la famille de Hauteclocque le fief des Moniaux. Jean Doresmieulx, mort en 1562, eut douze enfants, parmi lesquels figurent des Conseillers pensionnaires de la ville d'Arras, des religieux des Abbayes de Saint-Bertin et de Clairmarais, des religieuses à Beaupré et à Gosnay. Le plus célèbre de ses enfants fut Alphonse, grand Prévost de l'Abbaye de Saint-Vaast, puis Abbé de Faverny en Bourgogne, mort en 1630, en odeur de sainteté. Sa vie est racontée, avec les détails les plus édifiants, dans le Nécrologe manuscrit de l'Abbaye de Saint-Vaast, p. 183 et 184 (152 à 155 de ce volume).

Robert Doresmieulx, celui qui fut obligé de s'exiler sous Louis XI, eut plusieurs enfants, et entre autres, Adrien, seigneur de Setques, Conseiller de l'échevinage de Saint-Omer et député aux Etats d'Artois ; sa fille, Jeanne, épousa N. de Hauteclocque, grand bailli de Blessy. Cette branche, qui a encore des représentants et dont le chef actuel est M. Charles Doresmieulx, ancien officier de cavalerie, se fixa à Saint-Omer ; les fiefs de Vildebroucq et Monnicove, situés dans les environs, leur appartenaient. Enfin, vers la fin du XVIIᵉ siècle, Edouard-Jacques Doresmieulx acquit la terre de Foucquières, que la famille conserve encore ; son fils, Jacques, allié aux Gaillard de Blairville, fut échevin de Saint-Omer et créé chevalier en 1751 ; son fils reçut, dix-huit ans plus tard, des lettres-patentes qui l'autorisaient à timbrer ses armoiries d'une couronne de marquis. Il avait beaucoup de frères et de sœurs, les généalogistes en comptent dix, d'autres prétendent même qu'ils étaient au nombre de douze. Il était réservé au sixième de continuer cette famille. Alexandre-Constant Doresmieulx, chevalier, seigneur de Foucquières, capitaine au régiment d'Auxerrois, chevalier de Saint-Louis, prit part à toutes les guerres de la fin du dernier siècle ; il combattit avec Lafayette pour l'indépendance de l'Amérique ; il servit dans l'armée des princes dans l'espoir d'arracher l'infortuné Louis XVI à la Révolution qui devait faire tomber sa tête. Doyen des chevaliers de Saint-Louis, on le vit à Saint-Omer mourir en fervent chrétien comme il avait combattu en fidèle sujet.

Nous avons dit que ses oncles étaient nombreux : trois embrassèrent l'état ecclésiastique, l'un fut chanoine de Saint-Omer ; l'autre, religieux de Saint-Bertin, eut la direction du prieuré de Saint-Pry, près de Béthune ; le troisième, nommé François, remplit successivement diverses charges dans l'Abbaye de Saint-Éloi et fut élevé à la dignité Abbatiale.

Il prit diverses mesures pleines de sagesse pour entretenir et accroître la ferveur des religieux, il fut, en outre, l'un des hommes les plus instruits de l'Artois. Il composa sur saint Vindicien, patron du monastère, la vie qui a été reproduite dans les collections agiographiques des savants pères jésuites. Il écrivit une chronique du prieuré d'Aubigny qui est encore manuscrite. Enfin il laissa des notes précieuses sur divers sujets d'histoire.

Malgré les guerres continuelles de cette épcque, il augmenta les constructions de l'Abbaye, établit un nouveau refuge à Arras, et lorsque les Français tentèrent, en 1639, de conquérir cette ville, qui devait leur appartenir l'année suivante, il sut arrêter les rixes dont son monastère était menacé, et faire respecter les femmes et les filles des villages voisins, qui étaient venues y chercher un refuge. L'Abbaye de Saint-Éloi eut encore à sa tête, en 1776, un autre membre de la famille Doresmieulx, Alexandre, prélat non moins distingué par ses vertus que par les formes affables et l'urbanité qu'il avait puisées dans sa famille (1). Son portrait ainsi que la croix pectorale qu'il portait nous ont été conservés.

Le Nécrologe de l'Abbaye de Saint-Vaast mentionne les noms de six autres religieux qui tous ont rempli avec zèle et dévouement les fonctions qui leur étaient confiées.

Cette famille était alliée à Thurien-Lefevre, écuyer, seigneur d'Aubrometz, qui nous a laissé un épitaphier qui contient d'intéressantes notions sur la ville d'Arras, à la fin du XVIe siècle. Nous réserverons aussi une mention toute spéciale à Claude Doresmieulx, auteur d'une collection encore conservée dans les Archives municipales de la ville d'Arras ; elle a été analysée dans les Bulletins de la Commission royale de Belgique. Ces deux précieux volumes in-folio renferment un grand nombre de chroniques non encore imprimées et notamment celle de Surquet, de Béthune, plus connu sous le nom d'Hoccalus dont aucun exemplaire n'avait été retrouvé.

Ces traditions de noble dévouement joint à une foi agissante et à une vie d'étude, se sont continuées jusqu'à nos jours.

Page 129. — JEAN BOURGEOIS. Voir la Notice sur l'Histoire littéraire de Saint-Vaast.

Page 132. — JACQUES DE MARKAIS. Voir la Notice indiquée à la Note qui précède.

Page 136. — JEAN SARAZIN.

Page 145. — ADRIEN PRONIER.

Voir la même Notice, ainsi que pour plusieurs autres.

Page 150. — PHILIPPE DELATTRE.

(1) Ad. de Cardevaque, *Histoire de l'Abbaye du Mont-St-Éloi.*

Page 152. — ALPHONSE DORESMIEUX. Voir la Notice spéciale sur la famille Doresmieux, pages 456 à 458.

Page 156. — PHILIPPE DE CAVEREL.

Page 168. — ALARD GAZET.

Page 186. — FRANÇOIS BOUCAULT.

Page 196. — MAXIMILIEN THIEULAINE.

Voir la Notice sur l'Histoire littéraire de Saint-Vaast.

Page 251. — Il résulte de ces mots : *deficiunt indè.... Tempestate plus et plus luctuosâ....* que cette époque était bien triste à Arras. C'est en effet l'époque du siége de 1640. On ne saurait peindre de couleurs assez sombres ce qui se passa alors dans ce pays. Pendant neuf ans les terres demeurèrent sans culture : la misère fut horrible dans tout un long rayon autour d'Arras : on cite à ce sujet des détails navrants. Dans Arras, tous les métiers étaient détruits par le siége, ou peut s'en faut, grand nombre de familles ruinées, plus de commerce : en revanche on était accablé d'impôts et de logements de troupes Arras est sans évêque depuis 1635 jusqu'à 1668. L'Abbaye de Saint-Vaast ne voit pas de nouveaux religieux depuis 1634 jusqu'à 1650. Il n'y a donc rien d'exagéré dans cette expression : *plus et plus luctuosâ.*

Page 264. — ETIENNE LE PEZ. Voir la Notice sur l'Histoire littéraire de l'Abbaye.

Page 296. — AICADRE DESVIGNES. Le nom de ce religieux se trouve encore dans l'état de 1747 'dont nous parlerons plus loin), et dans celui de 1749. Il était alors grand-Prieur.

Page 301. — PIERRE DUPUICH, en 1749, était à la Prévôté du Maisnil.

Page 304. — D. DE BELVALET se trouve encore dans les listes de 1747 et 1749

    —   Il en est de même de ALBERT BOSQUET.

Page 307. — ANDRÉ DORMY se trouve dans la liste de 1749 avec la désignation de cellerier.

    —   G. CUVELIER en 1749 était à Sailly.

Pages 310 et 311. — RANULPHE RAULIN, ROBERT CORNAILLE, HUGUES DELECOURT, en 1749 habitaient la Prévôté d'Haspres. A la même date, HADULPHE D'ASSENOY était grand-Prévôt.

Page 312. — MAUR LEFEBURE, l'auteur du Nécrologe, figure encore dans un Registre de comptes en septembre 1754, avec le titre de grand-Prieur de l'Abbaye. En 1755 on trouve un autre grand-Prieur.

    —   AUGUSTIN LEJOSNE, en 1749, est réfecturier. A la même date, ANDRÉ LE QUIN est Régent du Collége de Saint-Vaast, à Douai.

Page 314. — BERNARD BECCUE, en 1749 est Prévôt de Berclau ; OMER HANOTEL est sous-Prieur de l'Abbaye.

Page 315. — J. LE ROY, en 1749 est sous-Prévôt ; à la même date, PLACIDE LE MAYEUR se trouve encore à l'Abbaye.

Page 316. — NICAISE DE LE CROIX, en 1749, est Professeur à Douai.

    —   ELOI LALLART, à la même date, est à Arras, dans l'Abbaye, où nous le retrouvons encore en 1780, comme Prévôt des eaux....

Page 317. — VIGOR DE BRIOIS, en 1749, est Principal

du Collége de Saint-Vaast, à Paris ; la même année il est Abbé de Saint-Vaast ; il meurt en 1780.

Page 318. — HENRI CARDON, en 1749, est à Arras, à l'Abbaye ; en 1780 il est Prévôt de Gorres.

— MARTIN BERTOUL est sur la liste de 1749, avec la désignation d'absent.

Page 319. — THOMAS DELIGNY, en 1749, était à Berclau.

Page 320. — ARMAND DE BASSECOURT, en 1749, était Maître des œuvres. Il s'occupa beaucoup de la reconstruction de l'Abbaye.

— ADRIEN HÉBERT, à la même date, était à Arras, à l'Abbaye.

Page 322. — VAAST LE PIPPRE, en 1749, était à Arras, à l'Abbaye.

Page 323. — JÉRÔME COUPPÉ, en 1749, se trouvait à Douai comme Professeur.

— LAURENT BOUTON, à la même date, habitait la Beuvrière.

Page 324. — ETIENNE DONCKEER, en 1749, était dans la Prévôté de Berclau.

— MAXIMILIEN ANSART, en 1749, était à Arras, dans l'Abbaye ; en 1780, il était Prévôt de la Beuvrière ; en 1791 il occupait encore le même poste ; il fut guillotiné à Arras, le 15 avril 1794.

— NORBERT BERTIN, en 1749, était Professeur à Douai....

Page 325. — VINDICIEN DEREGNAUCOURT, en 1749, était à Berclau.

Page 325. — Louis Corman, à la même date, était à Arras, dans l'Abbaye.

— Jean-Chrysostôme le Mercier, en 1749, était à Arras, dans l'Abbaye ; en 1780 il était grand-Prieur ; il l'était encore en 1791 ; il fut mis en prison sous la Terreur.

Page 326. — Benoit de Cocq, en 1749, est au Collége de Douai comme Professeur ; en 1780 il est Prévôt du Maisnil.

— Rupert van den Driesche, en 1749, habite la Prévôté d'Haspres. Plus tard il s'occupa beaucoup de la construction de la nouvelle Eglise Abbatiale, aujourd'hui Cathédrale.

Page 327. — Mauront Clarez, en 1749, est à Arras, dans l'Abbaye.

— Ambroise Riche, en 1749, était Professeur à Douai ; en 1780 il était Prévôt d'Haspres ; il l'était encore en 1791.

Page 328. — Lambert Hazart, en 1749, était à Arras, dans l'Abbaye.

— Antoine Pottier, en 1749, était à Arras, dans l'Abbaye ; en 1780 il était Prévôt de Saint-Michel ; il l'était encore en 1791 ; il fut mis en prison à Arras pendant la Terreur....

Page 329. — Romain Lestocquart, en 1749, était à Arras, dans l'Abbaye.

— Amand Labouré, à la même date de 1749, était à Arras, dans l'Abbaye.

— Bazile Lenglart, en 1749, était à Arras, dans l'Abbaye.

Page 330. — ATHANASE DESBAULX, en 1749, était à Arras, dans l'Abbaye.

— EMILIEN RAULIN, en 1749, était à Arras, dans l'Abbaye.

Page 331. — GUISLAIN THÉRY, en 1749, était à Arras, dans l'Abbaye.

— AICADRE DELESTOILLE était Professeur à Douai en 1749 ; il était Prévôt de Sailly en 1780 ; il l'était encore en 1791.

— CHARLES CRINON était à Arras, dans l'Abbaye, en 1749 ; en 1791, il était domicilié à Noaille-en-Beauvoisis, sorti depuis 1773 avec la permission des supérieurs et une pension, qui lui est continuée, sur sa demande, le 21 mai 1791, par le gouvernement.

— AUBERT CAPIAU habitait, en 1749, la Prévôté de la Beuvrière ; en 1780 il était rentier à l'Abbaye.

Page 332. — JACQUES LE GENTIL était dans l'Abbaye, à Arras, en 1749 ; il y était en 1780, comme Receveur général ; il y était encore en 1791.

— GRÉGOIRE LEFÉBURE était dans l'Abbaye, à Arras, en 1749.

— TIMOTHÉE LUCAS était Professeur à Douai, en 1749 ; en 1780 il était absent ; en 1791 il était dans l'Abbaye, à Arras ; il fut emprisonné sous la Terreur. Il mourut à Arras en 1809, âgé de 89 ans et 5 mois.

— IGNACE D'HYBERT était à Arras, dans l'Abbaye, en 1749.

NOTES

L'HISTOIRE LITTÉRAIRE DE L'ABBAYE DE SAINT-VAAST

D'ARRAS

—⋙⋘—

L'Abbaye de Saint-Vaast, sans briller au premier rang par
la renommée des écrivains qu'elle a produits, n'a pas été
cependant sans donner à l'Histoire, dans le cours de sa
longue existence, une série d'hommes instruits et conscien-
cieux qui ont mis par écrit des notes précieuses et conservé
un grand nombre de documents utiles. C'est ce que nous
allons constater, en faisant connaître chacun de ces hommes
et en analysant ce qu'ils ont écrit.

1. HAIMIN.

Haimin est connu de ceux qui se sont occupés de
l'histoire littéraire. Il fut élève d'Alcuin et condisciple de
Charlemagne. Il est auteur d'un livre sur les Miracles de
saint Vaast, commençant par ces mots : *Sanè quæ nuper
ex oculis probavimus* L'auteur du Nécrologe nous apprend
que de son temps, c'est-à-dire au siècle dernier, on avait

30

encore conservé l'usage de le lire, pendant l'octave de la fête de saint Vaast, au chœur de l'église cathédrale d'Arras. Ce récit est inséré dans les Bollandistes et dans les *Acta Sanctorum Belgii* de Ghesquière, pages 65 à 67.

Haimin a également composé des hymnes et un sermon sur les Vertus de saint Vaast. Ghesquière a publié un extrait de ce discours : *Meministis, fratres carissimi*, etc., aux pages 67 et 68 de ce même recueil : ce sont encore des guérisons obtenues par les mérites du saint évêque d'Arras.

Haimin raconte ce qu'il a vu, et il avait plus que personne occasion de voir ce qui se passait, puisqu'il était *Ædituus* de saint Vaast.

Haimin mourut, d'après Henschenius, en 843.

Milon, un de ses élèves, lui dédia la Vie de saint Amand, en vers. On trouve, à la fin de cette vie, l'éloge suivant d'Haimin, par Vulfaius, condisciple de Milon :

> Hæc tuus, hæcque meus Haiminus jure magis'er,
> Quo duce firmavit, devia nemo petit.

Les faits cités par Haimin ont été reproduits plusieurs fois, notamment par M. A. d'Héricourt, et par M. Proyart dans leurs *Vies de saint Vaast*.

2. HUBERT.

Hubert, prêtre, aussi élève d'Haimin, et probablement religieux de Saint-Vaast, a écrit un traité des Miracles de saint Vaast. Ghesquière a donné deux pages d'*excerpta* de ce traité, d'où il a retranché tout le merveilleux, lui-même l'avoue. Cette manière de publier des documents, même lorsqu'il s'agit. *ex professo*, des vies de saints, nous semble bien leste. Ce n'est plus un auteur ancien que l'on donne, c'est la pensée de l'éditeur moderne. En tous cas, supprimer un acte n'est jamais un moyen de l'expliquer.

3. ULMARE.

Ulmare, rappelé dans le Cartulaire de Guimann comme Prévost de l'Abbaye, entre les mains duquel Eurebert fait la donation du domaine de Buhircourt (1), en l'an 893, a écrit un traité des nouveaux Miracles de saint Vaast, et composé des vers à sa louange. Il mourut à la fin du IXᵉ siècle. Ghesquière en a donné, d'après Henschenius, cinq pages in-4º d'extraits dans le même second volume des *Acta Sanctorum Belgii* déjà cité et que nous allons citer encore.

Seulement, ici encore nous avons le droit et le devoir de nous plaindre du procédé des Bollandistes. Le récit émouvant de la vision du gardien de l'église St-Remy, de Reims, est brusquement coupé et remplacé par des points à l'endroit le plus dramatique, et, dans une note, Ghesquière traite positivement de rêve ce que nos bons religieux contemporains regardaient comme une vision qui, en tout cas, est pleine de poésie et, à ce titre seul, méritait d'être citée en entier. Il s'agit ici du fait de Theutbald et de la possession d'une terre dépendante de Démencourt, que l'on voulait enlever à l'abbaye de Saint-Vaast. Guimann raconte le fait sommairement, et il n'avait pas à en parler plus longuement, puisque ce n'était pas l'objet de son travail ; mais donner le commencement du récit et l'interrompre par des points avec note, ce n'est pas être éditeur fidèle, ce n'est pas donner un document avec sa couleur propre et son cachet de l'époque.

(1) Voir notre édition du Cartulaire de Guimann, pages 285 et 286, avec la Note sur Ulmare.

4. DEUX ANONYMES.

Ghesquière a donné une histoire de la translation des reliques de saint Vaast à Beauvais et de la Relation de ces reliques à Arras par un religieux contemporain de ces événements, plus un traité des Miracles de saint Vaast opérés en
Batavie dans les propriétés de l'abbaye. Ces deux pièces sont
imprimées à la suite de celles dont nous venons de parler.

5. HAYMERIC.

Haymeric était en rapport avec le célèbre Ives de Chartres,
qui lui écrivit deux lettres : *De corpore et sanguine Domini.*

Haymeric, d'abord moine de Saint-Vaast, devint en 1088
abbé d'Anchin. Il mourut en 1102 et sa notice est dans le
Nécrologe.

6. PLUSIEURS ANONYMES.

Pendant le xie siècle et le xiie, plusieurs religieux de
Saint-Vaast composèrent des ouvrages auxquels ils ne
mirent pas leurs noms.

C'est ainsi que l'on a de cette époque :

Deux volumes in-folio d'explications sur l'Ecriture sainte ;

Des *expositiones in Leviticum,* également in-folio ;

Une Vie de saint Vaast, *ex Alcuino locupletata ;*

De vitâ S. Gatiani ad nos delati ;

De Brachio S^{ti} Maximini ;

De translatione Sanctæ Christinæ ad Beuvarias.

Ces divers ouvrages ont toujours été conservés dans la
bibliothèque de l'Abbaye.

Enfin l'auteur du Nécrologe cite un dernier ouvrage qu'il

désigne ainsi : *Chronicon ab initio mundi ad annum 1172 incipiens Ortodoxi Patres,* et il ajoute : *qui liber nunc est deperditus.*

Ce livre, dont les religieux du XVIII° siècle avaient perdu la trace, n'est pas perdu. De l'Abbaye de Marchiennes où il avait été transporté on ne sait plus quand, il est passé dans la Bibliothèque de la ville de Douai. M. Dehaines l'a publié en 1871, dans la collection de la Société de l'Histoire de France.

7. GUIMANN.

Nous avons publié l'œuvre principale de Guimann, le Cartulaire de Saint-Vaast, il y a deux ans, et on a pu voir la valeur réelle de cet auteur, soit comme écrivain, soit comme critique judicieux. C'est un des hommes les plus remarquables de l'Abbaye : ici et ailleurs on l'appelle souvent *famosus.*

8 LAMBERT.

Lambert, le frère de Guimann, a été son continuateur. Nous avons parlé de lui dans notre édition du Cartulaire.

9. RAOUL DE MONCHY.

Raoul ou Radulphus de Monchy est cité par Dom Lefébure comme un des écrivains de l'Abbaye.

10. JEAN LEFEBVRE.

Jean Lefebvre, de Douai, est ainsi désigné, au point de vue littéraire, dans le Nécrologe : *Jurisprudentiæ peritus illustris, ecclesiastesque facundissimus.* Il fit des études approfondies à l'Université de Paris, fut Prévôt, puis Abbé de Saint-Vaast, et devint évêque de Chartres.

11. Antoine de le Taverne.

Antoine de le Taverne est fort connu. Personne ne défen-
dit jamais plus que lui les droits de l'Abbaye, nous dit
l'auteur du Nécrologe. Sous sa direction on mit au jour
plusieurs Cartulaires. Il était le grand *Epistates* du monastère, aussi versé dans la science politique que dans la
monastique. Il fut chargé de diverses légations, à Bruxelles,
à Bruges, pour le bien du pays d'Artois. C'est lui qui rédigea
le *Journal de la Paix d'Arras* en 1435, son œuvre principale et qui l'a fait connaître partout. Ce livre très-intéres-
sant, publié avec les annotations de Jean Collart (Paris 1651)
se lit avec grand plaisir. C'est une des sources les plus
sûres et les plus abondantes où l'on puisse aller puiser
pour connaître l'histoire difficile du xve siècle. Les Notes
de Jean Collart sont fort importantes : elles élucident une
foule de points de l'histoire de Saint-Vaast.

12. Gérard le Robert.

Gérard Robert, ou le Robert, a passé à l'Abbaye de Saint-
Vaast toute la seconde moitié du xve siècle, plus douze
ans du xvie : 1450-1512. Il a été mêlé à tous les événements
extraordinaires de cette époque, et il a laissé l'histoire jour
par jour de la principale période de ces événements. Son
œuvre a été publiée par l'Académie d'Arras, en 1850, sous
ce titre : *Journal de Dom Gérard Robert, religieux de
l'Abbaye de Saint-Vaast d'Arras, contenant plusieurs faits
arrivés de son temps, principalement en la ville d'Arras
et en particulier dans ladite Abbaye.* Ce journal, écrit
en un français demi-wallon, plein de charmes pour les
lecteurs artésiens, nous fait assister à tout ce qui se passe

sous Louis XI à Arras. Il raconte, il peint avec vérité, il montre les personnages tels qu'ils sont. C'est l'œuvre d'un homme honnête, désintéressé, ami sincère de son pays, qui écrit sans préoccupation et raconte ce qu'il a vu. Ce document est très-précieux pour l'histoire de cette époque, qui tient une place particulièrement importante dans les Annales de l'Artois. Voir dans ce volume tout ce qui concerne les écrits de Dom Gérard Robert.

13. JEAN LE BAILLY.

Jean le Bailly, d'Arras, a donné des Notes historiques pour toute la suite des Abbés de Saint-Vaast. Jacques de Markais les a augmentées en y joignant des portraits (voir plus loin). Jean le Bailly est mort en 1529, à 94 ans. On peut voir l'éloge extraordinaire qui est fait de lui, dans le Nécrologe, page 92.

14. MARTIN QUINCAULT.

Martin Quincault a fait un poème en l'honneur de saint Vaast, évêque d'Arras, patron de l'Abbaye. Il vivait dans la première moitié du XVI⁰ siècle. La date de sa mort est de 1543. Il était d'Arras : le Nécrologe le signale comme *vir non infimi nominis*. Il fut grand-Prieur de l'Abbaye.

15. JEAN SARRAZIN.

La Notice de cet homme illustre, Abbé de Saint-Vaast, Conseiller d'État, Archevêque de Cambrai, est incomplète dans le Nécrologe. Elle donne d'ailleurs des détails intéressants sur sa famille et sur les souvenirs qui restent de lui à Arras, ville où il est né en 1539. Cette vie est d'ailleurs très-connue et se trouve un peu partout.

L'ambassade de Jean Sarrazin en Espagne et en Portugal, a été racontée par son compagnon de voyage, Philippe de Caverel, et publiée en 1860 par l'Académie d'Arras, en un volume de 405 pages, le troisième des Documents inédits concernant l'Artois. La Bibliothèque d'Arras conserve encore des Manuscrits qui lui sont attribués.

16. JEAN BOURGEOIS.

Jean Bourgeois, d'Arras, mort en 1596, fut un infatigable travailleur pour l'histoire et les intérêts de l'Abbaye de Saint-Vaast. Il dirigea la rédaction et l'arrangement des nouveaux Cartulaires, il s'occupa des Archives et des droits de la communauté avec un tel soin, qu'on n'avait rien vu de semblable depuis plusieurs siècles.

17. JACQUES DE MARKAIS.

Jacques de Markais, d'Arras, mort en 1604, à 63 ans, était fort éloquent et solidement instruit : on l'appelait le *Marteau des Hérétiques*. Il compléta, comme on l'a déjà dit, le Catalogue des Abbés et l'illustra de figures. Il composa en outre plusieurs ouvrages dont voici les titres : *Commentaires sur la règle de St Benoît ; Miroir des exercices du Moine ; Miroir des Pasteurs ;* douze autres opuscules, dit le Nécrologe, qui sont en partie à Saint-Vaast et en partie à Saint-Martin de Tournai, où il était Abbé.

Nous avons de lui, à la Bibliothèque d'Arras, un Manuscrit de 120 feuillets, intitulé : *De septem psalmis pœnitentiœ*. C'est le n° 478 du catalogue.

18. ADRIEN PRONIER.

Adrien Pronier, d'Arras, 1544-1616, a laissé plusieurs

écrits, conservés dans la Bibliothèque publique sous les n°s 191, 301, 372.

Le premier est intitulé : *Notes pour l'Histoire de l'Abbaye de Saint-Vaast* ; il contient 88 feuillets.

Le second, de 216 feuillets, est le *Journal des événements survenus à Arras et dans l'Abbaye de Saint-Vaast, pendant les années 1598, 1599 et 1600.* Ce Journal est entremêlé de libelles, de pamphlets, de chansons imprimées ou manuscrites et relatives aux événements de l'époque : c'est une photographie de ces événements. Il y est traité de la convocation des États à Arras, du voyage de la reine d'Espagne en Italie et en Allemagne, de l'élection de Philippe de Caverel, de l'arrivée en Espagne de la reine Marguerite d'Autriche, des processions pour la non-réussite du siége de 1597 et pour le retour de leurs Altesses d'Espagne, de l'entrée de leurs Altesses à Arras.

Le troisième est intitulé : *Mémoires de D. Pronier, religieux de Saint-Vaast*, 133 feuillets. Ce volume est consacré à la biographie des religieux contemporains de l'auteur.

Ces ouvrages de D. Pronier ont servi à D. Lefébure pour la rédaction du Nécrologe : il le dit lui-même à l'article qu'il a consacré à D. Pronier.

19. PHILIPPE DELATTRE.

Philippe Delattre, de Douai, écrivit des *Méditations*, le *Stadium spirituale*, ou Journal du Moine, des *Commentaires sur les règles de St Benoît*, etc , etc. ; un chanoine de Saint-Amé, son frère, a traduit en français quelques-unes de ces œuvres. Ph. Delattre est mort en 1595. Voir la Notice très-élogieuse que lui a consacrée D. Lefébure.

20. Philippe de Caverel.

Philippe de Caverel illustra toute la seconde moitié du xvi⁰ siècle et le commencement du xvii⁰. C'est, on le voit, avec le plus grand respect, que l'auteur du Nécrologe, dans sa Notice inachevée et dans plusieurs autres endroits, parle de lui. Déjà nous avons mentionné, au nom de Jean Sarrazin, sa relation de l'ambassade en Espagne, publiée par l'Académie d'Arras. Il nous reste en outre de lui plusieurs œuvres dont voici les titres :

Rerum Vedastinorum commentarius, n° 404 du catalogue des Manuscrits de la Bibliothèque d'Arras. Dans le même volume se trouvent : *Advènement de la sainte Chandelle d'Arras*, légende en vers français ; *Nomina Abbatum celeberrimi monastei ii Sancti Vedasti Atrebatensis civitatis ; — Oratio funebris in exequiis Rev. P. Rogerii Montmorencii, Abbatis Vedastini, 1573.*

*Catalogus religiosorum monasterii S*ti *Vedasti Atrebatensis, mensis septembris anni 1607*, n° 467 du catalogue des Manuscrits de la même Bibliothèque. Un feuillet est consacré à chaque religieux. Il y a des renseignements sur la famille, les fonctions remplies, les services rendus. On y voit l'administrateur sérieux dont nous avons pu constater l'intelligente vigilance lors du travail d'inspection des grandes reliques qui nous avait été confié en 1859 et années suivantes A chaque instant nous trouvions des authentiques rédigés avec le plus grand soin par Ph. de Caverel, ou transcrits sur parchemin et conservés avec l'original quand celui-ci est altéré par le temps ou par d'autres circonstances. Nous avons mentionné et reproduit tous ces actes dans notre *Trésor sacré de la Cathédrale d'Arras*.

Une *Vie de J. Sarrazin*, que l'on croit être de Ph. de

Caverel, a été imprimée à Arras, chez Guillaume de la Rivière, en 1592.

Il fit en outre : un *Commentaire des Constitutions monastiques*, une *Histoire des Monastères de l'ordre de St Benoît de la province de Flandres*, un *Traité des Miracles opérés par l'intercession de saint Vaast*, etc., etc. Aubert le Mire et Gazet ont beaucoup puisé dans ces travaux.

Quant à l'*Ambassade en Espagne et en Portugal*, il faut la lire pour voir combien elle renferme d'observation exacte, de jugements sûrs, de renseignements curieux sur les nombreux pays parcourus et sur les monuments et usages du temps. Philippe de Caverel est mort en 1636. Le beau monument élevé à sa mémoire est maintenant dans la cathédrale d'Arras, chapelle de Saint-Vaast.

21. Pierre de Lannoy.

Pierre de Lannoy, de Douai, a laissé plusieurs Traités *stylo eleganti*, sur les questions relatives à ces temps agités : *Que faut-il penser de la politique de ce siècle? — De la punition des enfants pour les péchés de leurs parents ; — Du Vœu ; — Un Prince catholique peut-il tolérer deux religions dans la République? — Apologie des Pasteurs qui ont quitté leurs troupeaux, en Belgique, pendant que les Hérétiques y exerçaient leurs fureurs ; — L'Empereur est-il le Seigneur de toute la terre ?*

Pierre de Lannoy mourut à Paris en 1595.

22. Alard Gazet.

Alard Gazet, d'Arras, 1565-1626, a beaucoup publié.

On a de lui une édition de Cassien, avec notes et commentaires, publiée en 1617 dans le format in-folio, et si estimée qu'une seconde édition fut faite en 1628, trois volumes in-8°. Cette seconde édition contient un tiers en plus de commentaires et en outre une nouvelle explication sur les livres de l'Incarnation.

En dehors de ce grand ouvrage il en a publié un certain nombre de petits : sur l'Office et les Heures de la Sainte-Vierge, l'Office des Morts, les Psaumes graduels, les Psaumes pénitentiaux, la Pratique monastique, Abrégé du Droit canon pour les réguliers, ouvrages que possède la Bibliothèque d'Arras. Il a laissé des œuvres manuscrites, discours et dissertations mentionnées dans le Nécrologe, toutes prêtes pour l'impression, mais maintenant perdues, aussi bien que des tables chronographiques de Saint-Vaast que l'on n'a pu retrouver nulle part.

23. François Boucault.

François Boucault, d'Arras, a vécu de 1576 à 1627, cinquante-deux ans. Il était très-instruit, fort studieux, bon administrateur. Il a laissé :

Chronologia sacra et profana, à Christo nato ad sœculum XVII^{um}, en seize parties correspondant aux seize siècles ; n° 1069 des Manuscrits de la Bibliothèque d'Arras : 597 feuillets ;

Synopsis temporum universalis ; n° 274 des Manuscrits de la Bibliothèque d'Arras : 140 feuillets ;

Conciones, habitæ in capitulo Vedastino, où se trouvent plusieurs sermons français prêchés par lui et par d'autres. Ce Manuscrit, n° 107 de la Bibliothèque d'Arras, a 205 feuillets.

Il a composé les dissertations curieuses, mentionnées dans le Nécrologe, pages 186 et 187, la plupart perdues.

Nous avons encore de lui, à la Bibliothèque d'Arras, deux

volumes in-folio, l'un de 422 feuillets, l'autre de 318, intitulés : *Disputationes theologicæ de septem novæ legis sacramentis, de sacramentis Eucharistiæ et Extremiæ-Unctionis : Ad primam secundæ partis disputationum catholicarum appendix.* Ces deux volumes sont catalogués sous le n° 141.

24. Maximilien Thieulaine.

Dans sa longue vie de quatre-vingt trois ans (1585-1667), Maximilien Thieulaine, d'Arras, souvent résidant à Douai, ne cessa jamais de s'occuper d'études.

Jeune encore il avait donné une seconde édition, fort augmentée, du Manuel d'exemples de Jean du Fay. En 1627 on le trouve travaillant aux Annales chronologiques avec Georges Colvener, professeur au collége royal de Douai. Il a laissé des Extraits des grands Cartulaires concernant les Annales du monastère. Nous avons en outre de lui un *Florilegium*, n° 399 du catalogue de la Bibliothèque d'Arras, composé d'Extraits d'auteurs ecclésiastiques, 257 feuillets.

M. Thieulaine entretenait un commerce littéraire trèsactif avec les hommes lettrés de la Belgique et exerçait une grande influence sur toute la contrée.

25. Georges d'Oignies.

Georges d'Oignies traduisit en français, en 1640, la *Chronique générale de l'ordre de St Benoît*, du R. P. Antoine de Yepes. Nous avons ce travail sous le n° 450 des Manuscrits de la Bibliothèque d'Arras. Il se compose de deux volumes, dont l'un à 419 feuillets, et l'autre 594.

. Il traduisit aussi en français, de l'italien d'Alexandre Barbieri, le livre intitulé : *La Croix de Jésus et de Marie*

26. Guislain de la Rue.

Guislain de la Rue, d'Arras, passa sa vie au collége de
Douai et fut versé dans les sciences comme dans la théologie. Toujours il travailla, répandit autour de lui les
notions exactes de la doctrine et de la science, fut très-utile
à ses contemporains, mais publia peu ou presque pas.
On ne cite en effet qu'un Calendrier ecclésiastique perpétuel, édité en 1346. Est-il imprimé ou plutôt gravé? C'est
ce que nous n'avons pu découvrir jusqu'ici.

27. Louis de la Grange.

Louis de la Grange, de Lille, licencié en droit canon
et en droit civil, publia vers 1680 des Instructions pour
les confesseurs et pour les pénitents, traduit de l'italien,
deux volumes in-12. Il dédia ce livre à son Abbé, le Cardinal de Bouillon, ainsi qu'à l'Évêque d'Arras, Guy de
Sève, qui en faisait grand cas et l'avait sans cesse à la main.
Il publia aussi des Méditations pour chaque jour de l'année.
Une seconde édition de ce livre parut plus tard sous un
autre nom étranger. L'auteur du Nécrologe signale cette
fraude et s'en plaint (voir page 255). Louis de la Grange
mourut en 1691, à soixante-quatre ans.

28. Antoine Chasse.

La Notice d'Antoine Chasse est incomplète dans le Nécrologe et elle s'arrête brusquement au moment où Antoine
Chasse est nommé grand-Prévôt, vers 1672. Il est noté
par D. Lefébure comme un des écrivains de l'Abbaye, mais
je n'ai pas trouvé jusqu'ici de détails sur ses œuvres.

29. Etienne le Pez.

Etienne le Pez (1646-1707), demanderait une dissertation fort étendue. La seule nomenclature de ce qu'il a laissé de travaux ou de documents formerait une brochure importante. La bibliothèque de M. le Marquis d'Havrincourt renferme une foule de pièces, de Manuscrits qui viennent de lui. La Bibliothèque de la ville d'Arras en a conservé un grand nombre. On peut voir, dans le catalogue de M. Caron, les nos suivants, où se trouvent les descriptions et les analyses :

284 : Armorial de l'Artois ; — 672: Cartularium de Braëllâ juxtà Annay ; — 338 : Cartularium Sancti Nicolai de Fossatis ; — 332 et 333 : Extraits d'anciens titres et chartes ; — 331 : Epitaphes des églises de Valenciennes ; — 321 : Généalogies des comtes d'Artois ; — 1009 : Généalogie de la Maison de Cool. Hist. de Sebourg ; — 320 : Généalogie de la Maison de Longueval ; — 35 et 337 : Mémoires généalogiques de Flandres ; — 1013 : Naissances, Mariages, etc. des nobles d'Artois ; — 358 : Recueil d'épitaphes tirées des églises de Flandres, de Picardie et d'Artois ; — 319 : Obituarium Avennense ; — 379 : Titres de plusieurs familles de l'Artois ; — 470 : Tombeaux des hommes illustres ; — et beaucoup d'autres Manuscrits contenant des Extraits de Cartulaires, des Pièces concernant l'Artois, des Généalogies, des Mélanges, etc., etc. On peut consulter, sur les très-nombreux ouvrages qui nous restent de le Pez, le catalogue des Manuscrits, où l'on parle de lui à chaque instant.

. Au reste il suffit de lire la Notice du Nécrologe pour avoir une idée de cet infatigable travailleur, dont les écrits nous servent beaucoup encore et serviront à bien d'autres. Il serait à désirer qu'on en fît un relevé exact et complet, c'est-à-dire en y joignant ce qui se trouve à Havrincourt et ailleurs. Ce serait un travail fort difficile, à cause de la mauvaise écriture de Dom le Pez, mais celui qui aurait le courage de l'entreprendre aurait rendu un grand service à l'histoire de la Flandre et de l'Artois.

30. MAUR LEFÉBURE.

Maur Lefébure est l'auteur du présent Nécrologe. Il suffit de le lire pour savoir combien il fut perspicace, exact, judicieux, ami de la vérité. Nous avons dit dans l'Introduction ce que l'on connaît de sa vie et de ses fonctions dans l'Abbaye de Saint-Vaast.

COMPLÉMENT

du

NÉCROLOGE DE L'ABBAYE DE SAINT-VAAST

Le travail de Dom Lefébure s'arrête à 1740. Or, de 1740 à à 1791 il y a cinquante-et-un ans, un demi-siècle. Il était utile d'achever cette histoire de mille ans, en lui donnant le complément relativement minime qui lui manquait et de joindre aux 1337 noms déjà connus ceux qui les ont suivis jusqu'à l'extinction de la grande Abbaye. C'est ce que nous allons essayer de faire, à l'aide des ressources que nous offriront les Archives du Pas-de-Calais (Fonds de Saint-Vaast), d'autres documents et les souvenirs des plus anciens membres du clergé. Il n'y a pas bien longtemps, en effet, que s'est éteint le dernier religieux de Saint-Vaast, et pour plusieurs d'entre eux l'histoire individuelle s'est continuée bien après la Révolution.

On sait qu'à la mort des Abbés on faisait un inventaire général, sorte d'état des personnes et des choses Ces inventaires sont une source absolument officielle, exacte au plus haut point. Or, pour Saint-Vaast, nous avons trois

31

actes principaux de ce genre: l'un de 1749, l'autre de 1780, le dernier, ou plutôt les derniers, de 1790 et 1791. Avec ces actes et documents, insuffisants pour un travail complet, mais les seuls qu'il nous ait été possible de réunir, nous allons essayer de reconstituer l'Abbaye dans son dernier demi-siècle d'existence.

Donnons d'abord l'état du personnel de l'Abbaye, en 1749.

On aura ainsi une idée assez nette de la Maison-mère et des Maisons secondaires, on verra la grande Abbaye au milieu du siècle dernier.

1º RELIGIEUX RÉSIDANT EN L'ABBAYE, A ARRAS :

Dom A. *Desvignes,* grand-Prieur, natif d'Haspres ;
Dom O. *Hanotel,* sous-Prieur, — de Saint-Pol ;
Dom A. *Dorny,* cellerier, — de Paris ;
Dom H. *d'Assenoy,* grand-Prévôt, — d'Aire ;
Dom M. *Lefébure* (l'auteur du Nécrologe), — d'Arras ;
Dom A. *Le Josne,* réfecturier, — d'Arras ;
Dom J. *Le Roy,* sous-Prévôt, — d'Arras ;
Dom P. *Le Muyeur,* — d'Arras ;
Dom H. *Cardon,* — de Lille ;
Dom A. *Hébert,* — d'Arras ;
Dom V. *Lepiopre,* — d'Arras ;
Dom M. *Anscrt,* — d'Arras ;
Dom L. *Corman,* — de Roubaix ;
Dom J.-C. *Lemercier,* d'Arras ;
Dom M. *Clarez,* — de Valenciennes ;
Dom A. *Pottier,* — d'Amiens ;
Dom L. *Hazard,* — de Felleries ;
Dom A. *Labouré,* — d'Arras ;
Dom B. *Lenclart,* — de Saint-Omer ;
Dom A. *Desbaulx,* — de Douai ;
Dom E. *Raulin,* — de Belval ;

Dom *M Palisot*, natif de Lille ;

Dom *G. Théry*, — d'Arras ;

Dom *C. Crinon*, — de Wallincourt ;

Dom *J. Le Gentil*, de Wancquetin ;

Dom *G. Lefébure*, d'Arras ;

Dom *I. d'Hybert*, — de Frévent ;

Dom *F. de la Guepierre*, — de Vacquery-le-Boucq ;

Dom *M. de Renty*, — d'Arras ;

Dom *B. Lenglet*, — d'Angléfontaine ;

Dom *D. de Belvalet*, — d'Humereuille ;

Dom *E. Lallart*, — d'Arras ;

Dom *R. Letocart*, de Lille.

Tous ces noms sont repris sur les signatures mêmes des trente-trois religieux habitant en ce moment l'Abbaye. Ceux qui vont suivre sont ceux du personnel des autres Maisons, fidèlement transcrits dans le registre à la suite des signatures.

2° RELIGIEUX HABITANT LE COLLÉGE DE DOUAI :

Dom *André Lequint*, régent du collége, natif d'Arras ;

Dom *Nicaise Delecroix*, — de Dohem ;

Dom *Jérôme Coupé*, — de Lagnicourt ;

Dom *Norbert Bertin*, — de Valenciennes ;

Dom *Benoît Decocq*, de Saint-Omer ;

Dom *Ambroise Riche*, — de Marieux ;

Dom *Aicadre de L'étoile*, — de Douai ;

Dom *Thimothée Lucas*, — de Vaux ;

Dom *Joachim Ghilain*, — de Trazignies ;

Dom *Clément Le Roy*, de Valenciennes ;

3° RELIGIEUX HABITANT LA PRÉVOTÉ D'HASPRES :

Dom *Ranulphe Raulin*, — de Quiéry ;

Dom *Hugues Delecourt*, — de Lille ;

Dom *Robert Cornaille*, natif d'Humbert ;

Dom *Amé Verjhelle*, — de Lille ;

Dom *Rupert Van den Driesche*, — de Saint-Omer.

4° RELIGIEUX HABITANT LA PRÉVOTÉ DE BERCLAU :

Dom *Bernard Bécûe*, — de la Gorgue ;

Dom *Thomas de Ligny*, — d'Arras ;

Dom *Vindicien de Renaucourt*, — de Belforière ;

Dom *Etienne Donckerr*, — de Laventie.

5° PRÉVOTÉ DE GORRES :

Vacat.

6° RELIGIEUX HABITANT LA PRÉVOTÉ DE BEUVRIÈRE :

Dom *Guillaume Gargan*, — de Saint-George ;

Dom *Laurent Routon*, — de Béthune ;

Dom *Aubert Capiaux*, — de Douay.

7° RELIGIEUX HABITANT LA PRÉVOTÉ DE SAILLY :

Dom *Gilles Cavelier*, — d'Arras.

8° RELIGIEUX HABITANT LA PRÉVOTÉ DE St-MICHEL :

Dom *Alphonse Doresmieux*, — d'Arras.

9° RELIGIEUX HABITANT LA PRÉVOTÉ DU MAINIL :

Dom *Pierre Dupuich*, — d'Arras.

10° RELIGIEUX HABITANT LA PRÉVOTÉ D'ANGICOURT :

Dom *Vigor de Briois*, principal du collége de St-Vaast, à Paris ;

Dom *Gaspar Caulier*, — de Douai.

11° RELIGIEUX ABSENTS :

Dom *Albert Bocquet*, natif de Saint-Pol ;
Dom *Philippe Prévost*, — de Bapaume ;
Dom *Martin Bertouille*, — de Hauteclocque ;
Dom *Armand Bassecourt*, maître des œuvres, — d'Hesdin.

Si on joint ces trente-et-un religieux externes ou absents aux trente-trois qui se trouvaient à Arras lors de cette visite officielle, on voit que la communauté réelle était à ce moment de soixante-quatre religieux.

Sur ces soixante-quatre noms, cinquante-huit sont déjà dans le Nécrologe, il y avait donc, à ce moment, six religieux qui sont appelés à le continuer. Ce sont : D. D. F. de la Guepiere, M. de Renty, B. Lenglet, Joachim Ghilain, Clément Le Roy, Philippe Prévost.

Dans un état de 1747, dressé pour une élection solennelle, on trouve soixante-six religieux, dont soixante-et-un sont dans le Nécrologe. Plus tard, en 1780, nous trouvons soixante-quatorze religieux. Une note curieuse jointe à une pièce officielle de 1730 ou environ, nous dit que, d'après les chartes de Charles-le-Chauve, le nombre des religieux devrait être de cent douze. Mais jamais ce nombre ne peut plus être atteint, à cause de la commende, et le nombre ordinaire est de quarante environ pour l'Abbaye, à Arras, et quarante pour les Maisons foraines, colléges, prévôtés, etc.

Une fois de plus, on constate ici que la commende était pour les Abbayes un véritable fléau.

Voici la suite des religieux de Saint-Vaast, telle que nous avons pu la dresser d'après les documents susdits. Peut-être y a-t-il des lacunes ; peut-être un même religieux a-t-il fait profession et est-il mort dans l'un des intervalles de nos documents principaux. Ce fait accidentel a pu se produire. A cette possibilité près, cette liste est exacte et dressée avec tout le soin qu'on devait y apporter.

Joachim Ghislain, du village de Trazégnies en Haynaut, près Fontaine-l'Évêque, diocèse de Namur, fait profession, en 1744, à l'âge de vingt ans et demi. Son nom de baptême était Jacques. En 1779 il obtient des lettres de naturalisation qui sont encore aux Archives du Pas-de-Calais.

Philippe Prévost, natif de Bapaume, fait profession à l'âge de vingt ans et demi, en 1744.

François de la Guepierre, né à Vacquerie-le-Boucq, près d'Hesdin, fait profession à l'âge de dix-neuf ans et demi, en 1744.

Clément le Roy, né à Valenciennes, fait profession à l'âge de dix-neuf ans, en 1744.

Michel de Renty, né à Arras, fait profession à l'âge de dix-sept ans, en 1744.

Barthélemy Lenglet, né à Angléfontaine le 19 août 1727, profès le 7 avril 1749. Son nom de baptême était Louis-Joseph.
En 1780 il était président du vieux collége de Douai.
En 1791 il était toujours à Douai.

Ferdinand Cattelet, né à Souchez le 27 août 1726, vêtu en 1749, profès le 20 mai 1751. En 1780 il était grenetier de Saint-Vaast. Son nom de baptême était Nicolas. Il était encore dans la communauté en 1791.

Léon Lemaire, né à Noyelle-Vion le 23 janvier 1728, vêtu en 1749, profès le 20 mai 1751. Il avait reçu au baptême le nom de Jean-Baptiste.

Théodore Dary, né à Gournai le 24 juin 1731, vêtu

en 1750. Son nom de baptême était Louis. Il fit profession le 1ᵉʳ octobre 1751. Il était encore dans la communauté en 1791. Il fut mis en prison sous la Terreur.

GATIEN FLAHAUT, né le 12 septembre 1729. Son nom de baptême était Philippe-Auguste. Il fait profession le 1ᵉʳ octobre 1751. En 1780 il était Prévôt d'Angicourt. Nous le trouvons à Gorres en 1791. Il fut mis en prison sous la Terreur. Il mourut le 9 juin 1810, à Sailly-la-Bourse, âgé de 81 ans.

CONSTANT NEUVILLE, né sur la paroisse de St-Sépulcre, à Saint-Omer, le 22 juin 1732, fait profession le 10 août 1752. Son nom de baptême est Jean-Joseph.

FIRMIN VAN OUTSHORN, au baptême : Louis-François, né le 20 février 1726, il fit profession le 8 décembre 1752.

En 1780 il était Prieur de Haspres. Nous le trouvons encore à Haspres en 1791.

ROMUALD RAGAYET, né à Landrecy en 1731, vêtu en 1751, fait profession en 1753.

BERTIN DEUDON, né à Briastre le 23 août 1732, profès le 21 mars 1753. Son nom de baptême était Pierre-François. Il était encore dans la communauté en 1791.

NICOLAS HÉBERT, né à Arras le 4 février 1735, est vêtu le 30 septembre 1751 et fait profession le 21 mars 1753. En 1780 il était chantre et bibliothécaire.

Son nom de baptême était Louis-Dominique-Benoît. Il était encore dans la communauté en 1791.

ODON BOUSEZ, au baptême : Jean-Pierre-Joseph, né le 1ᵉʳ mai 1732, il fait profession le 21 mars 1753.

En 1780 il était à Haspres. Nous l'y retrouvons en 1791.

JÉRÔME LEROUX, né le 22 juin 1732. Son nom de baptême

était Jean-François. Il fit profession le 11 juillet 1754. En 1780 il était professeur de théologie à Douai. Il était encore à Saint-Vaast en 1791.

JEAN-BAPTISTE BOUBAIX, né le 13 décembre 1733. Son nom de baptême était Hubert-Thomas. Il fit profession le 11 juillet 1754. Il était encore à Saint-Vaast en 1791.

THÉOPHILE DESRUELLES, né à St-Venant, le 11 septembre 1734, est vêtu en 1753 et fait profession le 21 mars 1755. Ses noms de baptême étaient Auguste-Théophile-Joseph-Marie.

En 1780 il était receveur de l'état de la crosse. En 1791 il était encore dans la communauté. Il fut guillotiné le 2 floréal (21 avril) 1794.

DOMINIQUE OLIVIER, au baptême : Jacques - François-Joseph, né le 20 décembre 1730, vêtu en octobre 1753, fit profession le 21 mars 1755. En 1780 il était sous-chantre. En 1791 il était encore dans la communauté Il fut mis en prison sous la Terreur. Il mourut le 20 février 1804.

ALBERT LOUVION, né à Clairfait, au baptême : Philippe-Joseph. Né le 9 avril 1734, il fait profession le 21 mars 1757. En 1791 nous le trouvons à Angicourt.

RANULPHE DE DION, au baptême : Ferdinand-Octave-Joseph, est vêtu en 1755 et profès le 21 mars 1757. Il était né le 9 septembre 1735.

En 1780 il était réfecturier. En 1791 il est désigné comme sorti et domicilié à Paris.

GUILLAUME DE NELLE, né le 22 juillet 1737, vêtu en 1755, fait profession le 21 mars 1757. Son nom de baptême était Louis-Théodore. En 1780 il était chapelain. En 1791 il était encore dans la communauté. Il fut mis en prison pendant la Terreur.

Joseph Delasus, au baptême : Georges-Nicolas-Joseph, né le 29 août 1739, il fait profession le 21 mars 1759. En 1791 il est désigné comme domicilié à Grane, en Provence, et sorti.

Jean-Baptiste Deneuville, né le 6 mai 1739, vêtu en 1758 et profès le 21 février 1760. Son nom de baptême était le même que son nom de religion. En 1780 il était tiers-Prieur et maître des novices. En 1791 il était encore dans la communauté.

Prosper Charlon, au baptême : Amé-Prosper-Hyacinthe. Il était né le 26 août 1739 et fit profession le 21 février 1760. En 1791 il était encore dans la communauté.

Anselme Canonne,.......

Cornil Mullet.

En 1780 il était professeur de théologie, à Douai.

Pierre Roussel, au baptême : Pierre-Joseph, né en 1737, le 20 mai, il fait profession le 21 février 1760.

En 1780 il était à Haspres. En 1791 nous l'y retrouvons encore.

Amé Lefebvre, né en 1739, le 23 juillet, vêtu en 1759, profès le 12 avril 1761. Son nom de baptême était Jacques.

En 1780 il était receveur forain. En 1791 il était encore dans la communauté.

Isidore Lebeau, au baptême : Jean-François-Isidore, né le 1er janvier 1740, il fait profession le 12 avril 1761.

En 1780 il était à Haspres. Nous l'y retrouvons en 1791.

Nicolas de Cocq, né le 20 février 1741, reçut au baptême le même nom de Nicolas. Il fit profession le 1er octobre 1763.

En 1780 il était professeur de philosophie à Douai. Il était encore à Douai e 1791. Nous trouvons M. Nicolas Ducrocq, ancien président du collége de Saint-Vaast, à Douai, décédé le 26 août 1830, âgé de 89 ans.

Ce doit être le même que celui-ci, qui est bien appelé sur les listes Nicolas *de Cocq*. Les circonstances d'âge et de profession concordent avec ce qui est dit de M. Ducrocq.

PHILIPPE LAIGNEL, né en 1742 le 24 août, vêtu en 1762, profès le 1er octobre 1763 Son nom de baptême était Barthélemy-François.

En 1780 il était receveur du buffet. En 1791 il était encore dans la communauté.

ALEXANDRE DESPRETZ, né le 8 septembre 1743. Son nom de baptême était Jacques-Nicolas-Jean-Baptiste. Il fait profession le 1er octobre 1763.

En 1780 il était à la Beuvrière. Nous l'y retrouvons en 1791. Il est mort en Allemagne, le 19 novembre 1819, à Bade.

HILAIRE WEULÉE, au baptême : Philippe-Hubert. Né le 23 janvier 1743, il fit profession le 7 avril 1766.

En 1780 il était professeur de philosophie à Douai. En 1791 nous le trouvons encore à Douai.

JEAN SOHIER, né le 9 novembre 1743. Son nom de baptême était Jean-Joseph. Il fit profession le 21 mars 1767.

En 1780 il était à Haspres. En 1791 il était encore dans la communauté.

LOUIS LEBEAU, au baptême : Thomas-Louis-Joseph. Né le 21 décembre 1746, il fit profession le 21 mars 1768. Il mourut bénéficier de Rocquigny, canton de Bertincourt, le 27 avril 1809, âgé de 63 ans

En 1780 il était professeur de philosophie. En 1791 nous le trouvons encore dans le même collége académique de Douai. Nous avons une thèse présidée par lui.

Auguste Seuron, né en 1743, le 30 mars, vêtu en 1765, profès le 21 mars 1767. Son nom de baptême était Guillaume-Auguste.

En 1780 il était sacristain. En 1791 il était encore dans la communauté.

Bernard Hocquet, né en 1744, le 30 janvier, vêtu en 1765, profès le 21 mars 1767. Son nom de baptême était André-Dominique-Marie.

En 1780 il était quart-Prieur et secrétaire du Chapitre. En 1791 il était encore dans la communauté. Dom Bernard est décédé en Allemagne, en 1818

Vigor Lorquin, au baptême : Pierre-Joseph. Né le 4 mars 1748, il fit profession le 14 mai 1769.

En 1780 il était professeur de philosophie. En 1791 nous le trouvons encore à Douai.

Eugène Louis, né le 24 janvier 1749. Son nom de baptême était Eugène-Joseph Il fit profession le 28 janvier 1770.

En 1780 il était à Berclau. En 1791 il était encore dans la communauté.

Michel Delecourt, né le 9 novembre 1747. Son nom de baptême était Philippe-Maximilien-Joseph. Il fit profession le 21 mars 1770.

En 1780 il était à Gorre. En 1791 il était encore dans la communauté Il est décédé à Bovin, le 22 décembre 1809.

Henri d'Angos,... ... vêtu en 1769, profès en 1770.
En 1780 il était aumônier.

Hector Damar,......
En 1780 il était malade.

Louis Desvignes, né le 7 septembre 1750. Son nom de baptême était Louis-Joseph-Marie. Il fit profession le 1ᵉʳ novembre 1771.

En 1780 il état à Gorre. En 1791 il était encore dans la communauté.

Décédé le 13 septembre 1791.

CHARLES DUBCIS, au baptême : Charles-Joseph. Né le 23 avril 1750, il fait profession le 21 mars 1772. En 1791 nous le trouvons à la Prévôté d'Haspres.

PIERRE FOUQUET, né en 1750, le 25 septembre, vêtu en 1770, profès en 1772. Son nom de baptême était Pierre-Joseph. Il fit profession le 21 mars 1774. Il était encore dans la communauté en 1791.

NICOLAS MATHON, né en 1751, le 29 décembre, vêtu en 1772, profès le 21 mars 1774. Son nom de baptême était Nicolas-Joseph-Placide.

En 1780 il était maître des jeunes. En 1791 il était encore dans la communauté.

JOSEPH LOUIS, né le 8 novembre 1751. Son nom de baptême était Pierre-Joseph. Il fit profession le 21 mars 1772.

En 1780 il était à Gorre. En 1791 nous le trouvons à Berclau. Il est mort desservant de Lestrem, le 14 décembre 1837, âgé de 81 ans et 6 mois.

PHILIBERT GOUILLARD ou Gouilliart, au baptême : Joseph-Augustin-Marie. Né le 15 février 1748, il fait profession le 21 mars 1773.

En 1780 il était à Haspres. Nous le trouvons au Maisnil en 1791.

BASILE PETIT, né le 1er mai 1751. Son nom de baptême était Philippe - Charles - Joseph. Il fait profession le 21 mars 1773

En 1780 il était à la Beuvrière. En 1791 nous le trouvons à Gorres.

NORBERT CRENDAL, né le 13 mai 1752 Son nom de

baptême était Henri-Joseph. Il fit profession le 21 mars 1775.

En 1780 il était à Haspres. En 1791 il était encore dans la communauté. Il est décédé à Saint-Omer, le 10 avril 1828, âgé de 72 ans.

VINDICIEN LOUIS, né le 1er novembre 1753. Son nom de baptême était Antoine-Joseph. Il fait profession le 21 mars 1775.

En 1780 il était à la Beuvrière. En 1791 nous le trouvons à Gorres. Il est mort desservant de Noyelles-Godaud, le 29 juillet 1820, âgé de 67 ans.

PLACIDE HUYARD, né en 1752, vêtu en 1773, profès en 1775.

BENOIT PEUGNIEZ, né en 1753, le 4 janvier, vêtu en 1775, profès le 1er octobre 1776. Son nom de baptême était Philippe-François-Joseph.

RENÉ DE VILLAVICENCIO, né en 1754, le 1r septembre, vêtu en 1775, profès le 6 février 1777. Son nom de baptême était Eugène-Joseph.

Il était encore dans la communauté en 1791.

AMABLE DE LA VIGNE, né en 1755, le 26 juillet, vêtu en 1775, profès le 1er octobre 1776. Son nom de baptême était Jean-Louis.

En 1791 il habitait la Prévôté d'Haspres.

ANDRÉ DENTREBECQ, au baptême : François-Alexis. Né le 30 août 1754, il fait profession le 6 février 1777.

En 1791 nous le trouvons habitant la Prévôté d'Haspres.

HADULPHE DUBOIS, au baptême : Nicolas-Joseph. Né le 26 janvier 1756, il fait profession le 6 février 1777.

En 1791 nous le trouvons habitant la Prévôté d'Haspres.

BENJAMIN LANGELET ou Lengellé, né le 16 août 1756.

Son nom de baptême était Charles-Benjamin. Il fit profession le 17 août 1777.

En 1791 il était encore dans la communauté.

Louis DERŒUX, ...(?)

CHARLES DE NŒUX,.......(?)

CHARLES DEREUX, au baptême : Pierre-Charles. Né le 27 novembre 1755, il fit profession le 6 février 1777.

En 1791 il état à Douai, dans le personnel du collége académique de Saint-Vaast.

FLORENT LELY, né en 1756, le 15 novembre, vêtu en 1776, et profès le 21 mars 1778. Son nom de baptême était Florent-Joseph.

En 1791 nous le trouvons à Gorres.

PARFAIT DE CARNIN, né en 1758, le 14 avril, vêtu en 1777 et profès le 20 avril 1779. Son nom de baptême était Albert Joseph-Parfait.

ALPHONSE DECARNIN, au baptême : Alphonse-Joseph. Né le 18 février 1756 il fit profession le 6 février 1780.

En 1780 il était étudiant à Douai. Nous le retrouvons encore à Douai, dans le personnel du collége de Saint-Vaast, en 1791. Il est mort desservant de Mazingarbe, le 25 juin 1815, âgé de 59 ans.

ATHANASE BRIDELAINE ou Bridelance, né en 1754, le 16 octobre, vêtu en 1778, profès le 6 février 1780.

En 1791 nous le trouvons à Haspres.

Son nom de baptême était Philippe-Joseph.

NICAISE HÉROGUEZ, né en 1758, le 22 juin, vêtu en 1778, profès le 6 février 1780. Son nom de baptême était Jean-Baptiste-Joseph.

En 1791 il était à la Beuvrière. Il fut desservant de

Moyenneville, puis du Forest. Il mourut le 12 octobre 1830, âgé de 72 ans et 5 mois

VAAST RÉGNIER, né en 1758, le 4 septembre, vêtu en 1778, profès le 6 février 1780. Son nom de baptême était Léonard-Marie.

FERDINAND LE BLANCQ, né en 1758, le 31 octobre, vêtu en 1778, profès le 6 février 1780. Son nom de baptême était Adrien-Joseph
Décédé en 1791.

AUGUSTIN HALLETTE, au baptême : François-Noël. Né le 26 décembre 1759, il fait profession le 5 août 1781.
En 1791 il habitait la Prévôté de la Beuvrière. Il fut Secrétaire-général de l'évêché, desservant de Saint-Laurent, chanoine honoraire de la cathédrale, et mourut à Bapaume, âgé de 71 ans, le 30 décembre 1830.

JEAN-CHRYSOSTÔME DESMONS, au baptême : Séraphin-Joseph. Né le 16 mars 1761, il fit profession le 25 mars 1784, et se trouvait dans la communauté en 1791.

DENIS DUFOUR, au baptême : Charles-Louis-Denis. Né le 19 décembre 1761, il fit profession le 25 mars 1784 et se trouvait dans la communauté en 1791.

ELOY DHERBECOURT, au baptême Jean-Baptiste. Né le 27 février 1763, il fit profession le 25 mars 1784 et se trouvait dans la communauté en 1791.

EMILIEN DUFLOS, au baptême : Augustin-Joseph. Né le 11 mars 1763, il fit profession le 25 mars 1784.
En 1791 nous le trouvons encore dans la communauté.

AMAND LÉVÊQUE, au baptême : Louis-Augustin-Joseph. Né le 29 août 1765, il fit profession le 30 août 1786 et nous le trouvons encore dans la communauté en 1791.

Bruno Delambre, au baptême : André-Bruno. Né le 30 novembre 1760, il fit profession le 10 février 1787.

En 1791 nous le trouvons encore dans la communauté.

François Dubois, au baptême : Martin-François-Joseph. Né le 21 octobre 1768, il fit profession le 10 février 1787.

Nous le trouvons encore dans la communauté en 1791.

Thomas Dazin, au baptême : Philippe-André-Joseph. Né le 29 novembre 1764, il est reçu le 10 février 1789 et est appelé *frère* Thomas dans la liste de 1791. Il fut desservant de Sus-Saint-Léger, directeur au séminaire, chanoine titulaire, et mourut le 29 juillet 1841, âgé de 77 ans.

Bernard Bécan, au baptême : Charles-Joseph. Né le 5 juin 1766, il est reçu le 10 février 1789, et est appelé *frère* Bernard dans la liste de 1791.

Etienne Foulon, au baptême : Philippe-François. Né le 30 juin 1766, il est reçu le 10 février 1789, et il est appelé *frère* Etienne dans la liste de 1791. Il fut chanoine honoraire d'Arras et doyen d'Oisy. Il mourut le 24 août 1846, âgé de 80 ans et 2 mois.

Ambroise Cœures, au baptême : Marie-Joseph-Alphonse. Né le 30 juin 1766, il est reçu le 27 septembre 1789 et il est appelé *frère* Ambroise dans la liste de 1791.

LISTE

DES

ABBÉS DE SAINT-VAAST D'ARRAS.

Le caractère italique indique les Abbés commendataires.

		Pages.			Pages.
691	Hatta . . .	4	866	*l'empereur Char-*	
710	S. Hadulphe .	4		*les-le-Chauve.*	»
729	Madebald . .	4		*Sous lui :*	
730	Ragenfrid . .	4	869	Hugues-le-Jeune.	6
732	Gossilen . .	4	871	Hugues II . .	6
740	Gui	4	876	Rodulphe . .	7
748	Romain. . .	4	898	S. Foulques .	8
751	Adalric . . .	4	900	*Le Cᵗᵉ de Flandre*	
773	Sigibert. . .	4		*Bauduin-le-Chauve*	»
783	Radfrid . . .	4	912	*le Cᵗᵉ Almar .*	»
795	Radon . . .	5	931	*le Cᵗᵉ Adelelm*	»
815	Adalong . .	5	943	*le Cᵗᵘ Arnulphe*	»
850	Foulques . .	6		*Sous eux :*	
852	Madefrid . .	»		Hugues III . .	9
853	Rothold . .	6		Hugues IV . .	9
856	*le comte Ada-*	6	954	Hildebrand .	9
	lard . . .	6	968	Fameric . .	9

		Pages.
972	Malefrid . .	9
993	Fukard ou Fulrad	10
1009	S Richard. .	10
1017	Mathold . .	10
1018	Leduin . . .	10
1040	Jean Ier . . .	11
1049	S. Poppon . .	11
1050	le Cte de Flandre	
	Bauduin-le-Pieux	11
	Sous lui :	
	Adelelin . . .	11
	Herchemb old .	12
1067	Adalard . .	
1068	Adlold . . .	12
1104	Henri Ier . .	17
1130	Gualter . . .	18
1147	Guerric . . .	19
1155	Martin Ier . .	19
1184	Henri II. . .	20
	Jean II de Vy .	20
1186	Jean III Hayno-	
	curtensis .	21
1190	Jean IV de Hay-	
	mon Quesnoy	22
1194	Henri III . .	22
1200	Raymond . .	25
1206	Odon . . .	25
1228	Jean V de la Bassée	27
1236	Martin II des	
	Champs . .	28
1250	Hugues V . .	28
1252	Paul. . . .	28
1262	Simon de Noyon	29

		Pages.
1279	Garin . . .	29
1297	Rodulphe de Roy	30
1304	Pierre du Port	31
1308	Nicolas le Cau-	
	drelier . .	31
1337	Eustache de	
	Meuricourt	36
1370	Jean Lefebure	46 et 47
1380	Louis Tauve .	47
1385	Robert le Bescot	48
1394	Jean VI de Moy.	49
1414	Siger Danbrinnes	49
1416	Jean VII de Meu-	
	ricourt. . .	52
1428	Jean du Clercq,	
	le bon abbé .	57
1462	le Cardinal de	
	Bourbon . .	82
1488	Robert Briconet	94
1497	Jacques de Ker-	
	les	83
1508	Martin III Asset	89
1537	Jérôme Ruffault	113
1562	Roger de Mont-	
	morency . .	145
1573	Thomas de Pa-	
	renty . . .	119
1577	Jean Sarracin.	136
1598	Philippe de Ca-	
	verel . . .	156
1636	Vacance du siége	
	abbatial pendant	
	cinq ans . . .	

Pages.

1641 Maximilien de
Bourgogne .
(nommé par le Roi
de France) . . 225
1652 Claude Haccart
(nommé par le Roi
d'Espagne) . . 234
1660 le Cardinal Ma-
zarin . . . 261
1661 le Card. d'Este 261
1672 le Cardinal de
Bouillon . . 275

Pages.

1715 le Cardinal de
Rohan . . 313
Coadjuteurs sous lui :
1716 Robert de Hay-
nin 275
1724 Léon de Maulde 305
1727 Vigor de Briois 317
1749 Vigor de Briois 317
1780 le Cardinal de
Rohan. . . ♭

On pourrait dresser, et on a dressé des listes de chacun des officiers de l'Abbaye, comme nous venons de donner celle des Abbés. Mais ces listes sont toutes incomplètes, et souvent même elles offrent des lacunes énormes. On a d'ailleurs tous ces détails à chacun des noms du Nécrologe C'est ainsi qu'on y trouve par qui étaient remplies, à telle date donnée, les fonctions de grand-Prieur, de sous-Prieur, de troisième Prieur, de quatrième Prieur ; celles de Prévôt et sous-Prévôt ; celles de Grainetier, de Cellerier, de Receveur, de Trésorier, de Reddituaire, d'Hospitalier, de Chantre, d'Aumônier, de Bibliothécaire. Le groupement n'apprendrait pas beaucoup plus que ce que l'on sait en lisant le Nécrologe, puisque, à part quelques fonctions, bien des religieux les remplissaient toutes successivement

L'histoire particulière de chaque Prévôté ou de chaque Maison externe a été faite, soit dans le *Dictionnaire historique du Pas-de-Calais,* soit dans des Monographies, et c'est là seulement que les listes de Prévôts particuliers ont leur véritable raison d'être. C'est donc là que nous renverrons le lecteur qui voudra s'instruire de l'*Histoire* proprement dite de l'Abbaye, ainsi qu'à une publication spéciale que nous ferons peut-être. Disons ici, dès maintenant, que nous avons compté jusqu'à soixante-sept religieux de Saint-Vaast élevés ailleurs à de hautes dignités : Conseillers d'Etat, Évêques et Archevêques, Abbés, etc. Nous en avons en outre près de vingt qui ont été promus ailleurs à des dignités moins élevées, quoique très-distinguées. Quant aux *Scriptores*, nous avons essayé de les faire connaître dans la Notice que nous avons consacrée à l'Histoire littéraire de l'abbaye de Saint-Vaast Le Cartulaire de Guimann, ce Nécrologe, notre travail sur les Bâtiments, forment déjà une *Bibliotheca Vedastina* d'après les sources : il ne nous restera plus qu'à harmoniser tous ces documents et d'autres encore, pour en faire une *Historia authentica* et donner aux hommes de ce siècle une idée exacte de ce que fut pendant les onze siècles qui le précédèrent, l'œuvre gigantesque appelée l'Abbaye bénédictine de Saint-Vaast d'Arras.

TABLE DES MATIÈRES.

Pages.

Introduction . . . . v à XXIV

Necrologium Veaastinum, texte complet, de
l'origine de l'Abbaye jusqu'à 1740. . . . . 1 à 333

Planches des blasons des religieux, avec explications, (vingt-huit planches). . . . . . . 337 à 391

ONOMASTICON.

Première table. — Liste des religieux qui
ne sont connus que par leurs noms, ou
nomina proprement dits. . . . . . 395 à 399

Seconde table. — Liste des religieux qui
sont connus par leurs noms de baptême
et par leurs surnoms, *cognomina*, devenus noms de famille . . . . 401 à 412

Note sur la première liste . . . . 413 à 414

Notes et commentaires sur le texte du Nécrologe
de Saint-Vaast l'Arras . . . . 417 à 464

Notes sur l'Histoire littéraire de l'Abbaye de
Saint-Vaast d'Arras . . . . 465 à 480

Complément du Nécrologe de l'Abbaye de Saint-
Vaast d'Arras . . . . 481 à 496

Liste des Abbés de Saint-Vaast d'Arras . . . 497 à 499

Epilogue . . . . 500 à 501

Arras, Typ. A. Courtin

www.ingramcontent.com/pod-product-compliance
Lightning Source LLC
Chambersburg PA
CBHW070624270326
41926CB00011B/1804